i

为了人与书的相遇

大分流

中国、欧洲
与现代世界经济的形成

THE GREAT DIVERGENCE

China, Europe, and the Making of the Modern World Economy

Kenneth Pomeranz

[美] 彭慕兰 —— 著 | 黄中宪 —— 译

北京日报出版社

THE GREAT DIVERGENCE: China, Europe, and the Making of the Modern World Economy
by Kenneth Pomeranz
Copyright © 2000 by Princeton University Press
All rights reserved.

未经出版方书面许可，不得以任何形式或手段，以电子或机械方式，包括复印、录制或利用任何信息存储和检索系统，复制或传播本书任何内容。

北京出版外国图书合同登记号：01-2021-1367

图书在版编目 (CIP) 数据

大分流：中国、欧洲与现代世界经济的形成 /（美）彭慕兰 (Kenneth Pomeranz) 著；黄中宪译. -- 北京：北京日报出版社，2021.4（2023.10 重印）
ISBN 978-7-5477-3775-0

Ⅰ.①大… Ⅱ.①彭… ②黄… Ⅲ.①世界经济－经济发展－研究 Ⅳ.① F112

中国版本图书馆 CIP 数据核字 (2020) 第 213194 号

责任编辑：卢丹丹
特约编辑：黄旭东
封面设计：安克晨
内文制作：陈基胜

出版发行：北京日报出版社
地　　址：北京市东城区东单三条 8-16 号东方广场东配楼四层
邮　　编：100005
电　　话：发行部：(010) 65255876
　　　　　总编室：(010) 65252135
印　　刷：山东临沂新华印刷物流集团有限责任公司
经　　销：各地新华书店
版　　次：2021 年 4 月第 1 版
　　　　　2023 年 10 月第 5 次印刷
开　　本：965 毫米 ×635 毫米　1/16
印　　张：30.25
字　　数：390 千字
定　　价：88.00 元

版权所有，侵权必究，未经许可，不得转载

如发现印装质量问题，影响阅读，请与印刷厂联系调换：0539-2925659

目 录

导 论 欧洲经济发展的比较、关联与叙事...001

第一部分 有着惊人相似之处的世界

第一章 欧洲领先亚洲？
　　　从人口、资本积累与技术解释欧洲发展.............................035
第二章 欧洲与亚洲的市场经济体...078

第二部分 从新风气到新经济？
消费、投资与资本主义

导 论...123
第三章 奢侈性消费与资本主义的兴起...127
第四章 看得见的手
　　　欧洲与亚洲境内的商行结构、社会政治结构和"资本主义".....185

第三部分 超越亚当·斯密与马尔萨斯
从生态限制到持续性工业成长

第五章 共有的限制
　　生态不堪负荷的西欧与东亚 237

第六章 废除来自土地的限制
　　美洲这个新型边陲地区 298

附　录

附录 A　对 1800 年左右德意志与北印度的人均
　　　　陆路载运量的估计与比较 341

附录 B　对 18 世纪晚期用在华北与欧洲农田之粪肥的估计，
　　　　以及对因此产生之氮流量的比较 344

附录 C　对法国、岭南与华北部分地区之森林覆盖率与
　　　　燃料供给量的估计（1700—1850）..................................... 349

附录 D　对多种进口品为 18 世纪晚期和 19 世纪初期的英国所提供之
　　　　"幽灵地"面积的估计 357

附录 E　对长江下游地区乡村纺织工人收益能力
　　　　的估计（1750—1840）... 361

附录 F　对 1750 年及其后长江下游地区和整个中国棉花、丝产量的估计
　　　　与联合王国、法国和德意志比较 374

致　谢 389
注　释 393
参考文献 441

导论

欧洲经济发展的比较、关联与叙事

现代社会科学大半是源自欧洲人在19世纪晚期和20世纪时，为了了解西欧的经济发展路径[1]何以独一无二而做的研究。然而，这些研究并未找到共识。大部分研究着墨于欧洲，意图解释欧洲大规模机械化工业的早期发展。例如，有人通过与世界其他地方的比较，说明"欧洲"（或在某些阐述里，说明西欧、新教欧洲乃至只有英格兰）境内具有某些独一无二且源于本土的工业成功要素，或者特别不受某种障碍的制约。

还有些解释强调欧洲与世界其他地方的关系，特别是各种殖民榨取行为，但这类解释比较不受西欧主流学界的青睐。[2]这些论点强调，欧洲是靠着强行剥夺美洲印第安人和受欧洲奴役的非洲人（乃至许多欧洲下层阶级成员）的财产，才能达成马克思所说的资本"原始积累"，这个论点也无助于打动主流学者。尽管"原始积累"一词精准地点出了这些过程的残暴性质，但也暗示，通过殖民剥削的积累是大规模资本积累的起步阶段，因而是"原始的"。然而，随着学界证明通过欧洲原有的农场、作坊和账房的留存收益（retained earning），同样也能在可投资盈余上取得缓慢但明确的成长，甚至超乎其生存所需，上述立论显然就开始站不住脚。

本书同样强调欧洲人对非欧洲人的剥削以及取得海外资源的机会，但不会把它当作促成欧洲发展的唯一动力。本书反倒承认，内在驱动力在欧洲的成长中具有关键的作用，不过同时也强调，直到将近1800年为止，这种内在驱动力和其他地方的状况，尤其是东亚，都还是很接近。虽然的确存在一些举足轻重的差异，但我会提出论证，说明那些差异只有在特定时空环境下，才会产生像19世纪那样的大转型。欧洲有特权取得海外资源，这一点也深深影响了这个时空环境的形成。例如说，西欧很可能有较管用的组织机构，能调动庞大的资本，因此相对愿意等待较长的时间来回收获利；但直到19世纪为止，法人形态的组织（corporate form）除了用于武装长程贸易和开拓殖民地之外，并无多大用处，而长期联贷在欧洲则主要用于替战争提供资金。更重要的是，18世纪时的西欧已在多种节省劳动力技术的运用上领先世界其他地方。然而，欧洲又持续在多种节省土地的技术上落后，因此如果没有海外资源，西欧本来很可能会因为快速的人口增长和资源需求而不得不走回劳动力密集的发展老路。若是如此，则西欧所走的路，就不会与中国、日本所走的路有太多差异。根据以上的例子，本书旨在利用欧洲在海外强取豪夺（coercion）的成果，协助说明欧洲与欧亚大陆部分地方（主要是中国和日本）在发展上的差异；欧洲发展的全貌或欧洲与旧世界所有地方的差异，则不是本书要说明的范围。还有一些影响因素是无法归类于上述任一范畴的，例如供煤的地点，因此本书将把比较式分析、某些纯地方性的偶然，以及整合性或全球性的探究熔于一炉。

更重要的是，比较性和整合性的探究会相互修正。如果中国也具有使西欧与印度或东欧等地分道扬镳的那些因素（例如特定类型的劳工市场），那么就不能在比较时只寻找欧洲的特异之处，也不能把在欧亚大陆两端都具有的模式解释成欧洲文化或历史的独有产物（当然也不能把那些模式解释成普世趋势的产物，因为它们也使某些社会有别于其他社会）。西欧与其他区域之间的相似之处，迫使我们舍弃纯比较性的探究（一种把各自分立的世界视为比较单位的探究方式），改采取同时关注全球形势（conjuncture）的探究。[3] 这些相似之处具有重要意涵，暗示我们不能从以欧洲为中心的世界体系角度，来理解1800年前因缘际会下的全球形势；那时的世界其实是多中心并立的，没有哪个中心独霸世界。尽管这样的全球形势往往有利于欧洲，但也不必然是欧洲人所创造或强加的。例如，中国从15世纪起就通过白银达成再货币化一事，不只比欧洲人抵达美洲和输出美洲白银还早，更是使位于遥远新世界的西班牙帝国得以财政自立的一大功臣；而始料未及的骇人流行病，则是西班牙帝国得以创立的关键。只有到19世纪的工业化已大有进展之后，把欧洲视为一个单一的、霸权的"核心"这件事才有其合理性。

但大部分既有的专题著作仍摆脱不掉"非此即彼"的架构，若非主张存在一个以欧洲为中心并在海外进行必要原始积累的世界体系，[4] 就是主张欧洲的内生式成长，并以这种成长来解释几乎所有现象。在这两个选项下，大部分学者倾向于后者。晚近研究欧洲经济史的学者，至少普遍从三种方式强化了独重欧洲内部的研究焦点。

第一，晚近的研究发现，发展健全的市场和其他"资本主义"制度早已存在，甚至是在往往被认为和资本主义背道而驰的"封建"时期亦然[5]（类似的修正观点也已出现在对中世纪的科学与技术的分析中，这种分析把曾被贬为"黑暗时代"的中世纪，视为颇富创造力的时期）。这样的研究往往强化了某种既定看法，即西欧早在开始海外扩张之前，就已走在一条特别的康庄大道上。在晚近某些这类论述中，工业化本身不再被视为转捩点，而是被视为数百年无差异"成长"的一部分。

稍微换句话说，旧著作多半强调现代西方与其过去之间，以及现代西方与非西方之间的根本对立；从19世纪晚期的社会理论经典著作到20世纪五六十年代的现代化理论著作皆属此类。而较晚近的著作则往往缩小第一个差距，从而间接表示"欧洲例外论"这第二个差距要追溯到比我们所以为的还要早的时期。然而，本书的一个主要论点便在于，我们同样也可以轻易找到根据，缩小18世纪西方与欧亚大陆之间（至少某些地方）的差距。

第二，随着在据说不利于市场发展的中世纪文化和制度里看到更多市场动态（market dynamics），人们愈发想以市场驱动成长来解释整个欧洲发展的轨迹，而忽视无数政府政策和地方习俗等杂乱细节的各种影响。[6]如果国内的立法只不过让欧洲的发展道路多兜个小圈子或偶尔抄条捷径，那么我们为什么还要特别关注（距离"市场驱动论"的主要故事线那么遥远的）海外强取豪夺？同时，这类愈来愈只看民间能动性的解释，故事情节不只清楚得叫人羡慕，还与现今蔚为主流的新自由主义观念相吻合。

第三，由于这些发展中的商业化过程触及前工业时代西欧的许多地方，因此，许多晚近的著作把工业革命的余绪看成欧洲现象，而非如曾经普遍认为的，是英国现象扩散到欧洲其他地方。[7]这个观点所受到的挑战，有来自大量较早期的学术著作，也有来自那些认为英格兰早在工业革命前数百年，就已在几个重要方面和欧陆分道扬镳的较晚近著作。[8]促成这一把焦点从英国转移到欧洲的观点转变的原因，是如前页所说：贬低政治的重要性，以及淡化"传统"习惯与理性自私的个人之间冲突的趋势，这样一来也更容易淡化西欧内部的差异。

这一着重"欧洲奇迹"而非英国奇迹的假设影响甚大。首先，它再度使欧洲与欧洲境外之间的关联变得较不重要：由于西欧大部分地方涉入欧陆外贸易的程度远不如英国，因此，如果顺利促成工业成长的是"欧洲"的商业成长而非"英国"的商业成长，那么想必一国之内的市场、资源等因素就已足够进行此一转变。此外，如果通过逐渐完善竞争市场就能达成大部分的经济成长，那么我们似乎就没有理由认为，欧洲海外殖民地会具有足以大大影响其母国的动能（而且殖民地还受限于重商主义和不自由之劳动力等诸多难题的影响）。于是我们便看到，尽管倡导"欧洲奇迹"观点的大将帕特里克·奥布莱恩（Patrick O'Brien）也承认，有鉴于棉花在英国工业化过程中扮演的重要角色，若没有殖民地和奴隶（所带来的棉花）则英国工业化将难以想象，但他又接着说道[9]：

> 只有把棉花当成主角，把英国的创新视为西欧成长引擎的这种简化过的成长模式，才能支持兰开夏棉业是核心地区工业化所不可或缺的这个论点。由于这个过程是在过于广阔的面向上进行的，因而，把一支补给线横越大洋而远及亚洲和美洲的先遣队打败，并不能将它止住。

然后他推断，"对核心地区的经济成长来说，边陲地区的影响是边缘的"。[10]

这类论点使欧洲的海外扩张，在以新兴经济优势为主轴的故事里变得次要。帝国或许可以用欧洲的经济优势来解释，或者也许与该优势无关，但与创造此经济优势一事关系不大。这类论点在两个重要方面上能自圆其说：它们鲜少需要将目光投到欧洲之外，也鲜少需要超越主流经济学核心的买家、卖家自由竞争模式。而对那些主要从更能保障创意所有权的专利制度来解释技术快速变迁的学者来说，这种将目光完全放在欧洲内部的叙述已接近完整无缺。

把重点摆在"欧洲的"工业化，还形塑了我们进行比较时所用的单位，但是这样的形塑对比较往往没有帮助。在某些情况下，我们只是把当代的民族国家当作比较单位，于是英国被拿来与印度或中国相比。但在国土、人口和内部多样性上，印度和中国都比较类似于整个欧洲，而个别欧洲国家与其不在同一个档次上；在中国或印度境内，那些可拿来与英国或荷兰相提并论的地区，则又淹没在全国的平均值里而看不出其特出之处，因为它们被拿来与亚洲境内类似巴尔干半岛、南意大利、波兰的地方一起加总得出平均值。因此，除非国家政策是我们所要讲述之故事的核心，否则"国家"并非理想的比较单位。

另一个历久不衰的探究方式，是先寻找使整个"欧洲"与众不同的事物（尽管被选出的特色其实往往只描述了这块大陆的局部），然后，一旦把世界其他地方排除在外，即在欧洲内部寻找使英国与众不同的事物。我们很难完全摆脱这些大陆单位或"文明"单位，因为它们已强烈地形塑了我们的思维。尽管这些单位也会出现在这本书中，但由于诸多考量，尝试别种探究方式似乎较为有用。而在这点上，我的同僚王国斌（R. Bin Wong）已在许多方面着了先鞭。[11]

我们该承认以下三个事实：第一，在荷兰和乌克兰之间，或甘肃和长江三角洲之间，都只存在少许共通的基本特色；第二，像是长江三角洲之类的地区（约1750年时长江三角洲人口约3100万至3700万，视精确定义而定）肯定大到足以和18世纪的欧洲国家相提并论；第三，包括长江三角洲、日本关东平原、英国和荷兰、古吉拉特（Gujarat）等，这几个零星分布于旧世界的核心地区彼此之间共同享有某些重要特质（例如较自由的市场、庞大的手工业和高度商业化的农业），但这些特质却并未出现在它们所在大陆或次大陆的其他地方。既然如此，那么与其导入主观认定且与日常生活、贸易和技术扩散等模式没多大关系的大陆单位来做比较，为何不直接比较这些区域呢？[12]此外，如果这些散布于多处的核心地区真的有许多共通之处（而且我们愿意承认偶然事件与客观形势的作用），则把我们对这些地区的比较做到真正的交互式比较（reciprocal）就说得通。也就是说，除了采取常见做法，去寻找有哪些因素会阻碍非欧洲地区完全复制"正常"欧洲的途径，还要寻找究竟是哪些事物、意外与障碍，才使英格兰偏离了原本可能走上比较类似于长江三角洲或古吉拉特的道路。

在此，我也遵行王国斌在晚近著作《转变的中国》（*China Transformed*）里所概述的一项做法。诚如他所指出的，虽然有许多19世纪的权威性社会理论已因为流于欧洲中心论而受到合理的指责，但现今某些"后现代"学者所青睐的另一条路子（也就是彻底扬弃跨文化比较，几乎完全着重于揭露历史转折点的偶然性、特殊性和或许是不可知性），则使人连探究历史上（和当时生活上）的许多最重要疑问都不可能。比较可取的应该是努力做出较好的比较，以对抗怀有偏见的比较。而要达成这个目标，其中一个方法就是从比较的双方各自的角度来看待对方，并把双方都视为"偏差"，而非把某一方始终视为常态。尽管我对这一交互式比较方法的具体运用，与王国斌的具体运用有一些重大差异，但我仍会在本书许多地方采用这项做法，并把这项探究方法带到大不相同的领域。[13]

这一相对来讲较未经检验的探究方法，至少产生了一些新疑问，从而使人以不同的角度看待世上数个地方。在此我还是大体上同意王国斌的看法。例如我会主张，在经过一连串公允的比较后，可看出晚至1750年，欧亚大陆数个地方在农业、商业、原始工业（例如市场取向而非家用取向的手工品制造）的发展上有好几个令人意外的相似之处，因此只有西欧在19世纪期间突然进一步成长一事，再度成为一个有待解释的突兀断裂（rupture）。与此相对，有些晚近的著作，只着眼于跨时期的欧洲比较和找出其中的相似之处（的确有相似之处），往往蒙蔽了这个突兀的断裂。于是，这类著作也往往忽略了某些对工业化有重大贡献的因素（特别是客观形势），因为这些贡献在只比较欧洲境内不同时期时，可能会被视为理所当然的"背景"。

采用双向比较的策略，也让最初看似互不相干之议题得以有理由挂钩在一块。西欧成为富裕经济体的时间点，未必和它冲出马尔萨斯式世界、进入持续性人均增长的时间一样。事实上，我所谓的那些"以欧洲为中心"的探究方法，大部分主张西欧在工业有突破性进展之前许久，就已达到独一无二的富裕境地。如果我们只问中国（或印度、日本）原本是否也可能像欧洲一样自行突破而达到这样的境地（亦即把欧洲经验当标准，将工业突破视为在没有"阻碍"或"失败"的情况下所必然会出现的模式），那么"欧洲何时真正逃出马尔萨斯式世界"这个问题就会显得无关紧要；因为在此一思考模式下，更加重要的是认识到西欧走在这条最终必然会有突破性进展的道路上已有很长的时间。与此同时，就算掌握西欧确切超越其他地方的年代，也只有助于知道其他地方是在何时兜了个圈子而陷入停滞，并无助于我们了解欧洲是否存在其他发展的可能性。

但如果我们做了交互式比较，并考虑欧洲本有可能变得像中国一样（亦即考虑到没有哪个地方必然会达成显著且持续性的人均增长），则这两个问题之间的联结就会变得更紧密。诚如我在后面几章会主张的，如果我们进一步主张世界的某些地方在18世纪时就和欧洲一样，能在未大幅减轻资源限制的情况下（例如欧洲靠化石燃料和新世界而得以减轻来自资源的限制）最大化自身的经济发展潜力，那么这两个议题间的联结又更紧密。

这两个疑问仍旧是可分开的：气候、土壤等方面的差异，可能赋予不同区域不同的前工业时代发展潜力。但欧洲似乎不大可能在那些发展潜力上都优于其他人口稠密地区，特别是因为本书后面会提出的证据间接表明，直到走上工业化之路很长时间后，欧洲才变得比东亚富裕许多。还是说，说不定研究后会发现，欧洲虽然直到工业化前夕才领先东亚，但某些使工业化必然会发生的制度却在更早以前就已在运行，并使欧洲即便没有美洲和享有地利之便的化石燃料，其技术创新已经足够在任何资源短缺时维系住经济成长，而且不必动用那些虽能维系住整体增长但无法维系人均增长的极度劳动力密集的解决办法？然而，一旦我们真的拿其他前工业时代经济体的标准来衡量欧洲，这一笃定的必然论所必须依据的有力假设，就开始显得站不住脚，特别是因为在工业化之前的最后几百年，欧洲经济史并未显露始终如一且强劲的人均增长。因此，双向式比较可以让我们提出新问题，也能改造旧疑问之间的关系。

因此，本书会将重点放在欧洲部分地区与中国、印度等地部分地区之间的交互式比较上，因为这些地区在我看来分别在各自的大陆性世界里处于相似的位置。只有当我们讨论像是核心地区相对于其腹地之关系的疑问时，才会再度谈起大陆单位和大西洋世界之类的更大单位。在某些情况下，我们会必须把整个世界视为一个单位，因此也会需要另一种有点不同的比较，这就是查尔斯·蒂利（Charles Tilly）所谓的"涵括式比较"（encompassing comparison）。这种比较法不像传统社会理论那样去比较两个互不相干的事物，而是检视一个更大整体的两个部分，了解它们的本质如何被体系里各自位置和功用所形塑。[14] 在这个层面上，比较与对关联性的分析这两者将变得无法区分（这也是我比王国斌更加强调之处）。尽管如此，维持这一分析的对等交互性，仍然很重要。我们不能因为认识到一个互动体系中有某个部分比其他部分受益更大，就顺理成章地将那个部分称之为"中心"，并误以为它既能形塑其他部分，同时又不受其他部分所形塑。我们反倒要能看到这个互动体系内存在着往不同方向移动的诸多影响力。

大同小异的几种欧洲中心论：人口、生态与积累

那些认为唯独西欧经济才有本事产生工业转型的论点，通常分为两大类。第一类以埃里克·琼斯（Eric L. Jones）的著作为典型，主张16世纪至18世纪结束时的欧洲，尽管表面上与欧洲以外的地方一样具有"前工业时代"的相似性，但实际上在物质资本和人力资本的积累上，都已远远超越当时世界的其他地方。[15] 这一观点的主要信条之一，乃是加诸生育力的几个习惯性制约（晚婚、神职人员独身不婚等），使欧洲有机会摆脱原本是普世现象的"前现代生育力当道"的状况，从而摆脱人口增长吃掉几乎任何产量增加的普世状况。于是，唯独欧洲能调整其生育力以因应艰困时期，并能长期增加其人均（而非只是整体）的资本存量。

因此，照这一观点来看，普通农民、工匠和商人在人口行为、经济行为上的特点，造就出一个能供养较多非农民的欧洲，而这样的欧洲能让其人民拥有较佳工具（包括较多牲畜），获得更好的营养，也更健康、更有生产力，还能为基本民生必需品以外的物品创造较大市场。三十多年前，约翰·哈伊纳尔（John Hajnal）提出了支撑这一看法的主要论点，[16] 此后这些论点得到详尽的阐述，但未被彻底更动。不过，诚如第一章里会再提到的，晚近谈中国、日本和（较理论性地谈）东南亚境内的出生率、人均预期寿命等人口统计变量的著作，已使哈伊纳尔眼中独一无二的欧洲成就显得愈来愈普通。

尽管这些研究结果的意涵尚未得到充分体认，但已在某项重要看法里得到局部的承认，并在晚近被添加到受人口驱动的故事情节里。这项看法承认，在前工业时代欧洲以外的地方，也存在经济繁荣和日渐提高的生活水平。但这些繁荣始终被视为一时的，若非禁不住政治变迁的冲击而消失，就是随着提高生产力的创新发明终究敌不过繁荣所助长的人口增加而自行式微。[17]

这类故事已代表着重大进步，至少相较于更早期的专题著作来说。这些著作或含蓄或挑明地主张，在欧洲于近代早期取得突破之前，全世界都很贫穷，积累也再少不过。这类著作造成许多影响，其中之一是迫使学者在审视"欧洲的兴起"时也一并审视"亚洲的衰落"。[18] 但这些描绘此一故事的说法，往往在至少两个重要方面上犯了时代错置的毛病。

首先，它们常把太多在19、20世纪才侵袭亚洲许多地方的生态灾难（和人口稠密所带来的根本问题）解读成在更早时期就存在，并宣称18世纪的亚洲社会已耗尽所有发展潜力。有些说法更认为，这就是存在于整个人们称之为"亚洲"的这个人为单位在1800年左右时的情况。但诚如后面会看到的，印度、东南亚，乃至中国部分地区，都在既没有重大技术突破且生活水平也未下降的情况下，仍有许多空间来容纳更多的人。大概只有中国和日本两地的少数地方，才真正面临生态灾难。

其次，这类故事往往把欧洲人从新世界得到的难得一遇的丰厚生态赠礼"内部化"。有些故事借由将海外扩张比作欧洲内部"正常"的边疆扩张模式（例如对匈牙利平原或德国森林的清理和移居）来达到"内部化"。但这类故事忽略了新世界特别庞大的意外收获。欧洲人在当地开拓殖民地和组织生产时格外的压迫手段，乃至于全球情势等因素，对确保欧洲人在美洲成功扩张所起的作用。[19] 在匈牙利和乌克兰开辟新农地之事，也能在四川、孟加拉和旧世界其他许多地方见到；但在新世界所发生的事，则大不同于在欧洲或亚洲所发生的任何事。此外，由于欧洲在19世纪时的生态负担能依靠境外而得到大大纾解（既从境外取得资源，也向境外输出移民）[20]，是以这类叙述鲜少考虑到欧洲境内某些人口稠密的核心地区，是否也在16世纪至18世纪期间，同样面临与亚洲核心地区差异不大的生态压力和选项。

于是，那些探讨"亚洲的衰落"的著作，往往过度简化地将"生态耗竭"的中国、日本与印度，拿来与"还有许多成长空间"的欧洲进行对比，甚至把这样的欧洲说成具有某种"落后的优势"，[21]因为它的发展程度使其内部资源尚未被充分利用。

为了超越这类流于主观的主张，本书第五章将会选定中国、欧洲境内的重要区域，针对生态方面的限制因素做系统性的比较。而探究结果也将表明，尽管18世纪欧洲某些地方相对于东亚的同类地方确实享有某些生态优势，但却不是在每一处都占上风。事实上，中国重要地区在某些出人意表的方面，例如人均可取得的燃料供应量上，其经济情况似乎比欧洲的重要地区还要好。不只如此，就连英国这个工业化的起始地，也只拥有少许仍保留在欧洲其他几个地方的低度利用资源。而在木材供应、地力衰竭等重要的生态衡量指标上，英国实际上的情况似乎和中国境内与其差不多对等的江南地区一样糟。因此，如果我们同意人口增长和其生态效应使中国"衰落"的说法，我们也就不得不得出这样的结论：与其说欧洲在获得海外资源挹注与英格兰在运用地下蕴藏能源上的突破性进展（部分拜地利之赐）这两项因素的加持之前，正处于"起飞"的前夕，不如说欧洲内部也正同样因为人口增长和生态效应而面临非常接近于中国的险境。反过来说，如果欧洲尚未陷入这样的危机，那么中国很可能也未陷入危机。

本书所做出的这一论点，与杉原薰（Sugihara Kaoru）在论及全球发展的著作里所提出的某些论点若合符节。我太晚发现他的著作，因而来不及在此书中予以详细探讨。[22]杉原薰和我一样，强调不该把1500年至1800年间东亚人口的高增长视为阻碍"发展"的病变。相反的，他主张这是在供养人民、创造技能等方面的一场"东亚奇迹"，其经济成就完全比得上"欧洲（的工业化）奇迹"。杉原薰也和我一样，强调18世纪日本和中国（在他眼中低于日本）的高生活水平，以及当时两地的先进制度。当时中、日虽然没有对财产与合同给予官方保障（许多欧洲人所认定的形成市场的先决条件），其先进的制度仍制造出许多有益的市场效应。[23]他还主张，长远来看，对世界GDP贡献最大者，不是西方成就的扩散，而是西欧式成长与东亚式成长的结合，因为这使西方技术有机会被运用在人口多得多的东亚社会里。这个观点与我的论点不谋而合，尽管超出本书所探讨的范围。

不过，杉原薰还表示这两个"奇迹"间有根本差异，那就是，早在1500年时，西欧就已走在资本密集的道路上，而东亚则走在劳动力密集的道路上。我的主张与他正好相反，我认为欧洲本也可能和"东亚"一样走上劳动力密集之路。这一主张既符合晚至1750年两地仍有惊人相似之处的发现，也符合我要把"为何英格兰未成为长江三角洲"和"为何长江三角洲未成为英格兰"这两个疑问同等看待的决心。欧洲之所以没有走上这条路，乃是因为它碰上了重要且剧烈的断点所致。这些断点以化石燃料和有机会取用新世界的资源为基础，并在这两者的共同加持下，使西欧没必要以集约的方式管理土地。事实上，有许多迹象显示，欧洲境内许多地区原本正朝着劳动力较密集的方向前进，是18世纪晚期和19世纪的急剧发展，才使它们掉头往反方向走。我们可以在欧洲全境（包括英格兰）的农业、原始工业方面，以及在丹麦的几乎各种事物上，找到这样的证据。[24]东、西方在劳动力密集程度上的发展差异并非理所当然，而是具有高度的偶然性；后来的发展表明，人口成长的分布情况（而非总人口数）是重要的变量，而这个变量与16世纪至18世纪欧洲境内的市场扭曲，以及19世纪人口往新世界迁徙一事，有着很大的关系。

中、日两国在1750年后的人口增长主要出现在开发程度较低的地区，当时那些地区可"流出"来与渴求资源的核心地区进行贸易的剩余谷物、木材、原棉等土地密集性产物较少；而由于这些边陲区域增加的人口有一部分又投入原始工业，因此这些区域也较不需要与核心地区贸易。另一方面，欧洲在1750年至1850年间人口大幅增长的区域，大部分是已较进步和人口稠密的区域。例如，东欧大部分地方在1800年后人口才开始急速成长，而南欧（特别是东南欧）则更晚才开始赶上。对导致这些差异的政治经济基础、生态基础和它们对工业化所具有的重要性，我们在第五、第六章会有更多着墨。在此，值得强调的是，这些差异并无法看出东亚（更别提南亚）境内，在资源上有着比欧洲更严重的全面吃紧。而在谈过与可取得资源数量（那些已积累的资源或尚未开发利用的资源）有关的论点之后，我们接下来不妨来谈谈另一种论点：这类论点声称，欧洲的制度能够以一种较有利于长期维持自主成长的方式来分配资源。

其他的欧洲中心论：市场、商行和制度

我们得以在费尔南·布罗代尔（Fernand Braudel）、伊曼纽尔·沃勒斯坦（Immanuel Wallerstein）、乔杜里（K. N. Chaudhuri）的著作里，以稍有不同的方式，看见以欧洲为中心的第二种论点；或是以大不相同的方式，在道格拉斯·诺思（Douglass North）的著作中见到。这种论点不太关注富裕的程度，反倒强调在近代早期欧洲（或近代早期欧洲的某个部分）出现了据说比其他地方更有利于经济发展的制度。这些论点的重心通常会摆在有效率的市场和产权体制的出现上，而这两者会让那些较能有效运用土地、劳动力和资本的人得到奖赏。与这些论点同时出现的，还包括另一个常见但还不到放诸四海皆准的说法：其他地方（特别是中国和印度）的经济发展往往受阻于官方，因为官方若非太强势且敌视私人财产，就是

太弱势而无法在企业家与本地习俗、神职人员或强人起冲突时，保护追求合理化改革的企业家。[25]

罗伯特·布伦纳（Robert Brenner）的著作与这些论点大相径庭，却可能不相抵触。他的著作把欧洲内部分歧的发展路径，说成了改变产权体制的阶级斗争的产物。据布伦纳的观点，西欧农民于14世纪黑死病后的约一百年里，打赢了与领主的第一轮斗争，从此免于被迫的劳动；东欧农民则输掉了这场斗争，并导致统治阶级得以借助更加严厉地压榨农民来继续存世数百年，且在这期间从未进行农业现代化或引进节省劳动力的新技术。布伦纳接着说道，在西欧境内，第二轮斗争接着上场，这时名下只有土地的领主，想拥有自主管理土地的权利以获取最大利润，而其做法往往是除掉不具生产力或"额外"的佃农。据布伦纳的说法，法国精英输掉了这场仗，法国此后便摆脱不掉以数百万小地主为基础的农业体系，而且这些小地主既无法创新，也对会使他们之中某些人被淘汰的创新不大感兴趣。但在英格兰，领主打赢此仗，投注心力于使他们得以减少劳动成本的创新，从而把大批不需要的劳动者赶离土地。这些穷困潦倒的农民，至少有一部分最后成为英格兰的工业劳动力。他们购买来自剩余农产品的食物，而这些剩余农产品系因他们遭驱离而诞生，且由他们的前领主销售到市场。

在布伦纳的论证里，推动这段历史进程者既非马尔萨斯口中的人口压力，也非"自然"形成的完全竞争市场，而是阶级斗争；但殊途同归。社会最终的发展与新古典主义经济模式的相近程度，决定了该社会此后生产力的高低；特别值得一提的是，英格兰这个土地与劳动力最终最泾渭分明（且最彻底商品化）的国家，被认定为因此发展出了最有活力的经济。在这点上，布伦纳最终颇为突兀地与道格拉斯·诺思不谋而合。诺思不同意将阶级斗争视为产权制诞生的根由，但也主张随着经济体为商品化的土地、劳动力、资本和知识产权发展出愈来愈具有竞争性的市场，经济体的发展能力将愈来愈强。

诺思和布伦纳的论点都聚焦于大部分人活动所在的制度性环境：零工市场、租约市场、一般人所生产和消费之产品市场。在这点上，它们类似前面所讨论过的论点，也就是主张前工业时代的欧洲人已实现独一无二的繁荣，富有生产力；而且，它们往往和那些论点合流。

不过，另一组重要的论点，即布罗代尔和其学派的制度主义（institutionalist）论点，更着重于某些非常富有者所积累的利润，而有利于这类积累的制度往往涉及妨碍到新古典主义市场的特权。因此，这些学者比较关注以运用胁迫和共谋行径为基础的利润。由于他们所聚焦的大商人，有许多涉入长程贸易，因此这些学者也较关注国际政治和欧洲与其他区域的关系。尤其沃勒斯坦把"封建"东欧与"资本主义"西欧间的贸易成长，视为一个世界性经济体的真正开端，并强调走自由劳动路线的"核心地区"，其利润之所以能在该经济体里持续积累，有赖于贫穷且普遍不自由之"边陲地区"的持续存在。

但在沃勒斯坦笔下，西欧仍是这段历史进程的推动者，因其能够独一无二地结合以下三个因素：较自由的劳动力、庞大且富有生产力的都市人口、使长程贸易和利润的再投资更为容易的商人与政府。而从这个贸易中浮现的国际分工，则加大了西欧与西欧以外地区的财富落差，因为边陲地区愈来愈专门生产那些倚赖低廉（且往往受强迫）劳动力的物品，而非那些需要工具与制度提高生产力后才能生产的物品。然而，这样的一个国际分工仍建立在某套既存的社会经济差异之上，才使西欧最初得以占其他地区便宜。

欧洲中心论的问题

虽然本书借用了这些论点（大部分是诸多"制度主义者"的论点），但最终仍要提出不同的主张。首先，不管我们能把资本主义的起源推到多早，能大规模运用非动物性能源、摆脱前工业时代普遍限制的工业资本主义，却一直要到19世纪才出现。而在此之前，西欧的经济，不管在资本存量上，还是在经济制度上，都没有多少迹象显示已具有足以使工业化在该地变得极为可能、在其他地方变得不大可能的决定性优势。在那之前的几百年里，西欧境内的核心地区的确出现了受市场驱动的成长，而且这一成长无疑是工业化的重要前兆，但此成长有利于工业转型的程度，跟亚洲几个核心区域相比并没有很高，因为这些区域也出现了非常类似的商业化与"原始工业"的成长过程。[26] 尽管欧洲境内在近代早期正在逐渐形成一套比较不一般的科学与技术发展模式，但我们也将看到这些模式本身仍然未保证西欧最终会走上一条与东亚等地截然不同的经济道路。

其次，欧洲的工业化程度在英国之外仍相当低，至少在1860年前是如此。因此，建立在西欧共有之特征上的"欧洲奇迹"一说便值得商榷，特别是这些普遍共有的特征，有许多至少在欧亚大陆其他地方也同样常见，因此这一假说就更让人存疑。

本书第一部分质疑欧洲在1800年前就拥有内生性经济优势的多种论点，并代之以描述旧世界那些人口最稠密、商业化程度最高的地区共有的粗略相似之处。第一章利用来自多个地方的证据，说明1800年前欧洲在物质资本上并未积累出重大优势，且相较于其他许多大型经济体，也并未比较不受马尔萨斯式人口压力的约束（从而并未比较能进行投资）。那些在其他几个区域里的人，似乎有和欧洲人一样长的寿命，似乎生活得一样好，且似乎同样愿意为了家庭层次的资本积累而限制生育力。本章的下半部分，将探究欧洲在工业革命之前就享有重大技术优势的可能性。在此，我们的确找到一些举足轻重的差异，但若没有攸关促成能源革命的幸运的地理性偶然因素，和欧洲得天独厚的取用海外资源的机会，这些差异将只会起到较小、较晚出现，且在质的方面可能有所不同的作用。技术上的创新是工业革命所不可或缺的，但光有它还不够，或者说这类创新并非欧洲所独有。我们并不清楚技术创新力的高低，是否攸关逃出马尔萨斯式世界（技术突破的传播很可能持续稍长时间），但可以确定的是，那些有助于缓和欧洲在资源上受限局面的全球性差异的确非常大，从而使沿着特定的（利用土地的、利用能源的和节省劳动力的）道路进行创新的过程变得成果丰硕，乃至自我强化。

第二章探讨市场和相关的制度，主要着墨于西欧与中国之间的比较。此章证明，西欧的土地、劳动力和农产品市场，相较于中国大部分地区境内的这些市场来说，大抵离完全竞争的境地更远，也就是说，较不可能由多种买家和卖家构成，并有机会在许多贸易伙伴里自由挑选合作对象，因而较不适合亚当·斯密所设想的那个成长过程。我首先比较那些规范所有权、土地利用的法律与习俗，以及农业生产者在选择卖家上的自主程度。接着在此章的下一节触及劳动：包括强制性劳动的程度、对迁徙的限制（或鼓励）和对转换职业的限制，诸如此类。

第二章最后一节最为复杂，探讨家户作为一种消费单位与分配劳动力（特别是妇女与小孩之劳动力）的制度，这两种角色间的关系。有些学者主张，比起西欧家庭，中国家庭更容易使妇女和小孩所产出的边际效益，不致低于糊口工资之价值，并在此情况下继续劳动，从而制造出"内卷化经济"（involuted economy）；我则要证明此说不大站得住脚。[27] 中国家庭里的劳动力调度反倒似乎非常类似于把劳动、闲暇和消费转向市场一事，也就是非常类似扬·德·弗里斯（Jan de Vries）所谓的欧洲"勤劳革命"（industrious revolution）。[28] 总的来看，中国、日本境内的核心地区在1750年左右似乎与西欧最先进的地区相近，以类似的、堪称更完美的方式结合了先进的农业、商业与非机械化工业。因此，我们必须把目光转向这些核心地区之外，才能说明它们后来为何分道扬镳。

打造一个更兼容的论述

本书的第二部分包含第三、第四章。第三章把目光移离生存导向的活动，转而审视新式的消费者需求、伴随这些需求而来的文化性与制度性改变，以及需求改变对生产所可能导致的重要影响。在此，我们找到很可能使中国、日本和西欧有别于其他地方，但未使它们三者彼此差别很大的差异。这三个社会在可取得物品的数量和对"消费主义"的态度这两方面的差异似乎不大也不明确（例如，18世纪中叶的中国，糖的消耗量大致上高于欧洲人，而位于长江下游核心地区的人，1750年时的人均布产量可能和1800年时的英国人一样高）。这些社会里的制度，似乎已发展到一定程度，使增加的产量会一再创造出需求，但增加的需求是否能创造出供给，则较不清楚。最后，那些有利于欧洲的消费行为差异，似乎深受欧洲以外因素的影响，例如对新世界白银的采掘和亚洲境内对此白银的需求（这两者把其他"异国"物品吸入欧洲），或是受到新世界种植园和蓄奴所左右的生产体系。

第四章探讨把第三章那些新"奢侈品"带到市场的商人和制造商，不管是进口的、仿制的（例如韦奇伍德陶瓷），还是纯本土制造的。如此一来，本章即不再把焦点摆在"典型的"家户和那些家户所参与的土地、劳动力和消费品市场，而是检视经营格局更大的参与者，探查最后一个生产因素（资本）的市场和关于一种独特欧洲资本主义的论点。因此,本章不再探讨那些只聚焦于西欧境内、宣称是完全竞争市场成长的制度性论点,而是探讨那些较关注外部联系,为某些不完全竞争市场的重要参与者找到优势,从而也较关注经济以外的胁迫(extraeconomic coercion)的论点。

有几种论点主张,欧洲社会的整个结构,或是欧洲与商业财产关系密切的具体规则,使欧洲人在积聚资本、保住资本不被官方侵夺或合理运用资本上,享有重大优势。第四章一开始即驳斥这些论点。虽然在欧洲境内(或至少在英格兰、荷兰和意大利诸城邦境内),某些金融资产可能得到较明确的界定而较为安稳,这类差异终究太小,不足以肩负起费尔南·布罗代尔、乔杜里和道格拉斯·诺思等这些立场各异的学者所赋予的解释重任,更难以和早期工业革命搭上关系,毕竟早期工业革命的资本密集程度并不高。例如,肯定有某些较大型的中国商行,其所积聚的资本常常大到足以在铁路诞生前的时代实行重大的技术创新。

西欧的利率大概低于印度、日本或中国的利率,但研究发现,很难证明这对农业、商业或原始工业的扩张速率有重大影响,更难证明对机械化工业的早早崛起有大幅影响。值得注意的是,尽管18世纪的欧洲人挟着据称较为优越的商业组织,在不动用武力的情况下与来自旧世界其他地区的商人竞争,它们却在此表现平平。只有在开拓海外殖民地和武装贸易上,欧洲的金融制度才真正赋予欧洲重大优势。这些金融制度是在彼此竞争、靠举债筹资的国家体系加持下发展出来的。

诚如布罗代尔所强调的,更为重要的乃是这一点:在18世纪,资本并非特别稀缺的生产因素。[29]与能源有关和最终与土地数量(特别是欧亚大陆各核心区域里日益缩小的森林)有关的限制,反倒对进一步成长有着较不为人知却更为重要的阻碍。劳动力与资本两者都要比土地来得充裕,才能构成发展的要件。但若要生产任何一种马尔萨斯所说的四种生活必需品：粮食、纤维（衣服）、燃料和建材，仍需要土地才能办到。

资本和劳动力在某种程度上能创造出更多土地（开垦），或透过灌溉、施肥和特别用心地除草来提高土地的粮食、纤维产量，但相较于19世纪晚期的化学业所促成的产量提高，这一增加的幅度相当小。而说到在大量使用化石燃料之前生产燃料和建材一事，劳动力和资本取代土地的能力实在很低。因此，即使欧洲在积聚投资资本上享有优势，这本身并不会解决所有最高度"开发"的原始工业地区都面临的生态瓶颈。即使在欧洲境内，肯定都有足够多富含资本但迟迟才工业化的区域来作为例子，可使人对将较大规模的资本积累和向工业主义过渡两者挂钩一事产生疑问。北意大利与荷兰就是显而易见的例子，尽管它们是极先进的商业经济体；西班牙亦然，尽管它是以不同的方式说明同样的道理。在西班牙，大量白银流入较低度开发的经济体很可能阻滞了成长。[30]

布罗代尔自己并未系统地探究他认为1800年前资本相对较充足的这个洞见，会如何影响他说明欧洲独特性的起因；他反倒是重拾欧洲的财富较为稳固这个未经证实的说法。[31] 不过，布罗代尔学派的论点的确把我们的目光导向长程贸易，导向国家、殖民地冒险事业和非市场性的榨取等现象，我认为这些现象在欧洲的突破性进展里所起的作用，比大部分晚近专题论著中所见来得大。我尤其要主张，不管是在近代早期欧洲所创造出的财产的新形式（例如法人和对未来收入流的几种证券化的求偿权），还是相互竞争且渴求税收的欧洲诸国的国内政策，都未能使1800年前的欧洲成为更理想的生产活动环境；但国与国把竞争投射到海外，则的确有所影响。同样的，就武装长程贸易的实行和出口导向的殖民地的创立来说（这些活动的实现在当时需要格外大量愿意等待较长回收期的资本投入），股份公司和特许的垄断事业最终享有某些独有的优势。在这种欧洲资本主义观里，与国家的联结，攸关着使用武力、抢先占有某些市场的权利。而当我们把这个资本主义观与各地的先进市场经济体都面临日益严峻的生态难题一说相结合，我们即能对于欧洲的最重大不同之处有新的理解。

第三部分（第五、第六章）概述了一套新的思考框架，用以思考欧洲发展过程中内、外因素间的关系。第五章一开始，主张欧亚大陆所有人口最稠密、最受市场驱动和商业最先进的区域里，都存有不利于进一步成长的严重生态障碍，且提出理由支持此说。这些障碍未严重到造成重大的粮食危机，但可在燃料、建材与（在某种程度上）纤维的短缺中，或在某些区域的土壤可能失去肥沃的情况下，感受到障碍的存在。考察过这些限制因素后，第五章的最后部分将探查所有这些核心区域欲通过与人口较稀疏之旧世界区域间的长程贸易，来解决短缺的作为，并主张这类贸易无法尽如人意地解决那些问题。蒸汽时代之前高昂的运输成本是原因之一，但还有些原因，则源于许多"边陲"地区的政治经济体制、那些地区相对较低的需求水平，导致难以持续用核心制造物来换取原材料，除非透过殖民体系的强取豪夺，或是透过19世纪晚期起出现的制造业生产力落差（这些生产力落差往往体现在新技术的资本设备这类相对较固定不动的因素上）。

第六章思考工业化期间，欧洲的土地限制得到大幅纾解一事。此章简短检视了从木头到煤炭的转移（一段重要的故事，但也是在其他地方已有彻底探讨的故事），然后转而审视欧洲与新世界的关系带来的生态压力纾解。这一纾解不只是靠新世界丰富的自然资源，还要靠奴隶买卖与欧洲殖民体系的其他特征创造出一种新边陲的方式，使欧洲得以拿愈来愈多的出口制造品换取愈来愈多的土地密集型产品。

在整个工业时代早期，这个互补性的关键部分系由蓄奴达成。

新世界的种植园（plantation）从国外买进奴隶，它们自用的生产量往往不大。因此，蓄奴地区的进口量大大多于东欧和东南亚之类地区，在后者这类地区，出口作物的生产者系在本地出生，他们大部分的基本需求都已获得满足，也没什么钱可购买别的东西。

种植园区域也在几个重要方面不同于中国内陆这类自由劳动边陲地区。在东亚，稻米、木材和原棉的出口者，购买力高于被强制种植商品作物之地区的农民，而且有较强烈的动机与弹性来回应外部的需求。但这个大体上自由劳动且创造出这些充满活力之边陲地区的体系，也允许人们舍弃收益日低的活动。久而久之，这些区域往往经历可观的人口增长（部分因为收入上升）和它们自己的原始工业化，从而降低了这些区域进口制造品的需求，可出口的剩余初级产品也同样减少。

相对的，环加勒比海种植园区域较不倾向于将其产品多样化，更没有打算降低对进口奴隶和食物的需求。欧洲运去新世界以换取制造品（尤其是布）的奴隶，大部分系欧洲自己所买入，因此，虽然送到加勒比海地区的谷物和木材有许多来自英属北美，使那些殖民地得以买进欧洲的制造品，但新世界的所有进口需要，乃至对谷物与人的需要，却有助于欧洲运用劳动力和资本来解决它的土地短缺。最后，我们也会在第六章看到，从殖民地时期开始运行的动能，创造出一个架构，使资源从奴隶区和自由区流入欧洲。在整个19世纪，尽管出现独立与解放风潮，资源流入的速度却有增无减。

第六章也表明，不同的长期核心—边陲关系，如何能在这个过程中改变一个欧亚大陆诸核心地区所共有特征的重要性。这一共有特征就是"原始工业化"，即非机械化工业的大规模扩张。非机械化工业的参与者，大部分是替（往往遥远的）市场制造产品的乡村劳动者，他们的产品透过商人的中介送到市场。创造这一概念的欧洲历史学家，因为对原始工业化和真正工业化之间的关系意见分歧而分为两派。有些史学家主张，原始工业化促成利润的积累、市场导向之活动与专业化，催生出对难以在本国制造之产品的喜好。而乔尔·莫基尔（Joel Mokyr）已证明，在原始工业里所发展出来的大批"伪剩余劳动力"，能大有助于工业化，同时也不会有工业工人从农业的"剩余劳动力"里出现时所产生的许多难题。而我认为，他这个论点既适用于他所举例的欧洲，也适用于约1750年时亚洲的部分地方。[32]

但莫基尔的原始工业化模式假定，原始工业区域能不断扩大他们的手工制品出口和农产品进口，同时不会影响他们所属"世界"里的相对价格。思考这一假设的局限之处，会将原始工业化的另一面清楚呈现在眼前。

原始工业的成长，通常与人口大幅增长密不可分（但这一关联的确切本质争议甚烈，莫衷一是）。在许多情况下，原始工业区域里的人口急速增长与以下的恶性循环密不可分：极低的计件工资率，使得那些往往没什么机会取得土地的工人，为了购买足够食物而拼命增加产出，然后计件工资率因而变得更低。相对价格方面的任何变动，不管那是由原始工业人口在出口市场上供过于求同时又需要进口更多食物且人数变多造成，还是因外部供给与市场减少造成，都会强化这个贫困化模式。一般来说，无论人口增长与原始工业化的关系为何，人口增长都会使土地严重吃紧，因为要提升燃料、纤维和其他工业发展的必需品之产量也需要这些土地。除非能借由贸易取得这些物品，否则要维持产出的增长势头于不坠，就只剩一个办法，那就是更加密集地利用土地。但以当时可取得的技术来看，此举意味着更高的农产品价格与更低的人均生产力，而且是在扯工业成长的后腿。

严重的生态瓶颈和人数过多的原始工业工人、未能找到足够活儿干的农业工人贫困日益加剧的迹象，可在18世纪中叶欧洲的许多地区中明显见到，甚或可在中国或日本境内的类似地区中更为明显地看到。然而，我主张欧洲与东亚接下来的处境开始易位。

举例而言，中国长江下游要售出一定数量的布和进口一定数量的食物与木材，才足以维持原始工业的成长或该地工人相对较高的生活水平，但该地要达到这个数量已愈来愈吃力。这不是因为该地区有什么内部"瑕疵"，而是因为与该地有贸易往来的区域，其人口和原始工业也都正急速成长，使其与长江三角洲的互补性开始变低。长江三角洲作为首要区域，在某种程度上发挥了此类区域应有的补偿作用：借由专门生产较高品质的布，提高附加价值；但这还不够。简而言之，在中国的八或九个大区（macro-region，值得一提的是，每个大区都比大部分欧洲国家还大）里，市场非常活络，从而鼓励内陆许多地方的人投入更多时间制造布等产品。他们填土辟地，砍掉最靠近河川的树，诸如此类。但这些运作平顺的地区性市场和互赖关系，与全帝国性市场的成长相冲突，特别是在约1780年后；这使一两个龙头区域更难保持成长，也更难避免被迫采取更劳动力密集型的策略来保存土地和土地密集型产品。于是，没有剧烈技术变革的边陲地区，其境内的自主和成长带领全国走向了经济死胡同。

相对的，在1750后的百年间，西北欧开始能以前所未见的程度专攻制造品（包括原始工业和工业制造品）的生产，并开始能在这期间把它显著的人口增长化为助力。当然，这一转型大部分表现在制造和运输两领域里一连串了不起的技术进步（在制造方面，这些进步带来可供换取土地密集型产品的大量较便宜物品，而在运输方面的技术进步则大有助于专业化）。但这些较为人知的发展，只道出了部分情况。即使18世纪的水平都让许多人觉得已接近生态潜能的极限时，西欧也能增加其人口，并提升对制造业的专业化程度和人均消费水平，因为该地有限的土地供给所加诸的限制，突然变得较有弹性且较不重要。这有一部分是因为西欧本身的制度障碍，已在德国一地留下许多未开发的农业资源，可供人在法国大革命和后拿破仑时代的改革之后开发利用；部分则因为东欧（与中国的长江上游或西南地区相对应的区域）境内更极端的制度障碍（尤其是农奴制），留下许多闲置的农业资源；还有一部分是因为，19世纪初期时有人将新的土地管理方法从帝国带回母国。在上述这些方面，有人或许会说，欧洲正在第一流和普通的农林业实践上迎头追赶中国和日本，而非开辟新路径。即使如此，欧洲的转型也需要遵循独一无二的路径才能实现：人口减少、奴隶买卖、亚洲对白银的需求、殖民地立法和重商资本主义；即借由这些路径将新世界塑造成几乎永不耗竭的土地密集型产品的来源，以及西欧较充裕之资本和劳动力的出口地。因此，是创新、市场、武力胁迫和有利的全球形势等因素的结合，才在大西洋世界创造出突破性的进展；而东亚境内很可能运作较良好的市场，其更早得多的扩散，反倒使它们走上经济绝境。

于是，第六章不从赢利和资本积累的角度，也不从对制造品的需求角度（欧洲本土生产的制造品很可能已能满足需求），[33]而是从制造品如何纾解欧洲真正稀缺之物（土地与能源）的供给吃紧状态的角度，点出大西洋贸易的重要性。欧洲的海外榨取有助于纾解这些基本且实质的限制，因此有资格和英格兰转而使用煤一事并列为带领欧洲走出马尔萨斯式局限的重要因素，而不该被拿来与纺织、酿酒或其他产业的发展相提并论。纺织、酿酒或其他产业，不管对金融资本的积累或雇佣劳动的发展有多大贡献，往往是在强化，而非纾解西欧核心地区的土地与能源紧缺。事实上，根据对这项生态上的意外收获所做的初步评估，直到进入19世纪许久以后，海外榨取成果的重要性，大概仍和英国开始使用化石燃料的划时代壮举差不多，至少对英国的经济转型来说是如此。

比较、关联与论证的结构

因此，本书在基本上属比较性质的第一部分中主张，尽管相对较高的积累水平、人口模式和某几类市场的存在这三个因素的结合，可能使某些地方（西欧、中国和日本，或许还有其他地方）脱颖而出，成为经济发展前景最可能出现剧烈转变的地点，但它们无法说明为何那一转变实际上最先出现于西欧，或者无法说明为何它发生于某个地方。技术上的差异也无法充分说明19世纪之前的情况（那时欧洲弥补了土地管理上的不足，在其他许多领域上大为领先），而且即使在19世纪，只有把欧洲与全球其他地方的错综复杂且往往充满暴力的关系纳入考量，才能充分说明。

本书的第二部分继续做跨洲性的比较，只不过是在洲与洲的关联也开始变重要的时空环境里做比较。这个部分主张，当我们把目光朝向与糊口所需较无直接关联，且涉及较小比例人口的几类经济活动时，的确看到西欧在文化和制度上的某些可能重要的差异，甚至是与其他"核心"地区的差异。但这些差异是程度上的差异，而非类别上的差异，在强度和范围上都很有限。这些差异肯定无法证明任何所谓西欧（以及仅仅西欧）若非拥有"资本主义生产模式"就是拥有"消费社会"的说法言之有理，而且这些差异同样也无法说明，这个显著分道扬镳的现象为何会在19世纪出现。此外，引人注意的是，在可察觉到重大差异的地方，差异总是与偏离斯密式市场动态（Smithian dynamics）的事物有关联，特别是与国家特许的垄断事业和特权，与武装贸易、开拓殖民地的成果都有关联。

第三部分同样以比较起头，说明不管欧洲享有什么优势，无论是来自发展程度较高的资本主义和"消费主义"，还是来自制度障碍所留下的可供更密集使用的闲置土地，乃至来自技术创新，那些优势都完全未能指出一条明路，来走出旧世界诸"核心"区域所共有的生态限制。此外，与旧世界人口较不稠密的地区所进行的纯合意性贸易（欧亚大陆所有核心区域都采行的一个策略，规模往往远大于1800年前西欧所能处理的程度），在纾解这些资源瓶颈上也没有多大的潜力。但新世界的发展前景较为乐观，主要是因为全球形势的效应。首先，流行病大大削弱了新世界原住民对欧洲人侵吞这些土地的抵抗。其次，在征服与人口减少后出现的跨大西洋关系，也就是重商主义和特别是黑奴买卖，使得急需的资源流到欧洲一事自我催化，而且是以旧世界的地区间合意性贸易所未见的方式自我催化：它比现代世界主要产品出口者和制造地区间能自行永续的分工还早出现，甚至比工业化还早出现。世界上第一个"现代"核心地区和其第一个"现代"边陲地区，就此同时问世。拜这一全球形势之赐，西欧得以有机会在先进经济体的基础上打造出真正独一无二之事物，尽管这一经济体的主要特征并非独一无二。最后，我们用关联和互动来说明光靠比较所无法说明的现象。

地理涵盖范围小记

概述过本书的主要想法之后，理当就本书所涵盖的地理范围做个简短提醒。本书虽然加入方兴未艾的"世界史"领域，但对待世界诸地区仍有轻重之别。中国（主要是中国东部和东南部）和西欧受到较长篇幅的着墨；对日本、南亚、中国内陆地区的着墨则少了许多；对东欧、东南亚和美洲的着墨更少；对非洲的着墨则又更少，只有在谈及奴隶买卖时例外；对中东、中亚和大洋洲则几乎不提。此外，当本书探讨中国、日本、南亚和西欧时，兼采比较与关联的角度。换句话说，既把它们当成产生基本经济转型的合理地域、认为它们的经验也阐明了这类转型确实发生的地方，又从它们自身与其他地区间相互影响的角度来探讨它们。

另一方面，对东欧、东南亚、美洲和非洲的探讨，大抵透过它们与其他地区的互动展开。这并非暗示它们完全是被动而为，正好相反，本书所概述的论点主张，在我们认为"核心"的那些区域里所得以实现的事，都受到"它们的"边陲地区的发展路径和内部动能制约。这也无意暗示只有我以比较方式探讨的那些地区才可能发生重大改变。工业成长只是我们所谓的"现代性"的一部分，尽管那是至关紧要的一部分，而其他部分可能有其他的地理渊源。此外，只理解特定区域，即只理解我们现今视为自身时代的主要特征的发源地，其后果也非我们所承受得起：这么做会大大增加把那些特征视为势所必然的风险。简而言之，只是把一些中国、日本的事物加进欧洲故事里当陪衬，并不会让欧洲故事成为"世界史"。

但我之所以在此特别着墨于特定地方，除了因个人精力有限外，还有别的原因。有些原因与我想要质疑的故事有关，有些则与我想说的故事有关。

首先，从亚当·斯密、马尔萨斯到马克思，再到韦伯，中国在现代西方谈及自身的诸多故事里，一直是扮演首席"他者"的角色。因此，本书的两个首要目标，乃是弄清楚一旦中国的发展不再扮演欧洲对立面的角色，中国的发展会呈现如何不同的样貌；同时也弄清楚一旦了解欧洲的经济与最常被拿来与它对比的他地经济之间的相似之处，欧洲史会呈现多么不同的样貌。

其次，我论证里强调的那些过程，把我们的目光导向世上各个人口稠密的地区和它们的贸易伙伴。一方面，方兴未艾的专业化受到高人口密度的加持，因为除非市场里的人够多，否则人无法靠每个人偶尔才需要做的事来养活自己。[34] 人口密度并非决定亚当·斯密之"市场规模"的唯一因素，即使是人口密度稀疏的区域，还是可能拥有形形色色的专业人士各自负责其文化中所认为的重要工作。但另一方面，也是因为在许多经济活动领域里，包括粮食生产、衣物生产、建造、运输和交换本身，若要发展出精细的专业化，最终必得有一项无可取代的条件：在担负得起的地理范围和文化范围里有足够多的人（就亚当·斯密的观点，更难预料得多但显然很重要的技术变革过程，离不开探索自然世界和追寻操纵自然世界的新方法，而上述道理用在此一探索与追寻工作的专业化上同样真切）。

与此同时，生态压力与人口的关系更为密切，这也是我论证的核心成分。[35] 当然，从某个客观角度来看，如果根本供养不起那么多人，或如果人们以某些方式使用他们的环境，则人口稀疏的区域也可能受到沉重的生态压力。因此，在第三部分，我区别了人口稠密区和我所谓的"人口饱和"（fully populated）区。所谓人口饱和区，即除非有重大的节省土地的技术变革和制度性改良，或有更多机会透过对外贸易取得土地密集型商品，否则已没有大幅成长空间的区域，即使它们的每英亩人口数少于别的区域亦然（举例来说，有鉴于18世纪的英国拥有更低的每英亩产量和更高的生活水平，其"人口饱和"程度可能比孟加拉还高，即便是在其人口密度较低之时亦然）。但这个评断标准也使人把焦点放在西欧、中国和日本，以及较低程度地把焦点放在印度。我们还可以针对稠密人口、资讯集中使用和特定技术与制度变革的可能性来提出进一步的论点，但这些论点较不那么简单明了。

最后一个较禁不起思辨论证的观点，乃是由于我本身所受的训练，使我写起中国、欧洲、日本比写其他地方更为得心应手，并使我在关于这三地的研究成果上，更易于取得相对来讲较丰富的既有资料。詹姆斯·布劳特（James Blaut）所谓的"均变论"（uniformitarianism）是个有用的起始点，但具有我们必须借助观察来发现的局限之处。根据其说，在历史的某一个时间点（在他的分析里是1492年），非洲与欧亚大陆许多彼此相关联的部分，在持续发展的动能（dynamism）与"现代性"上具有大略相似的潜力。[36]

如果最终此说可运用于每个地方，那会是很值得注意的巧合，但许多证据都表明它并不适用于每个地方。诚如前面的推敲，我个人推测，人口密度最终会是极重要的因素，因此比较可能的情况是，比如北印度，最终会比中亚乃至奥斯曼帝国，更适合与中国、日本和西欧划归为同一类[37]（在这方面，有一点大家应切记：若有人在十年前试图写这样的书，他将会比我更难找到著作来支持有利于中国的解释；而若是在二十五年前，就连有关日本的著作都会很难找到）。但由于现今可取得的著作（受限于我个人和既有的知识局限所取得的著作），本书所特别着墨的地理范围似乎已足够，至少已足以使我们对有待思索的问题提出新疑问。我比较仔细检视的地方并未涵盖全世界，而且世界其他地方也并非只有在与我所检视的那几个地方互动时，又或者是充当负面例子（举东欧为例，通过点出东欧与中国、西欧两地的差异远大于西欧和中国彼此间的差异，来阐明中国、西欧有多少共通之处）时才显得重要。但我认为，就重新思考我们当今的工业化时代发源地来说，这样的地理分类是合理的。

第一部分 有着惊人相似之处的世界

第一章

欧洲领先亚洲？

从人口、资本积累与技术解释欧洲发展

欧洲如何在19世纪中叶达到绝无仅有的富裕？各方虽然未有共识，然而埃里克·琼斯的《欧洲奇迹》(The European Miracle)一书，大概最接近于当今的"主流"看法。琼斯的论点兼容并蓄，是以尽管有许多欧洲主义者会驳斥或质疑他的许多说法，但他的几个通论性观点还是赢得了广泛认同。对本书来说，这些通论性陈述里最重要的一则（同时也见于其他许多学术著作里），乃是工业化并非欧洲经济史脱离其他旧世界发展轨迹的起点，而是代表了两者的差异在悄悄酝酿数百年后的结果。事实上，许多学者根本把这视为理所当然。由于琼斯清楚说明了他为何赞同这种观点，他的著作可作为本书有用的起点。

据琼斯的说法，"欧洲人"[1]早在工业化之前就已是独一无二的富有了。特别值得一提的是，借由"将人口成长抑制在稍低于该地所能承载的最大值"，欧洲人已掌握了更多的资本，特别是牲畜。[2]这进而使欧洲人有机会"将他们的消费水平维持在比亚洲稍高的程度"。[3]此外，由于欧洲比起其他地方所遭遇的天灾较少，也较早就开始用防火砖石建屋，欧洲人的资本存量较不易化为泡影。[4]因此，欧洲人只需较少的年度盈余就能抵消资本贬值，并使欧洲在资本存量上的优势与日俱增，甚至早在工业革命前就是如此。

但事实上，只有少许证据显示西欧的资本存量在1800年前曾经享有量的优势，或存在使欧洲在资本积累上大占上风的持久情势（无论是人口或其他）。欧洲人也不大可能比亚洲较发达地区的人更健康（亦即在人力资本上占优势）、更有生产力，或者有在其他方面承继了多年所缓慢积累的优势。

当我们比较体现于资本存量里的技术时就会发现，欧洲的确在工业革命前的两三百年间在一些重要的领域享有优势，却也在几个领域中屈居劣势：这些劣势集中在农业、土地管理领域和对某些土地密集型产品（尤其是薪材）的无效率运用上。就结果而言，欧洲占上风的某些领域最终对真正革命性的发展有着重大影响，但其他社会拥有较高明技术的那些领域则不然。即使欧洲在几个领域里享有技术优势，若没有使欧洲比其他社会更能不受其土地基础约束的其他改变，欧洲也不可能获得突破性进展而实现依靠自身力量维持成长。这有一部分是欧洲在原本落后的某些节省土地技术上迎头赶上所致（拜海外帝国所得到的知识加持而顺利许多），一部分要归功于意外的好运，让欧洲人在特别幸运之地找到重要资源（特别是能节省林木消耗的煤），另一部分则要归因于全球形势。而那些全球形势其实也是欧洲人的作为（许多是暴力性作为）、流行病的意外助阵和某些基本上独立发展的情势所共同塑造的（中国经济转向以白银本位便是一例，中国此举有助于在其他产品问世之前那个漫长时期维持新世界的矿场获利不坠，维系住欧洲的殖民地）。

这些全球形势使西欧人有机会取得数量庞大的土地密集型资源。此外，他们能取得这些资源，同时不必使在19世纪人口、人均资源使用均急速成长之前就已陷入困境的欧洲生态更加不堪负荷，且也不必把自己庞大的劳动力移拨给数种劳动力密集型活动，从而使他们保有必要的劳动力来管理土地，以获得更高的产量和更大的生态永续性。若没有这些"外部"因素，单单欧洲的创新发明对经济与社会的冲击，比起在18世纪的中国、印度和其他地方持续在进行的极小幅的技术改良对它们自身的冲击，可能在程度上大不了多少。

农业、运输与牲畜资本

欧洲的人均牲畜拥有量的确多于大部分定居型社会。在欧洲的农业体系里，牲畜是极值钱的资本，因此牲畜愈多通常意味着愈富裕。在亚洲某些地方，牲畜的短缺的确使人无法耕作更多土地。例如，在18世纪孟加拉的某些地方，明明有无人耕种且肥沃的土地，无地的劳动者却无法拿来用，只因为无从取得役畜；但无从取得役畜，牲畜的短缺只是次要原因，主要还是因为地主担心失去自己旗下的劳动力，因而特意独占这些必要的牲畜。[5] 由于未被利用的土地仍然很多，要把弄不到牲畜一事归咎于马尔萨斯式压力也就行不通。

在某些亚洲社会里，人口的稠密到了无法轻易取得牲畜的程度；但就算是在这些例子里，也丝毫没有役畜的短缺会抑制农业生产的迹象。事实上，如果役畜短缺是个重大麻烦，我们就很难理解为何拥有较多土地、较有钱的农民并未饲养或使用更多牲畜；而且就我们有可观资料参考的时期来说，华北大小农田在每英亩所用畜力上并没有明显差异。[6] 此外，若就欧洲标准来看，这些数量不多的牲畜已足以包办所有重活，使几乎所有可用耕地不致闲置。另外，根据我最有把握的估计，由于华北地区种植混种作物且生态比产稻米的南方更像欧洲，因此即便役畜较少，此地中国人在18世纪晚期施予土壤的粪肥，仍比同时代的欧洲人多，且品质也较好。[7] 农产量因此足以供养旱作地区格外稠密的人口，[8] 而且诚如不久后会了解到的，其生活水平大概和西欧相当。与此同时，役畜数量更少的亚洲稻米区，农产量却是举世之冠。这是因为种稻根本不需要那么多的畜力，而且收割后的作业所需的畜力，也比制造面粉所需少许多。[9]其他的亚热带和热带地区，例如中美洲，即便只有少许耕畜，乃至根本不用耕畜，也供养了稠密人口。如果拥有较多役畜的欧洲农业并没有特别高的生产力，那我们就很难把拥有"较多役畜"视为重要优势。

当然，耕畜也可用来拖拉其他货物。欧洲在前工业时代的陆上运输方面享有极大优势，部分就得归功于有许多农畜可供使用。这些农畜得每日喂食，但只有部分时间用于农业。那么，欧洲在陆上运输的资本设备上享有重大优势吗？与牧地极稀少的东亚相比，欧洲或许享有优势，但中国和日本发达的水上运输肯定抵消了自身陆运上的劣势，使这两个地方在运输上与欧洲同样拥有有价值的资本；亚当·斯密就曾注意到东亚在运输上的整体优势。[10]而在亚洲境内那些和欧洲一样有不少草场和草原的地区，大概也拥有一样发达的乡村运输。印度北部庞大的牛车队，就是个虽然具有逸事趣闻性质但有力的例子。这类车队的牛只，有时多达万头。[11]数量估计虽有许多难以掌握之处，但就我们所能掌握的部分来看，18世纪北印度的牲畜运货力，就人均来说，与维尔纳·松巴特（Werner Sombart）针对1800年时的德国所提出的估计数据相差不大。[12]此外，中国和印度老早就从遍布牧草地的中亚买进战马和其他牲畜，而且清朝在1700年控制大半中亚后也能自行饲养战马。因此，中国人如果需要输入其他牲畜，从生态角度来看也是可行的。[13]

我们同样也没有看到其他亚洲运输资本短缺的迹象。根据推测，这样的短缺会抑制货物的流通销售，特别是像谷物之类大宗货物。但在中国这个人口极为稠密的社会，长距离运输送到市场贩售的收成，占所有收成的比例似乎比在欧洲还高了许多。据吴承明的保守估计，18世纪时有3000万石的谷物进入长程贸易，[14]也就是足以喂饱约1400万人。[15]比起对1800年前欧洲长程谷物贸易巅峰时该贸易的笼统估算值，多了四倍之多；[16]若和波罗的海谷物贸易最盛时期一年的贸易量相比，则多了超过十九倍。[17]

此外，吴承明的数据只涵盖中国境内诸多谷物贸易路线中最大的几条，且即使是针对这些路线，他也都采用很审慎的估算。例如，他略去了山东省。山东省在1800年时人口约2300万[18]（比法国人口稍多），商业化程度不是特别高，但也不特别落后。18世纪时，该省一般来讲一年输入足以喂饱70万至100万人的谷物（比波罗的海贸易量还高），同时也输出约略相同数量的谷物。[19]因此，如果把山东这个大小相当于一个国家的省份的进出口谷物量当成欧洲境内的"国际贸易量"，就会发现该省所从事的谷物贸易，足以比得上欧洲境内所有长程谷物贸易。山东省境内想必也有颇活络的谷物贸易，因为即使进口如此数量的谷物，也不可能满足该省城市区域的需求（更别提该省的棉农和烟草农）。

这种现象并非中国独有。许多亚洲城市（以及前殖民时期美洲境内的一两座城市）都曾比欧洲任何城市要大（后来才被18世纪的伦敦打破），有几座甚至比伦敦还大。有人估计，18世纪的日本人口有22%住在城市里，相对的，西欧则只有10%至15%；[20]而就马来群岛来说，尽管整体人口分布稀疏，城市人口所占比例却可能达到15%。[21]上述许多城市，以及南亚和中东境内的某些城市，皆极倚赖大宗粮食的长距离输运。

整体来讲，我们似乎很难找到欧洲在运输上占优势的证据。最后一个可以考虑的情况是，欧洲的牲畜为转动磨石之类的工业活动提供了动力，从而对工业发展产生影响，形成重大差异。但在亚洲的食米区，碾磨谷物的需求本来就不高，因为米与小麦不同，往往不需磨成粉就能食用。就算要把米磨成粉，通常也只是少量碾磨，但这并非因为缺乏畜力，而是米的特性所致：由于米一旦去壳很快就会坏掉，因此必须以每日少量的方式来手工处理。[22] 此外，不管是在欧洲还是亚洲，大部分磨坊和其他工业设施的规模都很小。这类设施也不是每天都在运作，因为需求较低，且有着像节日之类的固定限制和其他短缺（例如锻铁炉所用燃料的短缺）。因此，并不是每个地方都需要大量牲畜，更没有迹象显示畜力的短缺会大幅抑制工业发展。

因此，就算欧洲的牲畜对发展有所影响，也是以一种消费品项而非"资本商品"的形态来造成影响。也就是说，以蛋白质来源的形态造成影响，而且这种蛋白质是其他区域找不到其他东西充分替代的。比起亚洲境内大部分民族，欧洲人肯定食用较多的肉和更多的乳制品。但欧洲的这一优势在近代早期时非但没有上升，反而逐渐下滑，而且下滑非常快。例如在德国，从中世纪晚期至1800年，肉食用量减少了约八成。[23] 此外，肉并非不可取代的蛋白质来源，许多中美洲和北美洲的人似乎从玉米、豆类和南瓜属植物摄取到肉里最重要的氨基酸，东亚人则从豆腐里摄取。

更广泛地说，凡是以某方面的日常饮食（或以"有较多的砖石建筑"等特征）为基础的论点，都禁不起推敲。我们要如何决定哪种差异构成"生活水平上的领先"？[24] 为何要强调欧洲在住宅上很可能拥有的优势，而不强调日本、中国和东南亚等地在饮用水上安全且出色的供给？[25] 或者强调能生产出更舒适与更耐用的棉制品？这类棉制品在亚洲大部分地方，即使穷人都能够入手；而在传入欧洲后，更连富人都喜爱。要回应这样的质疑，最明确的方式或许是宣称欧洲人拥有某种混用物质商品的方式，使他们活得较健康长寿，或较有活力。然而，根据我们堪称有限的证据表明，这样的情况并不存在。保罗·贝罗赫（Paul Bairoch）根据20世纪的资料往回推，估算了世界大部分地方在1800年左右的人均收入。在他的数据中，

"亚洲"在整体上稍稍落后于西欧，但仍领先整个欧洲；而中国一枝独秀的程度，则是连西欧都比不上的。[26] 但贝罗赫在推算时也遇上许多困难，是以与其倚赖贝罗赫对各经济体所估算的数据，本书打算逐一探讨我认为欧洲经济在 18 世纪时表现"平平"的理由。

活得更久？活得更好？

根据英国史家劳伦斯·斯通（Lawrence Stone）的研究，1650年时的英格兰或许是欧洲最繁荣的地区。然而，即使是此地的贵族子弟，其平均寿命（即出生时的预期寿命）也只有约 32 岁；要到 1750 年后才超过 40 岁。[27] 约翰·诺德尔（John Knodel）的研究则发现，在整个 18、19 世纪期间，德国西部 14 座村子的村民，人均预期寿命一直处于 35—40 岁之间。而诚如后面将会看到的，这个数字比 19 世纪更广大德国人口的整合资料所得出的人均预期寿命还要高。[28] 安东尼·里格利（Anthony Wrigley）与罗杰·斯科菲尔德（Roger Schofield）对英格兰村子进行大规模调查，得到人均预期寿命在整个 18 世纪期间为 34—39 岁的数字，这个数字在 19 世纪攀升到 40 岁，并要到 1871 年后才会再进一步大幅攀升。[29]

这些数据相当出人意表，因为它意味着在人均预期寿命的数字上，英格兰整体只稍低于斯通所提的贵族子弟；但我们不该遽然下此定论。有些学者认为，里格利和斯科菲尔德的数字不够精确，因为它并未就 1780 年前一般平民普遍少报出生、死亡一事做出相应修正；而这样的修正将会降低平民百姓的人均预期寿命，从而拉大平民与有着较详细生卒记录的贵族之间的差距。据彼得·拉泽尔（Peter Razzell）估计，英格兰在 1600 年至 1749 年真正的婴儿死亡率，很可能比里格利与斯科菲尔德的数据所指出的还高上六至十成。[30] 光是算入拉泽尔对婴儿死亡率的数字，就会使英格兰的平均寿命减少37%，来到31.6—34岁，拉泽尔还表示，其他特定年龄群的死亡率也应往上调整，尤其是在这个时期之初的死亡率。[31]在拥有更多人口的法国，人均预期寿命则低了不少：法国男、女在1770年至1790年的平均寿命都在27.5—30岁之间。[32]德国境内几个地区稍晚时期（1816—1860）的人均预期寿命也和法国差不多：东普鲁士和西普鲁士是24.7岁，莱茵省是29.8岁，威斯特伐利亚则是31.3岁。[33]

几个亚洲族群的个人寿命似乎和这些西欧人一样长。苏珊·汉利（Susan Hanley）和山村耕造（Yamamura Kozo）估算了18世纪晚期和19世纪初期两个日本村子村民的平均寿命：两村男性分别是34.9岁和41.1岁，两村女性分别是44.9岁和55岁。[34]托马斯·史密斯（Thomas Smith）、伍若贤（Robert Eng）、罗伯特·伦迪（Robert Lundy）则以某个有详细文献佐证的18世纪村子为对象，计算该村里活过一岁者的总人均预期寿命，男性为47.1岁，女性为51.8岁。[35]因此，住在乡村的日本人（不包含依法得住在城下町的贵族），似乎活得和欧洲人一样久，而且很可能更久。

尽管中国人的寿命不像日本人那么长，但比起欧洲人依旧不遑多让；亚洲其他地区的人口亦然。特德·特尔福德（Ted Telford）考察了中国某个较繁荣区域的族谱，发现该区域18世纪中期的平均寿命为39.6岁，但到了19世纪初期降到34.9岁（但仍比得上英格兰平均寿命的估计值）。[36]李中清（James Lee）和康文林（Cameron Campbell）利用1792年至1867年中国东北某村详尽的资料，得出如下的研究结果：满一岁的男性的人均预期寿命为35.7岁，而女性则是29岁。[37]这些数据稍低于特尔福德所提出的18世纪中期的数据，但就女性来说，人均预期寿命可能因为这个村子里特别强烈的重男轻女倾向而降低。无论如何，比起欧洲繁荣的乡村地区，这个数字仍不遑多让。雷伟立（William Lavely）和王国斌找到许多理由，来怀疑18世纪晚期人均预期寿命减少之说；他们也从几份研究报告收集中国人的人均预期寿命数据，发现在19世纪之前，中国人大体来讲比西北欧类似群体的人均预期寿命要高。[38]

清代皇族可能是世上有着最详细文献可资研究、人口也最多的前现代族群，而且是并非人人都过上好日子的族群。晚近对这个族群的研究，提出了一个正反兼具的论断，但这个论断大体上支持"中国人"[39]活得和西欧人一样久的说法。由于高杀婴率，此族群的平均寿命似乎不高：或许有高达四分之一的新生女婴遭杀害，且杀婴率在18世纪时来到顶点[40]（当时的人普遍以杀婴作为计划生育的手段，而这个族群所留下的记录又特别详细，使后人得以了解过去此做法有多普遍）。不过，到了18世纪晚期，活到一岁者的人均预期寿命已达到至少40岁，[41]从而相近于前述西欧最富裕者的人均预期寿命。而从其他的人口资料，我们也可推断出中国人的人均预期寿命与欧洲人相当。诚如不久后会看到的，尽管中国的出生率似乎一直低于欧洲，但其人口增长率从最初较高（1550—1750），到后来变得相当（中国和欧洲两地的人口从1750年至1850年都差不多增长了一倍）：只有在中国人的死亡率也低于欧洲人的情况下，这才有可能发生（欧洲移出人口较多，但此事要到这个时期末才足以造成重大影响）。进一步的研究的确有可能得出中国实际上的出生率、死亡率比目前为止所发现的数据还要高的结论（尤其是如果找到有助于了解中国较贫穷地区的资料的话），但我们既有的欧洲资料，大部分也都是来自较繁荣、记载较详细的区域。

从我们手上零散的营养统计资料，也可看出中国与欧洲较富裕地区在18世纪时有着约略相当的人均预期寿命（中国或许略胜一筹）。我们不该把死亡率和营养两者的对应关系看得太密切，乃至于认为前工业时代的人没有刻意使用各种方法来影响死亡率，从而认为可用资源的数量波动（和瘟疫或战争之类的外生型危机）是死亡率最大的影响因素。然而，李中清和王国斌已提出有力理由，证明新的公共卫生措施（例如人痘接种法的传播）、行之已久的个人卫生模式（例如使用肥皂、喝开水）、个人心态上的改变（从寻求医疗到杀害或疏于照顾婴儿等各种事物上的心态改变），对18世纪中国的人均预期寿命的影响，可能比我们原先根据前现代欧洲人口的研究所认为会有的影响还大。但即使如此，我们仍不能将"人均食物供给量会影响死亡率"这个基本的马尔萨斯洞见置之不理。令人欣慰的是，我们发现，中国人除了活得相对比较久，似乎也有着相对比较充足的食物。

布罗代尔发现，在1800年前，欧洲的热量摄取量报告有着极大的落差，而且这些报告大部分都来自身份地位较高的阶级。布罗代尔指出，做粗活者（例如西班牙船队上的船员）每天摄取3500卡路里，而"城市大众"每人每天摄取2000卡路里左右。[42]格里高利·克拉克（Gregory Clark）、迈克尔·休伯曼（Michael Huberman）、彼得·林德特（Peter H. Lindert）所收集的19世纪英格兰的资料，显示几个非务农型劳动家户群体每个成年男性每天的摄入量相当于（per adult male equivalent）2000—2500卡路里，而19世纪60年代的乡村农业劳动者则是将近3300卡路里。[43]潘敏德（Ming-te Pan）根据17世纪长江三角洲某份农书，将农业劳动者的配给往回推，指出这些配给光靠谷物就会产生大概4600卡路里的热量。[44]对18世纪全中国人口之谷物消耗量的估算，各家说法不一，但年平均数约相当于2.2石稻米，[45]也就是每日每人产生约1837卡路里。如果18世纪的人口年龄结构，与卜凯（John Buck）在20世纪二三十年代取样的年龄结构一模一样，[46]每个成人每天的摄取量就会转化为2386卡路里，而这还未计入他们所消耗的非谷物性食物。转化为成年男性日摄取量一事，虽然因为可以和英格兰比较而令人乐见，但由于17世纪和20世纪中国乡村资料里的成年男性和女性消耗量之间的差异，比英格兰取样的差异大了不少，这一转化就变得复杂难懂；但如果我们运用19世纪晚期的英格兰比率，那么中国数据就变成每个成年男性2651卡路里。除了一个英国取样，这个数据和其他所有英国取样（包括那些来自更加繁荣的19世纪晚期的取样）相差无几，而且远高于布罗代尔对整个欧洲之"城市大众"的估计值。[47]

东南亚的资料极为参差不齐，但来自19世纪初期吕宋的一份堂区记事簿显示，一个人出生时的预期寿命为42岁。[48]其他零星的证据则显示，在1500年至1800年，东南亚精英的寿命可能比欧洲精英稍长，而这期间来到东南亚的欧洲人，也常提到当地原住民非常健康。[49]至于其他许多区域，资料根本付诸阙如。

我们掌握的计算数据显示，只有印度的人均预期寿命才大幅低于西北欧大部分地区。根据来自某区域的不可靠资料，1800年左右印度的人均预期寿命大概在20—25岁。[50]诚如后面会一再看到的，差异大加上资料不全，使人特别难以就南亚做出推断，乃至特别难以针对此地区做出在中国、日本和欧洲所能做出的那类陈述。特别值得一提的是，印度虽然在幅员上比政治上较统一的中华帝国来得小，但劳动体制的多样性则大上许多，多样性的程度似乎和整个欧洲一样大，更大于西欧一地。如果说这会导致收入分配和生活水平上也出现同样大的差距，甚至在自然条件相似的区域里亦然，似乎也就不足为奇（当然，这个说法亦适用于欧洲。而在中国，地区生态与生活水平之间的关系似乎一直比较直接）。不过，即使印度的人均预期寿命只有25岁，也只稍低于伊夫·布拉约（Yves Blayo）对法国的估计数字；此外，晚近一项调查显示，至少就南印度劳动者（包括农人和工匠）来说，他们在18世纪中期的食物购买力就已普遍超过英格兰的同业了。[51]

出生率？

如果欧洲人的死亡率并没有特别低，他们的出生率亦然；因此，欧洲家庭在确保祖传财产上，并未特别享有优势。当约翰·哈伊纳尔首度概述欧洲的生育力体制（独身率高、青少年和壮丁在能结婚前离家在外当仆役数年的比例高、相对较晚婚），如何制造出比"前工业时代的人口体制"（在这种体制里结婚后完全不会避孕或节育）还低的出生率时，时人普遍认为世上其他地方，或至少大部分地方，都是以这种"前现代"的体制为特色。[52] 的确，只有寥寥几个大型社会有像欧洲这样推迟婚姻或减少结婚者比例的制度。因此，那些从欧洲往外看的比较论者则根本从未料到，在欧洲境内开始出现有效的婚姻内生育控制（差不多是18世纪末）之前，这样的生育控制早已存在。如今很清楚的是，亚洲人（或至少是东亚人）的确有方法控制已婚妇女的生育率。

首先，日本的资料显示，日本的出生率出奇的低。这一现象似乎大半是某种约定俗成的做法所间接（和可能无意间）造成的。在这种习俗下，年轻妇女离乡背井工作，往往一做就是数年，从而对生育产生类似哈伊纳尔在欧洲所观察到的影响（降低生育率，但比欧洲更为显著）。[53] 此外，我们也有具体无误的证据，证明当时还会透过更直接的办法来控制家中小孩的数量和性别，这包括堕胎和杀婴，可能还有避孕和禁欲。更发人深省的，我们愈来愈清楚这些直接办法（包括杀婴），不只在经济困顿时作为求生策略，在经济顺遂时也被当成积累资本、跻身更高社会地位的策略之一环。[54] 事实上，证据表明杀婴在日本有钱人家里比在穷人家里更常见。[55]

来自东南亚的证据相对较零星，较不具说服力，但也强烈显示夫妻会以数种积极作为控制生育，特别是有妇女在从事流动买卖的人家（这类人家并不少）。[56] 最近的研究显示，中国不同阶级的人家，在顺遂和困厄时,都会以形形色色的办法来限制家庭人数、控制小孩的年龄差和选择小孩的性别。[57] 使用最广的办法似乎是在结婚后推迟怀孕,然后在已有小孩后避孕;晚近的研究表明,这使得中国妇女尽管大多早婚,其平均生育生涯仍大大短于欧洲妇女。[58] 其结果就是,中国在1550年至1850年间,每桩婚姻和每个妇女的出生率都大大低于西欧。[59]

总的来说,亚洲似乎有几个族群,在为了维持或改善生活水平而抑制出生率上,表现出毫不逊色于任何欧洲人的能力和意志。[60] 此外,那些表明中国、日本出生率低于欧洲的证据,有助于支持中、日死亡率低于欧洲(从而有较高生活水平)的证据,反之亦然。如果东亚人的生活过得和欧洲人一样好或更好,那就没有什么理由认为他们在家户层级的资本积累上花费了较少的心力。尽管如此,在下一节里,我们会探讨那些使欧洲人在资本积累上较有成效的宏观因素。

资本积累?

我们似乎没什么道理认为,大部分欧洲人乃至西北欧人,在晚至1750年时的富裕程度都独步全球。因此,欧洲人的资本存量较有价值一说似乎也就不可能成立,因为那一资本存量并未使他们能让自己享有较高的生活水平。不过,琼斯所提的另一个可能情况,也就是欧洲的资本存量较少贬值一事,则值得予以个别关注。也就是说,较耐久的资本存量长期遭到其他差异的抵消(例如较低的总投资率或缺乏具有专业技能的劳动力),但当这些差异之处变得较不重要时,这个资本存量就渐渐产生显著的影响。这个情况不无可能,但在目前要把这类想象当一回事,似乎没什么道理。

欧洲的建筑很可能比中国和日本境内的建筑更挨得住灾难冲

击，毕竟中日两地较少以砖石为建材。但我们没有充分的资料可理直气壮地说，欧洲在这方面领先所有社会，或中日两国不存在其他能抵消资本存量脆弱性的差异。

琼斯还主张，欧洲最常发生的灾难以流行病、战争和歉收为主，其大部分摧毁的是劳动力，而亚洲常见的灾难是地震和水灾，则较可能摧毁资本。但我们还是有理由存疑，这个说法到底能赋予欧洲什么重大优势。

的确可以说，劳动力在遭遇灾难打击后，通常在一两代内就会恢复，除非遇上最严重的天灾人祸；而反观资本存量遭遇到破坏时，影响通常会比较持久：最著名的例子或许是13世纪的伊朗与伊拉克，由于灌溉系统遭到当时的战争摧毁，两地部分地方在数百年内都一蹶不振。[61] 但只要社会的基本结构未遭摧毁，即使是重建复杂的基础设施，往往也只需要比人口从流行病打击中复原的时间再稍多一些而已。例如，17世纪中国长江流域的水利系统，在经历过数年的战火、瘟疫、经济萧条和人口减少的打击后，一旦局势恢复稳定，很快就能重建；[62] 19世纪中期该流域又再次经历类似程度（类似数量但非类似比例）的破坏后，也是在几年内就完成重建。[63] 考虑到水灾和地震摧毁社会基本结构的概率，几乎和瘟疫或旱灾的摧毁概率一样低，因此除非亚洲基本社会秩序受创于战争的程度比欧洲还厉害（这点不大可能，因为近代早期欧洲战争频仍，而中日境内战争发生率相对低、大部分东南亚战争所造成的实体破坏程度不大）[64]，则欧洲因资本贬值较轻而受惠一说，就很难站得住脚（后面我们会再探讨，琼斯如何在后来的著作中，将重点从真正实体破坏方面的差异，转移到蒙古人统治所遗留的影响使亚洲出现特别保守之政权[65]）。最后，琼斯并未提出理由佐证替换被毁的物质资本，必然会比替换人力资本还要费事；而欧洲丧失人力资本的速度，似乎也和中国、日本（或许还有东南亚）一样快。

同样的，没有迹象显示欧洲的织工、农民或其他工人的生产力大大高于欧亚大陆几个地区的同业。照理说，如果欧洲的工人拥有较多或较好的资本，应该能看到这样的迹象，何况我们已知道他们似乎也没有比较长寿或过得比较好。这一点意义重大，因为它间接表示，在欧亚商品的竞争中，欧洲制造商并未因为支付较高的实质工资而处于不利地位。因此，如果他们的工人生产力较高，照理应能在亚洲市场贩售他们的产品。但诚如各家说法所一致认定的，欧洲商人在亚洲贩售自家商品，比在国内替亚洲商品找到销路还要难上许多，不管是就精英消费还是大众消费来说都是如此（亚洲人虽然吃得一样好，但能买到的其他商品不无可能少于欧洲人所能买到的，但诚如第三章会看到的，中国人和日本人在这方面大概也丝毫不逊于欧洲人）。印度次大陆是欧洲境内亚洲制造品的最大来源，也是许多学者眼中工人生活水平格外低的亚洲大区域（诚如第三章会说明的，生活水平格外低，既因为非常不平等的所得分配，也因为真实的人均生产水平）。但在整个18世纪和19世纪的大部分时间，中国的纺织品和其他商品在欧美也卖得颇好，且买家也不只是有钱人。[66]

技术呢？

1850年时，至少西北欧已拥有相对于旧世界其他地方来说显著的技术优势，而这不可能完全是19世纪的功劳。但诚如前面几节所阐明的，18世纪欧洲人整体来讲不会比中国人或日本人更有生产力，因此我们得仔细地限缩那些认为整个欧洲在1750年左右享有"技术优势"的说法，并对其一一提出我们的解释。本书的解释承认文化性与制度性因素的重要性，因其有助于散播"科学文化"；但若没有进一步的研究，我们也很难论定这些文化究竟有多么独一无二。

本书所采用的解释也倾向于贬低许多学者所特别着墨的特定政治与经济性因素的作用，从专利法到几无间断的开战，再到英国较昂贵的劳动成本。与此同时，本书的解释不只突显了来自海外的知识对某些关键技术的诞生的重要性，也让一套与地理、资源的可取得性有关的"必要因素"（permissive factors）变得更加显著。

如果1750年时的欧洲人（一如我所主张的）并未在整体生产力上领先，那么他们在技术上的平均水准就不太可能比其他地方更优越。比较有可能的情况是，欧洲在几个重要领域已运用世上最先进的技术（主要在英国、荷兰共和国和法国部分地区）。若是如此，那些技术在下一个世纪的传播，将会提升欧洲的平均技术水平，进而创造出我们在1850年之前所看到的许多生产力优势（例如牛顿力学显然使1750年时的欧洲人有机会设计出比其他地方已存在之泵和运河水闸还要好的东西，但以中国为例，中国运河的无所不在大概使他们在利用内陆水道潜能的平均程度上持续享有一段时间的优势，不久后这优势才被打破）。而即使我们坚持另一种看法，也就是认为1850年欧洲整体的优势是源于1750年后的发明，也不得不问这一突然迸发的创造力是建立在什么样的基础上。

我们大抵可以把欧洲在1750年后娴熟技术的加快扩散和新发明的迸现，归功于"科学文化"的要素。玛格丽特·雅各布（Margaret Jacob）等人观察到，在1750年之前的一百五十年里，特别是在英格兰，出现了识字率提高、印刷品增加、科学学会的扩散和公开演讲愈来愈多等现象。而在这些现象背后，存在着一股强烈的意识，鼓励把自然视为机械来探究，因为此举既带给个人实质的好处、具有稳定社会之功用，还能取代另外两个具有政治意涵的认识论。这两个认识论，一是武断的"教士本领"（priestcraft），另一则是以对自然万物、上帝和社会秩序的知识为基础的民间看法，无论这知识是直觉性的、受启发的或玄秘的。[67]这样的"科学文化"结构，的确有一部分只见于西北欧,但并非全部。一个值得注意的例子是,中国人对自然科学与数学的兴趣在17世纪时大增,特别是1644年满族入主中原后,[68]出版商发现贩卖医学书籍大有助于销路,既是透过个人努力实现淑世之志的绝佳办法,又能避开江山易主后会招来杀身之祸的政治争议。[69]普遍来说,不管欧洲的"科学文化"结构成就多么斐然,都不是获得技术进步的唯一法门。其他地区仍然在几项技术上领先或保持原有水准,且在创造发明和扩散上沿袭他们自己的模式。

欧洲以外的几个社会在许多领域里依旧处于领先态势,先前已提过的灌溉或许是最显而易见的领域;而在其他许多农业技术上,欧洲也落后于中国、印度、日本和部分东南亚地区。1753年创立的一个威尔士农业改良会,便把这一点看成三岁小孩都知道的事,矢志要把威尔士改善到"和中国一样发达"。[70]事实上,一旦了解欧洲的平均预期寿命与他地差不多(因而在营养摄取上不可能比他地好太多),欧洲与东亚在人口密度上的巨大差距,就正好有力地说明了前述"欧洲落后"的程度有多大。[71]此外,中、日农业应付得了对纺织纤维暴增的需求(欧洲农业在1800年后就办不到这一点),以及即使相对较落后的华北在保住地力上都做得比英格兰或法国还要好(第五章会探讨这项证据)这两件事,或许也可以作为说明欧洲落后程度的证据。诚如后面会说明的,18世纪末为热带殖民地的森林砍伐和土壤退化问题思索解决之道的欧洲人,在印度和中国找到许多值得借鉴之处,但直到进入19世纪许久以后,他们才开始以系统的方式将这些心得运用于国内。拿掉欧洲在大西洋彼岸(借助好运、天花和暴力,以及航海和商业本事)所入手的辽阔额外土地,不难想象欧洲在18世纪最大经济的领域里呈现的显著技术落后,其对未来的影响,与欧洲在其他领域里的任何优势一样大。

还有一些领域,是18世纪晚期的欧洲人有待赶上的。在众多的纺织品织染领域里，西欧人仍靠模仿印度、中国的流程来运作，在瓷器的制造上亦然。晚至1827年和1842年，都还有两位英国观察家分别指称，印度条铁的品质与英格兰铁不相上下或更好，而且其引用的1829年条铁的价格，还不到英格兰境内英格兰铁价格的一半。[72] 非洲几个地区也生产大量钢铁，而且那些钢铁的品质与近代早期欧洲境内所能取得的任何钢铁的品质不相上下。然而，在上述地区由于充当燃料的木头短缺，造成只有某些区域生产钢铁，并使铁在远离森林的区域相当昂贵。[73] 不管在18世纪晚期世上的哪个地方，药物的效用大概都不是很强，但东亚（大概还有东南亚）的城市，在重要的公共卫生事务上（比如环境卫生和干净水的供应），则远远领先。[74] 天花预防是17、18世纪少数几项重要的医学成就之一，而且这一技术似乎在欧洲、中国和印度各自发展出来。[75] 晚近的研究显示，至少在妇幼保健领域，清朝的医学（民间的医学知识似乎始终传播迅速）仍优于欧洲，尽管就目前所知，仍未有和哈维论循环并驾齐驱的著作，能在基本概念上有所突破。[76] 类似的例子还有很多，在此就不一一列出。

　　整体来讲，1750年欧洲的技术水平已首屈一指之说需要仔细考证。即使在能源的产生和使用上（诚如我后面会主张的，这大概是19世纪欧洲最重要的优势），情况还比一百年前更不明朗许多。根据瓦茨拉夫·斯米尔（Vaclav Smil）的估计，在约1700年时，中国和西欧的人均能源使用量大概相差无几。[77] 个别动力生产机器（从水车到不久后问世的蒸汽机）的效率，大概是欧洲最占上风的领域之一，但中国在火炉（包括炊煮用和取暖用火炉）的效率上，享有同样显著的优势。[78]

　　事后来看，任谁都看得出欧洲在使用热能上更胜一筹：因为欧洲在19世纪时改用可取得且数量丰富的化石燃料，比中国在捕捉热能上更有效率，更具有彻底改变大局的潜力。这纯粹是后见之明，

第一章 欧洲领先亚洲？

而且未考虑到欧洲具有位置优越的煤矿这一优势。如果当年燃料短缺拖慢欧洲的工业成长，且突破性进展在其他地方首度出现，欧洲壁炉的燃料耗费就可能不是技术优势日益升高的小"例外"，而会成为技术缺陷如何使这个区域停滞不前的重要例子。或者说，若非当初新世界提供数量庞大的纺织纤维，欧洲在机械化纺织上的领先，说不定会比较像是饶富趣味的奇事，而非一场重大转型的核心；我们甚至可能把欧洲每英亩农产量的低水平当成严重技术缺陷的表征，并必须用大部分土地来种植粮食作物以养活人口，从而冷落让机械化纺织这些高明却还是有所不足的发明，直到在他地被人师法之前。

在本章末尾，我们会再度谈到蒸汽与纺纱的重要例子，还有它们与意外获得之庞大资源的关系。眼下所要强调的是，非欧洲社会在18世纪晚期所保有的大幅技术优势会在往后变得较不重要这件事，并不是必然会发生的。此外，即使欧洲的技术开始以更快的步幅和更广的面向往前推进，也不代表这必然会打消，或能在短时间内打消欧洲在土地管理、土地保育和市场延伸方面尚存的缺陷，从而使欧洲的发展不至于像东亚和西欧一些非典型地区（例如丹麦）那样，走上劳动力密集的道路。

我们也不该假定，欧洲以外的社会所享有优势的这些领域，只是某种曾经伟大但如今已停滞不前的残余传统。即便亚洲在18世纪完全未有乔尔·莫基尔所谓的"宏观性发明"（macro-invention，也就是完全靠自身之力突然改变生产可能的激进新观念），欧洲在1500年至1750年这段期间，乃至在通常被界定为工业革命（1750—1830）的那些年，也没有出现几项这样的新观念。[79] 与此同时，各种较小幅的技术改良持续出现在不同地区。曾经在中国风行一时的欧洲染料，很快就被当地创新者仿制，[80] 一如许多亚洲产品在欧洲被人仿制。17世纪时，有人发现某种地窖能保留足够的湿气，从而使华北产棉区在干燥的月份里也得以纺棉。这一创新发明在接下来的一百多年如野火般迅速传开，使人口远超过欧洲任何国家的华北地区得以自制纺织品并大幅降低季节性失业。这就像化石燃料兴起后，追求每单位可燃物发挥最大能量的中国火炉从举足轻重变得无关紧要。同样的，正因为我们知道再过不到百年，任何以家庭为基础的纺织品生产都会变得"落后"，华北地区的地窖才未被今人认为是简单但重要，而且以令人惊叹的速度散播的技术突破。[81]

华北纺纱地窖的例子发人深省，我们虽然对其如何传播几乎一无所知，但却知道它确实传播出去了。地窖的设计很简单，但需要了解它的人，都是社会里最穷、分布最零散，也最不识字的人。这种扩散能以我们所看不到的机制在广大地区快速开展，有鉴于此，我们便不该轻率地采信过去对于中国（和其他社会）因缺乏科学学会和相信牛顿观念的神职人员，从而无法充分传播实用新知的说法。到目前为止，我们连对精英圈里的科学讨论都所知较少，而且，诚如本杰明·艾尔曼（Benjamin Elman）等人所证实的，18世纪时这些讨论远比我们所普遍认为的还要热烈。[82]这些讨论的确大部分采文言文，且大半透过书信往返而非在较制度化的环境里进行，但这些书信其实不是私人文献。书信里的讨论，题材广泛，内容复杂，往往颇为切合实际。由于缺乏有组织的会社，复杂研究结果的普及，可能不如在英格兰或荷兰那么快，很可能使精英科学与工匠知识较难有各蒙其利的交流。但关于以白话写就的科学和技术出版品的可能分布状况，还有许多有待探明之处，特别是我们已知道白话医书的买卖非常热络（相较于其他种科学或技术，医学堪称在中国较受尊重的学科）。此外，欧洲的这些正式科学学会，往往是确保科学不受带有敌意的国教侵犯所不可或缺的；而中国的情况则不同于此，这里没有国教这类势力强大且带有敌意的组织，因此也就很难说在欧洲发展出来的这几类机构，就该是任何地方取得科学或技术进步所不可或缺的。于是,我们不需追问为何中国的科学与技术整体上"停滞不前"(事实上也未如此),而得探讨为何它们持续进步的道路并未使中国产生经济上的彻底变革。同样的,当我们将欧洲科技得以快速与全面进步归功于那些机构时,也得思考当中哪些发展道路是经济发展所不可或缺的,并寻找使它们得以如此的因素。借用乔尔·莫基尔的隐喻(但用于不同目的),我们不只必须比较改变技术的发动机,还要比较方向盘,以及不同社会所驶过的地形。

西欧并非在各个技术领域都独步全球,而且在他们真的独步全球的那些领域,长远来看真正重要的也只有其中一部分。例如,西欧人这时已拥有世上最有效率的水车,[83] 但光是这个并未使利用水力的欧洲产业取得足以克服高运输成本(或其他生产方面的高成本)并征服他地市场的竞争优势。无论如何,这个优势只在极少数地点才得以发挥,而且即使在那些地点也无法无限期地扩展。其他许许多多技术,不管是在欧洲或其他地方所创造出来的,亦然。

在本章更后面,我会主张"节省土地"乃是促成持续性成长的最重要创新,特别是与化石燃料密切相关而使人较不倚赖森林来取得能源的那些创新。但更为常见的主张,则是认为欧洲技术创新上最重要的现象,乃是对节省劳动力的日益重视。这个通行的论点认为,经济差异(主要是西欧劳动力为自由之身且据说领到较高工资一事),使欧洲人(或在这一论点的某些版本里是英国人)把心力摆在节省劳动力的创新上,而其他社会则认为几无必要节省劳动力(应该不难看出这一论点倚赖先前已讨论过的哈伊纳尔的人口学论点,或布伦纳的制度性论点)。这个论点认为,西欧在减少昂贵劳动力的使用上有其独一无二的需要,从而最终催生出机器、现代工业和大幅改善的人均生产力和生活水平;其他社会则较感兴趣于找到能节省土地、资本或使用某种稀缺物质的创新。在这个脉络之下,欧洲人未必较有创造力,但高工资成本使他们得以把心力用在最终促成真正转型的方向上。已有形形色色的学者提出数个大同小异的论点，包括哈巴库克（J.B. Habbakuk，英国 vs 欧陆）、伊懋可（Mark Elvin，中国 vs 欧洲）、大卫·沃什布鲁克（David Washbrook，印度 vs 欧洲）、安德烈·贡德·弗兰克（Andre Gunder Frank，整个亚洲 vs 欧洲）；[84] 而这个论点也能与欧洲在工业化之前就比世界其他地方还富裕的这个普遍说法相吻合。然而，这个论点或许只在一两个特定产业上才说得通。

首先，这与观察结果有几个互相抵触之处。诚如本章前半部已说明的，即使在18世纪晚期，日本、中国和部分东南亚地区的平均所得都似乎和西欧相当（甚至可能更高）。如果此说属实，那么欧洲制造商面临较高工资成本一说，就只剩下以下两种可能：一是西欧（或至少在英国，如果同意工业革命始于该地的话）的所得分配可能较为平均，因此西欧工人的实际所得在可比的人均所得里占较大比例；二是社会里可能存在非自由劳动的制度，也就是说，即使工人能领到相当高的总工酬，但若更辛勤地加班工作，却无法再领到额外报酬，更不能在雇主无法提供生产性工作时另觅工作。在这种情况下，尽管工资看起来高，但对精英阶级来说，较合理的做法会是想办法向下属榨取更多工时，而非投资于节省劳动力的技术。

这很可能可以说明东南亚某些地区的情况。在那些地区，技术极熟练的工匠往往能因奇货可居而领到丰厚的报酬，却也只能替"保护"他们并独占他们工作成果的贵族主人效力。[85] 这个情况或许也可用来解释印度某些地区；但在印度，更为常见的仍是形式上自由或半自由（但工酬往往很低）的工匠。一直到被英国统治者立法禁止为止，印度这些纺织工往往使用沿用已久的技法来对抗预先付给他们营运资金的那些人，以维持自主地位。[86] 这一模式对15世纪的中国工匠来说，意义不大，而在朝廷指定世袭工匠的制度于16世纪瓦解后，更变得几乎毫无意义。诚如下一章会看到的，中国劳动力很可能比近代早期欧洲的劳动力"更自由",至少自由程度未比欧洲工匠低多少。这种不自由的依附劳动情况,最初可能让人觉得较切合德川幕府时代的日本:在当时的日本,不同的职业地位、流动性限制和世袭的恩庇—侍从关系,据说受到敕令明确规定。但诚如下一章会看到,实情与法规汇编大不相同。

有关廉价劳动力的论点,则较复杂难解。在第三章中,我们会看到一些证据,证明清代中国与德川日本境内的所得分配,其实比整个西欧和18世纪晚期的英国还要平均(另一方面,根据第三章提出的大量逸事性质的证据显示,印度的所得分配则比欧洲还不均;量化的证据很稀少,即使有也是众说纷纭)。这些来自东亚的证据称不上是确证,且大多显示中国和日本社会最高层的所得占国民所得的比例和欧洲精英一样低。就算如此,中国和日本境内的赤贫人口可能还是比西欧多,并把非技术工作的工资拉得比欧洲境内还低。我认为此说虽不是完全不可能,但并不是很有道理,因为根据大部分在1840年前来过东亚的欧洲人所留下的逸事性证词,实情正好相反。[87]

此外,还有一项与前述不同但相关(而且可能性较高)的说法,可以解释为何中、日核心地区的工资比荷兰、英格兰还低,却能维持较高的生活水平。在17世纪中叶和18世纪时,荷兰、英格兰的工业虽然大多位于乡村,但有力的证据表明,这两个国家里按季节不同在农业和非农业性工作之间游移的工人已相对较少。[88] 不像早前荷兰许多工业工人会在农忙的高峰季节投身农业,以此赚取较高工资。随着农业、工业的劳动力市场区隔变得更为清晰,雇主不得不提高日薪,才能使那些较未充分就业的工人得以存活;这一调涨工资的情况确有其事,但也为此付出失业率升高的代价。[89] 相对的,中国、日本的许多手工工人脱离农业的程度几可肯定没这么高;因此,至少在理论上,他们从织造、纺纱或制瓦所赚的钱虽然比较少,却仍能享有与荷兰、英格兰的同类工人一样高或更高的生活水平。这一说法虽然有待考证，看来却颇有道理。如果此说成立，它将使我们的其他研究结果，例如某些欧洲雇主特别想找到办法来减少劳动力使用一事，不再相抵触（它也会意味着英格兰雇主在保持工厂运作的终年不断上，会比雇用兼打农工之工人的老板来得顺利，于是英格兰雇主会较愿意投资于集中管理的工厂和设备）。欧洲雇主也面临食物价格较高的问题，也就是说，即使他们不必付较高的实质工资，他们的确支付了比许多（但非全部）亚洲竞争同业还要高的现金工资。[90]

即使我们暂且同意西欧工资比亚洲任何地区的工资都高的论点，若要据此推断这促进了工业革命的技术改变，仍有其难处。在近代早期的时空环境里，高工资的确既可能助长节省劳动力的创造发明，也同样可能抑制整个技术创新。乔尔·莫基尔根据一个似乎相当接近18世纪真实情况的模型提出了这个看似吊诡的结论。[91]他说，假设新技术必然体现在新的资本设备上，而新的资本设备又必然得花钱才能取得；再假设工资占大部分制造商成本的大宗，而技术上的诸多预期差距，又只有寥寥几个差距大到足以使工资较高的商行或国家享有较低的特定产品总生产成本。于是，那些工资较高的商行或国家的利润通常会低于竞争对手。如果银行为新资本设备购买融资之事并不存在，或者有融资之事，但视商行的收益而定（一个直到19世纪都还普遍的现象），那么凡是体现新技术的设备都得动用留存收益来买进，而工资较高的商行在这方面就比较力不从心。于是，高工资并未促进节省劳动力的技术创新，反倒可能同样抑制任何新技术的出现。这一模型如今可能让人觉得突兀，但在更早时它似乎管用：例如已有人用它来协助解释，为何经济发展领先且工资相当高的荷兰那么晚才采纳机械化工业。

此外，若我们因为过去两百年的工业化普遍节省劳动力并急需资本的特性，就认为这总会是重大创新的根由，那就犯了时代错置的毛病。虽然将煤与蒸汽动力运用于各种工序一事，最终节省了庞大的劳动力，但18世纪之所以使用煤来生产制造铁、玻璃和啤酒等，其初衷却是要节省燃料上的开销（煤比木头便宜），而非节省劳动力；与其说使用把水抽出煤矿的蒸汽机是为了取代做这份工作的人，不如说只是使人得以开采靠人力也无法采到的某些煤矿。其他像是吹制玻璃、制铁等产业的发展，也并未特别关注于节省哪个生产要素，而是着重于制造较高品质的产品。如果说工业革命的缔造者的主要贡献在节省昂贵劳动力的使用，那他们自己其实对此并不知情。研究18世纪英格兰专利法的克里斯蒂娜·麦克劳德（Christine MacLeod）发现，大部分专利取得者所宣称的创新目的，不是改善产品品质，就是节省资本（只要想想工业革命头一百年的成果，大部分都体现在较便宜的资本商品上，而与1870年后的技术改变大异其趣，这个目标就更容易理解）；其中只有3.7%把节省劳动力当成目的。[92]如果连发明者都并未特别在意劳动力的节省与否，那么那些评判他们发明成果的人，就自然更加不把这放在心上：晚至18世纪20年代，专利申请者似乎仍可能因为标榜他的机器节省了劳动力而拿不到专利权。[93]长远来看，改变所带来的结果无疑节省了劳动力，但上述为了改善品质与节省成本的考量，会比假设是高工资促成此一改变更为贴近事情的核心。

最后，由于大部分资本商品的成本较低，因此即使是工资负担相当轻的生产者，也乐于引入资本商品一用。事实上，认为工资低廉会降低雇主采用新技术来节省劳动力的可能一说，即使放在现今这个资本商品贵上许多的时代，都难以成立[94]（若是在劳动成本差距很大的地方，例如当今的巴基斯坦和德国，这类论点有时还说得通，但在过去工资差距不大的地方，例如维多利亚时代的英国与美国，就说不通了。而在19世纪中期之前，也很难找到巨大的工资差距，因为当时的国民财富差距远不如现今那么大[95]）。如果19世纪前的企业家追求利润最大化，那么会被他们因为劳动力廉价而拒之门外的创新，应该就只有那些在节省劳动力上效果不彰者；制造商得拥有几乎无成本的劳动力，才会单单基于这种理由排斥纺棉之类的技术。我们会在第二章看到几个不同的例子，这些例子表明中国农民为节省劳动力而投入资金，尽管伊懋可等"工资诱因说"的提倡者会说中国制造商无视节省劳动力的设备，乃是因为中国劳动力（不同于欧洲的劳动力）很低廉。

但高工资假设或许仍适用于某个特定的重要经济领域，那就是布罗代尔和弗兰克都断言其重要性的棉纺织业。[96]在这个产业，纺纱创新所造成的影响已几乎毫无疑义：这些创新减少了纺制每单位纱线所需的劳动力，可能减少了九成多。[97]能够省下如此多的劳动力，不管是付多高工资的雇主，应该都会心动，特别是英格兰的棉织品制造者。比起印度的竞争同业，英格兰棉织品制造者面临较高的名义工资，进而在价格敏感的几个市场（位于西非、中东和特别是境内奴隶穿着最便宜棉制衣物的新世界的市场）里竞争时居于劣势。而中国在这期间输出的纺织品（乃至中国最大的纺织品生产地区江南卖到中国其他地方的纺织品，且这样的产品愈来愈多），品质好又不以低价促销。[98]是以英国若不设法降低工资成本，则英国棉将难以在中东、非洲和新世界与印度棉竞争。

当然，英国的纺织品生产者很可能无法顺利降低工资成本，从而敌不过印度生产者，毕竟必要性不必然是发明之母。就整个英国来说，该国纺织品制造者是否会征服这些市场的这个问题，事前来看就不是很必要：就算这些纺织品市场颇具战略价值，这个"必要性"也只是对纺织品业者而非"英格兰"这个国家有意义，因为英国东印度公司本来就会销售印度市场的棉布（上述市场里，战略价值最高者是西非，因为随时可供给的大量棉布正是要在该地买进奴隶的必要条件。由于这类棉布至少有一部分是昂贵且高品质的布料，英国的奴隶贩子在意的便是取得足够的这种布，更甚于这种布的价格，是以他们最初自印度进货，后来才改自母国进货[99]）。

因此，即使是在英国纺织业这个有所局限但重要的案例中，"高工资／必要性"论都碰上了麻烦。话虽如此，此说很可能还是有其可取之处，至少它间接表示世界纺织品贸易的模式，特别是英格兰制造商与孟加拉竞争的方式，可能使制造商更致力于追求纺纱与织造的机械化：孟加拉原就是个低工资经济体（或者至少是个低现金工资经济体），1757年后东印度公司更在该地施以愈来愈多的暴力行动，以将纺织品压到低于市场价的价格。[100]此外，这个例子还说明，与其分析整体"工业化"的发生缘由，不如研究个案，将重点放在相关产业的具体细节和当时业者对该项创新的认知上，重新思考该项发明的重要性，同时设法挑出关键的例子，来解释"欧洲优势的出现"这个更广大现象。

后人由于了解工业革命的进程，容易倾向于在欧洲两个最重要、最具活力的领域去寻找欧洲的优势，也就是纺织业和煤／蒸汽／铁复合体，尤其是后者。我们的确从中找到某些重要的欧洲优势，但往往却是在出人意表的地方。

在纺织业，中国人老早就拥有与詹姆斯·哈格里夫斯（James Hargreaves）的多绽纺纱机（Spinning Jenny，又译珍妮纺纱机）和约翰·凯（John Kay）的飞梭只在某个重要细节上不同的机器。[101]因此我们也很难说，西欧早在这些发明问世之前就已在这个领域的技术上大幅领先。我们也不能因为完成这两项发明所需的最后一步在事后来看似乎再简单不过，就以中国尚未走到这一步为依据，断定中国的技术创新已完全停摆。18世纪的欧洲技术，有许多几乎是在一百五十年前就发展出来，但这中间长长的空档并不表示技术"停滞不前"。[102]切记，如今看来浅显易懂的事物，过去往往绝非如此。

此外，英格兰在纺织业上的创新，本也很可能成为微不足道的历史注脚，而非重大的里程碑。当英国人首开先河地大幅改良棉纺作业时，棉制品在欧洲其实仍属次要织物；亚麻纺和毛纺的机械化，则花了更久的时间。而诚如第五章会看到的，在欧洲，不管是毛织物还是亚麻纤维的生产，其进一步成长都碰上了难以跨越的生态、社会难关。在18世纪的大部分时期，棉花都来自海外，因而能取得的数量相当有限。事实上，新纺纱技术使原棉需求升高，从而造成棉价暴涨，若非美国南部开始大量种植棉花，这项技术的用处恐会大大降低。[103]

这一难题可以用更概括的方式来陈述。研究技术史的学者常会认为，一项突破会创造出"瓶颈"，进而促使人们致力于克服该难题，于是再促成另一项突破；织造技术的进步创造出加快纺纱速度的诱因，就是上述思维的一例。但要对付这类瓶颈，并不一定得要依赖技术上的变革。投入更多资源但在技法上却一成不变，则是同样常见的方式。而随着资源投入愈久，要找到技术性解决办法的诱因就愈弱（19世纪晚期大幅增加的煤矿工人就是个绝佳例子，当时各种工序使用的化石燃料暴增，煤矿业的生产力本身却没有多大改变）。[104] 就纺织品机械化生产这个例子来说，棉花（和其他纤维）产量的增加，产生了需要更多土地和劳动力才能解决的瓶颈。

诚如在第五、第六章里会看到的，化解这一瓶颈所需的土地并不在欧洲（波兰、俄罗斯境内的绵羊饲养业的确成长，[105] 但还是不敷所需，而棉花产量仍然极低），且用在这个瓶颈的劳动力大部分来自黑奴：欧洲劳动力，仅用在航海、贸易、胁迫土著和制造用以换取非洲奴隶和棉花的物品上。诚如第六章会说明的，长远来看，这一投入劳动力以解决瓶颈的做法，其带给欧洲的好处远大于增加农业劳动力以提升国内纤维产量所带来的好处，即使增产纤维所需的土地不虞匮乏亦然（中国和日本都采取后一做法，以劳动力密集

第一章　欧洲领先亚洲？

的方式从某些土地榨取更多食物和燃料，同时把某些林地和粮食作物用地改辟为纤维产地，但为此付出颇大的长期代价）。除了已格外清楚的棉花案例，其他几种种植业，以及人口对食物需求的日增，也制造出瓶颈，而且这些瓶颈最终同样是在未利用更多欧洲土地或把更多劳动力投在土地上的情况下得到解决。普拉桑南·帕塔萨拉蒂（Prasannan Parthasarathi）认为，工业化是英国得以摆脱"每英亩产量低→食物昂贵→现金工资高→竞争力低"这个恶性循环的凭借之一，[106] 但切记，光是工业化无法解决那个据称促成工业技术进步的难题，除非工业化也满足了产业和工人的农业需求。诚如后面会看到的，英国的每英亩产量在1750年至1850年间成长不大，因此那一解决办法得有能把大量额外土地投入使用的贸易伙伴参与才能奏效。

但更根本的是，棉纺织业生产力大增，很可能并未使社会彻底摆脱18世纪的生态限制。纺织业所需的纤维仍需要靠土地来生产，而马尔萨斯的生活四要素（食物、燃料、纤维和建材）对土地的争夺，在18世纪欧洲的许多地方正愈演愈烈。只要食物和燃料价格的上涨快过工资[107]（如同18世纪欧洲的大部分地方），对纺织品的需求就难以无限期成长（即使纺织成本下跌亦然），而且新纺织技术在其他领域又看不出有何用处。生产棉纺织品的这些发展，很有可能只是强化乡村"手工业"既有成长所反映的过程（将会在第二章进一步探讨），这个过程包含人口加速增长、土地所受压力升高、劳动力密集程度变大和实质工资停滞，大概还有最终走上生态死胡同而非突破。

本书会在第五章更彻底地探讨西欧在18世纪所面临的严重生态压力。西欧在"漫长的16世纪"和18世纪（特别是18世纪下半叶）的人口、经济成长，曾在短时间内导致森林遭大肆砍伐，使得西欧的森林覆盖率和人均木头供给量落得比人口稠密的中国还低，更比不上印度。砍伐森林还带来其他问题,来自法国和德国的考古证据显示,18世纪是史上土壤侵蚀最厉害的两个世纪之一;文献证据不只证实此说,还告诉我们另有几个区域的森林也遭到砍伐,而且那些区域都遭遇了大型沙尘暴、产量下跌等生态严重不堪负荷的迹象。[108] 针对近代早期的土壤侵蚀的研究显示,这往往只是冰山一角。[109] 18世纪晚期经历了一个被人们称为"欧洲季风"的异常天气模式,并以异常漫长的干旱和为期甚短但异常猛烈的降雨形式交替出现。这类降雨特别会侵蚀土壤,更对农作物的用处不大,尤其是因为欧洲人(与印度人不同)没有大规模灌溉系统来贮存、疏导雨水。造成此种异常气候期的原因尚不清楚,但因为树木会缓和局部地方降雨模式的季节性变化,所以这种气候期也较常在森林砍伐严重的区域出现。[110] 如今具有这类"季风"气候的温带地区只有几个,森林砍伐严重的华北是其中之一[111](华北的纬度也比欧洲北部低了许多,因而较接近热带压力系统)。

这些生态压力并未造成马尔萨斯式危机,也就是未使欧洲的生活水平陷入崩溃边缘,反倒导致某些地区人口增长与人均消费水平升高。但诚如后面会说明的,这些压力的确大大阻碍进一步成长。不过,在欧洲人口和人均消费都持续增长的19世纪,生态变数却稳定下来:西欧的森林覆盖率在1800年至1850年间稳定下来,终结了四百年的下滑趋势,甚至在整个19世纪期间,英国、法国、德国和比利时等地的森林覆盖率还有所增长;[112] 土壤侵蚀程度降低,地力稳定乃至改善;所谓的"欧洲季风"消失,恢复较典型的降雨模式。[113]

于是,显而易见的,欧洲工业革命的很大一部分成就,就在于避开各种成长必然提高土地需求的这个模式。除了某些例外(例如丹麦),这一成就并不是像埃丝特·博塞鲁普(Esther Boserup)所描述的那样,在保护地力之余也靠着大量额外劳动力来提升单位面积产量；19世纪晚期，每英亩投入的劳动力甚至大幅下降。但今日使资本以惊人的程度（尤其是通过使用合成肥料和制造从地里长不出来的合成物质）取代土地（和劳动力）的化学突破，乃是19世纪晚期和20世纪的事。那么，欧洲如何能在不加重土地负荷的前提下，又能维持持续性的成长呢？

为了解欧洲是如何实现靠自身力量维持成长，得如里格利所主张的，寻找化解土地所受压力的外在发展。里格利强调煤炭的使用，说明若以同样土地面积能产生的能量来说，煤炭远远超过木头。[114] 除了里格利的主张，我还要另外加上三个新发展：一、采用新世界的粮食作物，特别是使欧洲每英亩产生的热量来到历史新高的马铃薯；二、在生态理解和土地（尤其是森林）管理上有所改进，而诚如理查德·格罗夫（Richard Grove）所证明的，这些改进要大大归功于殖民地经验；三、借由将既有技能用于海外广大新领土来取得庞大资源。

在此先不谈第三点，这个新发展与技术的改变较无关系，会在第六章再予以重点探讨；眼下只用简单说明，新世界既带来土地密集型产品（棉花、糖及后来的谷物、木材、肉和羊毛），也带来鸟粪之类能恢复地力的产品。马铃薯、生态认识、煤，以及有助于这些因素变得如此重要的大环境，是技术史话的一部分而会于本章一并讨论。

马铃薯每英亩产出的热量，远远多于既有的欧洲作物。马铃薯在18世纪的中国和日本也得到种植，但几乎完全被当成高地作物，因为低地的稻米每英亩产量很高，已提供了大量食物。在谷物产量低了许多（不管是每英亩产量还是相对于种子的产量都是）的欧洲，马铃薯也征服了爱尔兰、比利时之类人口稠密区的低地（1791年时已取代佛兰德一地四成的谷类热量），[115] 稍后更征服中欧、东欧许多地方的低地。

一如马铃薯的例子，技术进步是个较不为人知的因素：19世纪时，欧洲人开始把科学原则运用于森林保育，并逐渐理解保护树木对整个生态系统的重要。理查德·格罗夫已仔细探索过通往这项突破的路径。有趣的是，这一进步虽然要大大归功于欧洲科学的实地运用，包括牛顿力学对理解树木如何回收水再利用和影响当地气候贡献很大，某些在欧洲流行的观念却构成了阻碍：即使在19世纪初的欧洲，仍有许多医生和植物学家认为森林是致病"瘴气"的根源，建议将树木全部砍掉以维护公共卫生。[116]

从后见之明来看，欧洲人对生态认识的充实，似乎来得正是时候，并使西北欧得以及时稳定生态，[117]免于落入像地中海地区部分地方乃至华北一样的境地。而这一认识的充实，又在两个重要方面与欧洲的海外帝国有关。首先，欧洲人是在热带岛屿上才得以观察到土地使用方式改变、气候（尤其是干燥气候）和土壤品质改变这三者之间的关系是以某种速度演变的，而且那样的演变速度使欧洲人得以解决靠理论探究无法解决的争辩。然后，欧洲人在印度境内新辟的殖民地（欧洲人的需求和产权改变使土地使用方式急剧转变之地）里，开始看出同样的关系变化也能影响一块大陆型陆块。此外，那些弄清楚这些关系的殖民地植物学家、外科医生和官员（往往一人身兼三角），也从华南和特别是南印度的习惯做法中学习如何管理生态系统,那些习惯做法往往比欧洲人自己的做法更先进（日本人的习惯做法或许还更高明，但当时好奇的外国人比较无缘见识到它们）。[118]最后，由于殖民地里较薄弱的产权、殖民地政权相对于当地业主较高的独立自主地位，英、法、荷的殖民地官员能有机会以在母国办不到的方式真正试行环境管制计划，其中有些还颇激进。这一来自海外的知识，在19世纪被带到欧洲（和美国）之后，立即成为森林管理和利用树木协助维护或改良可耕地之技术手册等方面的基础。[119]于是，帝国协助欧洲克服了其在农林业上的技术劣

第一章　欧洲领先亚洲？

势（通过马铃薯、生态学和植物学上所受的许多重要影响[120]），提供了重要的外来知识，以及后面会探讨的外来资源。

不过，最后一个节省土地的重大技术转变，则毫无欧洲以外的因素参与其中。这个技术转变就是用煤量的增加（尤其是在英国），既取代了薪材，也使煤成为全新工序的基础。

早期的工业革命观往往把煤视为主角。得到类似程度之关注者，只有棉花、钢、铁和铁路，而其中除了棉花，其他几项都需倚赖煤。晚近的研究则倾向于贬低煤的重要性。例如有人指出，早期工厂用水力驱动者比用煤驱动者多，且英格兰的煤大部分是用于家庭取暖、炊煮这些单调乏味、谈不上什么创新的工作。里格利计算出，在1815年时，英格兰靠煤制造出的一年能量，要耗掉1500万英亩[*]的林地（较不保守的换算是2100万英亩）才抵得上，借此重申煤的主角地位。[121]然而，这个数据告诉了我们什么，并不容易看出。如果当年煤产量并未大增，英格兰并不会多耗掉那么多的木头（里格利也未说会如此），因为英格兰本就没有那么多额外的木头；我们也无法百分之百地说会有多少锻铁炉停用、多少玻璃减产，或多少家庭无法取暖。人们大概会以忍住寒冷、多买衣服和减产铁等方式来因应，而我们也无法笃定地说，没有了煤，某些工业的进展会完全停摆，更别提工业化会完全停摆。

不过，由于里格利与其他学者所提出的理由，重拾先前对煤的强调，还是有几分道理。以水为动力的工厂或许一度比以煤为动力者多，但水受到地理限制、无法转移到他处，而且往往在某些季节

---

[*] 本书多采用英制单位，换算为公制单位多有不便。在此附上大致换算关系（保留到小数点后两位），供读者参考：1英尺=0.30米；1英里=1.61千米；1码=0.91米；1英亩=4046.86平方米=0.40公顷；1平方码=0.84平方米；1立方英尺=0.03立方米；1000板英尺=2.36立方米；1磅=0.45千克；1盎司=28.35克；1吨=1公吨=1000千克=0.99英吨；1蒲式耳=36.37升。此外，书中涉及中国时也使用一些旧单位，部分换算如下：1石=10斗=100升；1亩=0.07公顷=0.16英亩。——编注

不可靠。此外,在各种化学、物理过程里(从酿酒到冶金到制造染料),水无法取代燃料燃烧,在大力促成分工的运输革命上亦然。在重要的制铁领域(从而在钢、铁路等领域里亦然),很难看出除了煤以外,还能找到什么替代品。的确,与先前某些说法相反,哈摩斯利(G. Hammersley)已证实1660年至1760年英格兰的冶铁工业并未萎缩,而且买得起的燃料大概也未到严重不足的程度:他估计,覆盖英格兰、威尔士2%陆地的森林已足供这期间英格兰制铁工业所需。[122]但到了18世纪末,英国的森林覆盖率只有5%—10%。[123]因此,即使在理想情况下,英国境内以木炭烧出的生铁,最多也只会在大约87500吨到175000吨;但到了1820年,英国实际的铁产量已达40万吨。[124]撇开木头还有其他用途不说,把所有木头烧成木炭用以制铁并不可行。锻铁炉也得设在铁和(用以驱动风箱的)水力附近,而用来制铁的木炭运送距离无法超过10或12英里(可以的话不超过5英里):火炉需要大块木炭,而木炭在运输距离远时往往碎成小块(乃至粉末)。[125]因此,哈摩斯利虽然证实18世纪60年代的铁生产未碰上"能源危机",且更有凭有据地证实森林砍伐并未促成以煤制铁的突破性进展,但同样的数据也证明,制铁工业的进一步成长仍然离不开煤。

在英国,其他工业多半都比冶铁业更早采用以煤为基础的工序。[126]因此,这个工序的问世,当比蒸汽机推动煤产量大增一事还早上许多。这些创新并非煤与蒸汽机的勃兴所促成,但那并不表示其和那些产业的成长毫不相干。即使煤大部分用于家庭取暖,但如果可取得的煤较少,用于工业燃料的成本还是会昂贵许多。诚然,英格兰的实际木炭价格在1550年至1700年暴涨之后,似乎在1700年至1750年时稳定下来(但凡碰上木头、木炭价格都要审慎以对)。[127]在蒸汽机使人得以向更深处采矿之前,拜道路、运河兴建之赐,廉价的煤就已渐渐让更多的人可以入手;但诚如不久后会了解到的,这些渐进的改善,比起因蒸汽而得以实现的那些改善(特别是1750年后的改善),根本是小巫见大巫,而且不久后就会达到它们的极限。此外,即使有更多的煤投入生产,实际的木炭价格还是在1750年后再度上涨,这大概是铁产量增加所致。[128] 太昂贵的燃料肯定妨碍许多产业扩产,可想而知也限制了创新。诚如后面会看到的,就连蒸汽机本身最初都太笨重、太耗燃料和太过危险,因而如果它的燃料要价高上许多,或是如果煤矿并非使用它的理想场所,冒险试用蒸汽机或许并不划算。本书在第五章会对森林砍伐(和欧陆的例子)有更多着墨;眼下只要先了解煤对英国的突破性进展有多不可或缺,特别是在铁、钢、蒸汽、动力和运输方面,就够了。

此外,便宜化石燃料最终减轻了土地供给有限所产生的压力(拜能量密集型肥料问世之赐,连农业里的这种压力也得到减轻),而虽说要在19世纪初期的煤业勃兴中找到所有能减轻这些压力的方式,会太过于目的论,但显而易见那是极重要的一步。煤所提供的能量,最终会大幅超越未来数十年剧增的人口,或使化学得以取代土地;而水车再怎么改良,水力终究不具有煤的这股潜力。因此,把开采和使用煤看成欧洲的技术优势,似乎还是颇有道理;这一优势纯土生土长、攸关欧洲19世纪的突破,而且(与纺织品不同)不靠取用海外资源就得以充分发展。

蒸汽机在此极为重要,它既是使用煤来驱动其他工序的机器,也是使采煤业本身得以大幅扩张的较高效能水泵的动力来源。弗林(M. W. Flinn)指出,人们曾使用过风、水、重力和马等各种方式来抽掉矿坑的水,但在该国大部分煤蕴藏所在的地下深处,这些做法全都没有多大用处。因此,若没有蒸汽机,"英国境内的矿业几乎不可能成长(到超越1700年的年产量水平),而且大概已开始出现收益下降的现象"。[129] 结果,由于采矿用的蒸汽机数量变多而且效能更高,煤矿产量在接下来的五十年里反倒增长了约七成,从

1750年到1830年又比1750年增长了将近四倍（也就是从1700年到1830年总共增长了约八倍）。[130]

在18世纪之前，世界许多地方已有类似蒸汽机的发明，只是它们始终被当成奇珍异物，没什么实用价值。[131]中国人老早就懂相关的基本科学原理（知道大气压力的存在），老早就掌握与瓦特的装置极类似的某种双动活塞/汽缸装置（作为中国"鼓风炉"的一部分），以及把转动变为直线运动，其精良程度并不逊色于20世纪前任何一种装置。尚待改良之处，就只剩用活塞来转动轮子，而非用轮子来推动活塞（在风箱里，活塞运动是为了送出热气，而非为了驱动轮子）。1671年，有位耶稣会士在紫禁城展示了可运行的蒸汽涡轮驱动车和蒸汽船的缩小版模型，而这个设计似乎同时参考了西方与中国的模型。[132]于是，从纯技术的角度看，这个最重要的工业革命技术本可能在欧洲境外也发展出来；那么我们就绝不能斩钉截铁地说，它在欧洲最早发展出来。我们虽无法完全解释欧洲，或更具体地说是英国，为何成为煤、蒸汽方面等一连串发展（工业革命的核心）的发生地，但我们却能找出某些理由。长江三角洲与英格兰类似，都存在着需要纾解本地木头供给吃紧情况的诱因，也存在着先进技术和高度商业化的经济。而当我们拿两者相比，就会发现欧洲的优势之处主要是在整体的技术水平与地理上的偶发事件，而非在整体经济的市场效率上有什么优势（这种优势大概不存在）。

西欧在18世纪领先世界的重要技术，也就是英国独步世界的技术。采矿技术是其中之一，但像时钟制造、枪炮制造和航海仪器等其他技术，其重要性则非一目了然。

中国整体采矿业的历史，特别是采煤业的历史，有点令人费解。中国北部和西北部煤蕴藏丰富，在华北拥有中国政治、经济和人口中心的漫长时期里，中国发展出庞大的煤铁复合体。事实上，根据郝若贝（Robert Hartwell）的估计，1080年左右中国的铁产量大概比1700年俄罗斯以外欧洲的产量还要多。此外，这一煤铁复合体不只规模庞大，还十分先进：例如，中国的冶铁业者似乎已懂得制造和使用焦煤（精炼煤），而在其他地方还要再过数百年才会出现这东西。[133] 然而，在1100年至1400年期间，中国北部和西北部遭遇了多得令人咋舌的一连串天灾人祸打击：从（蒙古人和其他民族的）入侵和占领、内战，到严重的水灾（包括黄河一次大改道）和瘟疫等。12世纪攻打中原的女真人，往往要求宋朝交出京畿一部分手艺最精的工匠，作为（暂时）停止围城的代价，而我们并不清楚那些工匠有多少人返回。[134] 到了1420年后，该区域局势开始恢复某种程度的稳定时，中国的人口中心、经济中心已转移到生态上较适于人居的南方，且这一改变从未逆转；15世纪时，华北许多地方人烟稀少，不得不仰赖朝廷主导的移民以充实人口。[135]

与过去的认知相反，如今我们知道中国的采铁和冶铁业的确有从蒙古入侵的破坏中复原。新的生产中心在广东、福建、云南和湖南出现，西北地区的产量也有某种程度的恢复。1600年时，总产量更达到历史新高，至少4.5万吨，生产技术上也有一些新进展。[136] 黄启臣的专题论著虽然对燃料着墨不多，但我们仍能从中看出元朝之后铁生产量的恢复情况。令人注意的是，他估计所有新生产中心的铁产量占了总产量的七成多，而且它们都离煤产地很远，使人不得不怀疑这些铁大部分是用木头和木炭烧制成的。[137] 至于17、18世纪的铁生产情况，我们仍然所知甚少，但这本专著（根据非常薄弱的证据）表示，这期间铁产量是下跌的。[138] 如果真是如此（或者即使铁产量只是未能持续增长），元朝后生产中心转移而导致制铁不再依赖化石燃料一事，很可能贻害甚大。

至于更大范围的煤的生产和使用，仍有许多地方是我们所不知道的。郝若贝认为，煤业始终未从蒙古人入侵和相关灾祸的打击中复原。也许此说有朝一日会和他针对铁业的类似说法一样受到严重质疑，但目前为此这尚未发生。即使后来查明煤产量的下跌没有他所认为的那么厉害，煤肯定也不再是中国经济最先进的行业。

我们不知道有关中国煤矿开采与使用方面的知识，在12世纪至14世纪间的天灾人祸里失传了多少。失传是很有可能的，因为晚至19世纪的中国和欧洲，知识的传授往往仍是通过师徒间的口授而非形诸文字的记录。而随着中国大部分煤矿床所在的区域变得停滞落后、远离主要市场，并且无法与其他行业的工匠有相辅相成的互动，有多少知识被束之高阁或不再有进一步的发展，也不得而知。采煤业在中国依然重要，但它再也不是一门先进的行业；几种节省燃料的创新发明（包括在炒菜锅里拌炒而非在较重的容器里煮食）反倒变得愈来愈重要。

18世纪的长江下游是当时中国最富裕和森林砍伐最严重的地区之一，而该地区通过河路、海路贸易买得了木头和作为肥料的豆饼，进而扩大其原料供给（有了豆饼当肥料，人得以把原本得丢回田里增加地力的禾草和作物残余物当燃料烧）。长江下游的人借助贸易纾解了燃料吃紧，但并未因此就不尝试使用化石燃料（这两种做法在其他地方同时存在，在长江下游很可能也是如此，只是未在文献里留下许多痕迹），只不过长江下游的工匠和企业家恐怕也不会因此又对煤寄予大量关注，因为不管是在长江下游，还是在长江下游商人经常贸易的地方，煤产量都很少。华南9省蕴藏的煤，只占当时中国煤蕴藏量的1.8%，华东11省则占8%；相对的，西北省份中的山西加上内蒙古就占了61.4%。[139] 在华南几个地方和华北的北京的商贸腹地，的确有一些煤矿在开采，[140] 但它们大部分规模小，地理位置不佳，无法利用中国最富裕且最渴求燃料的长江下游市场来快速发展。它们也受阻于官方政策的不一致，时不时受到干扰。[141] 几个最大的煤矿床都位于西北，这在理论上证明投注巨资于生产和运输改良是顺理成章的。

事后来看，如果能把那些西北煤矿床与长江三角洲联结起来，似乎会有非常大的收益，大到让人觉得应有人曾努力促成此事。但我们并不清楚如果此事成真，会出现什么情况；今天的我们已知道煤的用处，因此能想象这类计划的收益会有多大，但在当时，其中大部分收益乃是事前看不出来的。

与此同时，由于西北的煤矿业普遍落后，煤矿主不大可能知道其他地方那些可用来解决他们自身问题的技术发展动态，而且也没什么机会遇到在制作时钟之类专业奢侈品上拥有一身高明手艺的工匠。这类工匠的确存在，而且他们的手艺，甚至他们的人数，似乎不输西方这类工匠多少，但他们几乎都在长江三角洲或东南沿海，当地人的确很想入手时钟和设计精巧的机械玩具。[142] 即使西北地区的煤矿主已懂得如何改良采矿技术，他们也没理由认为开采较多的煤会使他们能拿下大上许多的市场，因为无法克服的运输难题，他们的矿场仍无法与中国大城市里有钱但欠缺燃料的燃料用户搭上线。[143]

江苏北部的徐州与宿县（今安徽宿州）的煤矿，由于距大运河不太远，或许是长江三角洲所可能利用的少数矿场里地理位置最佳者；但即使是徐州矿场，在清朝要把煤运抵同样也是大运河港口的县城时，煤价成本就涨了一倍。[144] 一如更北边的煤矿，这些煤矿在宋朝时属于某个盐铁生产重镇的重工业复合体，在经历12世纪至14世纪的一连串灾祸之后,似乎一直未能完全复原。到了18世纪时，朝廷为了缓和长江三角洲的燃料短缺，决定鼓励此区域的煤业，同时也选择发放开采执照给贫穷和失业之人；然而，这些人大部分都只能挖掘规模较小、深度较浅的煤矿。[145] 即使是资本较雄厚的矿场，似乎都不大可能实现要把中国的能源、运输和金属产业改头换面所需的重大突破，而在中国，更只有很少数的地方，其所产的煤比较容易被主要市场和熟练工匠的集中地取用，而光凭这类小型业者所掌管的几间小矿场，也几乎不可能提升这类突破的实现概率。

最后，对中国煤矿主，特别是西北地区的煤矿主来说，其所面临的最大技术难题基本上不同于英格兰的同行。英格兰的矿坑时常积水，因此需要强而有力的泵将水抽出。中国的煤矿场较无积水的问题，反而时时受苦于太干燥而导致自燃的隐患，这也是《天工开物》（这个时期中国最重要的技术手册）的编纂者宋应星最念念不忘的困扰。尽管这个隐患始终未彻底解决，但至少有一位当时的矿业史家宣称《天工开物》中描述的解决方法非常老练。[146] 但即使存在较有效的通风方法来减轻这个困扰，或者矿工不惜为了对煤的强烈需求而冒高度危险入坑采矿，通风技术还是无法像英国的蒸汽机那样，既抽出煤矿里的积水，也有助于解决煤（和各种物品）的运输困扰。因此，尽管"中国"（当成一个抽象整体）的技术、资源和经济条件，在催生煤／蒸汽革命上，未必逊色于整个"欧洲"，但中国境内天然资源的分布情况，使得这类革命发生的概率低了许多。

相较之下，欧洲前几大煤矿床，好几个都位于前景好上许多的区域：英国。这使它们靠近完善的水路运输、邻近欧洲商业活力最强劲的经济体，同时其他区域里有着许多技术熟练的工匠，而且距离一个在1600年或甚至更早就遇上木柴严重短缺问题的社会不远；而木柴的严重短缺，使解决煤的取得和使用问题更加刻不容缓。[147] 哪怕木材和以木材为基础的产品可以走海路输入英国，但其成本将比浮江河而下的原木贵上许多（长江三角洲所需的木材就来自这类原木），并使人更加想使用（并更加了解）较易取得的煤。事实上，从1500年起，英格兰境内对煤的需求，大部分是为了家庭取暖；之所以使用煤，是因为便宜，尽管会有带来浓烟这个严重缺点。[148] 从酿酒到玻璃制造再到制铁的各种产业，都受不了浓烟所带来的污染，直到18世纪一连串新发明问世解决此问题，情况才改观。[149]

许多如何采煤、用煤的知识，都是靠工匠积累下来的，而且直到19世纪都未以文字记录下来。约翰·哈里斯（John Harris）就指出，

18世纪期间，以英语写下的采煤、用煤知识，远比用法语写下者少，原因就在于，英格兰境内需要了解个中奥妙的人（工匠）是以口授方式传递这一知识。哈里斯证实，法国人曾想模仿几种不同的用煤工序，结果即使能复制出设备，却还是功败垂成，因为要生产这类设备，需要非常详细的知识和透过经验取得的分毫不差的时机拿捏，而且有时一次犯错就会带来非常大的金钱损失。以耐热坩埚为例，火烧的时间、摆在火上的角度和在不同时候该呈现什么样貌，这些重要的细节全都深植于烧煤炉操作者脑中，且完全不同于习惯使用烧柴炉者所经历的过程。因此，来自某个传统的工匠，碰上来自另一个传统的工匠，甚至会不晓得什么是需要向对方说明的。[150] 直到一批批英格兰工人被带到法国（大部分在1830年后），必要的知识才有效转移过来。

于是我们知道，专业技术是欧洲煤业发展获得突破所不可或缺的，但那一专业技术的问世有赖于漫长的经验（和一路上的许多失败），以及便宜且大量供给的煤。这个经验的获得，得拜技艺高超的工匠、有需求的消费者与煤矿本身这三个因素得以集中于一地又彼此邻近之赐。若没有这一得天独厚的地利，发展专业技术这件事就很可能只会限于前景有限的领域（例如使用与改良烧柴炉这个领域），而无法走上那条最终会利用庞大新能源的道路。中国的情况，也就是长江三角洲距煤矿床比巴黎盆地距煤矿床要远上许多一事，更加突显英格兰享有这一地利的幸运。

比起挖地道采煤方面缓慢而稳定的进步，或是懂得如何使烧煤的浓烟不致污染啤酒、玻璃和铁，蒸汽机的问世反映了更为重大的突破。我们已经知道，英国（何其有幸地）碰上的采煤困扰是必须抽出矿坑里的积水，而非防止矿坑因过度干燥而爆炸，并从中催生出具有其他许多重要用途的蒸汽机。但蒸汽机本身并非凭空冒出，在这一点上，地点又是攸关技术进步的重要因素。

蒸汽机能发挥效用，同样有赖于多种工匠精益求精的改良，其中有些来自叫人意想不到的行业。诚如莫基尔所说，欧洲在18世纪时的技术优势，就和英国在欧洲拥有的技术优势一样，其实并不在于工具或机器，而在仪器，即钟表、单筒望远镜和眼镜等。这些精巧小器物虽是具有某种用途的生产资料（主要用在远洋航行上），[151]但它们的主要用途还是为有钱人（尤其是城市有钱人）提供便利。[152]不过，正是仪器制造（某种程度上是枪炮制造）上的精准钻孔、口径测定等技术上的转移，才使托马斯·纽科门（Thomas Newcomen）制造的史上第一台蒸汽机能顺利运作，后来也使瓦特得以改良蒸汽机，把蒸汽机的效率提升三倍。[153]在经过两百多年的渐进改良后，蒸汽机已比上述任何一部原型机安全许多，在燃料使用上更有效率[154]，体积也更小了。然而，未经历过这段改良过程的我们，往往以为即使是最简陋的蒸汽机，都会因为潜力一眼就可看出而被人迅速采用；但这根本是事后诸葛，当时并非如此。由于这些机器的成本、笨重和其他问题，是以在纽科门的第一台蒸汽机问世后的八十八年里（1712—1800），即使受惠于武器、仪器的精准工具制造技术，也只有2500台蒸汽机问世；[155]其他产业和发明者大部分把宝押在经过改良的水车上。事实上，冯·通塞尔曼（G. N. von Tunzelmann）便指出，由蒸汽驱动的纺织机，其每单位动力的能量成本，一直要到1830年后才剧降，因此在那之前，（在可取得水的地方）水车仍是蒸汽机的强劲对手。[156]

只有在煤田里（1800年时有1000台蒸汽机在该场所使用），蒸汽机的长处才特别突显，从而使它们得以迅速普及，并在短短几十年间就使整个产业改头换面。[157]因为在煤矿场，蒸汽机的庞然笨重并不碍事，蒸汽机耗煤量大的限制也不构成问题（这一成本只有在远离矿场时才剧增）。事实上，矿井口蒸汽机往往使用较劣质的"煤屑"，而这些煤屑很不值钱，若运到他地供人使用大概不划算，因而用它们来运作蒸汽机,形同免费。[158]若非得益于附近其他领域的工匠转移技术而得到一部分递增的优势,若非运用到附近的煤田而得以在实践中学习,若非煤本身的低廉成本,蒸汽机在当时很可能让人觉得不值得推广。

工匠、企业家和科学知识的提供者,这三者之间原本存有社会隔阂,然而拜雅各布所谓的"科学文化"之赐,这一隔阂得到弥合。欧洲在这点上可能大占上风,但还需更多研究才能确认。即使如此,假设当初欧洲的煤矿和其机械技能人才汇集地之间的地理距离过远,或是假设当初中国只有一小段距离要弥合,那么不管在欧洲还是中国,结果都有可能大不相同。综观中国更早期的煤/铁复合体的历史,亦间接表明了这样的论断。

欧洲技术创新上的突飞猛进,肯定是工业革命的必要条件(这话本身其实是种同义反复),但在把这技术创新说成远非18世纪其他社会所能匹敌之前,或在把它说成欧洲后来称雄世界的唯一原因之前,我们应谨记英国的煤和蒸汽机之所以能引领工业化,其实要大大归功于它们两者地理相近和同时并存的这些偶然因素。事后来看,如果说欧洲赌对了马,那么使欧洲赢得赌注的因素似乎得归功于偶然条件,具体点来说,与英格兰的条件(大部分是地理条件)密切相关。光从欧洲在科学、技术和哲学上的倾向去解释工业革命,似乎无法尽诠其原委;而所谓两地在经济制度与生产要素价格上的差异,似乎大部分也无关紧要。最后,诚如在后面几章会理解到的,若非其他特定的资源难题也得到解决(这大半要归功于欧洲征服世界其他地方),这一能源上的突破性发展本有可能被18世纪晚期和19世纪欧洲人口的急速增长给吃掉。煤和殖民地使欧洲得以减轻来自资源的制约,但若单靠其中一项,作用都会大大逊色;若非两者皆有,光靠欧洲的其他创新,也不会创造出一个土地有限但人均增长还是无限持续的新世界。

第二章

欧洲与亚洲的市场经济体

我们是否能推想，如果西欧在1750年时的繁荣程度并非独一无二，那么它的制度会比较适合从那个时候开始快速蹿升的经济发展吗？如果我们把所谓的"制度"（institution）一词作广义的界定，则至少就西北欧而言，这个论点肯定说得通。然而，这个论点的最常见版本，也就是西欧成长最快，乃是因为它有效率最高的商品市场和生产要素市场，却不大站得住脚。[1] 当然，的确有一些学者主张西欧拥有另一种制度性优势，尽管这种主张与最常见的版本相互矛盾。这些学者主张，正是欧洲偏离自由市场的行事作风，使欧洲得以积累和集中资本、保护攸关生态健全的"闲置"资源等。这些论点后面几章会探讨，眼下我们要先把重点摆在那些较正统的论点上。这些论点认为，市场有利于经济成长，而且欧洲据说有着最完全的竞争市场。

上述市场导向的说法，肯定不够周全。只有少数经济史学家会主张西欧的实际情况真的能等同于经济学入门教科书的抽象概念；多数经济史学家同意，在某些情况下，刻意（但通常暂时）偏离完全竞争，例如19世纪美国和德国的保护政策，有时大有助于特定经济体的成长。[2] 但这种不完全竞争并非常态，因为此举会造成其他经济体的利益受损，例如令原本会卖较多商品到美国的英国蒙受损失，或令未受补贴的产业因其潜在消费者遭课税以补贴某特定产业而蒙受损失；因此，我们也就难以根据新古典主义经济学的理由，主张对包含了所有实际存在和潜在的贸易伙伴的经济体系来说，偏离完全竞争市场之举长远来看是利大于弊的。于是，对那些把欧洲视为一个整体而不强调内部差异（特别是如果他们也尽量淡化欧洲与其他大陆的关联）的学者来说，他们就难以认为重商主义和其他干预市场的作为会有多大好处。

正因为如此，当晚近某些论点在强调数百万寻常老百姓的小规模生产力提升和资本积累是如何导致了欧洲经济成长时，比较可能强调相对完全竞争市场（relatively perfect market）。因为这种市场能使所有这些小生产者都具有竞争力，而不至于产生只能独利部分生产者却牺牲其他生产者利益的系统性扭曲。因此，许多论及欧洲发展的说法，便也特别着墨于官方干预与任意课税的式微、领主与教会的垄断地位的丧失和依附性劳动的减少，以及传统上对土地利用与职业流动之限制的减弱等种种面向；这些说法认为，比起其他地方，欧洲在这些方面的改变来得更早且程度更大。然而，本章要提出一个大不相同的说法：18世纪的中国（说不定还有日本），其实比西欧更接近新古典主义经济学的市场经济理想。

由于农业是当时中国、欧洲这两个经济体的最大产业，因此本章会先谈土地市场和农产品市场，接着比较限制个人劳动力使用的因素（以强制性职业和服务、迁徙障碍和禁止参加某些活动的方式施予限制），再来则探讨从事工业与商业的自由，最后再比较家户这个强烈影响劳动力市场运作的制度。至于资本市场，则留待第四章探讨。

中国与西欧境内的土地市场和土地利用限制

从地理与历史上来看，中国和西欧当然差异极大，但在 16 世纪至 18 世纪时，两地却有愈来愈多的地区朝马克·布洛克（Marc Bloch）所谓的"农民个人主义"（agrarian individualism）迈进。从整体来看，当时中国的农业比欧洲大部分地方，包括西欧大部分地方，都更接近市场驱动的状态。

完全竞争的自由市场，毕竟只是经济学上所想象的经济理想。我们有必要思考，如何针对诸多偏离想象之经济理想的不同作为来进行比较。例如，黄宗智很重视长江三角洲的土地、劳动力和产品市场的习惯性限制，像是当地想卖掉、典当或出租名下土地者，往往得先向亲族或同村村民询问想不想接手。因此，这些市场根本谈不上完全竞争。[3] 黄宗智接着提醒我们，光是有活络的市场，并不必然会带来"转型性成长"（transformative growth）[4]。但由于完全竞争市场从不是转型性成长的重大先决条件，这本身就未能说明其他地方的经济成长为何未能如西欧那么快；要能说明此现象，需要至今尚未有人提供的证据和评断标准。

对出售或出租对象的条件限制，可能常使土地所有人亏钱，并且可能使土地无法落入最有效率的使用者手里；限制愈大，使用效率损失愈多。我们无从知道这类损失有多大，但能估算出损失的上下限。例如，由于基本技巧为众人所普遍懂得，以及会激励佃农追求最大产量的租佃作为（无论是以收成的一定比例为佃租，还是以固定的收成数量为佃租）盛行于各地，最能干的农民耕种特定土地的收成和较没本事但受到习惯特别照顾的农民所能生产的数量，不太可能会有太大差距。而受到习惯限制的交易，并非总是使土地落入较没本事的农民之手。

在理想状况下，我们希望找到那些不只能描绘不完全竞争市场，还能详述其真正奇特之处的例子，例如不同土地间的巨大差价，它虽未能反映土地的生产力差距，但的确又能呼应买卖双方的社会关系。虽然我们能在欧洲相当先进的地区，例如17世纪晚期的北意大利，找到这类例子，[5]但这类例子在中国却付诸阙如；而不管是就中国，还是就西欧来说，都不大可能有足够的文献，让我们能系统比较不同的习惯性规则对促成土地市场偏离新古典主义经济学理想有多大的影响。

或者，我们也可以试着寻找，看能否找到不完全竞争市场会在某处产生别的地方所未见的某种重大负面效果。最可能的例证是，在欧洲的许多地方，土地利用上的限制会阻挠人们采用已知之新技术，比起偶尔将土地转卖给出价较低的亲戚而非出价最高的竞标者，这些新技术能造成的生产力变化要大得多。

在中国全境，绝大多数土地大体上可以自由转让。明朝初期（1368年至1430年左右）充公了长江流域的许多土地，并将它们改为公田，但这些土地总是在渐渐退回私田性质；16世纪中期，明廷不再坚持既有立场，转而承认所有纳税的土地皆可自由买卖。[6]有些土地在理论上仍属国家所有而不得自由买卖，例如大部分在华北并租给世袭军户或大运河船夫的土地；在清代，皇室拥有约70万英亩土地。但即使根据书面资料，这类土地总面积也从未超过350万英亩，也就是或许从未达所有可耕地的3%。[7]此外，这些土地有许多最后还被视为私产，被那些据称世袭租佃这些土地的佃户拿去出售或抵押借款，甚至当朝廷后来想让他们正式买下这些官有地的所有权时，他们还义愤填膺（且成功）地抗议。[8]

更多的土地被划为私有的"义庄"，从而不可转让。义庄的设立，是为寡妇、孤儿提供生计和支应宗族祭仪开销，或者支应庙宇和学校的维护开销。这些义庄在某些区域很重要，例如在广东省，它们可能占去多达35%的可耕地；但在中国大部分地方，它们无足轻重。[9] 20世纪某项调查估计，中国93%的农地是可无条件继承的不动产。[10] 此外，即使在不可转让的土地很常见的地区，我们也不清楚它们的使用方式与其他土地有什么不同。

不管所有人是谁，许多土地的实际耕作者仍是承租土地的佃户，乃至转佃给承佃人耕种；而在这类土地上，土地使用便可能受到更多限制。即使是在有较详细的文献可资佐证的20世纪，我们也很难查明总共有多少土地租佃出去。在华北，租佃地大概未超过所有土地的15%—20%；[11]在高度商业化且较富裕的长江流域，大概有接近一半土地被租佃出去。[12]至于在中国东南某些地方，租佃地占很大部分。[13]

习惯法往往载明，租佃对象以亲族或村里的人为优先。在宗族势力特别强的中国东南部，亲族关系大概常限制了购买、承租土地者的资格，但由于许多亲族其成员相当多，即使受限于"亲族优先"规则，竞购或竞租土地者仍很多。[14]此外，根据某些出自20世纪的消息，亲族和非亲族都能以同样条件租赁宗族土地。[15]在文献记载中也指明，在中国某些地区，尽管优先出售土地给亲族的这个习惯法限制始终存在，但土地最终仍被卖给了外人；[16]从许多中国村庄转手给外人的土地之多可看出，这些习惯鲜少构成无法逾越的障碍。最后，至少从18世纪起，我们更找到不少例子，证明亲族里的晚辈把宗族土地租给外人开发（且这样的土地利用往往不可逆转），好似宗族土地可自由转让；尽管这在当时仍是非法行径，但此举一旦成为既成事实，似乎往往也就得到承认。[17]

再来看看另一组更复杂的难题：租佃者的权利范围为何？他们与土地投资的关系又是如何？在土地所有人未亲自耕种的地方，土地所有人通常把土地放租，让佃户自己做主耕种上的重大事宜。比起由土地所有人（或他的代理人）自己经营农场、自己做决定并雇工为其耕种，前述做法更为常见。[18]因此，许多争辩的焦点，便集中在这些佃户是否享有足够的保障，进而使他们会愿意主动改良土地，让生产力和经营型农场主（managerial farmer）一样高？

有的证据支持佃户受保障的说法，也有的证据推翻此说法。大部分现存的租佃契约显示，佃户在耕种权利上有相当高的保障；[19]但由记录地主与佃户纠纷的档案资料来看，这些保障规定可能难以落实。[20] 18世纪的快速商业化，的确加快了往纯契约性地主—佃户关系的方向转移，但也遭到那些继续把土地视为不可侵犯之祖产而非单纯商品者的大力抗拒。[21]

但即使我们再怎么不看好这些关系（亦即租佃权利未受保障和高地租使他们难以从事能提升生产力的投资），我们仍必须谨记两个要点。首先，在这一想象的情况下，导致未能改良土地的原因，将会是日益强大的市场，而非"传统"。其次，我们所探讨的，顶多是投资于土地改良的耕种者所面临的额外风险，而且许多耕种者似乎选择不顾风险，毅然改良土地（毕竟，尽管没有保障，长租约仍很普遍）。不管是在中国哪里，都看不到习惯性权利使原本有意改良土地者无法得偿心愿的情况，而诚如不久后会了解到的，这种情况在西欧则较为常见。而在相对较穷的华北，经营型农场比其他地方常见，租佃形式则较少，这点或许表明这里的佃户比其他地方的佃户更难以将生产力最大化；但即使在这个地区，比起佃户、小农，经营型农场的生产力似乎也高不了多少。[22]

比起中国，西欧有着许多更难以买卖的农地。即使在19世纪，英格兰境内仍有将近一半的土地被纳入家产分配协议（family settlement）里，使这些土地几乎不可能出售。[23]在18世纪的西班牙，"不动产限嗣继承，使得可以出售的土地非常少，从而使土地买价高到抑制投资……有心改善的资本家和自耕农都苦于土地难寻"。[24]在法国，限嗣继承的土地较少，但这个习惯还是存在。[25]西欧某些地方（荷兰、北意大利的伦巴底、瑞典）在17、18世纪时，的确有几乎不受限的土地市场存在，[26]但光是在西班牙与英格兰，其限嗣继承的土地占西欧所有土地的比例，就比中国境内不得买卖土地所占的比例还要高上许多。

活络的租赁市场能大大抵消土地买卖限制，使不擅经营的土地所有人都有机会找到能最充分利用其祖产的人；来替他经营祖产（从而能以最高价出租与获利）。但在欧洲某些地方，资本改善仍出自土地所有人之手。在这种情况下，即使是极活络的租赁市场仍未必会完全抵消对所有权转移的限制。西欧也有一些地方，土地使用限制与土地转移限制一样大，有时甚至更过之。

在14、15世纪的英格兰，地主铲除了大部分受世袭性保障的土地租赁关系。[27]在荷兰北部，这类权利保障从未牢牢确立，16世纪及其后许多耕地都是新开拓的。[28]到了17世纪中期，这两个区域已拥有欧洲最富生产力的农业和最高的人均所得，[29]因而在描述欧洲突破性进展的著作中，受到最多的着墨。但荷兰和英格兰的人口都不到法国人口的一半，即使在1750年亦然；在法国，世袭性保有土地是主流，且在16世纪到18世纪期间得到更多法律保护。[30]由于欧洲农业在这三个世纪里所能得到的最重要新投资，有赖于整个村镇的配合，以及只有地主（或其代理人）才能进行的大规模投资，使得此地的佃户在得到保障后（与中国境内的同类佃户不同），比较可能构成改良的障碍，而非助力。

世袭性土地保有权使土地非常难以合并，流于细碎化，而土地细碎化又使圈地成本高昂，而且用处不大。在19世纪晚期之前，欧洲农民所能取得的最重要技术变革，就是把三分之一至二分之一的休耕地拿来栽种饲料作物（以在保存地力的同时提供牲畜牧草），而圈地正是这一变革所不可或缺的。直至16世纪为止，北意大利、荷兰和英国已有许多农民发现，如果能圈住土地以防止村中牲畜闯入，同时在这块土地上播种饲料作物，则保住地力的效果将和休耕一样强,更能饲养更多牲畜。这些增加的牲畜所排出的粪肥,又将提高整个农庄的土地生产力。[31] 晚近有研究主张,至少就英格兰的情形来看,扩大后的牲口所新增的粪肥并未施用于农田,因而最肥沃可耕地的单位产量并未增加。但既然牧草地(包括原本相当贫瘠的某些牧草地)生产力提升,使更多最肥沃的土地得以专门用来种植谷物,因而这个过程还是提升了农作物的总产量。[32]

但这一"新饲养业"通常需要两种"圈地"的其中一种才得以实现,而这两种"圈地"方式往往都与习惯相抵触。一种是把村子原本要用来取得共用燃料与饲料的公有地分割为数块私有地;另一种则是合并那些已归私人所有,但此前每隔一两年就得休耕一年来放养村中牲口的土地(几乎所有土地都得遵守该休耕规定),并筑上围栏。第二种圈地较少受到讨论,但涉及的土地较多,因而对本书来说更为重要。要圈住的土地的面积未必都很大,[33] 但圈住很小的地并不值得。比起法国常见的细长条土地,圈住近似方形的地往往有较高的利润。

在18世纪的法国,上述两种圈地做法的进展都相当缓慢。1750年后,特别是1769年后,立法允许分割公地之事急速增加;而在立法上允许土地所有人对已拥有的土地进行圈地,则在1767年至1777年间最为盛行。[34] 然而,即使这一权利已在理论上得到认可,牢不可破的世袭性土地保有权仍往往使这项权利形同虚设。在英格兰,几乎每次圈地都必须强制将零散的租地重新安排,以创造出值得圈住的地;但在法国,这种强制作为"根本不可能"。[35] 即便某些地方法庭允许将特定佃户驱逐或移往他地,但就算是在19世纪,此举仍会受到法国村镇的"严厉制裁"。[36] 由此可见,即便是在西欧最大的国家,土地使用限制所发挥的作用,已大到足以拖慢这个新饲养业的扩散。换句话说,即使有着能提升约六成产量的技术存在,但由于土地使用的限制,1800年左右的法国、北德意志和意大利等地的大部分地区仍无法迅速传播这些技术。[37] 在西班牙，国王敕令在阻止圈地上又更为成功：这些敕令把地租和小麦价格捆绑起来，进一步阻挠任何对较有生产力之农业的投资。[38] 而在德意志的大部分地方（至少在拿破仑时代之前是如此），由于公地和几种传统权利、保护权利仍完好无损，三田轮作休耕制仍然大行其道：1800万公顷的农地里，每年都有约400万公顷休耕。了解这些制度消亡后情况的改变，就了解这些制度有多大影响。到了1850年，已几乎没有休耕地，许多公地和原本未耕作的土地成了可耕地，每年使用的地达2500万公顷，每公顷产量也提高了（但在德意志西南部的部分地区，公地较晚才废除，生产力提升之事因此较晚发生）。[39]

整体来讲，据某则正统说法，1800年时西欧境内实行这一新饲养业的区域，比起1600年时增加不多，因此，技术上的"农业革命"大体上是19世纪以后的现象。[40] 风俗习惯或法律如此大规模地推迟已知最高明农业技法的扩散，在中国未有类似的例子。[41]

晚近的著作开始质疑圈地运动是否确实促进了生产力大增。[42] 例如，格里高利·克拉克表示，圈地所导致的地租涨幅，在英格兰不到四成（在法国大概也是如此），而非许多资料里所说的百分之百。[43] 常被人举出的产量大增之事，可归因于田地被圈住之后常用于田地的劳动力和资本增加，而不能归因于圈地之举和劳动力、资本被从其他生产用途移拨过来一事。这些学者因此主张，总要素生产力（total factor productivity）其实并没有那么可观（所谓总要素生产力，指的是产量除以用以得出该产量的所有土地、劳动力和资本的价值所得出的数值，因此可据以衡量总体效率）。而一旦将圈地的资本成本从四成的地租增幅里扣除，总要素生产力的增长幅度又更小。[44]

这类主张认为，即使是最广为被引用的中世纪、近代早期欧洲"市场失灵"（market failure）的例子，[45] 其实对提升土地生产力也没有很大的影响。但对本书而言，这样的主张仍存在一个需要解决的问题。这种用总要素生产力来衡量圈地获益的方法，假设了若不存在圈住的农田，用于这些农田的更大量的劳动力和资本，原本会在其他地方以差不多的价格得到运用。[46]就用在构筑围栏和圈地后改善工程的额外资本来说，这似乎有待商榷；而就劳动力来看，更是如此。换个方式说，以总要素生产力为衡量依据时，假设了土地（因圈地而增加其产量的生产要素），其稀缺程度并未比劳动力和资本（在圈住的田地和新饲养业被用来提升土地产量时花掉的两个生产要素）低太多。但诚如后面会说明的（及第五章会有更详细说明的），比较可能的情况是，土地稀缺情况在欧洲数个地方变得严重，于是只有透过提高产出来增加单位产量，即使因此用到相当大量的劳动力和资本亦在所不惜。没有这类措施，土地稀缺可能会使更多的人（和金钱）闲置或受到有害性的运用，而非用在其他生产性工作上。

近代早期欧洲的财富，有许多用在购买新头衔之类不具生产效益的用途上（从而间接用在战争这个许多政府的主要活动上），而非投入扩大生产。事实上，常有论者主张，将更大比例的可用财富投入增加生产和贸易，而非投入对不同宗教符号、艺术符号或其他表明身份地位之符号的追求，渐渐使欧洲某些经济体变成"资本主义"经济体，而其他经济体则仍属"前资本主义"经济体。[47]这一转变的一部分，可能真的反映了新兴的"资本主义精神"。但另一部分则反映了生产性投资的新投资场所的出现，包括需要投资人几乎不直接插手经营的投资场所（这些投资人往往仍对其他类追求身份地位的活动较感兴趣）。[48]圈住的地只是这些慢慢冒出的投资场所之一；在过渡期间，仍有人以生产效益较低的其他方式进行大笔投资。我们没理由认为，如果圈地仍旧有合法性困扰，用来圈住、改良土地的资本必然会被人拿去做具有生产效益的投资。因此，以此假设为依据的衡量标准，将无法充分反映圈地对总产出的贡献；然后，总要素生产力即无法充分反映阻挠圈地的那些制度成本。

这个论点用在劳动力需求上更为适切。圈地后发生的改变（牧草地转为作物地、排干覆草湿地和减少休耕），都耗费了劳动力；但市场工资真的能反映这些圈地所需劳动力的机会成本吗？市场工资不可能降到不足以糊口的程度，因为如果该工资无法让人活命，人就没什么道理工作，但在最低工资下，未必每个人都有工作做。近代早期欧洲的许多地方，包括人口增长特别快的英格兰和爱尔兰，[49]乡村就业不足和失业的程度前所未见。[50]而诚如阿瑟·刘易斯（Arthur Lewis）在其论"剩余劳动力"经济体的经典著作中所主张的，[51]在这样的经济体里，受雇者的工资不可能一路滑落到该地工作者之最低机会成本之下（亦即他们若没有从事目前的工作而大概会做之工作的经济价值）。因此，受雇于圈地农场的额外劳动力所领到的工资，也夸大了估算圈地所产生的净收益时必须扣除的劳动成本；总要素生产力因此未充分反映圈地障碍加诸许多西欧经济体的成本。

从刘易斯设想的纯"剩余劳动力"情况，到劳动力获充分运用并获得其边际产品的想象情况，我们并不清楚近代早期欧洲究竟在这个连续体上的什么位置。在16世纪的许多时候直到18世纪结束，失业和就业不足肯定是欧洲挥之不去的长期困扰。而对荷兰境内劳动力市场的一项详细研究强烈显示，虽然国际工资水平下跌，而且17世纪期间人们大量失业，城市和乡村的工资仍很少下跌。[52]另一方面，乔尔·莫基尔主张，这些失业的劳动力，至少有一部分，除了因为僧多粥少（想工作者比值得从事的工作还多）而失业，还因为其他因素：例如比现代世界还更爱好闲暇的心态，以及特定季节才有工作可做并因此受制于运输与资讯成本的现象。[53]就连在20世纪非常贫穷且人口密度很高的地方，也未能找到纯剩余劳动力（即被剔除掉后不会减少总产量的人）。[54] 看来在近代早期欧洲，圈地所吸收之额外劳动力的机会成本，似乎大于零，但仍大大低于观察到的市场工资。如果过去真的比现今更看重闲暇，这也会意味着运用只能带来微薄利润的劳动力（要诱使很看重闲暇的劳动者工作要花不少成本，因此利润微薄），可能还是大大增加了产出。因此，圈地获益的真正衡量标准，大概在总要素生产力计算结果所意味的数值与略去土地之外的生产要素的成本所意味的数值之间；这仍将意味着欧洲因土地产权不明所导致的市场失灵，是远比中国还严重的。

由于欧洲土地法的限制，其他农业改良措施也无缘施行。在18世纪的法国，抽干覆草湿地和灌溉既有农地两者，都大大受阻于习惯法和法律程序，因而花钱摆平那些可能因这类改良措施而利害受损者之事，几乎不可能发生，即使是在这么做大有利可图的地方亦然。拜法国大革命之赐，这些特权才遭废除，相关法律程序也才予以简化。[55] 相对的，在18世纪的中国、日本，可能还有16世纪至18世纪末的印度（开拓新土地和兴筑灌溉设施突飞猛进之地），为酬谢那些提供灌溉设施者和裁定水权纠纷而采取的习惯性做法，似乎较有效率。[56]

法国农民的确找到了其他方法来提升产出。至少在18世纪晚期或更早的法国北部，许多有机会在城市市场里做买卖的农民，便曾通过渐渐改变作物混种方式和技法来大幅增加总产量，以对市场的变化做出回应。此外，直到工业革命前夕，那些不靠技术改变，而是凭借进一步专业化所产生的潜在收益，在当时也仍还有发展空间。[57] 但同样的，这些收益之所以尚未被耗尽，乃是因为许多斯密式成长的潜力尚无缘发挥。即使法国的食物供给情况并未像某些年鉴学派历史学家所说的那么凄惨，但肯定仍然凄惨到足以令商界、政界和其他有权有势的城市居民忧心忡忡，[58] 从而使偏远地区农民因为能增加产出而得到丰厚报酬。但农产量的增长仍然缓慢，此后直到"旧制度"时期结束,城市食物短缺、商人和官员不惜远赴异地寻找谷物的现象仍持续存在。[59] 诚如极力批评乡间无流动性一说的詹姆斯·戈德史密斯(James Goldsmith)所说:"几乎毋庸置疑,土地的细碎化和古老过时的领主法规拖慢了乡间的重组,但它们并非无法克服的障碍……证据显示,当时的农业资源还未得到充分利用,而非已碰上马尔萨斯式绝境。"[60] 总而言之,像是圈地、抽干湿地等能提升生产力的创新,的确在当时欧洲相对扩散得比较慢,这种"市场失灵"现象仍需要制度层面上的解释[例如罗森塔尔(Jean-Laurent Rosenthal)的解释]。而就18世纪的中国来说,搬出这类论点的需要就少了许多。

劳动制度

如果西欧在土地产权上并非特别有效率,那在劳动力市场上呢?在此不妨先来看一下"自由劳动力"与经济发展效率的相关程度。从经济制度的角度看(而不是从非自由人的角度看),问题在于,不自由劳动者的领主是否会要他们从事比自由劳动时还缺乏生产效益的活动。这些领主特别可能逼这类劳动者从事较无生产效益的工作,特别是当领主认为这些不自由的依附性劳动者所多付出的额外劳动完全不具边际效益,甚至是人为拉低机会成本时。[61] 如果说这些依附性劳动者在获得自由后,真的会转而从事较具生产效益的工作,那么强制劳动制就是在减少总产量。举例来说,原本不自由的劳动力,被"有心改善情况"的地主逐出而成为新兴产业的劳动力,就是如此情况("有心改善情况"的地主,产量可能真的变少,但净收入变多,因为不再供养如此众多且只能从事较无生产效益之工作的依附性劳动者;随着这些工人受雇从事别的工作,在那里生产比他们的维生成本还要多的产值,整体经济也跟着受益)。

但以上所说的通常是长期情况，因为新产业鲜少在一夜之间出现。在这期间，许多这类劳动者很可能就业不足，而随着曾对产出有所贡献的旧工作无人去做，总产出很可能下滑，尽管那个曾有的贡献太低，令主人觉得不值得为此支付维生工资（例如在没多少杂草的土地上做更多除草工作）。于是，从短期至中期来说，不自由劳动者既能提升总产量，也能降低总产量。

这些问题出现在几种不自由的劳动环境里，例如奴隶、农奴等的劳动环境。有些学者以同样方式分析了农村妇女和孩童的劳动，主张在某些地方，文化和制度使这类人无法离家工作，但（除了通过料理三餐、照顾小孩等活动再生产出劳动力）他们的确在家里生产可贩售的商品；而在这类地方，农家的功能就像一个有少许不自由劳动者的小庄园。家庭成员总是得喂饱，因此他们的收益，不管多寡，都是整个家庭的净收益，即使这类劳动所赚取的隐性每小时"工资"不足以支应基本维生所需。普遍存在这类劳动的"内卷化"（involuted）社会，便很可能表露出许多和蓄奴制、农奴制社会一样的经济（乃至社会或情感）特点：使用极度劳动力密集型的技法、购买型消费品的市场较小和对节省劳动力的技术创新相当缺乏兴趣。[62] 我们会先思考把人与非亲属绑在一块的制度，再回头谈家庭劳动。

关于中国奴隶劳动何时变得对经济无关紧要一事，学界莫衷一是。朝廷长久以来一直在寻找终身保有不动产的子民，以便向其直接课税和征兵，而不必透过地方豪强，但并非总是能如愿。日本学者已做了许多这方面的研究，说明世袭性农场奴工的持续存在，尤其是在长江流域境内的庄园。

不过，这类庄园在15世纪晚期或甚至更早时就已开始式微，转而由运用雇佣劳动的庄园擅场。到了17世纪初期，长江流域运用雇工或奴工的"经营型"农场，都已开始让位给自由耕种的小农户，或是签订契约的平民佃户。大部分明清之际（约1620年）的不自由的依附性劳动者，会在接下来的五十年因为战争、混乱和随之而来的劳动力短缺而获得自由。就连那些最强调长江流域不自由劳动形态的学者，都普遍同意这种劳动到了18世纪已式微[63]（尚存的非务农"贱"民，例如乐师、戏子和某些衙役，到了18世纪30年代大部分都已成为平民）。

在其他地方，不自由的劳动普遍在更早时就变得无足轻重。例如，在华北，许多农业工人在明代（1368—1644）的地位在法律上低于其他平民，但他们并未被拴在土地上。但到了18世纪晚期，这类劳动者已很稀少，连在非地主、非佃户所耕种的土地上亦然（这类土地已占所有土地不到一成）。[64] 华北佃农和农业工人所面临的最后法律障碍，在18世纪80年代时消失（与西欧约略同时）；但在那之前，有很长一段时间，只有极少数人受制于这些障碍。[65] 尽管有一些例外地方（尤其是安徽省徽州地区），在进入19世纪乃至20世纪后，仍以使用不自由劳动力的庄园为特色，但1780年时，受这些特例冲击者，或许只是当时中国约3亿人口里的几千户人家。[66] 满洲旗人有资格蓄奴，但到了18世纪，即使是这个小群体，其大部分成员大概都已养不起奴隶了。此外，即使在满人势力最盛的17世纪，他们的奴隶通常是家仆（往往被视为准亲人），而非农民或工匠。[67]

这个时间表和我们在西欧看到的时间表，差异并非特别大。到了1500年时，发展完备的农奴制在易北河以西已很少见，因此大部分农民能合法结婚、迁徙和拥有土地。[68] 但农奴并未完全消失，即使在18世纪的法国亦然，[69] 而强迫性劳动和隶农制（villeinage）在丹麦语国家仍然颇受看重。[70] 此外，在法国和西德意志，仍存在多种领主税和限制，包括谷物一律得送到领主处碾磨、农民有服务义务、领主控制地方司法；这些权力想必使许多农民不敢大胆维护和伸张自身权利。[71] 即使在19世纪初期的英格兰，隶农制已消失数百年，但由于济贫法的规定，只有留在原属堂区的人才有资格得到救济；因此之故，对许多人而言，连短距离迁徙都太危险，使他们成为附近某些（或甚至某个）大庄园眼中不怕跑掉的劳动力来源。[72]而欧洲境内的长距离迁徙大大受阻于多种法定障碍、语言歧异和其他障碍；诚如接下来会了解到的，其受阻程度比在中国严重许多。

迁徙、市场与制度

照一般人的想法，贫穷的劳动者（如果能迁徙的话），若非迁往土地／劳动力比率较高的地方（通常是边疆地带），就是迁往资本／劳动力比率较高而有营建、服务或制造业工作的地方（往往是城市，但并非都是城市）。在16世纪至18世纪期间，前一种模式还比后一种模式吸收了较多的人力，而且这一模式在中国的发展程度远优于在欧洲。

寻觅较丰饶土地的欧洲人，理论上若非往东中欧（East-Central Europe）和东欧找，就是往大西洋彼岸找。但由于数种制度性限制（往往被统归于"庄园制度""封建制度"或"再版农奴制"底下），来自西欧高人口密度地区而能借由东迁来改善生活者，少之又少；这些人其实得接受较不自由的法定身份，以及他们所据为己有之土地的所有权的不明确（更别提取得资本、进入市场的通路有限之类的边疆常见困扰）。的确有一些自由的德意志人，根据赋予他们牢固之法定身份的明确协议，迁到俄罗斯和普鲁士；也有一些自由的荷兰人根据这类协议迁到立陶宛，但这些都是例外。整体来看，不管是和我们所认为在想象的统一欧洲里会有的迁徙相比，还是和中国境内差不多一样长距离的迁徙相比，往东移到较无人烟且可能肥沃之区域的迁徙，规模都很小（第五章会对此有更多着墨）。一般来讲，要等到19世纪法律大变革和东欧人口急速增长后，那些地方才会被填满。

就连1800年前欧洲人往到处有新土地的新世界的迁徙，都比不上中国人的迁徙。1800年前迁徙到美洲的欧洲人总共大概不到150万。[73] 此外，从英格兰移过去者，有将近三分之一是契约仆役，[74] 而诸多殖民地里的政策，使穷人难以随心所欲利用新世界的机会。[75] 移入美洲的欧洲自由民数量，光是和英国境内的剩余劳动者数量相比，都是小巫见大巫，完全无法像正要出清的劳动力市场所会有的作用那样，使大西洋两岸自由白人的生存机会均等。例如，约1700年时，往北美新英格兰地区迁徙，可以使英格兰年轻人的预期寿命增加约十年，[76] 但要到1800年后，才会出现庞大的移民潮。

就（与东欧不同的）新世界来说，相对于穷人的收入与储蓄，移居到该地的成本甚高，从而很可能是比任何法律困扰还要大的障碍。不过，值得一提的是，大部分人只有同意当契约仆役，才支应得了移居的成本，而就连此协议的条件内容，都大大受制于出口导向的大种植园主对劳动力的需求高低，以及如果契约仆役太昂贵他们可转而使用奴隶一事。[77] 在中国，朝廷一再为集体移民到劳动力稀缺地区之事大开方便之门，而且以允许垦殖者保有自主地位为条件推动此类移民，而在欧洲，肯定没有类似的情况。

中国在这方面的作为，往往包括提供盘缠、初期贷款和种子，协助获得耕畜、基本资讯和土地。[78] 光是17世纪晚期和18世纪期间，长距离迁徙到中国低度开发区（和因为17世纪战祸而人口大减的地区）的移民，无疑就超过1000万人，而且大部分拓殖者建立了可终身保有的农场；[79] 那些变成佃农的人，几乎个个是自由佃农。[80] 由于手中资料不足，无法探明这些移居行动使不同地区的收入均等化到何种程度，但逸事性证据显示，中国境内充满机会的土地很快就被占光，致使迁徙到边疆地带不再是改善生活的明显途径。于是，中国人的移居，不管出于什么原因，在出清地区的过剩劳动力上，其效用似乎可能比欧洲人的移居要大得多。

另一方面，为追求丰裕之资本而移居，在欧洲可能也较容易。虽然在最缺资本的欧洲地区（例如俄罗斯），人的流动性的确颇低；或是诚如前面已提过的，英格兰济贫法之类的制度，可能对连从英格兰某个贫穷堂区移居到伦敦（或后来的曼彻斯特）之事，都起了人为的抑制作用。但在17、18世纪里，有许多欧洲人的确迁往短距离或中距离外的核心区域（例如德意志人和斯堪的纳维亚人迁往荷兰，爱尔兰人迁往英格兰）。

中国政府对"无业游民"始终心存怀疑，喜爱农民更甚于无产阶级，因此虽然积极协助穷人赴边陲地区垦殖，却完全未推动穷人前往核心地区寻觅工作机会；事实上，官方的某些政策抑制这类移动。饥荒时主动赈灾，以使人民在自家附近领到配给，就是这样的例子；试图透过保甲制度使邻人为彼此的行为负起责任，则是有着类似目的但野心更大许多的计划，只是这对百姓的迁徙大概影响不大。中国工业的风俗习惯与社会结构，影响大概还更大。

在18世纪的中国和欧洲，最大的工业产业都是纺织业，而在这两个地方，大部分生产都发生在乡村。在中国，大部分的生产者是女性，原因之一是纺织被视为"女红"的典型。但在中国，少有未婚女子只身移居他处，因为女人即使出个小门去庙里进香，若没有亲人陪伴，都可能有损名誉；事实上，时至今日，在中国某些乡村地区，女人若赴外工作，仍会招来不少反对声浪。[81] 男人若带着妻子一同迁徙，需要搞定住的问题，就算顺利找到住所，还得有块地可供他使用才行。男性雇工固然可以找好几种工作，但"男性身为一家之长，就该有自己的农地（归己所有或租来的农地）"的观念牢不可破，致使大部分本可能外移者打退堂鼓。长江下游和某些地区有许多乡村织工和纺纱工，但夫妻两人都从事纺织的情形不多（在欧洲这种情形则很常见），有心招徕这类人到他的土地上安家落户以便利用他们的劳动力的大地主也不多。简而言之，我们所可能称之为"无产阶级迁徙选项"的东西，在中国不易出现，因为正规的织工或纺纱工不是无产阶级；她所属的家庭，即使没有自己的土地，至少还有可供作为佃户押租的钱。

于是，欧洲制度若摆在这里，理论上可能较易促成会把人从劳动力过剩区域迁徙到资本充裕区域的平衡状态。在中国边陲地区人口暴增而最繁荣区域人口增加甚少的19世纪，这一落差可能会很大（第五章会再谈到此点）。但在18世纪中叶，很难想象长江三角洲的富庶繁荣会使许多人不顾性别规范和其他文化价值观，移居当地寻找雇佣工作。这时长江三角洲的人口密度已达每平方英里一千多人，[82] 而长江中游最肥沃、水源最充足的省份湖南，则是约175人；[83] 当然，懂得农事的人（尤其是男人），远多于懂得其他任何事务者。在这样的情况下，很难想象中国境内会发生追求资本的集体迁徙，即使这类迁徙未受到风俗习惯的阻挠且政府未鼓励人民进行追求土地的迁徙亦然。毕竟，在欧洲，制度对寻地阻挠甚大，而对寻找充裕资本下的工作机会的阻挠，则小了许多，但18世纪时为了觅得工作而移动的人仍然不算多。若说妨碍移往资本充裕地区的习惯性障碍是18世纪中国劳动力市场的"不完全性"，而且其"不完全"程度，就和先前所谈过的欧洲境内寻地者所面临的障碍一样严重，那的确没凭没据。当然，不管是中国还是西欧，都不是运作平顺的新古典主义经济学劳动力市场；但对本书的讨论而言，只要知道中国稍稍更接近新古典主义经济学的劳动力市场模型就够了。

农产品市场

中国农民把自家许多农产品拿到市场上贩售时，至少比伦敦、巴黎周边的农民较不可能遇上买方独家垄断的市场结构。英国和法国的君主都热衷于供给都城所需的食物和其他必需品，为此几乎不计代价，于是允许"私人市场"成长；而在私人市场里，行之有年的反"囤积"（在谷物上市前将其全数收购）规定遭束诸高阁。商人以一对一的交易方式直接向农民收购谷物的情形愈来愈常发生，而这种交易方式使谷物无缘进入实体市场，也就无法让卖家得以从多方竞购的买家中取得最有利的收购价。[84] 诚如布罗代尔所强调的，在这类交易里，商人对遥远市场较为了解，而且身上有随时可付出的现金，因而这类交易"本来就不平等"，[85] 往往使农民陷入永远债务缠身的循环困境里，并在何时出售谷物和把谷物卖给谁上任人摆布。

相对的，清廷力求使地方的基本民生必需品市场有多个彼此竞争的买家。事实上，直到19世纪50年代为止，这一直是官府的经商、经纪许可制度的主要目标。[86] 许多证据显示，这一制度通常（但并非总是）用在占上市农产品之大宗的谷物和棉花上。商人的确常利用信贷来确保取得他们所要的农产品，但农民似乎大多能自主决定要卖给谁，至少在1850年前是如此。[87]

乡村工业与副业活动

此外，比起欧洲许多农民，中国农民在从事营利性手工品生产和把制造品卖给相互竞争的买家上，有着较高的自主性。为求简单明了，我们把焦点摆在纺织业上。

明初中国仍有世袭性的工匠家庭（匠户），1393年时占人口约3%，[88] 但这一制度在接下来的两百年间瓦解，因为这些依附性劳动者的工资太低，使许多人弃职逃走，而农户卖布和其他手工制品的情况愈来愈多。[89] 到了明末，这一制度已名存实亡，继之而起的清朝于1645年正式将它废除。行会很普遍，但纺织品行会地位卑微，不存在城市垄断合法纺织品生产的情况。相反的，清廷大力鼓励乡村妇女纺织,既为强化缴税农户的经济稳定,也因为母亲从事纺织,乃是有利于其小孩之道德教育的身教。官员分发棉籽,印制操作手册,鼓励教授相关技能,提倡"男耕女织"的分工为健全家庭之基础的观念。[90]

这些政策普遍奏效。到了17世纪初期,长江下游的乡村人家,几乎家家户户从事营利性纺织。17、18世纪,岭南和华北许多地方跟进,在长江中游和其他地方也发展出重要的小生产区。[91]在某些地方未有本土的生产活动,而那是缺乏适当的本地资源和从较发达地区输入手工制品所致。

西欧的城市行会也失去对纺织品生产的控制,但失去过程较缓慢许多。使用乡村劳动力一事的成本优势一眼就可看出,但城市工匠普遍认为他们享有特权是合法的权利,可规范但不能轻率废除。[92]启蒙运动思想家开始质疑这种财产的合法性,但要到1789年后法典才反映他们的看法。欧洲诸国政府非常在意城市的安定,[93]知道城市垄断地位的迅速消失会导致社会动荡,于是常查禁乡村生产活动。在德意志许多地方,17、18世纪时德意志诸邦致力于强化城市的垄断地位。[94]在18世纪期间,许多德意志行会的权力其实变得更大(无论是在事实上还是法理上都是如此),并继续猎寻"地兔"(即无照从事行业的乡民),直到19世纪。[95]虽有这类作为,乡村工业还是继续扩散,有些师傅不再想方设法将乡村劳动者拒于门外,而是转而开始雇用他们。不过,仍有数百万乡村居民,因城市依法享有的特权的阻挠,而无法投入工业活动。

还有些障碍存在于乡村自身。英格兰的自由主义中心(同时也是欧洲纺织业中心)拉特兰(Rutland)的公爵们(不无道理地)推断,乡村织造业的扩散,导致该产业与农业争夺劳动力,导致较高的出生率,以及最终导致较高的税额估算以供养穷人。而这些公爵身为博蒂斯福德(Bottesford)村四分之三土地的所有人和该村大部分上市产品的买主,能防止这类弊病产生。晚至1809年,威廉·皮特(William Pitt)仍如此描述他们的政策:"许多健壮的农民在此受到供养,没有织袜工,也没有人会需要照顾。"不足为奇的,就在纺织业于莱斯特郡(Leicestershire)许多地方蓬勃发展之时,在由单一贵族宰制的村子里往往没有此产业;在土地所有权集中的区域,纺织业则薄弱。[96]在德意志某些地方(尤其是在普鲁士以外的地方),直到进入19世纪许久以后,行会仍如愿阻止许多工人(尤其是女工)投身制布业;[97]晚至1848年,这期间形形色色的卑下义务,令织工和创新者都不堪其扰。[98]

在另外的例子里,乡村工业的确大幅成长,但其代价是在乡村也被迫施行绑手绑脚的行会制度。在这些例子里,城乡行会往往(在官方支持下)联手抗拒技术变革,且如愿以偿;希拉·奥格尔维(Sheilagh Ogilvie)研究过德国史料后推断,原始工业发展和法人特权两者的制度性余绪,19世纪时仍然"对经济、社会的改变构成直接且久久未消的障碍"。[99]

但我们不该只是列出偏离开放性、整合性之理想化劳动力市场的种种作为,因为那些作为可在任何地方找到,不代表不存在有意义的劳动力市场。但就某些欧洲例子来说,我们也有某些衡量产出的标准,而那些衡量标准表明劳动力市场的整合相当有限且断断续续。

费尔普斯·布朗(E. H. Phelps Brown)和希拉·霍普金斯(Sheila V. Hopkins)提出的英格兰著名工资序列,清楚指出了久久未消的僵固现象。尽管供给与需求两者都频频改变,但数种非农业性工作的名义工资,却数十年甚至数百年未变,技术工人和非技术工人两者的工资差别也长期没什么改变。[100]如今我们在法国、德国的部分地方找到类似的现象。[101]在这期间,16世纪至18世纪末的英格兰境内,失业(工资未跟着需求波动而变动时的可能结果)相当严重。

在18世纪的英格兰，虽有严重的季节性失业，在农业淡季时从事工业工作的农场工人却也似乎不多；收割时期日工资较高，特定季节投入农业工作者却很少。[102]农业、工业劳动力市场如此分明的区隔，有助于维持城乡工资间的大落差（18世纪末时城市工资比乡村工资高了54%）。[103]

荷兰的劳动力市场可能灵活得多，至少在16世纪晚期至17世纪初期的黄金时代是如此。技能工资差别（技术工人与非技术工人的工资差别）和名义工资的变动更频繁，临时工在农业与非农业工作之间游走，有助于整合那些劳动力市场。[104]但在约1650年之后，工资与技能工资差别的变动变得没那么频繁；数种有组织的城市行业能使工资居高不下（乃至在世界价格于1670年后下降时增加实质工资），尽管这会使获利下滑，失业率升高；[105]来自德意志与斯堪的纳维亚农场的短期移民工人，为数种季节性的非农业性工作，提供了愈来愈多的劳动力。在这期间，许多较穷、生活较不安稳的荷兰工人不再能靠打零工过活，原因既出在公共工程（例如开凿运河）减少，也出在农场更加雇用常年工。许多人外移，为荷属东印度公司效力，赴海外当水手或当兵；虽然为这类公司卖命是逼不得已的，但这种情况在18世纪却是愈来愈多。于是，荷兰最终有了三个彼此区隔相当分明的雇佣劳动力市场，其中一个市场最受青睐，但要进入不易，而另外两个市场里的人，若一直待在乡下，日子就会过不下去。[106]

在18世纪晚期，或甚至19世纪大部分时期，劳动力市场的整合程度也非必然变得较高。英格兰的城乡工资差距（1797年为54%），在19世纪20年代至50年代期间急剧拉大（早期工业化期间常见的现象），1851年更冲到81%的高峰，在接下来的几十年里才渐渐下跌（但仍不时回涨）。[107]

法国的劳动力市场整合程度最初似乎较高，但终究只是短期现象。由于敌不过旺季时的农业工资,法国的乡村工业在夏季停业由来已久且十分普遍;而许多工业工人一过35岁左右,在工业里所能赚得的工资开始下滑,就愈来愈偏重于全职的农业工作。农业与非农业工人的这一高度重叠(约1800年时,25%—40%的法国农业劳动力也在制造业工作),创造出比英国更为整合的劳动力市场,至少在城市以外的区域是如此。此外,1750年至1870年间,法国农业的日益商业化,更在许多区域提升了这一整合程度。[108] 然而,这一整合有赖于法国许多工业的高度非资本密集性和低工资,前者使夏季歇业不致危及财务,后者使歇业在每年夏季农业工资上扬时不得不如此。随着19世纪最后三分之一时期蒸汽动力工厂变多,这类产业的竞争力愈来愈差;随着收割时期工资在19世纪70年代农业萧条时暴跌,劳动力从工业往农业的季节性流动停止,结果就是19世纪晚期法国城乡、地区的工资差别都剧增。[109] 到了20世纪,法国劳动力市场的特色,已转变成新的区隔模式,而非以长期趋向整合。

为何欧洲不同经济产业间和不同地区间的工资,会有着持续增加且存续至工业时代的巨大差别,学界莫衷一是。此现象的成因众说纷纭,而这些说法无疑包含了许多不能被视为劳动力市场之"缺陷"的因素。[110] 不过,学界普遍认同,这些缺陷在这一差距的久久未消上起了一定的作用。而再怎么看重哪一说法的不同组成部分,都仍有一点引人注目,即在此我们又需要解释,何以欧洲大大偏离斯密式效率。这一偏离既发生在近代早期,也发生在工业时代,就我们所知,在东亚并未见到与此类似的情况。

令人遗憾的是,我们没有可靠的中国工资序列可拿来与这些结果相比较,但本章更后面会告诉我们,至少在18世纪,农业劳动者与乡村纺织业工人的工资大概相当接近。我们知道在欧洲许多地方,对于人在不同产业间的游走会有所限制,而在中国则没有。中国的个别地主几乎从未拥有拉特兰公爵那样的权力；无论如何，较可能的情况会是他们较希望见到自家佃农有额外收入，以更支付得起愈来愈倾向用现金支付的佃租。而城市的手工业行会，诚如前面已提过的，没有将乡村竞争者拒于门外的实质权力。比较不正式的做法，例如透过本地组织敲定季节性与长期雇用的移民工人，意味着劳动力市场肯定在许多方面是有所区隔的，但由于没有进一步的法律限制，这似乎不可能创造出像近代早期欧洲的劳动力市场那样低度整合的劳动力市场。

在日本，直到19世纪60年代为止，迁徙和从事副业一直受到多种法律限制，而有人或许认为，在日本会出现更像在欧洲所观察到的劳动力市场区隔模式。不过，非正式的做法在规避这些限制上似乎往往颇为管用，至少在商业化地区是如此。斋藤修（Saito Osamu）已证实，从18世纪50年代起，畿内地区城镇散工和乡村散工的工资差不多，意味着存在一个充分整合的劳动力市场；[111] 西川俊作（Nishikawa Shunsaku）也证实，19世纪长州的劳动边际生产力，应该和农业劳动者的工资约略相当，也与附近制盐行工人的工资非常接近。[112] 因此，虽然还有许多地方有待探明，我们目前拥有的证据并未显示，欧洲的劳动力市场比日本或中国的劳动力市场更加切合新古典主义经济学准则。

中国与欧洲境内的家庭劳动："内卷"与"勤劳革命"

消费与产出

尽管中国的劳动力市场比欧洲更切合新古典主义的经济学准则，但黄宗智仍然主张，中国经济在清朝时还是以西欧所未有的方式"内卷化"了。他主张，生产与交换的扩张，有赖于运用愈来愈多无偿的家庭劳动力，而这种家庭劳动力的单位劳动所得很少（而

第二章　欧洲与亚洲的市场经济体

且还愈来愈少）。这类所得有助于家庭支应其大体上固定的消费需要，但却付出了不小的代价：低利润加上近乎零的隐含工资，投资节省劳动力之机器就变得没有意义，使人始终只能从事低生产力的工作，无法壮大"糊口性产品之外"的产品市场。在这样的情况下，乡村工业虽然能成长，但劳动生产力却无法成长。因此，"这是小农生产与自给农业的商业化，而非刚出现之资本主义企业的商业化"。这一变化乃是女人受制于"文化因素"而几乎完全无法离家工作所致；[113] 这些限制助长家庭把女人的劳动视为无成本的劳动，就和做多做少庄园主都得养活的奴隶或农奴差不多。

眼下暂且假定黄宗智对中国的描述属实，那么在18世纪晚期之前，中国与西欧有多大的差异呢？在欧洲，同样有许多证据证明1500年至1800年的产出成长，大抵要归因于更多的劳动力得到运用，而非生产力上有什么突破性进展；这一趋势非常普遍、根本而又持久，因而扬·德·弗里斯提议应把这个时期重新界定为"工业革命"时期。[114] 而诚如第一章提到的，我们并不清楚那些多出的劳动力是否大大改善了西欧平民百姓的生活水平。诚如第三章会说明的，许多证据显示，非精英阶级的欧洲人，即使1800年时的家产比1500年时多，但未吃得较好；事实上可能还吃得更差。

我们已知道中世纪晚期至1800年，欧洲人均肉类消耗量下跌。而1637年至1854年巴黎的人均面包消耗量则看不出什么长期趋势；[115] 其他城市的证据亦然。随着时日的推移，工作量增加，才赚得到足够买那些面包所需的钱。在斯特拉斯堡，1400年至1500年，要买得起一家四口一个月所需的小麦，需要做40至100小时的粗活；大多在60至80小时之间。到了1540年已超过100小时甚多，且在接下来的三百年内未再低于100小时；法国方面的资料大体上表明，直到19世纪80年代，才又能以100小时的工作量买到一个月所需的谷物。[116] 就德意志工人来说，趋势大略相似：工人工资的购买力,用谷物来衡量的话,1500年至1650年下跌了约五成。[117] 在英格兰,购买力更晚才开始下跌,1740年左右出现了一个高峰,建筑工人的工资所能买到的面包,再度和16世纪时一样多;但也只是恢复到16世纪的谷物购买力,直到进入19世纪许久以后才改观。[118] 鉴于日常饮食对谷物的倚重(即使上层城市居民都有超过一半的热量摄取来自谷物,对穷人而言则可能超过八成来自谷物),[119] 每小时劳动的实际收益在这期间很可能下滑(有些人不吃面包改吃马铃薯,借此保住食物购买力,但此举普遍被视为饮食品质的下降)。

小农(不管是终身保有土地者还是佃农),情况只稍好一些。他们在谷价上扬时得到周期性的获利,往往渐渐积累较多的炊具、家具等物品,但日常饮食并未改善。基本上,农民人数大增消耗掉不少他们所增加的产出,而可供不满现状的农民移居的空地愈来愈少,有助于精英和政府侵吞更多的剩余谷物。的确有些新的品项进入人们的市场篮(market basket)里,但考虑到失去的品项,新市场篮是否比旧市场篮好上许多并不清楚,而且得花上比前人更多的工时才能取得。乡村劳动力过剩有助于压低有较充分文献佐证的实质工资,而如果农业实质工资持续上涨,乃至维持稳定,这一劳动力就不会过剩。[120]

对"原始工业化"(近代早期欧洲乡村手工业的大幅成长)的研究,得到了类似的结论。大卫·莱文(David Levine)论英格兰乡村纺织业的著作,阐明一名乡村纺织工人的工资养不活一家人;即使两个这类工人的工资,若没有农业收入和童工的贡献,也往往不足。不过,一对夫妻靠纺织工作(或许还有一块很小的地)就能存活的可能,使更多男女得以不必等到继承家产就可结婚。结果就是更早婚、更高的出生率、纺织业地区人口过多和要工资下调的压力变大。工资下滑迫使许多人增加工时,从而加速这一循环。[121] 因此，莱文认为，原始工业化不是工业未来的先兆，而是死胡同，而英格兰（但并非英格兰的所有纺织工）凭借外源性技术突破，才得以走出这个死胡同。

原始工业化与更快速人口增长之间的关系，似乎不再如这个模型的最早期提倡者所认为的那么清楚。农业雇佣劳动力更易取得，也使人不必继承土地所有权就能维持生计、成家，而且对人口的作用，可能和那些被认为出自原始工业化的作用一样[122]：导致更多家庭需要至少两人工作赚钱才能养活全家。不过，莱文的基本论点（原始工业化导致死胡同的概率和导致重大突破的概率一样高），似乎仍然颇为正确。理论上讲，无产阶级是以个人而非家庭一员的身份，来面对市场；家庭既是生产和消费单位，可能还拥有土地。而莱文的论点也提醒我们，无产阶级可能还是以同样"内卷"的方式偏离了新古典主义经济学所认为会有的走向。

彼得·克里特（Peter Kriedte）、汉斯·梅迪克（Hans Medick）、于尔根·施伦博姆（Jürgen Schlumbohm），以今日德国、法国、英国和比利时诸国部分地区的原始工业化为主题，写了一部专题论著。他们表示，透过商人所积累的利润和组织技法，原始工业化其实可能对接下来工厂的兴起有所贡献。[123] 然而，他们笔下工人所遭遇的经济、人口后果，非常类似莱文的论点：一个由内卷、生活水平停滞和可取得的资源所受到的整体压力愈来愈高等诸现象构成的模式。[124] 在18世纪和19世纪初期德意志的相关地区，原始工业化发生后，似乎随之出现人口大增的现象，尽管当地曾想立法限制婚姻但未能如愿；大规模就业不足和工资下调到不足以糊口的现象很普遍，尤其是19世纪40年代。[125] 整体来讲，1850年前德意志的生活水平未有改善的迹象。据说四分之一到二分之一的德意志工匠生活在"贫穷线"以下；在法兰克福，财产足以取得公民身份的男性占所有男性的比例，从1723年的75%降到1811年的33%。[126]

因此，在16世纪至18世纪结束这段时期，劳动增加而生活水平只有相对较小幅提高的现象，在西欧常见的程度大概至少和在中国一样高。不过，德·弗里斯针对欧洲变迁的特性所做的另一部分描述，与黄宗智笔下的中国大相径庭："勤劳革命是以家户为基础的资源分配过程，这一分配既增加了上市出售之商品与劳动力的供给，也增加了对市场所供给之物品的需求。"[127] 换句话说，欧洲人投入更多工时制造物品上市贩售时，他们也拿所赚的部分现金来购买原本自行制造的已制成或半制成的家用品，例如面包、蜡烛等。[128] 总劳动时数仍然增加，[129] 但花钱以减少家事劳动，表明女人的时间机会成本并未被认定为零。

相对的，黄宗智表示（虽然他并非明白地如此表示），中国的农民并未大幅减少他们的家务劳动。因此，乡村未发展出工业品市场，因为家人（特别是女性）只增加了其劳动量，而非如德·弗里斯针对欧洲所描述的，增加且再分配劳动力。如果此说属实，这会是很重要的一个对比，但此说未得到实证支持。相反的，德·弗里斯对西欧的描述，用在中国的先进区域也很适切。

在中国、欧洲两地，劳动力都有所增加，也都有某种程度的再分配。欧洲乡村居民开始购买新的商品，如咖啡、烟草和糖（乡村工匠在这三样商品上的开销，比其他任何欧洲人群体还高，且开销多寡依个人收入高低而定，[130] 但大部分农民买的大概很少），并非只是过去辛苦自制的家用品；不过，家户对大部分这些新商品的消费，一直要到19世纪才大增。[131] 因此，这些消费似乎不大可能省下许多家务劳动时间，除非把它们视为对众所渴求（且劳动力密集型）的熟肉消耗减少所做的补偿。在农家里变得更常见的其他物品（家具、餐盘和壁饰等），似乎也与节省劳动力无关，反倒可能表示最低的维生水平已重新评定，说不定还表示拥有某些物品一事相对于闲暇的效用已重新评定。[132] 同样有可能的情况是，众所认同的维生水准并非上扬而是改变了,亦即人若要在社会上抬得起头,拥有一个有抽屉的柜子比常常吃得到肉更为重要。但还有些愈来愈常见的物品(面包店的面包、啤酒厂的啤酒和裁缝师制作的衣服),明显节省了家务劳动时间(事实上,如果把所有为家庭服务的生产活动视为纯"劳动",且其中有些生产活动是无报酬的,那么勤劳革命中必然出现的专业化升高现象,甚至可能导致所有工时的平均收入增加,尽管每小时工资下跌。另一方面,由于料理三餐、照顾小孩等家务劳动,可能有部分被当成"闲暇"活动,因此这个问题也变得更复杂许多)。

中国人,一如欧洲人,也购买愈来愈多的糖和烟草。事实上,后面就会提到,1830年前他们的糖消耗量大概更大。从为了有钱购得这两样物品而劳动一事来看,劳动力方面的变化,很明显是增加了,而非再分配。而由于谷物和肉类的消费量似乎持平,[133]它们的料理方式似乎没什么改变,在这方面似乎不大可能省下许多家务劳动(尽管对中国食物加工业的研究可能会需要重新评估这个说法)。或许最为重要的,我们手中的少许资料显示,购得特定数量的米所需的劳动量,在约1100年(耕地/人口比率对它们最有利时)到至少1800年之间稳定增长,[134]呈现出与黑死病后的欧洲极类似的模式(在18世纪的中国,一如欧洲,有些人转而食用较不受青睐的食物,尤其是来自新世界的粮食作物;[135]但这同样未改变食物成本上升的大模式)。

就在必须花更大成本才能获取足够热量之际,人们却开始购买更多无关填饱肚子的物品;就这一点来说,中国也类似欧洲。证据显示,老百姓拥有的家具、珠宝等物品变多。由于没有类似欧洲人过世时所遗留的财产目录之类的资料,我们很难把中国境内不同种类物品(及从而把金钱),相对于闲暇的被感知价值(perceived value)的上扬,与欧洲境内同类上扬现象相比较,但改变的方向似乎相近。我们会在第三章探究那些证据，从而了解到与欧洲的近似程度非常高。就我们目前的疑问来说，中国人劳动的增加是否明显比欧洲还内卷？或许只要说非关填饱肚子的物品购买有所增加，而较受青睐的食物已知没有出现和欧洲食肉量类似的减少现象，就已足够。

中国人对服务的购买似乎也剧增，剧增程度说不定比欧洲人还要大（从欧洲人过世时的财产目录来看，他们似乎偏爱耐久品）。例如，有充分证据表明，在16世纪至18世纪末，中国境内雇用仪式专家和职业表演者的情况大增，甚至连非常卑微之人都购买这类服务。事实上至少自18世纪起，收费换取服务的仪式、娱乐产业就日益壮大。相对的，在欧洲许多地方，国教和无偿社区团体继续操持人生大部分重要阶段的仪式，免费提供这类服务。闲暇的商业化是相当新的现象，直到17世纪晚期和18世纪才变得稀松平常，即使对较富裕、较城市化和较"资产阶级"的英格兰境内的中产阶级来说亦是如此。[136] 由于存在许多文化差异，如果中国的消费者分配他们日益提高之购买力的方式不同于西北欧的人，自然不会太令人惊奇。中国、欧洲消费者在消费偏好上的这一差异，如果真的存在，可能具有长远影响，但这一差异谈不上是"内卷"的证据。[137] 但同样的，由于中国境内的肉类消耗未像欧洲那样减少，于是，似乎更为明确的是，中国境内其他种消费的增加，代表工作量增加促成生活水平净提高。

于是，不管是生活水平，整体劳动力投入（就我们所知），还是我们对家户动态与劳动力的了解，都未证明将"内卷"中国与"勤劳"欧洲摆在一块比较是恰当之举。

如果乡村中国真是个内卷的经济体，照理乡村家庭几乎不会为了减少女人的工作量而花钱，因为在这样的经济体里，至少女人和小孩之劳动的机会成本，低到让他们只要有机会多干活、有机会即

第二章　欧洲与亚洲的市场经济体

使多赚一丁点儿工资，都几乎绝不会白白放过；但其实有许多乡村家庭都会这么做。例如，从1350年至1850年，棉衣几乎完全取代了麻衣。黄宗智指出，由于大麻纤维较短，需要"相当复杂精细的过程"才能制成适合制布的纱线；棉在这方面就容易得多。[138] 中国全境，一如欧洲全境，蜡烛购买量的增加，证明人们愿意花钱来减少操持家务所需的劳动。诚如我们不久后会明了的，中国家庭为了节省生产销售用商品所需时间而花的钱也较多。

　　有些特殊物品仍然生产来供家用，违反了以市场为基础的效率概念。例如，在帝制中国晚期（late imperial China），刺绣技巧成为愈来愈重要的女性表征。因此，出于强烈的社会压力，年轻女子（至少某种身份地位的女子）仍然得在自己的嫁妆箱放进一些自己亲手绣制的东西。刺绣是一件得花不少时间才能上手的技巧，而且许多年轻女子若专职从事织造或缫丝供上市贩售，并自外买进刺绣产品，肯定可以改善个人经济状况（有些人的确无视社会价值观这么做）。[139] 但在各个社会里，都有人像这样不愿乖乖接受完全受市场驱动的生活（或者，换个方式说，要以某种生产过程来表现文化素养）。"家庭生产的物品和服务"虽然划归一类，其实由许多特定物品组成，而在任何文化里，都有人比他人更看重持续为自己和家人生产其中某些物品。这个道理更适合套用在另一类抽象且同质的事物上，也就是闲暇。有人舍弃闲暇，以换取家人为市场工作的机会。"闲暇"一词包括各种活动（猜字谜、听音乐或制作音乐、做爱和参加家人的寿宴之类）；而在任何文化里，都有人比其他人更愿意牺牲其中某些活动以增加收入（从而增加花钱取得满足的机会）。

　　于是，有些家庭活动未在"勤劳革命"中被转变一事（不管这些活动对理解中国文化有多重要）并不表明这一过程在中国比在欧洲软弱无力，除非在中国这类活动多上许多，或它们与更多的基本物品有关系（例如，若某个社会把哺养看成一件太私密而不适合由单纯为了赚钱做事的陌生人代劳，这个社会所要面临的"勤劳革命"障碍，就会比在中国或欧洲所遇到的更强而有力）。结果，中国和欧洲在这些事情上的差异似乎互有优劣，没有哪一方完全"占上风"。例如，中国农村妇女比欧洲人更可能生活在大家庭里，大概更易得到家里老得无法下田或织布的老人无偿照顾小孩。欧洲农村妇女享有的这类机会较少，而且远不如中国妇女那样可以理直气壮地宣称婆婆帮忙照顾小孩理所当然。而把小孩交给亲族以外的人照顾，既花钱且（在某些期间）丢脸。

因此，在这个时候，我们无法根据产出或消费模式断定中国或西欧何者有较多的"勤劳革命"（包括家庭劳动的再分配和扩展，以及省时性消费的增加），或者断定哪个地方有较近似纯"内卷"的现象。最稳妥的做法，似乎是把中国和西欧划归同一类，承认在欧亚大陆两端，劳动力市场、省时性物品和其他物品的市场与人口压力三者都愈来愈举足轻重。为确认可比较（comparability）一说言之有理，我们要尽可能直接地检视对数种生产作为里未明言之劳动时间的估计。首先要检视男性劳动者，然后是女性劳动者；后者的就业机会较少，最可能被困在内卷经济里。

生产决定与劳动力分配

关于小农的生产决定，我们所拥有的资料不足。但男性农业工资从未低到养不活自己的程度，而那些有机会取得自耕地的人，境遇不大可能比乡村无产阶级差。此外，豆饼肥料的购买量大增一事发人深省（豆饼比粪肥，尤其比自家供给的粪肥，贵上许多，但施撒时省事许多）。事实上，从工资、价格资料可推断，购买豆饼的家户暗自以和市场工资差不多一样的价格评定男性劳动力的价值。[140]最后，对长江三角洲耕种一亩（六分之一英亩）稻田所需劳动天数的估计，17、18世纪和20世纪30年代几乎一模一样，[141]因此，虽然每亩地的产出上扬，[142]地租占产出的比重却很可能是下跌的；[143]但至少就中国长江三角洲来说，我们所看到的农业内卷迹象是比近代早期欧洲还要少的。后者的工时渐增，而非技术性劳动的实质收益则开始下跌。

与女性劳动力相关的比较，也未清楚表明欧洲较"革命性"，中国较"内卷性"。在中国，女人离家工作所受到的文化性反对，比在欧洲更为强烈，但那不必然表示欧洲女人赖以出售劳动力的市场，比中国女人赖以出售自制产品的市场来得自由。诚如先前已提过的，行会规定往往使欧洲女人无缘进入产品市场。这些规定是欧洲文化准则的一部分，即鼓励男人要妻子尽可能把心力摆在家用物品的生产上（不管对大部分居民来说这有多不切实际），因此，这些规定对女人经营事业的阻力，可能至少和中国人所偏好的作为（女人最好足不出户，但在家里从事市场导向的生产则无妨）所产生的阻力一样大。欧洲启蒙运动时期的君主仿效中国皇帝，举行犁出第一道沟的耕籍礼，但未采用中国皇后公开采桑叶、祭蚕神的亲蚕礼，也可说绝非偶然。[144]当时的欧洲人若听到这个颂扬女人为家用暨市场需求而生产，且把这些工作视为有助于女人教养孩子之职的观念，[145]大概多半会觉得很古怪。

当然，中国女人鲜少亲自到市场贩卖产品或主导生产活动。她们通常受到丈夫或婆婆督导，而丈夫或婆婆很可能不重视她们的闲暇时间，即使增加劳动所带来的收益已大大落在市场工资之下，仍要她们继续干活。不过，光是较多欧洲女人向亲族以外的人直接出售自己的劳动力这点，并不表示她们在家里未受到类似的外力催逼，也就是说，她们还是可能在非己所愿的情况下出卖更多劳动力，而且无法卸下低收益的家事。

此外，中国家庭出售自家女人所制的纺织品时，面对的是多个彼此竞争的买家。史料对农家与商人之间关系的记述并不一致，但在农民继续带着自家商品进入市场这点上，各家一致认同。[146] 相对的，欧洲的"散作制"（putting-out system）使这些雇主往往能避开竞争性的劳动力市场（就和新兴的谷物"私人交易"避开的方式差不多），因为这种制度是由商人提供原料，且往往也提供设备和预付工资，所以工人只负责生产，没有产品可供出售。商人往往分割地盘，以免彼此竞争；这使他们得以用一种颇似劳役偿债（debt peonage）的制度，将诸多工人拴在一个雇主底下，或至少使他们得以继续加雇工人而不致抬升工资。[147]

最后，现有的工资资料显示（尽管这些资料十分零星），中国的"内卷"程度很可能低于西欧。黄宗智极倚赖对18世纪河南省工资契约的研究，而根据该研究，夫妻档（除了膳食）领到的现金工资，比丈夫一人受雇领到的工资还少。若接受这样的工作协议，就表示这些家庭认为，即使女人的工资低于维生水平，让女人继续工作是个好主意，表示女人能做的其他事（例如纺棉纱和织布）报酬一样低或更低。但河南是个贫穷的省份，境内的营利性纺织业不发达，因此，若要根据这个省份的一些契约来推断生产纺织品的富裕省份的情况，太过牵强；何况这些合约本身就有点含糊。[148] 最后，黄宗智对女纺纱工、女织工工资的估计，以17世纪晚期的价格为基础，而诚如稍后就会理解的，那时的价格并未反映平均情况。

相对的，潘敏德已针对18世纪中期的农家，建构出一连串假设性但看来属实的农家预算。这些预算显示，在中国江南，一名成年妇女和其9岁女儿借由养蚕和织丝，一年能为颇贫穷的农家增加11.73两的收入，而且未怠忽家事；如果这户人家能不必借钱就替这项生产活动筹得资金，能赚13.73两。[149] 在江南，男性农业劳动者一年顶多会赚将近5两，加上一些免费的供餐，[150] 即使一年到头都找到工作（概率不大）亦然；如果他是常年工而非按日或按月计

第二章　欧洲与亚洲的市场经济体

的临时工,可能三餐都不必花钱,但只会赚到 2 至 4 两银子。

因此,对女人"额外"劳动之潜在收入的这些估计,似乎相当于或高于非技术性男性劳动者的市场工资。就连 11.73 两这个收入,都会相当于 1750 年左右一名男性劳动者工资的约 85%,如果这名男子以领月薪的方式工作整整 12 个月,而且除了领到现金工资,所有伙食还由雇主包办的话。由于平均来讲,我们假设的养蚕母女档消耗的米饭会相当于一名成年男子消耗量的约九成,[151] 因此,扣掉糊口所需的费用后,她们的剩余收入基本上和他的剩余收入相等。这一剩余收入的确是两人工作所得,但其中的 9 岁女孩所赚的,不可能和一名成人的收入一样高。每个 9 岁女孩投入这个工作的时间会比我们所假设的全年性男性农业劳动者少了许多;而且我们在假设这名男子的赚钱能力时从宽考量,同时假设女人得用见诸记载的最高利率(每月 10%)借钱,以替她的事业筹得资金。

在规模大上许多的棉业,女人的工作收入也比"内卷"水平高上许多。卢汉超对长江下游的研究显示,17 世纪晚期女织工的收入足以养活三四人,如果她的丈夫供应原棉的话。[152] 但一如黄宗智的估计,卢汉超的估计建立在 17 世纪 90 年代的情况上。中国当时刚脱离严重的经济萧条,不同商品的相对价格似乎颇异于常态。例如,根据我们手上主要的 1696 年的价格资料,棉布价格在那年偏低,原棉价格则来到八年来的最高档,在这一情况下,织工与纺纱工的收入会异常低。而由于 17 世纪 80 年代的棉布价格曾降到五十年来的低点,而且远低于明朝大部分时候的主流价格,是以对此晚近情况记忆犹新的时人,当无法苟同 17 世纪 90 年代棉布价格"异常低"之说。[153] 另一方面,到了清朝中叶,中等布料的价格已接近 17 世纪价格的两倍;高等布料的价格也上扬,尽管上涨幅度没这么大(关于最下等布料的价格,我们的资料不足,但长江下游愈来愈少生产这类布料)。[154] 这个时期涵盖 18 世纪大部分时间和 19 世纪初期，而对我们来说，最重要的时期，就是这个时期。

但不免有人会推测18世纪人口的急速增长，其提升谷价的速度会比提升手工制品价格的速度来得快，因此有必要估计织工与纺纱工在更晚时期的实际购买力。我在附录E里做了这件事，运用了两组关于原棉价格和布料价格的不同资料。而在本文里，我倚赖后一组资料。这组资料似乎较可靠，产生低上许多的实际工作收入。

我也继续假定男性农业劳动者能找到整整12个月的工作，同时根据一年200至210个工作日计算女性的劳动收入。事实上，假设能全年到头工作者是女性织工与纺纱工，大概比较说得通；根据20世纪对长江下游产棉区中心的调查，织工一年估计工作305天。[155]

只纺棉纱的女人，收入的确很少，至少就我们想定的低价格情况来看，只够买约1.3石谷物，也就是几乎不到一名成年女性需求的一半。但诚如黄宗智所指出的，只纺纱的女人，极少数是成人；即使1.3石都超过一名青春期前女孩（这样的女孩承接大半的纺纱工作）纺纱日的食物摄取量。此外，只有在这样的情况下，运用较低那组价格的资料，才可能会产生严重偏低的结果。高价格的想定情况仍显示，这类妇女的收入支应维生需求绰绰有余。[156]

既纺棉纱也织棉布的女人，收入好上许多，我们的立论因此更为清楚。这类女人在18世纪中期一年工作210天，能赚约12两银子，也就是约7.2石米。这比在我们想定的最佳情况下男性农业劳动者收入区间的中间值还稍高一点，足以喂饱一名成年女性和多达五名低龄小孩；或者，更具体地说，一名成年女性、一名年老的公公或婆婆（此人或许能操持部分家事）和两三名小孩。事实上，这个女人的低食物需求和较高的收入，代表她扣掉维生开销后的剩余收入，是男性农业劳动者剩余收入的1.6至3倍。

最后，能买进棉纱并且一年中的210天都能全心投入织造的女人，即使在我们想定的低价情况下都能赚进16.2两，比起织造兼纺纱者和男性农业劳动者都高出35%，大概比制造高品质织物的城市织工（男性居多）的收入低不了多少。[157] 李伯重晚近在农业和手工业的相对收入（以及两者扣除维生开销后的剩余收入）方面，得出了类似的结论，尽管对于一年工作天数和其他参数有稍稍不同的假设。[158] 总而言之，逼中国妇女在家里为市场工作一事，比起欧洲的女性劳动世界，可能令女人在社会、文化上受到较大的限制，但这似乎并非人为压低生产力。

中国妇女在家的工作收入似乎比男性无产阶级差不了多少（而且说不定更高）一事，在我们思考金世杰（Jack Goldstone，一译杰克·戈德斯通）发人深省的新版"内卷"假说时，变得重要。[159] 与黄宗智不同，金世杰并未主张中国的人口过剩程度较欧洲来得高或劳动力市场（至少男性劳动力市场）较不发达。事实上，就和我在此所为差不多的，他利用莱文等人的著作，主张欧洲有着（宽松定义下的）劳动力过剩，而且这一过剩大部分出现在原始工业里，程度和中国相近；然后他继续把中国、欧洲当成相似区域来探讨，（在完全未用到"内卷"一词下）主张在这两个地方，都有许多人（大部分是妇女）的机会成本（从而雇主必须付给她们的工资）大大低于非技术工人的机会成本。

金世杰接着主张，这一非常廉价的女性劳动力使任何得用男性劳动力与之竞争的雇主利润变少，即使该雇主能利用机器大大提高其工人的生产力亦然。于是，金世杰说（在此与黄宗智的说法类似），中国农家里自我剥削的妇女使人盖工厂的意愿，比在没有她们竞争的情况下还低（请注意，金世杰着重的是男女工资差距。因此，即使吃得比男人少的女人靠己力养活自己，从而消除了黄宗智定义下的"内卷"，金世杰的论点仍然站得住脚）。他主张，在欧洲，差别在于女人可以离家工作。因此，初期的工厂能雇到与竞争对手一样便宜的劳动力，实现新机器的获利潜力。于是，尽管中国女人也是在为了市场而生产，但她们足不出户一事就因此影响甚大。这使中国几乎没有工厂，尽管其他每个因素（可取得的资本和技术创新等）使中国和欧洲一样是工业化的理想地点。

金世杰所提出的问题，有一些在本书其他地方得到了探讨。例如，在第一章我们已明确寻找"阻碍"（blockage）以说明为何未能有技术突破，有一些难关要克服，那种做法背后的心态，就像是以为社会一旦有了大部分必要的要素，照理就会有技术突破。而我们已知道，基于某些理由，"光机械化纺织业就可能使任何社会走上依靠自己的力量维持成长之路"的说法有待商榷；在第五、第六章会对此有更多的着墨。但金世杰的主要疑问仍未解开：性别规范在中国（而非欧洲或日本）是纺织业工业化的主要障碍吗？

中国人要女人足不出户的心态肯定非常强烈，强烈到使许多穷人家都迟迟不愿让自己女儿进工厂做事。但如果有工厂存在的话，似乎很可能仍有足够的女人（或她们家里的当家做主者）甘犯这个禁忌，以小小添补家计。李伯重已证实，男耕女织的理想再怎么牢固，再怎么古老，实际上少有人奉行。来自长江下游地区的许多文献就提到，晚明时（17世纪）男人帮忙纺织，女人下田干活；清中叶时仍有相当多的文献提及这类情况，直到太平天国运动（1850—1864）后才彻底消失。[160]此外，这一理想的逐步落实，似乎与实际需要息息相关，而非强横要求人民遵行所致。因此，男人不再帮忙纺织，原因之一是他们的技能太差，[161]而且随着复种制（multi-cropping）使他们得以学习农活以外技能的时间变少，他们这方面的技能大概跟着变得更差。与此同时，江南的制布业更着重于生产较高品质的织物。此外，在稻米与丝兼有生产的区域，女人不再下田干活之事，比稻米与棉花兼有生产的区域，发生得更早且更彻底；这似乎是因为许多制丝业从以家庭为基础的工作棚，转移到以城镇为单位的工作棚，使女人更难在忙完制丝后回到相距不远的田里（并使工作棚更像许多早期工厂）。[162] 而在安徽产茶和粤闽产糖区，整个 19 世纪期间，女人继续与男人一起干活。[163]

如果女人能在这些地方工作，为何不能在工厂工作？诚如金世杰所指出的，20 世纪工厂的确能找到足够的女工，但并不总能顺利找到。有篇研究当代华南的文章主张，这一偏见有利于工厂雇用女工，因为男人觉得比起其他许多工作，"他们的"女人在工厂里工作比较不"抛头露面"，而且有较宽松的作息，工厂的纪律也较符合维持"女性特质"的要求。[164] 换句话说，人们找到办法使文化规范和工厂工作毫不抵触，而未固守严格死板的女人端庄定义。金世杰主张，19 世纪晚期的外来影响大概大大削弱了这个禁忌，若在更早的时期，一般人的心态反而会构成大上许多的障碍。由于对帝制中国晚期非精英家庭里的性别角色和文化变迁所知甚少，我们对这一论点不能完全不予考虑，但李伯重的证据显示，明朝和清初的性别分工较不显著，从而使此说似乎不大可能成立。

关于这个据说"严格死板"的禁忌约束力有多大，还有一个疑问，而且此疑问就来自金世杰本人对丝织业的描述。蒸汽驱动的缫丝机比棉业技术更快流行开来，而这种缫丝机，一如机械化的纺锤和织布机，需要的人力非一户人家所应付得来。金世杰指出，这最早在中国东南部流行开来，那里的宗族和大家族势力特别大。然后他主张，这些大家族能集结到足以操作这些新机器的庞大人力，同时不必让他们的妻女在亲族以外的人面前抛头露面。于是，体积太大而不适于核心家庭使用的机器在这个区域较快流行开来一事，正有助于表明要女人足不出户的观念，就是使原本可能创造或采用其他新技术之事无缘发生的因素。但广东既生产许多丝织品，也生产许多棉纱和棉布，事实上，从 16 世纪起，在这两种纺织品的产量上，广东大概仅次于长江下游地区。那么，如果该区域的亲族结构为较大型女性工作单位的诞生提供了机会，为何这样的机会在棉布生产领域看不到？[165]（事实上，的确有份报告说，1833年在广东省佛山有一些制造棉布的大型城市工场，但至少有一位历史学家认为这份史料肯定不实。[166]）

但反驳金世杰假设的最有力证据，乃是前面详述的收入比较，至少就1800年前的时期是如此。这些收入比较显示，假设的工厂不会因为被迫雇用男子而蒙受损失。此外，诚如黄宗智所指出的，长江下游全职纺棉纱的女性，大部分是小孩，而青春期前的小孩，不管是男孩还是女孩，在户外都普遍可见。[167]因此，金世杰认为，女性足不出户和中国境内没有工厂两者有因果关系之说似乎难以成立，至少就18世纪来说是如此。就英格兰来说，如果当地女人被迫只能待在家里，的确会有金世杰所描述的那个问题，因为当地男女购买力的差距似乎比在长江下游地区大得多。[168]但我们的证据显示，虽有着要女人足不出户的心态，但中国女人与男人的收入落差，比英格兰女人与男人的落差小了许多。而且在中国，非农活最忙时期，也会有便宜男性劳动力可供工业使用；诚如先前已提过的，就是这个现象为法国早期许多工业提供了劳动力（但在英格兰北部这个工厂工业化的起始地，此现象似乎很少见）。最后，我们应记得，一旦人们明白机械化所能促成的生产力差异，就几乎不可能出现一个能使机械化无利可图的工资差额。毕竟，尽管工资差距比在任何社会里所可能看到的都要大，而且还有相当高的运输成本，英格兰棉纱还是在19世纪攻占了印度市场。

但即使如此，在此仍该指出，从中国人转而生产棉布（约14世纪，当时中国人已拥有将苎麻纺成纱的设备，而且该设备与四百多年后彻底改变英格兰纺棉纱工业的机器非常相近），到中国的纺纱业终于机械化的20世纪，对这段漫长岁月的其中某些时期来说，金世杰的假设可能还是深具意义。在第六章，我们会理解到中国织工的实际购买力，相对于农业劳动者，在人口压力特别严重的时期

（例如19世纪晚期和20世纪初期）大跌；在这样的情况下，就值得把金世杰的某些疑问再拿出来谈。但金世杰的假设似乎无法充分解释工业化为何开始、何时开始和在哪里开始。

整体来讲，在中国，劳动力的使用，一如土地的使用，符合"市场经济学"原则的程度，至少和在欧洲一样高，而且很可能还稍高："勤劳革命"似乎至少在欧亚大陆两端都很普及。近代早期发展出的欧洲制度，当然有可能使为数不多但很重要的几类活动的收益，比在中国所见的，更匹配那些活动对经济的贡献。例如，已有人提出看来言之有理的主张，说专利法在18世纪英格兰的问世，使发明者得以更大比例地享有他们心血结晶的价值，从而可能影响了工业革命的技术突破。[169] 但即使这些论点成立，它们也只在我们所考虑的时代的末期才会变得重要。而这时，我们不要忘了在19世纪中期之前，西欧经济（不管是从地理的角度还是从经济产业的角度来说）被新技术改头换面的部分极少，更别忘了即使是最重要的发明（诚如第一章已提过的），其能够产生革命性冲击，都极有赖于偶然因素和欧洲境外形势的配合。因此，在规范发明市场的制度上，其他地方虽与欧洲有差距，但这一差距太小，不足以说明欧洲为何在1830年前就在经济上取得领先。

结论：近代早期世界经济的多核心区与其共有的限制

到目前为止，我们已探究了多种强调欧洲在19世纪中期之前在生产力上享有内生性优势的论点，并且发现它们全都有待商榷。西欧的人口与婚姻制度虽然独一无二，却未产生较高明的办法来控制生育，而西欧人也未比其他几个区域的人长寿。没有多少证据显示，西欧的资本存量大大多于他地或体现了整体上明显较优越的技术。西欧的土地市场和劳动力市场似乎也没有比中国更接近亚当·斯密的自由和效率观，说不定还远逊于中国。此外，中国家庭劳动力的使用模式遭到严重污蔑，更深入的探究发现，那些模式在回应多变的机会和价格信号时，其实和西北欧模式的回应一样敏捷。西欧最发达地区绝非举世独有，反倒似乎与欧亚大陆其他人口密集的核心区域共同享有一些重要的经济特征（商业化，货物、土地与劳动力的商品化，市场驱动的成长，以及家户调整生育和劳动力分配方式以因应经济趋势）。

再者，我们没有理由认为这些发展模式在任何地方都会"自然而然"促成工业突破。事实上，这些核心区域的人均增长都不大，大部分都是通过更多的分工来实现增长的，而且受限于光靠市场无法克服的基本技术与生态限制。在本书的第二部分，我们要将探究的目光从人的基本生存和繁衍中抽离开来，更加仔细地检视那些"非必需品"的消费模式。我们也会比较最后一组能左右生产要素市场的制度，也就是规范商业资本与金融资本之大规模积累的法律体制和社会体制。尽管我们也会在此找到一些差异，但那些差异尚不足以解释欧洲的崛起为何独一无二。于是，这会促使我们在接下来的第三部分更仔细地检视头两章里提及的那些共有的生态限制，并探究能够继续此处所讨论的那几类成长和展开新的、更戏剧性的一类成长两者之间的关系，以及客观形势因素在这一转变过程中所发挥的作用。就在东亚核心地区发觉其边陲地区愈来愈无法发挥它们在市场驱动的成长里惯有的作用时，客观形势使欧洲核心地区得以在新世界取得前所未见的生态性意外收获。

第二部分 从新风气到新经济?

消费、投资与资本主义

导 论

在第一、第二章中，我们探讨了一连串普遍获得认同的论点，这些论点用1800年前西欧的制度来解释该地区何以能早早步入工业成长之境。而透过晚近对其他区域的研究著作，我们发现这些论点全都无法让人信服。事实表明，1750年前，或甚至1800年前，西欧人比旧世界其他人口稠密地区的同时代人更有生产力之说，并没有什么道理。而当我们把目光转向土地和劳动力这两个生产要素市场时，就会赫然发现，若拿新古典主义经济学的有效率经济制度观来衡量，中国符合该观念的程度，似乎至少和1800年前的西欧一样高。

于是，我们所面对的是在日常经济结构上（大部分人借以生产、买卖生活必需品的资源、技能、制度和活动）有着大略相似之发展水平与发展趋势的种种近代早期核心地区。西欧的优势既不足以说明欧洲在19世纪工业化的原因，也不足以说明为何其在帝国扩张上成就斐然。较可能的情况似乎是，没有哪个区域会"理所当然地"走向工业化进程的重大断裂、避开共有的资源限制，或是扮演起"世界工厂"的角色。

因此，是时候把目光转向更高的社会、经济层面了。目前为止所探讨的论点，若非提及整个经济里的资本积累、资源分配和市场需求，就是提及左右大多数家户之决定的制度。尽管这些地区在经济与制度领域里似乎没有重大差异，但可能还是有一些差异影响了居关键少数的有钱人家积累资本的能力和倾向，或通过改变他们希望买到之物品来促进经济改变的能力和倾向。许多学者说，这类差异的确存在，它们源于欧洲人对自我、宇宙和其他不属于经济事务之主题的看法产生了具体的文化性改变。对于欧洲之所以走上独一无二的发展路径，最著名的文化性解释，乃是马克斯·韦伯对"新教伦理"与"禁欲"资本主义的探讨，但许多更晚近的学者把焦点摆在欧洲人对消费（尤其是奢侈性消费）的心态所产生的刺激作用；有些论点则主张，存在某个欧洲独有的"物质主义"（materialism），想借此把这些看来彼此矛盾的看法合在一起。[1] 还有些论点，较不那么以文化为依据，声称欧洲的政治经济特别利于商业资本发展，使资金在欧洲，相较于在其他地方，更容易收集，更好保存，能更有生产效益地运用。

这些论点形形色色，却有许多共通之处。它们都把重点摆在经济的"制高点"上，而非大部分生产者的活动上（尽管有些论点也强调上层阶级的观念或做法最终为社会上更多的人采纳一事）。它们都把重点摆在某些物品的生产、消费和配送上，而这些物品的被感知价值与它们在满足基本的、生物性的和维生的需求上的贡献，相对来讲关系不大，只有在经过社会期望折射后的物品（例如，在某些圈子里，会把有机会入手某些奢侈品视为婚姻和合法生育的先决条件）才不被如此看待。此外,这类物品的价值往往建立在其"舶来品"的出身上。因此，本书先前一直未特别着墨的长程贸易，便会在本书的第二部分扮演较重要的角色。

汽轮问世前的长程贸易会产生其他问题。从展开这类冒险活动到最终把物品卖掉,这中间隔了很长时间,使得金融斡旋(financial mediation)成为这整个过程里极重要的一部分。于是,与抽象财富(亦即以纸币、贵金属或借据的形式持有的财富,而非以土地、储存的谷物或其他立即可用之物的形式持有的财富)的法律地位有关的议题,也变得极为重要。而在那类财富可被转换为别种资源,并受到法律或习俗保护的情况下,人在储存那类财富(而非立即将它转换为别种资源)的倾向上的变化,同样也是极为重要的课题(抽象财富受法律或习俗保护的程度,当然可能大不同于其他资产受保护的程度)。除了抽象财富,我们还必须思考那些往往与长程贸易有关联的数种权利,例如垄断权和其他特权的依法授予。

长程贸易涉及彼此绝无机会碰面的生产者和消费者,因此,这一类商业活动也使人数相对较少且占据有利位置的人,得以有机会获得比在较本地、较多边和较面对面交易的市场里高上许多的利润率。于是,诚如布罗代尔所强调的,15世纪至18世纪结束这期间最了不起的大商人,乃是在客观环境最不像完全竞争市场的地方,实现了他们的"资本主义"。但布罗代尔还是把这类交换特别发达的制度称作"资本主义",因为在这类社会里,信用和金融工具的角色很重要,资本通常被用来积累更多资本,还因为这类社会很可能被以有助于这类积累的方式渐渐改造。因此,我们必须把"资本主义"的文化和政治经济领域,与前面所探讨过的日常生活和市场经济领域分开看待。而之所以要把资本主义的"文化性"和"制度性"论点一起讨论,除了文化与制度其实从非两无瓜葛这个事实外,还考虑到这些论点所关注的事物,与第一部分那些关于市场、维生和平民百姓的讨论有所不同。

不过,我们将会看到,这些论点大部分也未能把西欧的前景与中国、日本的前景判然两分,尽管它们很可能把这三地划为一类,而与世界其他地方迥然有别(印度则是介于这两者之间的复杂例子）。西欧与中国、日本之间，的确存在某些差异，但差异大多太小，解释力也不足，除非我们用以下的方式来解释，才能看到两者间的差异：欧洲对奢侈性商品的需求，以及资本主义的政治经济（此指广义的资本主义政治经济，第四章会有所解释）这两点，都与欧洲有机会掌控新世界一事有很大关系（虽然其他的客观形势因素也很重要）。新世界最终变得至关紧要一事，与其说是因为新世界（如某些学者所主张的）对资本积累来说至关紧要，不如说是因为新世界的资源有助于欧洲摆脱生态限制和劳动力密集的发展路径（也就是中国、日本所走的路径），并使欧洲得以走上大量使用能源和土地等转型作用大上许多的路子。

在本书的第三部分，我会先在第五章谈那些生态限制（从而再度将分析对象拉回到平常人的世界）。接着，我会在第六章，从制度、生态和客观形势的角度，探讨独独欧洲能减轻生态限制的原因，探究这些原因对工业革命的意义所在，并简短检视接下来"东、西方"分道扬镳的历史。我会先检视西欧的际遇，再看看那些走向劳动力密集与节省资源道路（一条西欧在不久前也在走的路子）的地区。

第三章
奢侈性消费与资本主义的兴起

较普通的奢侈品与较不普通的奢侈品

"奢侈品"或"消费社会"在约 1400 年后兴起的论点,可粗略分为两大类。第一类论点强调大富之家奢侈性消费的成长,通常主张昂贵且往往耐久之制造品(丝织品、镜子和高雅家具等)的运用得到前所未有的看重,并取代了先前较无助于刺激生产的表达身份地位的方式(例如养大批随从);维尔纳·松巴特把这称作奢侈的"物化"。[1] 作为此转变的一部分,奢侈品变得愈来愈容易为任何买得起的人所入手,而非只有那些既买得起且符合某种社会标准而理当拥有象征社会声望的商品者才拥有。

但新出现的奢侈品,只有在它们的运用符合品味准则时才转化为身份地位,而这时品味准则的改变将比以往更快。这些准则有一部分是旧精英为防止新财富通过消费被过度简单地转化为身份地位而祭出的保卫措施。由于这一"时尚"的兴起,连拥有大量家具或水晶之类耐久品的人,都觉得愈来愈有必要购买新物品,于是,这些物品的购买虽然仍被当成社会生活所必需,但对这些物品的需求,却和任何攸关生命维持的需求愈来愈脱钩。

最后，这些论点接着主张，这些高身份地位的消费模式受到"较低下"人民仿效。都市化对这一仿效有推波助澜的作用，也创造出集中市场。新的自我观和社会结构里的流动性增加，又进一步助长了这种仿效之风，不只使暴发户得以通过适当的消费方式，用手中的钱取得合适的社会地位（social niche），还使"中产阶级"乃至部分穷人也有机会这么做。

第二类论点也从社会最高层开始谈起，这些论点包括西敏司（Sidney Mintz）对近代早期和现代西方境内糖消费增长的著名探讨，但却将重点放在探讨原是奢侈品的物品如何转变为中产阶级甚至是穷人都可以消费得起的日常用品一事上。不足为奇，这类论点对数量众多且耐久的奢侈品的着墨，大大少于对以小量贩售且往往很快就消耗掉的物品的着墨。这些物品可能包括银质发夹或装框的画，但大部分则包括西敏司所谓的"致瘾食物"：糖、可可、烟草、咖啡和茶叶。在16世纪欧洲的任何地方，这五种食物都是外国来的奢侈品，但到了19世纪晚期的西欧许多地方，这类消费已变得司空见惯。[2]

这两类论点有部分重叠，但把重点摆在上层社会奢侈性消费者，和把重点摆在较低下平民和"致瘾食物"者，各自强调的与工业化的关联并不相同。以大众消费为主题的论点，通常主张这几种物品只有透过市场才得以入手。而正是因为对这几种物品的需求，才使一般人更加想拥有现金，从而鼓励人们增加工作量、更为密集地工作和更加为市场而工作，而非一旦收入足以支应基本的维生需求，即倾向于不再为钱而工作。或者，换个方式说，它们重新界定了何谓"基本维生需求"，使满足这种需求的物品自此包括更多买来的物品（其中有些物品无法在家自制），从而促进了前一章所探讨过的"勤劳革命"。（如果说女人出嫁得带去一床自制被子的习俗规定，使家庭较晚才完全同意由市场来决定如何使用他家女儿的时间，那么访客登门得奉上茶或香烟招待的要求，则会使家庭因更彻底遵守比较优势而从事市场交易；但这两个例子并不足以清楚说明这是因为"社会抑制"还是"个人选择"的问题。）撇开变动的社会期望不谈，有数种上述新食物具有轻微（或颇高）的致瘾性，而且就愈来愈讲究纪律，且愈来愈可能在自家外从事工作的工人们来说，边工作边食用这些东西，完全不会干扰到工作。它们都是易包装的兴奋剂，从而只要在现场稍微准备就能取用，在工作空档提供休息和提神效果。

于是，这些论点聚焦于这些商品的消费如何扩大了整体需求，以及那一需求又是如何改变了一般人身为生产者的行事方式。此外，对欧洲人来说，这个改变影响的是他们作为生产者生产各种其他物品（从谷物到运货马车，再到衣物）的能力，但并不使他们自行生产致瘾食物。甘蔗、烟草等植物种于欧洲境外，往往由奴隶或其他不自由的劳动者栽种。没有人抱着使这类工人更有生产力的期望，给他们提供更多的消费品。这些欧洲境外的劳动制度与欧洲的发展史息息相关，乃是因为它们使致瘾食物更易取得并降低其价格，而非因为它们例示了会促进欧洲扩大生产的新动力。[3]

至于那些聚焦于较耐久且昂贵之奢侈品的第一类论点，则对消费社会的兴起有着大不相同的看法。有论者主张，由于需要取得现金以购买这些奢侈品，精英阶层成员开始更理性地利用他们所拥有的任何生产性资产，从而把更多谷物或其他平凡物品带到市场。然而，这类论点难以证实，而且必须同时考虑到购买廉价小饰物之举会妨碍到替抽干湿地之类活动提供资金的情况，才能得出这类论点的真正价值。此外，较古老的精英行为，包括供养扈从，也创造出需求。

另一方面，有许多耐久奢侈品主要产自欧洲，而城市的出现，的确为生产者扩大生产、实现规模经济和引进新技术创造了重大诱因，因为城市往往是这类需求的集中地。好机会的确存在，但只有具备足够的营运资本,因而买得起昂贵原物料、花得起钱雇用专技工人并且等得起他们往往有权有势但现金短缺的顾客终于支付账款的人,才能够利用这些机会;于是,在奢侈品生产商中,有些人成为成功的资本家,另有些人则渐渐成为雇佣劳动者。因此,尽管探讨精英的耐久奢侈品消费时或许会提到对整个经济的总需求,但这些探讨的焦点却在别的地方:日益壮大的奢侈品市场如何改变物品的生产方式,从而催生出新制度和促成生产者分化。

有鉴于此,本书在讨论致瘾食物与大众奢侈品时,得先把目光移回上一章所提出的那些议题:大众对市场的参与、劳动力分配和大众的生活水平。另一方面,讨论耐久但较局限特定人享有的奢侈品时,则把焦点放在第四章探讨资本主义会涉及的议题,包括商行结构的改变、能提供信贷者对生产活动的控制提高,以及人数相对较少且有强烈再投资动机者的利润积累。因此,虽然精英消费主义出现得最早,从日常奢侈品开始着手分析却较合理。

近代早期欧洲与亚洲境内的日常奢侈品和大众消费

理想状况下,我们不会比较个别物品的消费,而会比较整个市场篮的消费状况;理想状况下,我们会知道不同文化在消费偏好上有不少相似之处,因而消费上的差异主要表现在购买力上。但18世纪史料所呈现的事实,使我们无法说出上述笃定之语,因而对接下来所做的诸多比较所具有的意义不能草草处理。不过,我们(在第一章)所估计出的相近的预期寿命和(在本章后面)所估计出的家庭预算耗在基本热量上的相近比例,显示对其他种消费所做之比较,对我们研究更大的课题来说,还是有其重大意义。

切记,"日常奢侈品"(everyday luxuries)的繁荣有其局限,至少在19世纪中叶之前是如此。1400年后的新食物、新织物、新

第三章　奢侈性消费与资本主义的兴起

饮料和诸如此类的新事物，多得令人眼花缭乱，而且其中许多东西能让人上瘾。但它们的传播全都一直相当慢，至少到18世纪晚期才变快，普及化更是进入19世纪许久以后的事。这些奢侈品的大幅增长通常反映了最初基数的微小，甚至在欧洲最富裕地区亦然。就连英格兰在约1800年时每年人均消费茶叶都只有约1磅，1840年时是1.4磅；直到1840年后，价格大跌，茶叶才成为一般人的日常消费品（1880年时消费量达到每年人均约5磅）。[4] 至于欧洲其他地方，数据更低上许多。据记载，18世纪80年代，俄罗斯以外的欧洲每年消费约2200万磅茶叶；[5] 而这意味着整个欧洲的人均消费量或许只有2盎司，英格兰以外欧洲的人均消费量则更低上许多。即使在1840年，输入欧洲的8000万至9000万磅茶叶，也只能让每个居民一年享用几乎不到4盎司。[6]

中国的消费量相对高了许多。吴承明估计，1840年中国国内茶叶贸易量约2.6亿磅，而他对国内贸易的其他估计普遍来讲偏低。[7] 如果当时中国人口为3.8亿，[8] 就意味着人均消费会接近11盎司，即使吴承明的估计真的未漏掉任何重要的地方性或地区性茶叶贸易路线亦然。

拿茶叶消费量来比当然不公平。高运输成本、关税和垄断事业，使茶叶在欧洲比在中国贵上许多，而且欧洲人还喝数种中国所没有的饮料（咖啡、可可和葡萄酒）。不过，引人注意的是，究竟要再等多久，欧洲对这一"日常奢侈品"的消费量才会超越中国。我们没有烟草方面的数据，但1793年代表英国使华的斯当东（Staunton）和马戛尔尼（Macartney）都惊讶于中国消耗烟草的数量之大；有封中文信声称，在浙江这个普遍富裕但未以烟草为主要作物的省份，连两英尺高的孩童都抽烟，从而更加证实了他们的断言。[9]

即使拿糖来说，欧洲占上风的时间点都比一般人以为的要再晚上许多。英格兰的人均消费量在1700年时已达约4磅，1800年时达18磅,[10]但欧洲其他地方远不及此。关于1800年时的欧洲大陆,可信的估计是人均稍低于2磅;这与布罗代尔所估计的1788年法国人均约2磅的数据差不多。[11]此外,在英国之外,消费量的上升趋势,如表1所示,并不显著。[12]

表1 人均糖消费量(单位:磅)

	欧洲	英国以外的欧洲	英国
1680年	1.0	0.85	4
1750年	2.2	1.90	10
1800年	2.6	1.98	18

这并不表示糖消费量的增加只见于英国。"英国以外的欧洲"这个类目太笼统;至少荷兰,还有巴黎、波尔多、汉堡的周边区域,增长幅度即使比不上英国,也大大高于欧陆其他地方(晚至1846年,巴黎的人均消费量已经接近8磅[13])。此外,1800年(正值拿破仑战争期间)的数据,拉低了消费数据(事实上,在法国大革命的更早阶段,巴黎境内就因糖短缺而引发人民骚乱[14])。不过这些数据还是值得细思。

首先,虽然使用奴隶来生产较便宜的糖,但整个欧洲的糖消费量并未持续稳定上升。如今欧洲的人均糖消费量远超过1800年时的英格兰,但一旦有专业化且注重成本的种植园为新兴的"消费社会"生产糖,糖的"征服世界"[15]就似乎是大势所趋,不可逆转。而诚如西敏司所阐明的,糖不只是商品。欧洲人曾追寻糖数百年,国王和教宗拿东西换糖,在糖的背后有着较晚才发现的烟草或可可所比不上的学问和奥秘:强大的投资人和重商主义政府想借由消费量的增加来获益,于是积极推广食用糖;而且糖能让人上瘾。[16]有鉴于上述这些因素,欧洲消费量成长(在经济普遍好转的期间)出

第三章　奢侈性消费与资本主义的兴起　　　　　　　　　　　　　　133

现五十年的停顿一事，就间接表明1850年前出现不可逆转的"消费社会诞生"[17]之说，可能产生严重误导。同样的，太强调其他地方"奢侈品"消费成长停顿的那些论点，可能把原本相当正常的事视为异常，并因此认为那一异常指出了原本会"自然而然"继续下去的过程所受到的干扰。

其次，这个表格提醒我们，在1850年前的大部分时候出现重大变革的是英格兰，而非整个欧洲。当时英国与欧洲大部分地方之间的差距，不管从绝对角度还是从相对角度来看，都在拉大，而非缩小。悉尼·波拉德（Sidney Pollard）关于生产的观点（19世纪的工业革命是发生在欧洲境内几个不相毗邻的地区，而非整个欧洲），用在消费上似乎也适用。[18]这一地理上的不均和消费成长的停摆模式，乃是我们把其他区域拿来与理想化的"欧洲"论述相比较时，都必须谨记在心的。

在中国，早在唐朝之时，糖就是上层人士重要的仪式性用品（主要用于佛教仪式），糖也供药用。[19]到了接下来的宋朝（960—1279），富人使用糖已不再局限于特殊场合，而是如穆素洁（Sucheta Mazumdar）所记载的，"蔗糖产品已完全融入有钱人的生活方式和饮食习惯里"。[20] 16、17世纪，多位来到中国的欧洲人论及中国有钱人用糖的普遍程度大大超过欧洲的有钱人。[21]在这期间，一般大众似乎也在特殊场合使用糖，例如，广东省约1680年的一则记述说，糖被"铸成番塔人物鸟兽形"，糖梅是婚礼的重要备品，"嫁女者无论贫富"皆然。有钱人家盛宴时会用"数千百罂"糖梅款待宾客。据说婚宴上供糖量的多寡会影响新娘生育的顺利与否，*此外，"为糖梅宴会其有不速者，皆曰打糖梅"。[22]另一份约略同时的史料指出，

---

* 谚曰："糖梅甜，新妇甜，糖梅生子味还甜。糖梅酸，新妇酸，糖梅生子味还酸。"——译注

就连极贫之人新年时都吃糖饼干，凡是婚礼都得备置大量蜜饯，甚至有些人家为达到这要求而破产。[23]糖既供药用，也供喜庆场合使用，以及模仿消费的现象（富人常使用糖，穷人则在特殊场合常使用糖），似乎和西敏司所指出的近代早期欧洲的现象非常相似。西敏司笔下的这一现象，为糖在19世纪成为一般人主要的热量来源创造了有利条件，而在中国从未发生这种进一步的转变，但那无法以关于18世纪消费模式的任何观点来予以解释。

我们无法知道中国在18世纪中叶的糖消费总量，但即使根据我们手中的片断资料来估计，数量都相当高。中国产的糖大部分产自广东、福建（包括台湾）和四川。所幸我们有约1720年时从台湾输往大陆的糖量数据，而且是相当可靠的数据：约1.04亿磅。台湾的糖产量要到鸦片战争之后才会有明显的进一步增长，但似乎维持缓慢且稳定的增产。于是，以1720年的数据作为对1750年的保守估计数据，似乎并无不妥。

我们没有广东总产量的估计数据，而有似乎相当保守的广东甘蔗"园"每英亩产量估计（2400磅[24]），但没有甘蔗田面积的直接数据。不过据穆素洁的说法，该省92个县，至少15个县在18世纪是甘蔗生产中心，[25]其中3个县据说有四成土地种甘蔗，在另一个县则达到了六成。[26]

马立博（Robert Marks）的晚近著作则提出了另一种说法。他估计，约在1753年时，广东、广西两省肯定至少有2400万亩（400万英亩）的农地专门种植经济作物，说不定高达4150万亩。当时广东占这两省总耕地的七成多，在非谷物作物的总产量里占比可能更高（广西的主要经济作物是卖到广东的稻米）。因此，估计广东的非谷物农地占两省此类农地七成会流于保守：至少1680万亩（280万英亩），说不定多达2905万亩（484万英亩）。马立博表示最稳当的估计会是广东一半的耕地（2150万亩）种植非谷物作物，[27]因此

第三章 奢侈性消费与资本主义的兴起

1680万亩这个数据似乎太保守。

甘蔗大概是种植面积最广的非谷物作物；[28] 排名即使不是第一，也会是第二（仅次于桑树）或至少第三（广东所用的棉花大部分来自进口，境内产烟草甚少；在这份排行榜上能和甘蔗争夺第二名之位者，似乎只有茶叶和水果[29]）。但以前述约1753年时广东非谷物作物面积的最低数据来说，即使是其十分之一，都有28万英亩；那代表该省总耕地的3.9%种甘蔗。把它与穆素洁估计的每英亩产量相乘，广东每年的糖产量会达6.72亿磅。若再加上台湾的产量，不计四川、福建省的大陆部分或许多甘蔗种植量较少的地方，1750年时共产7.76亿磅。[30]

有份17世纪的史料估计，福建（包括台湾）和广东产量占全中国甘蔗产量的九成。这表示我们该把总产量多加上至少8600万磅（闽粤两省产量的九分之一）。事实上，我们大概应把总产量再提高，以反映1750年时甘蔗种植面积更广的事实：通常福建人移到哪里（包括中国其他地方和东南亚），甘蔗就跟着传播到那里，而比起17世纪，18世纪时这类迁徙更为兴盛许多。[31] 但我会先把广东和台湾以外的生产全部略而不提。最后，除了荷兰人占据台湾的时期，中国的糖出口在19世纪40年代前相当少；[32] 另一方面，18世纪30年代，中国从越南每年进口约8000万磅的糖[33]（从泰国进口的数量少了许多，因此我略而不提[34]）。加上这些进口量，18世纪中叶，中国每年消费约8.56亿磅糖。

1750年时中国人口大概在1.7亿至2.25亿之间，[35] 因此，这表示年人均消费3.5至5磅糖。若加上中国的其他产量，年人均糖消费量会增加至少0.4至0.5磅；以尤金·安德森（Eugene Anderson）所估计的帝制晚期产量区间的最低值来算的话，则要减掉1.1至1.4磅。即使只是稍稍提高广东省种蔗土地所占比例，都会使估计值大增。

这些估计数据远超过欧洲在1750年时的平均数，甚至1800年的平均数。虽然中国糖的蔗糖含量低于欧洲人所吃的糖，以今日的标准来看，属于次级品。但直到19世纪，许多中国人仍较爱吃他们那有较多杂质、从而风味较佳的糖。[36]

照18世纪晚期的北京糖价来看（即使就最高等级的糖来说，价格大概都偏高，因为所有糖都来自遥远的南方），军人得花掉三至四天半的薪饷才买得到这么多白糖。[37]这还不算是最离谱的。考虑到农业劳动者得花掉将近一个月的现金工资才买得起（光买这样东西就得花这么多钱），才真的似乎让人难以置信。但现金只是农业劳动者收入的一部分。如果以第二章里所估计一名男性农业劳动者的现金、实物收入总额来算（老实说这收入的确估得颇高），那么就连这类劳动者在18世纪中叶的一年收入都相当于10800文铜钱。那么，5磅顶级糖的价钱，就将只相当于他一年收入的约4%。这个数据算高，但并不尽然离谱，因为根据方行的估计，乡村穷人约把收入的四分之一花在非谷物食物上。[38]由于无地的劳动者属中国最穷阶层，他们的糖消费量应会低于平均值。

中国的总体数据，一如欧洲，也隐藏了巨大的地区性差异。邵式柏（John Z. Shepherd）说，台湾的居民每年人均消费约10磅，而台湾的糖价想必是最便宜的。[39]从运糖船所走的路线和地区性菜肴的口味（尤其是南部和东南部的蜜饯、数种甜酱）来看，华南、华东的消费量都比华北高了许多许多。[40]

因此，中国在1750年的糖消费量似乎很可能高于欧洲大陆，甚至1800年时亦然。即使我们估计的1750年的数据比实际数据多了一倍，中国近似大部分欧洲的程度，仍比大部分欧洲近似英国的程度高上许多。

但中国的人均糖消费量也曾一度下滑，欧洲的消费量则在1840年后暴增。卜凯在20世纪30年代的调查发现，中国的人均糖消费量约2.2磅，即我们所估计的1750年最低数据的六成。[41]由于中国

第三章 奢侈性消费与资本主义的兴起　　　　　　　　　　　　　　137

的糖产量大概在多灾多难的19世纪五六十年代过后即有所增长（尽管新增的产量有许多外销），糖消费量的这一下跌似乎最可能发生在1750年至1870年间。

　　茶叶消费量未暴跌，但可能停滞。有人估计，1912年人均消费量为2.6磅，若属实，将代表有可观的增长；但这个数据似乎估得太高，因为20世纪第二个十年以都市消费为主的一份取样表明，人均只超过2磅一点点。张仲礼引用了20世纪30年代的全国性估计数据1.1至1.3磅（18至21盎司），认为该数据较可信。[42]那仍将远远超过1840年的11盎司，但诚如前面说过的，1840年的数据很可能低估了。在更富裕许多的1987年的中国，人均茶叶消费量稍低于1840年的数据，[43]但由于这时有啤酒、非酒精饮料和其他饮料与茶争夺人的青睐，这个比较并不公平。19世纪和20世纪初期，"致瘾食物"的整体人均消费量，就算真的未萎缩，也肯定增长更缓慢。18世纪的中国对日常奢侈品的日益喜爱，不必然能在没有外力的推波助澜下维持不坠，同样的，欧洲消费方面所将发生的变化也非势所必然。但光是指出欧洲本有可能走中国所走的路（欧洲在1750年至1800年的确可能在走这样的路）还是不够；我们得解释最终为何会分道扬镳。

　　人口方面的趋势大大扩大了两地分道扬镳的程度。诚如后面会更详细说明的，中国在18世纪50年代的人口增长，大多出现在较贫穷区域。于是，即使每个地区的消费量维持在1750年的水平，全国人均消费量还是会下滑。就糖来说尤其是如此，因为18世纪的糖消费，特别集中在三个通过水路运输与糖产地相连的繁荣大区（macro-region）：岭南、东南沿海和长江下游。1750年这三个大区拥有约40%的全国人口之时，三大区的糖消费量可能占去该年全中国消费量的几乎全部（此外的一小部分消费集中出现在京城附近）。[44]1843年（和1953年），这三大区的人口大概只占全国人口的25%。[45]光是这个就会使全国糖消费平均值减少37.5%，从而解释了我们对1750年的最低估计值与卜凯20世纪初期研究结果（2.2磅的分蜜糖，加上一些以他种方式加工过的糖，而在产糖地区有些人吃未加工过的糖）之间的大部分差值。这一人口因素也有助于解释，既然没有引发许多有关生活水平下降的议论，怎会有消费量如此下跌的情况发生。如果在任何地方消费量都下跌不大，人们自然不会注意到下跌。而中国这一人口增长的分布情况与欧洲大相径庭。至少在1750年至1850年间，在欧洲大陆相对较繁荣的地方（加上爱尔兰），人口增长普遍居冠。

但人口趋势只局部解释了消费上为何分道扬镳。例如，就棉布的消费来说，地理集中程度绝不可能和糖的消费一样；而证据显示，华北的棉产量曾出现明确无误的下跌（但在这里，本地消费量可能几无下跌，只有华北出口到长江下游的棉布数量下跌。这些论据和其局限在附录F有更进一步的探讨）。当然，1750年至1900年欧洲的消费量不只免于下跌，增长速度之快还高逾以往，尽管那部分是约1840年以后才发生的。

诚如第四章会提到的，这些新"日常奢侈品"的贸易结构，在几个可能深具意义的方面不同于其他物品的贸易结构。在中国，糖、烟草和茶叶绝大部分产自本地；这三项物品的贸易，竞争性很高，涉及许多规模颇小的商人，利润率相对较低。[46]此外，这一贸易未给中央政府带来庞大税收，因此未有特别有力的利益团体推动提升这些物品的消费，却同时有政府官员积极压抑这类消费。[47]在欧洲，也有一些官员和道德家试图打压这些新嗜好（在日本、奥斯曼帝国和印度亦然）。但在欧洲，还是有非常有力的利益团体乐见这类消费的增长：渴盼税收的官员，以及在生产效能和垄断特权上做了大笔投资的商人与殖民地种植园主。即使如此，在欧洲大陆大部分地方和较穷的英国人中，消费量还是增长缓慢，直到19世纪中叶价格大跌才改观。

有人认为,英格兰人爱吃甜,可能有一部分肇因于该地料理在其他方面都流于简单,反之,中国境内糖消费量低了许多,则可从中国料理手法的复杂,加上中国还有其他多种致甜物和调味料,得到部分解释。[48]但一如前面所说的,中国人在18世纪时也有庞大的糖消费量,因此这个说法难以令人信服。在中国,糖从药物相当顺利地转变为大量使用的"调味料",与西敏司所谓各阶层欧洲人都开始喜爱吃糖的那个时期,差不多同时发生;然而,糖在中国却从未像欧洲一样,从大量使用、亟欲入手的"调味料",转变为糖类主食。就这一转变来说,两地最重要的差异,与生产、价格和殖民地的关系,很可能比与喜好或分布的关系来得大。[49]

光是心态无法维系"大众奢侈品"的消费无限期增长,原因之一在于,这些作物必然会与其他土地使用方式争地。值得注意的是,中国糖产量的增长,有许多发生于未有其他食材与糖竞争的地方。在台湾这个进入19世纪许久以后仍是人口稀疏的边疆地区,糖和稻米的种植携手并进,大陆不必为了取得该地的糖而出口谷物到该地。在广东,许多农民在17、18世纪除了种植愈来愈多的甘蔗,也首开先河种植红薯和花生(往往开垦原来被认为不适于农耕的丘陵);于是,他们也生产自己所需的食物。在另外一些例子里,原本用来种棉花的地改为种甘蔗,从相对价格和与孟加拉、长江三角洲的贸易增长的角度来看,这一改种有其道理。[50]但在中国境内,能让糖(或茶叶、烟草)的产量持续增长而不致减少谷物产量的地方愈来愈少。诚如后面会说明的,在华北这个关键地区,棉花(或许还有烟草)的产量,在1750年至1900年间大概降了不少,因为急速增加的人口需要更多土地来生产食物。

最起码,对食物用地的需求,使16世纪至18世纪这三百年间经济作物产量的急速增长无以为继。除非产量持续增长,否则人均消费量必会下跌，因为中国人口从1750年至1850年增加了约一倍。相对的，中国的谷物产量增长似乎真的与人口增长并驾齐驱，甚至在现代农业投入之前就是如此。[51] 因此，食物生产挤掉其他作物至少一部分的生产，似乎有其可能，尤以在人口增长特别快且每单位产量相对较难提升的华北为然。

但欧洲所消费的糖、烟草和咖啡几乎全产自其殖民地，且用得自美洲的白银买进所需的茶叶；于是，从某个意义上说，致瘾食物的消费量日增，完全未像在中国那样，压迫到欧洲的谷物供给。欧洲所消费的大部分棉花，若非来自殖民地，就是来自前殖民地。

此外，糖消费量的增长出现得正是时候，尤以对英国为然。诚如第五章会说明的，到了18世纪晚期，英格兰农业已走到若没有重大的技术性突破，产量几乎不可能进一步增长的阶段，而这样的突破要到19世纪中叶开始大量使用化肥后（先是从地里开采出的磷肥和进口的鸟粪，继而是20世纪时的合成肥料）才会出现。在这期间，英格兰人口急速增长，国内谷物首度供不应求；而解决这一短缺的长远办法（进口大量北美洲谷物），还要数十年才会上场。在这中间的五十年（差不多就是工业革命的五十年），英格兰从大不列颠及北爱尔兰联合王国其他地方进口更多谷物，但这也不是彻底的解决办法。[52] 热量异常稀缺且许多穷人仍在辛苦适应新工作节奏（包括在工作地点吃午餐），为糖打入英格兰日常饮食核心提供了绝佳环境。在东亚，糖成为公认的重要调味品，成就可能和在英格兰差不多，但谷物产量增长与人口增长的确并驾齐驱，因此没有什么理由要糖成为西敏司所谓的"糖类核心"的一部分。

殖民地的生产结构，也迫使种植园主在农场交货价格下跌时必须增产糖和烟草。对中国蔗农来说，这样的压力就小了许多，因为他们也种维生作物。殖民地种植园往往极偏重特定经济作物的生产，因此，其他必需品样样（从食物到制成品、奴工）都得进口，从而

第三章　奢侈性消费与资本主义的兴起

必须支应相当高的现金开销，即使在他们的产物价格偏低的年份亦然（第六章会对此有更多的着墨）。

殖民地种植园这一高度专业化的经营特性，或许使前面提到的说法（海外生产的致瘾食物未像增产后的中国的糖和烟草那样争夺稀少的欧洲农地）变得站不住脚。拿制造品（制造品使用欧洲相对较充裕的劳动力和资本多于使用欧洲相对较稀缺的土地）换糖，未与国内的食物需求相抵触；当制造品（或在亚洲购得的物品）被拿来换取非洲黑奴，以便送到新世界生产农作物时，当新世界的白银被用来购买中国茶叶时，亦然。但当新世界的种植园得靠欧洲来喂饱其人力时，那就是另一回事了。诚如雷纳尔神父（Abbé Raynal）所说："要喂饱美洲一个殖民地，必须耕种欧洲一个省才办得到。"[53]或至少就法属加勒比海来说，这说得没错。

但英国在新世界（在北美洲）有别的殖民地，生产着可卖到产糖殖民地的过剩谷物、肉类、木材和鳕鱼。北美殖民地又反过来从英国买进制造品，因此通过这个路线，英国将丰沛的劳动力和资本（而非稀缺的土地）有效地转化为糖，一如英国通过非洲奴隶买卖和通过将本地制造品直接卖到加勒比海地区（巴西的甘蔗种植园大部分消耗巴西自产的食物，因此，一如英国，葡萄牙不必从欧洲送去许多食物；但另一方面，葡萄牙不像英国那样垄断自己殖民地的贸易）。第五、第六章会对土地短缺和生态压力有更多的着墨。眼下，有一点值得一提，即从英国以外欧洲的人均糖消费量在18世纪晚期陷入停滞来看，欧洲大陆许多地方比英国更像中国，而这一停滞或许在某种程度上反映了类似的限制。而英国的糖消费量之所以出现令人瞩目的增长，或许可在北美洲找到部分原因。

耐久消费品与奢侈的"物化"

就较耐久的物品（家具、银餐具和亚麻制品等）而言，欧洲具有某种内生性优势之说似乎较说得通。但在此，仍得小心谨慎，尤其是与中国、日本相比较时。

由于东、西方在可取得之史料上有差异，这些比较特别难以进行。例如欧洲有遗产目录，而亚洲没有类似的东西。不过，以1400年至1800年这期间为例，精英消费上的变化，在诸多社会间似乎差异不大。在欧洲、中国、日本和印度，最富裕阶层所使用的家具、华服、饮食器皿和可能会被今人称作"收藏品"的东西，在数量和种类上都显著变多。展示个人所拥有的实物，成为决定身份地位的更重要依据，而屡屡有人欲使消费符合不靠财富多寡评定的社会地位，成效都不大。在这期间，以个人随从作为身份地位表征的作风式微，同时并有许多旧精英家庭发现，透过消费来继续彰显自己社会地位高人一等，恐令他们财力吃不消。但我们必须把目光放在这些非常大略的相似之处以外。

在任何两个社会里，奢侈性消费的产生都不尽相同。本书也无法探究消费之意义在诸多社会的所有差异。对我们而言，重要的是在诸多社会利用物品争夺地位高下的做法上，有了质量上的转变，而且这些转变相似到足以促成在数量上有共同的增长。

考虑到在许多社会里，物品的拥有和交换一直是身份地位的重要标记，这使人很容易以为，拥有许多物品的人愈来愈多一事，纯粹反映了某种人人皆有的积累物品的冲动；而此前这一冲动是因为精英过度自负或生产力太低，才无缘尽情施展。在这类陈述里，想拥有更多奢侈品的念头乃是永恒且无须解释的；只有生产和所得分配会变。

要不，就是有人可能把更早先社会里极少数人拥有奢侈品之事，视为太少见而不值得探究,主张近代早期非必要性消费的暴增标志着全新的"物质主义"生活方式的开端。这一种看法把现代的无限需求现象,视为人为所致而非自然而然发生。从这点来看,这一看法的确很值得看重,但它也存在问题。就我们的目的来说,最严重的问题在于它很容易就会划分出两种社会:在其中一种社会里,"商品"和"市场"决定社会关系,交换被视为个人主义的逐利行径;而在另一种社会里,社会关系规制经济,身份地位支配消费,人们关注互惠。[54] 把这种二分法用在历史上,结果往往就是把率先走上"物质主义"之路的欧洲与世界其他地方判然两分,且由于后者尚未跨过这个分界,因此得自外引进"商品""物质主义"和"经济人"。

但更晚近的著作在探究这些议题时,手法更精细入微。阿尔君·阿帕杜莱(Arjun Appadurai)在一则很有用的阐述中,创造了一个从"时尚体系"(fashion systems)到"特许体系"(coupon or license systems)的连续体。在时尚体系里,凡是有足够钱的人,都能买到许多赋予人身份地位的物品;金钱彻底且立即地转换为身份地位之事,在大部分时候受限于不断改变且使消费行为有"低俗"和"高尚"之分的社会规则。而在特许体系里,只有被"特许"持有某些极重要且往往神圣之物品的人,能合法拥有、交换这些东西。在这两种体系里,物品的交换、拥有和社会地位是相辅相成的,但方法南辕北辙:

> 在某种情况里,人们借由限制稳定之商品世界里的等价和交换,来保护并复制身份地位体系;而在时尚体系里,受到限制和控制的,则是在不断变动之商品世界里的品味,人们误以为存在着完全可互换性和不受限制的取得机会。禁奢令是一种用来规制消费的中间工具,适用于在暴增的商品环境里一心追

求稳定身份地位展现方式的社会，例如现代以前的印度、中国和欧洲。[55]

这一阐述避免将诸多社会全归为同一类（事实上阿帕杜莱发现，即使在当代西方仍有某些"特许"物品），从而表明在各个社会里都既有"经济"，也有"文化"。[56] 这一阐述也不把消费归入据称独一无二的西方"个人主义"范畴（有时消费就被如此归入该范畴），从而未认为强势的大我（communities）必然与小我消费需求的增加无法并存。

阿帕杜莱的概括性描述，抹除了过度简化的二分法，但仍强调时尚与特许这两种各成一体的身份地位、消费互动模式之间的差异。此外，这两者的差异已得到非常清楚的界定，因此我们能理解往某个方向转移会如何对经济发展带来重大影响，并且能为这些转移寻找解释。

允许更多人购买高价物品，弱化了"特许体系"，从而意味着更加倚赖市场；而一个能赋予身份地位的新物品进场（大概是从"外国"进场），也会引发同样的效应。当一个体系愈近似于时尚体系，人们会愈快更动自己持有的物品，从而增加需求。此外，由于特许体系的本质会阻止地位较低的群体仿效地位较高之群体的消费，因此在较近似时尚体系的体系里，精英的主要回应之道，不是禁止仿效，而是改用新物品（或新的展示物品的方式），把旧物品斥为"低俗"。于是，这种体系导致各阶层里每个想维持社会地位区别的人，和想消弭（或跨过）这些区别的人，都不断追逐物品。它也可能导致明确的品味准则的问世，并随着印刷品和受雇的私人教师助人投入这一竞争，而反过来导致那些准则商品化。

这一概述虽然简短，还是给了一些值得我们探讨的具体方向：被赋予社会意涵之物品的种类变多和它们改变的速度；更多人获准拥有它们和人们更易从陌生人那儿获得它们；仿效性消费的剧增，以及对不同阶层的人而言，标志身份地位的物品种类剧增；对如何使用不同类商品才称得上"得体""有品味"的讨论剧增。

就西欧数个都市化地区来说，这些现象都有最翔实的文献可资证明。这些地区包括文艺复兴时期的（北）意大利、黄金时代的西班牙、荷兰、法国部分地区和英格兰。在每个例子里，都可见到上层家庭和他们的目的有所转变。在乡村，较适合军事防卫和大批家臣娱乐之用的城堡渐渐式微（例如那些有着中央宴会厅且大厅里有一些很长之长椅的城堡就属此类），取而代之者是有较多可让人保有隐私之房间（和门厅）、有较多旨在满足个人舒适需求的特别设计和有更多装饰的庄园。[57]更多的家庭拥有数个住所，有时这是因为追求中央集权的国家要求官员一年里至少有部分时间上朝议事，有时则是因为更多的乡村要人们在城里的事业做得够大，因而需要在城里另购一间住所，更有时或许是因为自我认知的改变：人们似乎更加愿意建造一个供自己使用、享乐的家（通常不是第一个家），而非建造一个充当自己家族永久基础的家，并据此意愿找出合适地点来建造和设计。[58]城里的房子很可能远不如乡村的房子气派，但这些房子也愈盖愈多，愈盖愈坚实，愈来愈着重于满足舒适、隐私和展示个人物品以彰显个人财富、品味的新"需求"。[59]王宫的建造可能引领了这一趋势，但有钱贵族、商人和其他人也很快跟进。

与房子本身一样重要的（或许更重要些），乃是房内物品暴增一事，尤以在城市区域来说。镜子、钟、家具、加框的画、瓷器、银餐具、亚麻制品、书、珠宝和丝织服，仅是其中几项。对西欧的有钱人而言，它们全都变成日益"必需"的身份地位表征。此外，这些物品除了数量多且制作精良，还得够"时髦"一事，变得愈来愈重要；[60]于是，奢侈品在文化价值上的贬值，比它们自体的败坏，还要快上许多，而且既有的存货使奢侈性消费的增长愈来愈不受阻。

许多作家都曾抱怨过这些趋势耗尽上流人士的财富，使贵族破产，削弱了衡量身份地位与人之价值的较重要标准。综观整个欧洲，从政府到宗教机构都努力遏制这些趋势，至少断断续续地，但结果仍成效不彰。人们愈来愈透过不断积累持有的物品来界定自己。

但这一"消费社会"的兴起，并非仅见于欧洲。柯律格（Craig Clunas）已证明，明代中国的上流人家，家里也愈来愈多绘画、雕刻、精美家具和诸如此类的东西。此外，他发现，一如在欧洲，替特定环境、人或目的配上相称的奢侈品，变得愈来愈重要。于是，例如在中国，开始有专门针对男人或女人打造而雕刻精美的床，而且这一专业化现象比欧洲还早出现；[61] 大富之家也可能不同季节睡不同的床，坐不同的椅子。[62] 在这期间，最能彰显身份地位的奢侈品（出自大艺术家之手的物件），愈来愈商品化；亦即凡是买得起的人都能入手，而非只在小圈子里流通。随着财富愈来愈能通过消费（而非通过购买官职或土地，或透过让孩子受教育）转化为身份地位，教人如何正确估价、展示这类物品的手册也开始问世。有些书告诉较老一辈的精英如何透过品味重新申明自己的身份地位，即使"低俗"之人可能有更多钱可用来买奢侈品；还有些手册锁定暴发户，教他们购买和展示这些物品的正确方法。

这些手册比欧洲的同类书籍还稍早问世，其中一部还很有自觉地取名为《长物志》；在整个明代，新的手册继续问世，旧的手册则不断重印。[63] 明初朝廷颁布数个禁奢令，试图订定不同的社会团体在衣着、餐具使用等方面的详细规范，但似乎成效不彰，不久后就变得过时而无足轻重；在1500年后，新的奢侈品和风尚遽增，但也只增订了一道法条。[64] 与此同时，17世纪的意大利和西班牙仍继续颁行禁奢令，连在荷兰、英格兰之类"资产阶级的"地方，官方都曾试图重启禁奢。[65]

针对室町幕府、江户幕府时代的日本，也可举出类似的证据。

当时，道德家的抱怨和一连串无效的禁奢令，都列出各种被"不对"的阶层之人"不当"使用的物品。到了18世纪，证据包括对农家使用"金、银和象牙"装饰物的指责，[66]以及对武士乃至大名（诸侯）为了迎合有钱平民的消费习惯而倾家荡产的抱怨。[67]至少有一位钻研欧洲消费主义的学者据此推断，中国、日本的情况似乎与同时间的西欧惊人的相似。[68]

印度方面的证据则较不明确。在莫卧儿帝国时期，奢侈性消费的确大增。许多欧洲人（其中有不少刚从伦敦、巴黎或阿姆斯特丹过来）指出，印度城市里贩售的奢侈品琳琅满目，叫人眼花缭乱。[69]而随着莫卧儿帝国在18世纪解体，诸多土邦宫廷的地位提升，这些地区性首府往往成为仿效性精英消费的地区中心，和欧洲的诸多王廷非常类似。[70]事实上，日增的奢侈性消费似乎是这个时期印度经济的主要推手之一，而且官职的特殊待遇更加商业化（见第四章），对这一消费的与日俱增有推波助澜之功。[71]

然而，尽管我们在中国、日本、欧洲都找到证据（例如教人如何正确且有品味地使用商品的手册），证明存在着有各阶层之人参与的新兴"时尚体系"，但在印度却未能找到同类的证据，至少到目前为止没有。在17、18世纪的印度，商人和"服务性乡绅"（service gentry）变得更重要，[72]但对奢侈品有需求者似乎大多是贵族。[73]反之，我们已找到证据证明，在印度，较古老的"特许体系"的势力仍大半未失。在这个体系里，对一组较固定不变的特殊商品的使用权受到定量限制，而身份地位对这一定量限制的作为发挥了相对较稳定的作用。而就这方面的证据来说，印度多于西欧或东亚。[74]因此，"消费主义"虽然肯定存在，其在印度的进展却似乎很可能不如其在东亚和西欧的进展。

认为"奢侈的物化"为个人地位高低的评定提供了"视随从多寡而定"之外的另一个办法，似乎不无道理。在中国和西欧，奴仆和佃农，至少从16世纪起就骤减，加上精英的日益都市化，要维持大批随从就变得较难；日本未有类似的法律变迁，但社会力量和经济力量在那里也是朝着同一方向推进的。在此应该指出的是，个人随从的重要性降低，也使精英更可能不满于大众消费。当各种仆人被完全并入主子家里，让至少较容易被人看到的仆人穿上华服，就是精英家庭展现自家财力的方式之一；但一旦仆人是低劣却又我行我素，他们的任何炫耀行为都可能被斥为不得体乃至危险的自我表现。[75] 于是，中国、日本和欧洲境内谴责大众消费的文献汗牛充栋，既反映了经济变迁，也反映了这些地方的精英已如何不再宣称奴仆归他们管，从而反映了他们如何更加通过物品来彰显人与人间的地位关系。

相对的，在印度，不自由的依附性劳动力显然仍相当重要，尽管在重要到什么程度上，各界仍莫衷一是，[76] 而当官的贵族和乡村地主依法必须拥有许多扈从。[77] 事实上，在"贵族"的奢侈性需求里，有许多需求大概反映了得送礼给宠信之扈从一事。在印度的社会竞争和政治竞争里，以具有众所认同之象征意义的昂贵礼物来维系这类关系，似乎仍是最重要的一环，[78] 但就推动"时尚"来说，此举的效用大概不如较偏个人用途的购物行为来得大。

印度精英相当城市化，其城市化程度大概高于中国精英，但或许不如西欧精英，更肯定不如日本精英。但有一点令外国观察家印象深刻，那就是连印度大城市都往往很像辽阔的大营地，服务者群集在服务对象周边。[79] 如果这种个人服务和依附，作为事实和社会规范，都比在西欧或中国境内来得牢固，通过"时尚"转向社会竞争之事应该会较少。都市奢侈品市场的成长也不如在中国、日本和西欧境内那样持稳。诚如贝利（C. A. Bayly）所说的，1780年的贝拿勒斯（Benares，又称瓦拉纳西）和勒克瑙（Lucknow）典型地反映了大量集中的奢侈性需求，但在这方面它们与1680年的德里和阿格拉（Agra）差异不大，当时莫卧儿人的权力和贵族居所还比较集中。[80]

同样的论点用在东南亚又更贴切。在约1450年至1650年的东南亚，我们也找到了很有意思的"奢侈物化"迹象，尤以在城市里为然；某些奢侈品用起昂贵材料来毫不手软，在这方面和任何地方相比毫不逊色。但以欧洲或东亚那种规模向"奢侈物化"和"时尚"持续转移之事，在东南亚这里见不到。个人依附仍是最重要的社会组织原则，[81]就连前几大城市都是营地的集合体，众人群集在自己主子周遭，在城市里形成一个大体上自成一体的村子。而（与在印度不同的）凡是非宗教性建筑，几乎都很简单。这类作为处处突显了拥有依附者比拥有物品予人更大的威望一事。[82]

于是，中国、日本和欧洲彼此相似的程度，似乎比其中任何一地与印度或东南亚的相似程度还要高；如果把它们与东欧、中东或非洲社会相比较，大概也是如此。或者，更平实地说，至少中国、日本的例子表明，欧洲境内新出现的精英消费主义并非举世独有。但我们也必须思考程度上是否有很大差异。

在住房建筑的发展上，情况则大不相同。在欧洲许多地方，人们大兴土木建造府邸、城堡、（除了乡村住宅另外拥有的）城市住宅和富人的其他住宅，至18世纪末一直方兴未艾（尽管其间有周期性的涨落）。但在中国和日本，府邸如雨后春笋般大量出现，乃是伴随改朝换代（分别是明灭清兴和江户幕府取代室町幕府）而发生，而非更早就发生。[83]至少在日本，真正耐用的住宅变得普及，似乎是16、17世纪的事。[84]16世纪至18世纪这三百年间，住宅的品质明确有所改善，但改善程度似乎不如在欧洲那么显著，而且不代表在对住宅用途的认知上有根本的转变。[85]在中国，帝国晚期时住宅的用途改变相对较小。例如，家宅除了是吃、睡和料理三餐的重要地方，仍是工作与宗教活动的重要地方。家宅仍被认为（至少被大部分精英认为）属数代人所有（这数代人包括被在世者在屋里设了祭坛和牌位供奉的祖先），而非用来表达当下居住者的成就和品味。由于对家宅的认知改变不大，建筑风格改变的程度也比欧洲境内家宅少了许多。[86]

此外，中国人、日本人较爱用木头建屋，而当最受青睐的木材于18世纪开始用罄之时，两地的建筑热潮都渐渐消退[87]（部分迹象显示以石材建屋的情况变多，[88]但这终究不是常态）。例如，在繁荣的日本畿内地区，城市、乡村的建筑工人工资，至少从18世纪中叶起，相对于其他大部分种类的工人（包括农业劳动者）的工资，都呈下跌之势，这强烈意味着对新住宅的需求并非特别强劲。[89]这一建筑热潮的衰退，并非表示经济全面衰退，而是表明无力用石材建屋。偏爱用木材建屋一事，与适合当地气候、因应地震威胁的关系要大得多，至少在日本是如此；事实上，日本住宅"通风"好，似乎减少了潮湿气候里呼吸道疾病的发生，而且可能是日本城市居民人均预期寿命高于欧洲人的原因之一。[90]诚如白馥兰（Francesca Bray）所指出的，尽管中国人知道如何使用石材，且尽管明清时期木材价格愈来愈高，但出于许多宇宙论与仪式性的理由，中国人爱用木材建屋更甚于用石材；[91]促成这些偏好的诸多信念，有一些在日本也大为盛行。不管这些偏好出于什么理由，它们意味着在东亚，为了"不让人看贬"而需要投入自宅的资本，要少上许多；在东南亚更是如此。[92]投入大笔资金建造自宅（和使用石材），在印度的精英圈子里大概更为常见，但较常见到何种程度，我无从衡量。

但其他类花费上的差异，则较难精确断定，原因之一是这些大比较单位里差异之处太多。至少在阶级与阶级间和地区与地区间有差异。虽然我们无法予以彻底分析，但至少能做初步的分析。

最起码在欧洲某些地方，连相当卑下的人都会买"奢侈品"。

不只是富商和技艺普受肯定的工匠大师,甚至连只具备基本技艺而收入很不稳定的工匠,都会买某些"奢侈品":腰带、鞋子、带有金银扣的背心、发酵酒和烈酒、咖啡、茶叶和糖等。事实上,分享与展示这类物品,成为城市"庶民文化"极重要的一部分。[93]汉斯·梅迪克主张,工匠花在这类"次要奢侈品"上的钱占其总预算的比重,高于其他任何社会群体。[94]他也收集到欧洲乡村工匠有类似行为的证据,而且不只出现在英格兰和荷兰。他举的例子包括萨克森乡村里仿效城市时尚、以有别于农民的缎带制造者,以及用当时某人的话来说,那些除了马铃薯外买不起别的多少东西,"但如果被迫早餐不喝咖啡,会觉得自己过着非人生活"的符腾堡工匠。[95]光是确定有这样的消费存在,就意义不凡,而其中有些消费(例如咖啡、茶),在16世纪至18世纪这三百年的时候,想必很新颖。但庶民从事多少"奢侈性"消费,或这类消费有多新颖,仍然不明;非精英消费"奢侈品"一事,很可能招来"比他们地位更高者"特别多的批评,即使在总消费量(如在茶叶、糖方面所见)仍然相当少时亦然。并非所有新的消费习惯都代表总需求自此有持久不消的增长。例如,在18世纪初期的英格兰,琴酒(金酒)消费量的大增,发生于该世纪下半叶几乎等量的剧跌之后。[96]

农民需求仍然较难精确断定,而且很可能大不同于乡村工匠的消费习惯。[97]不过,扬·德·弗里斯在论及1550年至1750年荷兰弗里斯兰省(Friesland)的著作中探明,至少在这个特别繁荣的地区,乡村小地主,乃至佃农,会购买多种非必要的物品。他还证实列入财产目录的高品质家具等木制品、餐具、家饰和其他某些物品,随着时日推移而大增(尽管各品项的增加幅度并不平均)[98]。当然,非常耐久的物品,还是会有所增加,即使再次购买要隔颇久。不过,同样重要的是目录里某几类物品似乎增加不多,尤其是纺织品这个时代最大的"工业"产业和"工业革命"的领军者。人们所拥有的纺织品未变多一事特别引人注意，因为1550年至1750年大部分布价相对于其他物品的价格是下跌的。[99]此外，消费品财产目录的增长，比资本商品财产目录来得慢。[100]整体来讲，诚如德·弗里斯所指出的，不管是把这个繁荣区域里农民需求增长的幅度，还是农民所需求的品项，拿来解释工业革命的发生，似乎都不大说得通[101]，尤其是对棉纺织品的需求，有不少是来自欧洲境外。[102]

即使如此，欧洲境内的民众消费需求可能还是比其他地方的需求来得大，而且大到理应有助于说明欧洲为何最终和其他"先进"经济体分道扬镳。令人遗憾的，在其他社会里，没有与欧洲财产目录真正类似的记录。不过，我们还是通过一些方法来推测是否有巨大差距存在，做法之一是弄清楚其他地方的非精英阶级的人，是否买得起非必需品。

可用来比较不同社会之所得分配的证据，也零星得叫人苦恼。埃里克·琼斯主张，欧洲在所得分配上的平均程度远高于亚洲几个大经济体，从而对"日常"奢侈品的实质需求也远大于后者，但我们所拥有的证据却与此说相抵触。[103]印度一地与中国、日本和西欧三地之间可能真的存在着差距，但以现有的少许证据来看，后三地之间差距不大。

就中国来说，对20世纪前所得分配的量化估计，几乎就只有张仲礼的研究可供参考。他说中国的"士绅"（广义下的士绅，最有钱的商人家庭也包括在内）占全国人口约2%，所得占国民所得约24%。[104]

就我所知，并不存在以整个欧洲为对象的类似数据，但我们的确拥有1688年、1759年和1801年至1803年英格兰和威尔士的所得分配估计。经过彼得·林德特和杰弗里·威廉森（Jeffrey Williamson）的修正，这些估计显示1688年所得属于前2%的人口（不包含皇室），其所得占国民所得19%，1759年时占22%，

第三章　奢侈性消费与资本主义的兴起　　153

1801年至1803年占23%。[105]由于"英格兰和威尔士"这个单位只纳入了欧洲一个面积不大但相较对繁荣的地区，而上述的中国数据则纳入从首都到边陲的广大地区，是以中国境内土地分配的均等程度高了许多（在欧亚大陆两端土地仍是最重要的生产资料）。这意味着如果做更加对称的比较，很可能会得到中国境内所得较均等的结果。就拥有土地所带来的收益来说，其在中国的分配均等程度想必远高于欧洲，即使欧洲的租佃市场减少了土地取得方面的不平等，使工作机会的分配广度与平均程度和在中国不相上下亦然。所得较低的98%人口，其所得占国民所得的比重，当然只局部呈现了整体所得分配的状况，要根据它来理解购买力的分配状况，更是有所欠缺，[106]但它是我们所能取得的唯一量化指标，因此还是非常值得纳入考量。同样引人注目的是乔治·斯当东（George Staunton）的看法（与亚当·斯密和马尔萨斯不同）：他在中国很少看到极贫穷的情况。他于18世纪90年代从北京到广州，他的看法即根据这趟漫长旅途的所见所闻得出。[107]据晚近一项研究（依据片断的证据）重建的长江下游农民预算，17世纪时"一般"农家会把总收入（现金和实物）的55%花在谷物上，两百年后则是54%。[108]在18世纪晚期的英格兰，农民和工匠为了满足基本的热量需求，往往花掉差不多比例的所得。[109]这份中文研究报告几可肯定少算了非谷物的消费，从而使中国在这项比较里处于不利地位。[110]

　　欧洲和东亚两地的经济体里，最大的非农业产业是纺织业；纺织品消费向来是工业化期间最早会成长的几类消费之一。我们的资料相当零星，但从中仍可看出欧亚大陆两端的纺织品生产、消费水平是差不多的。

　　就中国最大的产布区（长江下游）来说，我们能以和估计广东糖产量差不多的方式，估计该地区的原棉和生丝产量。事实上，之所以在这个例子里能有较准确的估计，是因为长江下游的土地使用资料比广东的资料好上许多。估计结果显示，江南11个高度商业化的府，人均生产将近16磅轧过的棉花与约2磅的高品质生丝。[111]有些棉花在纺纱前输往岭南，但也从华北输入原棉。到了1850年，江南已是原棉的净输出区，因为岭南的需求有增无减，而来自华北的进口则衰退，但衰退多少难以确知；1750年，任何净输出都会小上许多。[112]因此，我推测，除了用于衬垫的原棉，江南把本地生产的原棉全部纺织成布。其产量在20世纪时人均1.3磅，[113]18世纪时大概差不多。因此，就长江三角洲的纺织品生产来说，人均14.5磅的棉和2磅的丝绸似乎是可信的估计（尽管可能有点偏高）。

相对的，大不列颠及北爱尔兰联合王国的棉布、毛织品和亚麻布加总的人均生产量，在1800年纺织技术正在转型之时为12.9磅[114]（亚麻布和毛织品的单位重量普遍低于棉布，因此把这三种不同的纺织品并在一块，使中国在比较时处于不利地位）。令人遗憾的是，我们不知道长江三角洲输出多少布，比重可能比联合王国的比例（约产量的三分之一）还高，[115]从而使这个地区的布消费量低于英国水平。但中国、欧洲最富生产力地区的人均布消费量即使只是大略相近，都颇具启发意义，特别是当我们考虑到江南11府的人口比联合王国多了将近一倍时。此外，中国的棉布衣似乎比英国制的棉布衣还耐用许多，至少在19世纪和20世纪初期是如此。[116]遗憾的是，欧洲、中国两地的资料都很零星，生产地点太分散，我们无法专门针对某些关键区域探讨；但丝织品例外。长江下游生产的丝织品很可能占了中国产量的大半，说不定超过四分之三。[117]因此，就总产量来说，人均生产很可能不到1磅，远比不上棉制品，但就奢侈织物来说，绝非小数目，而且比欧洲的数据高得多。

令人遗憾的是，尽管用来估算棉布、糖、丝织品与长江三角洲棉布之产量的方法，在相对较封闭但高度商业化的区域很管用，但在辽阔而商业化程度较低的区域，就不管用了。在这类区域里，只要有一点假设上的小更动，很容易就会使我们所估计的可供用于产棉的土地数量增加一倍或两倍（例如从非常巨大之总面积的 3% 变成 9%）。最佳的替代办法，大概是根据后来的数据往回推。

1870 年，即捻军起义和太平天国起义平息后不久，中国生产了 18.5 亿磅的棉。[118] 人均大概是稍稍超过 5 磅，但 19 世纪中叶战乱后的人口估计相当不可靠。到了 1900 年，这一数据落到约 15 亿磅，但那之后又开始持续有新的增长，至今未衰。当我们逐一检视过中国的主要产棉区，便可得到一个乍看之下可能让人惊讶的结果：1750 年中国的棉产量比 1900 年低不了多少，人均产量更因此高了许多。

首先得切记的是，1750 年后新出现的大型产棉区不多。[119] 长江中游诸省的棉栽种面积在 1750 年后确有增加，但产量始终不是很大。此外，四川、陕西境内某些重要的产区于 19 世纪改种别的经济作物（罂粟），最大的受害者就是棉花生产；[120] 其中有些改种发生于 1870 年前，有些则在那之后。此外还有许多孤立的小型种棉区分散于中国各地，但 1750 年和 1870 年至 1900 年间，最重要的产区都是长江下游和华北。

我们没有什么道理认为，长江下游棉产量在 19 世纪大幅增长。在 1750 年至 1850 年间，该地区几个最商业化的地方，人口增长甚少，耕种面积则完全没有增加；而在该地区的其他地方，人口和耕种面积增加的也不多。19 世纪中叶的灾祸，使人口和耕种面积都大减；到了 1900 年这两者或许已恢复原来水平，但要到 1949 年后才大幅增长。[121] 1750 年该地区用来种植经济作物的土地所占的比重，大概已和接下来两百年期间一样高；事实上，20 世纪 30 年代输入这个地区的稻米大概少于 18 世纪 50 年代，[122] 这意味着有些土地可能已改回种植粮食作物。棉花种植面积到 1900 年时可能已减少，因为 1870 年后更多土地改种桑树。我们手中的产量数据很零星，但它们未显示1750年至1900年间长江流域棉花产量有显著增长；照理说也不会有这样的增长，因为技术上没有重大改变，而且（在人口未增加的情况下）投入的劳动力数量可能也没有多大的变化。

这使我们把目光移向华北。这个地区的资料特别缺乏，不同作物面积所占比重的变动，可能比其他地方都来得剧烈。一方面，理查德·克劳斯（Richard Kraus）表示，山东、河北两省在1900年的棉种植地总共只有300万亩，到了20世纪20年代增加为500万至600万亩（尽管此区域受到军阀不少摧残），到了30年代又更多[123]（山东和河北是华北三大产棉省的其中两个；关于第三个省河南，我未找到有用的资料）。这一增长很可能是恢复到先前水平，因为我们已知道全国棉花产量在1870年至1900年间下跌，而由于华北在19世纪晚期承受过数次旱灾，可想而知人们会减少这个非常吃水作物的耕种面积。就连克劳斯的20世纪20年代的数据，也几乎不到这两省耕种面积的3%。

另一方面，赵冈引用了18世纪中叶的一份史料，宣称河北（当时称直隶）有二至三成的耕地种植棉花。这代表光是在该省，就有1400万至2100万亩地种植该作物。[124]这似乎令人难以置信，但另一份史料也宣称该省在保定以南的土地有二至三成种植棉花，这说法似乎较可信。[125]那将相当于直隶省境内700万至1500万英亩的土地，视该史料所包括的区域而定。[126]即使山东、直隶两省农地只有一成种植棉花，那也将相当于1700万至2400万亩，也就是1900年数据的六至八倍。[127]如果把上述用于其他地区的估计方法用在这里，同意官方离谱低估的耕地面积，并假设每年人均食物消费量为2.2石，那么这也是这两省可供种植非粮食作物的大概土地面积。[128]如果反过来同意黄宗智的说法，也就是18世纪50年代耕地面积已接近1930年的水平，那么可供种植非粮食作物的土地面积就暴增为7000万至9000万亩，视我们把人均食物消费量假设

第三章 奢侈性消费与资本主义的兴起

为 2.2 石或 2.5 石而定。由于棉花是华北最大的非粮食作物，[129] 因此，有几个理由让人相信华北 1750 年的棉花产量比 1870 年或 1900 年多了不少。

其他资料也显示前述的情况。山东、直隶两省人口在 1750 年至 1870 年成长超过四成，到了 1913 年成长约八成，而耕地面积的成长幅度则少了许多。事实上，德怀特·珀金斯（Dwight Perkins）表示耕地面积根本没增加。[130] 我觉得这说法太极端。例如，这两个省即使是在 1800 年时，境内的森林大概还是比 20 世纪 30 年代时剩下的森林多上许多（见第五章）。但就连不大可信的官方 18 世纪 50 年代的数据，都只比 1873 年低了 4％，比 20 世纪 30 年代低了 45％；而这些"增加的部分"，包括了耕种已久但后来才纳入田赋课征对象的土地。[131] 在中国的其他地方，日渐恶化的人／土地比率，被单位产量的大增抵消。导致产量大增的功臣，是肥料（包括粪肥和豆饼）使用增加、复种制更盛行和每亩投入的劳动更多（例如极细心地除草）。稻米只要较费心照顾就会有明显更好的收成，但华北并不种植这类作物；增施的肥料大部分是粪肥，因为豆饼虽较有成效，却也较昂贵；而相对较短的生长季则使复种制受到限制。此外，1853 年黄河改道后日益恶化的水涝、土壤盐碱化问题，很可能使山东和河南东部数百万英亩土地产量下跌。[132] 因此，1750 年和 1870 年、1900 年乃至 1930 年，华北所需食物的增幅，大概比华北耕地面积的增幅快了许多。

于是，可能的情况似乎是，一如四川和陕西，华北棉花产量大降，而长江下游产量则差不多持平；只有长江中游和（可想而知的）河南这两个重要性低了许多的产棉区，产量才增加了。那么，约 1750 年时的中国棉花总产量就至少和 1870 年一样高，或肯定和 1900 年一样高。

如果把最低数据（1900 年的）扣掉用于填絮的棉花，然后除以

1750年少了许多的人口（1.7亿至2.25亿），就会得出约6.2磅的人均消费量；若使用1870年的数据，人均就将近8磅。与欧洲的数据相比，孰高孰低？联合王国（包括爱尔兰）在1800年的棉花、毛和亚麻织物加总的人均消费量似乎约8.7磅。[133] 法国在18世纪80年代的亚麻织物产量似乎为人均6.9磅，棉织物则是微不足道的0.3磅。[134] 毛织物方面的数据都以平方码（而非以磅）为计量单位，精确的换算自然而然取决于所制的毛织物种类；但18世纪末人均1.2磅似乎是合理的数据。[135] 于是，法国大革命前夕，法国的人均纺织品产量似乎很可能稍高于我们所保守估计的中国最高水平，比最低水平多了三分之一。德意志的产量数据低了许多，1816年的人均毛织物产量只有1.1磅，1838年的人均棉织物产量仍只有0.6磅，1850年的人均亚麻织物产量约为3.3磅，加总起来的人均纺织物产量为5磅。[136] 来自英格兰的进口品，使德意志的消费量高于本地的产量，但19世纪初期德意志人（算不上最穷的欧洲人）每年使用的织物，似乎仍很可能少于七十五年前中国人的使用量（整个中华帝国的平均数）。

于是，18世纪中期至晚期，中国的纺织品消费量比欧洲高了不少。此外，逸事性证据显示，连农民都有其他许多非关食物的购买行为，而且这些购买行为，不管是在种类上，还是在数量上，至少在16世纪与18世纪时都呈增加的趋势。例如，有几份来自长江下游的文献就提到，农民和佃农会典当女眷的金银发簪以筹得养蚕资金。[137] 那些描述民间宗教信仰的文献（其中有些文献来自非常贫穷的乡村地区），用不以为然的立场提到，在某些宗教庆典上，连农妇都穿着过度华丽而俗气的衣服，涂脂抹粉，珠光宝气。[138] 进香朝拜本身就是一门很兴旺的生意。到了17世纪初期，光是泰山一年就大概吸引将近百万人前来朝拜，而泰山附近并无大城市。即使在相当"落后"的乡村地区，都似乎有人在兜售以固定价格包办途中

第三章　奢侈性消费与资本主义的兴起

一切开销的套装行程；这类行径往往令卫道精英分子大为反感。[139] 在这期间，那些声称鄙视进香朝拜行为的士绅，本身却愈来愈常出外游历，不只为了做生意，还为了进修和享乐。诚如卜正民（Timothy Brook）所说的，"旅行已被纳入士绅的文化素养精进计划里"。[140]

在饮食已商业化的地方，连乡村的市集镇都出现类似的勃兴现象，至少在长江三角洲是如此。19世纪初期的一份史料提到，一个有"数千户人家"的镇，有着45间酒肆和90多间茶馆，附近的三个镇则分别有40间、65间和80间茶馆。常客包括镇民和周遭村子的村民。他们上酒肆和茶馆，以了解价格、看表演或赌博，亦即为了商业化的娱乐、商业化的饮食和单单做买卖而光顾这些场所。[141]

从16世纪至18世纪结束，以浅显用语写成且以一般大众为目标读者的宗教书籍、医学手册和历书，印刷量也迅速大增。约1600年时，传教士利玛窦认为比起在欧洲，书籍在中国更便宜且上市流通范围更广。[142] 在中国，拥有书的人大概比17、18世纪新教欧洲较繁荣地区的圣经持有者还少见（后一地区享有拼音语言活字印刷的成本优势），但中国拥书人的数目仍表明有个庞大且愈来愈大的大众需求。

住房是中国和日本两地相对于欧洲大概最具劣势的领域之一。诚如前面已提过的，埃里克·琼斯把住居视为欧洲较繁荣的关键表征。但即使是在住房和家中的陈设上，中国在1800年前都未必落后欧洲太多。那些在16世纪至18世纪期间去过中国城市地区的欧洲人，仍和他们的前辈一样，大大叹服于宏大的公共建筑和纪念性建筑，尤以北京和长江下游大城市里的这类建筑为然。去过中国较偏僻地方的欧洲人相对较少，但他们也对那些地方大富之家的住宅感到惊讶。例如加莱奥塔·佩雷拉（Galeota Pereira）和加斯帕·达·克鲁斯（Gaspar da Cruz），在16世纪50年代发生于广州附近的变故之后被流放到偏远的云南，然后对桂林豪奢的王府印象特别深刻。[143]但印度、中东和东欧境内也有豪奢的宅邸，也因此，达·克鲁斯对于居人口极少数之贵族、士绅圈子以外的中国住宅的观察心得，才会令人更感兴趣，特别是达·克鲁斯既未去过长江流域，也未去过京畿。

达·克鲁斯先是说道，广州"在建筑上远逊于"中国其他城市，包括几个比广州还小的城市，[144]但接着他把该地知府县官的宅邸形容为"非常豪华"。[145]然后他说，城里"老百姓的房子外观看来一般不是很好，但里面有不少让人赞赏的地方"；他赞扬砖石工程品质、对上好木材和染料的使用，尤其是"做工精细、占去房子幕墙的大橱柜"。[146]更有意思的是他对中国南部、西南部乡村"有钱农夫"（似乎既非士绅也非商人）住宅的描述：

> 在没有城墙围绕的村子里，有一些有钱农民的房子，从远处望去（它们位在绿林之中，因此只看得到它们，看不到其他房子），由于树林之故，可能会以为那是葡萄牙境内高大气派的乡间宅邸……这些房子很高，三或四层楼。铺了瓦的屋顶看不到，因为墙盖得比它们还高，而且屋顶建得非常好，靠外突的檐槽把水排到外面。这些房子建得坚实牢固，有宏伟的石造大门……这些房子里的第一栋（一间大房子），里面有一些做工、雕工精细的大橱柜，但讲究坚固耐用更甚于外表的美观。它们也有靠背椅子，全都以非常坚固的木头和高超的工艺制成，因此家具很耐用且深受好评，可供子孙继续使用。[147]

的确，这类人家的豪奢与追求时尚，看来远不如扬州、苏拉特（Surat）或阿姆斯特丹的富商巨贾或北京、德里、江户和巴黎的贵族；他们很可能还逊于长江下游读艺术鉴赏指南且想跻身社会更高层的地主。他们所属的阶层，或许可称之为乡村"中产阶级上层"，

第三章 奢侈性消费与资本主义的兴起

而非道地的上流阶级。但即使在位于穷乡僻壤的村子[148]和中国最落后大区的局部地方,他们的存在仍表明有个庞大的高品质商品市场;根据手中的少许史料来看,他们似乎还比较类似德·弗里斯笔下弗里斯兰地区的有钱农民。

可惜的是,20世纪20年代才有人真正考察中国各经济水平的农民和各地区的农民所拥有的资产,而且考察者是卜凯和其同事。此外,这项考察有些重大瑕疵,其中之一是太偏重较大型农场,[149]以及对所调查品项的量(而非质)几乎毫无着墨。不过,这项考察还是有令人感兴趣的地方。

这项考察的取样包括来自中国各地三万多户农家。乍看之下,这么晚才有这样的考察,似乎是个问题,但实则不是个大问题。而这是因为中国乡村的生活水平,在1800年至1850年间大概改善不多(如果有改善的话)。下一个二十五年则多灾多难,遭遇了多达四次的大型内战、数次大水灾、数次干旱和其他灾祸,而这些天灾人祸夺走的性命很可能超过5000万。19世纪最后二十五年和20世纪初,大概回复到1850年的水平;有些增长幅度不只是恢复过去水平,但超过的幅度终究不大。事实上,根据某些重建的"典型"预算,20世纪二三十年代华北和长江下游流域的农民,日子过得比他们18世纪50年代的先人来得差;[150]我们所重建的人均布、茶叶和糖的消费量也显示,至少某些庞大人群的生活水平是下滑的。还有一个研究指出,1937年长江下游地主从名下土地挣得的收入远少于1840年,[151]1840年时又少于18世纪晚期。因此,若说18世纪的乡村居民拥有20世纪20年代乡村居民所拥有的大部分东西,其实不尽离谱。

表2　每个乡村人家平均拥有的物品数

	中国		弗里斯兰	
	小麦区	稻米区	内陆区	沿海区
桌	4.1	4.6	1.3	2.6
长凳	4.0	12.0	2.5	4.3
椅	2.1	4.0	6.7	13.5
镜	0.4	0.3	1.0	1.2
床	3.4	4.1	3.3	5.2
柜	2.2	2.7	1.0	1.2

卜凯的资料大部分与家具有关。18世纪至20世纪，家具相对于其他物品，几可肯定变得较贵，因为木头稀少许多。据粗略的推测，1937年人均拥有的林地面积，只有1700年时的6%—8%。[152]因此，在这期间，或甚至在1800年起的更短期间，中国人每年购买的家具似乎不可能有增无减，即使整体生活水平有稍许改善亦然。在这期间，19世纪中叶天灾人祸的摧残，大概已毁掉此前几十年积累的许多家具。

卜凯的数据系针对8个气候区提出的一组平均数，然后划归两大地区，即与以淮河为界的华北、华南差不多相应的"小麦"区和"稻米"区。表2把这两大地区的数据与德·弗里斯针对17世纪弗里斯兰某个内陆村子和两个沿海村子的数据摆在一块，凡是卜凯和德·弗里斯两人都有给出数据的类目，全放进这表格中。[153]

我们不应太过强调这些数据的差异。该表列出的荷兰家具，有许多做工相当精细，[154]而中国的家具则有许多大概颇为粗糙：只有36%上漆。[155]做比较时不可能针对家户人数多寡和复杂程度设立对照组，但它们似乎不大可能使比较结果太过偏颇。[156]当然，这些数据只涵盖乡村家庭家用物品的一部分，不过，它们应该会打破中国

第三章 奢侈性消费与资本主义的兴起

乡村生活清苦简朴而欧洲家庭里充斥新物品的刻板印象。

在日本，明治初期的社会经济改变影响极大，因此从 19 世纪晚期的数据往回推便不管用。不过，一项探讨江户幕府晚期 29 个村子的研究表明，在该区域里，至少有两成的农民，他们的收入可供用于储蓄或非关维生且真的可自由支配的开销；还有别的研究表明更高的比例。[157] 到了 18 世纪晚期，已有农村里的人从遥远异地购买家具、药物和其他专业化的奢侈品，村里的店铺备有形形色色的现成香水、发油、香和纸。[158] 18 世纪的禁奢令指责农民吃得太好，使用昂贵的特产木头，拥有过度装饰的衣服、伞，以及金银和象牙饰物。[159] 19 世纪初期，有间村中商店铺备有形形色色的文具、餐盘和炊具、烟草制品和"其他日用必需品"。[160]

有迹象显示，印度所得分配不均的情况，比中国、日本或西欧还严重（从而使印度的大众消费较受限制）。有人研究了 1647 年莫卧儿帝国的土地税，发现 445 户拿走总税收的 61.5%，也就是约五成的农业总产出，而流入这些人家的税收的约四分之一，为实际的个人所得（剩下的部分用在各种职务开销上）。[161] 如果此说属实，这 445 户（大概不到人口的 0.002%），光是从他们的官职就拿到相当于农业总产出 7.5% 的收入，或者说可能达社会总所得 6% 的收入！[162] 有人根据希琳·穆斯维（Shireen Moosvi）重建的 1595 年情况，[163] 也得出类似的估计结果：1671 名莫卧儿贵族，光是靠他们对政府税收的所有权，就得到相当于全帝国总产出约 7% 的净个人所得。尽管穆斯维所依据的史料已受到质疑，但就算她的计算结果大大失准，也还是证实了我们对印度人所得严重不均的看法。至少有一些去过中国的欧洲人谈到中国没有赤贫现象，而印度境内的欧洲人则似乎对该地贫富差距的悬殊印象深刻。[164] 因此，贝利在探讨印度的奢侈性需求时，几乎只谈到贵族的需求，也就不足为奇。[165] 伊尔凡·哈比卜（Irfan Habib）估计，17 世纪中叶的莫卧儿帝国生产了300万至400万磅的丝织品，[166]不到我们所估计的18世纪中叶中国产量的十五分之一，而哈比卜这一估计数据也意味着如此庞大的帝国，市场规模却相当小（尽管中国在1650年时的生产量大概也比1750年时少了许多）。

太偏重于比较某项物品或一小票精英的所得额，可能有失周全。此外，普拉桑南·帕塔萨拉蒂在其晚近著作中提出了一个引发争议的理由，说明为何印度的劳动者完全谈不上赤贫，而且可能比英国劳动者更能谈出对己有利的工资：因其在讨价还价上所遭遇的障碍比较少。[167]于是，印度的所得分配状况，其实或许是既高度集中于顶层，但底层的分配状况也还不算太差，只有中间阶层的所得、消费占总所得、总消费的比重落后于中国、日本和西欧的同阶层人。但尽管有这个新证据，把印度境内日增的大众消费说成与上述其他地方境内的大众消费相当，似乎仍失之武断。

愈来愈多乡村印度人生产经济作物或手工制品，但这些产品往往被人直接取走。因此，商品产量的增加未必促成农民更加参与市场；事实上，就强制征收各种农民税与货物的权利来说，这类权利的市场是否兴旺，最终仍取决于那些权利（也就是使农民无缘参与市场的权利）是否可执行。[168]

在印度，某些下级群体能利用外界对他们技能的需求，逃避或修正他们自身的义务；事实上，在18世纪许多时候，劳动力需求大体来讲很强劲，而且国家并未出手阻止劳动力流动或阻止印度工人从此情况中得利（在其他许多地方，例如欧洲，国家就是如此阻止的）。[169]特别值得一提的是，在干燥土地上务农或从事适合干燥地区之职业（例如凿井）的种姓，流动性高了不少，因为这类土地比起有复杂灌溉系统的土地，产量较低且较难垄断。此外，与干燥土地耕种有密切关系的种姓成员，往往成群结队迁徙，因此往往组成大体上具自主性的单一种姓社群，且置身这类社群里换职业变得

第三章　奢侈性消费与资本主义的兴起　　165

较容易。但在其他情况里（尤其是在多雨地区），对人口流动与职业流动的限制的确很牢固，土地拥有者与佃户在经济权力上极不平衡。[170] 大卫·勒登（David Ludden）从对南印度某地区的研究中，区分出多雨地区模式和干燥地区模式，而如果这一区分适用于更广大地区，那么，有着最大剩余产量的印度地区，可能也会有最不平均的所得分配，对非必需品市场的参与也就相对较少。就连通过迁徙改善自己处境的下级群体，比起其他地方那些能留在原地且更有办法讨价还价的类似群体来说，都较不可能积累物品。

的确，晚近的研究显示，从15世纪至18世纪结束，印度城镇的重要组成分子，除了贵族，还有人数愈来愈多的小职员、小型到中型商人和其他常买非必需品的人。[171] 至少到了19世纪20年代，连农家里都已普遍可见银质首饰和白银储蓄。[172] 但在印度定期参与这些市场的人，似乎仍很可能大大少于日本、中国或西欧的这类人。贝利表示约1850年时农民从镇上市场购买的东西，大体上仍限于盐和铁制品。[173] 因此，即使印度的"奢侈"和"时尚"比我在此书所主张的还更近似日本、西欧和中国的情况，但由于印度的社会关系和劳动制度，受这类冲动影响者占人口的比例大概仍低了许多。同一论点用在这时期的东南亚，至少同样贴切。东南亚大概没有印度穷，但不自由的依附性劳动力仍是社会中坚。[174]

但在中国、日本和西欧，消费需求遍及各阶层。消费需求在空间上的扩散是个非常复杂的问题；例如我们已知道不管在中国境内还是欧洲境内，在糖的使用上都因地区不同而有很大差异。在较不商业化的地区，人不只消费较少，而且自产自用的东西也较多。因此，市场需求上的地区性差异，比生活水平上的地区性差异还要大。例如德·弗里斯发现，弗里斯兰的较繁荣地方和该省的内陆地方，除了在专业化工匠的人数上有很大差距，在家用物品的价值上也有三倍的差距；而就连这些内陆区域，放在更广大的欧洲里，都谈不上贫穷。[175]"落后"（backwardness）影响所及，连当地富人的需求都未能幸免，因为极小的市场会导致专业化物品价格高和选择有限。在非常富裕的地区之外，需求的下跌似乎相当大。在蓬圣皮埃尔（Pont St.-Pierre），连富农都要到1750年后，即弗里斯兰省许多农民开始入手钟的六十年后，才开始取得钟，而蓬圣皮埃尔位在诺曼底（法国较繁荣的乡村地区之一），靠河路与巴黎和海岸相通。[176] 由于连西北欧较繁荣地区里都有这样的差异，要有系统地比较"中国""日本""欧洲"这些内部异质程度更高的单位里各地的需求水平，也就几乎是不可能的。

因此，以下的段落野心没那么大，只是要表达中国、日本境内较富裕与较贫穷地区间的差距比欧洲境内还要大一说没什么道理。

在日本，需求的地域性不均大概没有像欧洲那么严重。日本的面积当然小于中国或欧洲，且境内许多地方享有沿海航运之便。自17世纪中叶起，日本国内每个大名每年都得在江户幕府将军的朝廷待上约一半时间，并有许多家眷和随从陪同，新品味的传播因此得到助长，至少在精英阶层是如此。每个大名也在自己的"城下町"聚臣议事，而与鲜少待在自宅（他们所宣称为自宅的房子）的某些法国贵族不同；因此，地方权贵会有许多机会看到并仿效从江户带回来的习俗。此外，为便于精英家庭来往江户而建的运输网也能为其他旅人所用，为形形色色的物品打造了至少初具雏形的全国性市场和健全的地区性（而非纯局部地方性）市场。日本较"进步"和较不"进步"地方间的工资差额，似乎至少从18世纪中叶起就逐渐缩小。[177]

中国的情况则复杂许多。1750年至1850年，（诚如第六章会说明的）中国最进步地区与开发中区域某个中间阶级群体的所得差距，大概也和日本一样有所缩小，但最穷地区似乎很可能落后更多。不过，地区与地区间差距的拉大，似乎不大可能与西北欧核心、欧洲其他地方之间差距的拉大一样快。

然而,"奢侈性"需求的分布可能比所得分配更不均许多。例如柯律格表示,对"长物"(非必需之物)感兴趣的新现象,可能大多出现在长江下游流域,他所详加剖析的精英消费指南手册就出自那个地区。[178] 即使在欧洲相对较穷的地区,都有不少王廷充当时尚世界的外围据点;而在明朝虽有数个王府,却没有具上述功能的王廷。

另一方面,这些奢侈性消费手册全写于长江下游一事所具有的意义,大大不如欧洲境内类似的集中现象,因为整个中国都共享相同的文字,是以这些书,一如江南出版的其他书,大概比在欧洲流通更广。事实上,中国境内的商人和官员游历甚广(凡是有上进心的人都得离开家乡出去闯闯[179]),因此新的精英品味很可能传播得既快又广。卜正民主张,16世纪60年代可能还有士绅在时尚上独树一格,不属于由江南主导的"时尚圈",但一百年后就已几乎不可能。[180]

品味肯定从江南迅速传播到北京,也由北京迅速传播到江南。18世纪福州某官员认为,该城精英的生活方式和长江流域最富裕的城市一样奢华无度。[181] 中国某些最精美家具,产自岭南大区的最大城市广州,并得到数百英里外精英的喜爱。[182] 17世纪的小说《金瓶梅》对当时形形色色的昂贵食物、家具、衣物、装饰品乃至房事助兴用品,有着极详细的描述,而小说的背景设在华北的中型城市临清(在华北这个相对较乡村的大区,1843年它是该区第十大城市,[183] 在17世纪时排名大概更高)。这部小说也对"品味"的规则提供了一些最清楚的例子,说明了较老一辈的精英如何在新的消费主义世界,利用这个规则来替自身地位辩解:小说中经商的主人公西门庆,书中不断借由他缺乏品味的消费行为(就像柯律格笔下那些手册所认定的低俗行为)来贬低其地位。

另一本 17 世纪较不知名的小说《醒世姻缘传》，则以山东武城这座微不足道的华北县城为故事背景。但光是在头四回，主人公（其父暴富）就买了数个铺了丝质床罩的薄纱帷幔床、多种刺绣丝织衣物和锦缎衣物、象牙筷和镶银漆雕杯、小羊皮面的浮花织锦鞋、装饰性的刀剑、精致的帷帘、被子与极尽华美的装饰物、一张金漆书桌、一些书、金扇、锦缎袜、以稀有药材制成的多种药及春药。[184] 这呈现的是消费无度的景象，但在或许只有两三千人的城镇里，这种无度的消费被认为在相当短的时间里就能达成，而这个城镇肯定挤不进中国五百大城镇名单。[185] 先前探讨住居时，我们看到即使在西南地区（中国九大区里最穷的两个大区之一），都有某些或许可称之为"中产阶级奢侈"的迹象；而我们针对 20 世纪家具所做的调查，则呈现了全国的平均消费水平。

至于欧洲，根据先前提到的数个例子，我们已知道即使在法国北部和荷兰之类相对较繁荣的地方，新耐久品的散播都极为平均。就较小型的奢侈品来说亦然。诚如前面已提过的，欧洲大陆的人均糖消费量一直要到 1830 年糖价大跌之后，才持续攀升。[186] 在法国许多乡村地区，咖啡曾长期是颇奢侈的东西，因而适合作为特殊场合的赠礼，这情况直到 20 世纪才改观。[187] 就连在英格兰，19 世纪 40 年代前劳动阶级对烟草、茶叶和糖的消费量似乎都微不足道；然而在那之后，整体消费的成长肯定快了许多。[188] 到了 19 世纪初期，英格兰穷人所购买的烈酒、衣物和读物肯定比一两年前多，且肯定有吸食烟草。但这足以证明对新商品的欲求强烈到足以改变旧的劳动习惯吗？还是说我们应该把这种消费视为某种补偿性的作为，会比较合理？（后者也就是说，由于劳动者受迫于生产体系改变而做出相应的调整，旧权利和旧身份认同遭到侵蚀，且过去能彰显身份地位的物品，例如肉类等也变得愈来愈少，是以在没有更好的选择下，消费便成为一种较重要的、能够彰显个人社会存在

第三章　奢侈性消费与资本主义的兴起

的新方式。)[189]考虑到像是意大利、葡萄牙和爱尔兰境内,较贫穷的人和较少卷入市场的下层阶级(更别提数百万东欧农奴),涉入这个新兴消费社会的程度低了许多,我们不应过度看重新物品在更辽阔的中国境内散布不均之事。

舶来品与时尚的速度：
全球形势的因缘际会与以文化为基础的经济差异的出现

但即使西欧人、中国人和日本人在积累实物上非常类似,却也有一些耐人寻味的差异之处。欧洲消费的成长和转型,似乎在实际所得增长和下滑时期都未停下脚步,更在18世纪中期加快脚步。比较中国、日本境内的趋势,都未发现这种方兴未艾的加速现象。例如,柯律格指出新兴的清朝一旦底定天下(约1683年)且开始招引天下精英出任明末许多精英所不愿出任的公职时,以奢侈性消费为题的新出版品随即剧减。他表示,由于较古老的等级、身份确立方式重获认可,"对东西的谈论变得多余","消费社会"的发展还未及取得"临界质量"即戛然而止。[190]

18世纪中国文献对奢侈的抱怨,至少和16、17世纪中国文献的抱怨一样多,但小说则让我们看到更为多样的廉价小玩意儿。有人认为,如果我们手上有过去人所拥有物品的目录,18世纪目录所列的品项,平均来讲会比16世纪或17世纪目录所列的品项来得多(而诚如先前已提过的,欧洲的情况并非必然如此)。不过,品味指南方面的新出版品减少,很可能意味着新商品和新式样成为有心跻身社会更高层者所必需之物的速度变慢。沈从文的那本中国服饰史巨著,也显示这样的可能：尽管晚明衣着、首饰式样上的许多创新,在清初继续从社会顶层往下散播,[191]且清朝同时下令大改官员的衣着式样,但清代平民百姓衣着式样的改变,似乎比明朝时少了许多，[192] 也比 18 世纪晚期欧洲少了许多。[193]

另一方面，欧洲时尚改变的脚步愈来愈快，尤以衣着方面为然。对欧洲（与北美）遗产目录的研究，几乎个个表明消费品在遗产总价值里所占的比重随着时日推移而下跌；而在许多研究里，就连这类物品的绝对价值也是下跌的。确凿的证据显示，16 世纪至 18 世纪欧洲消费需求渐增且人们所拥有的物品更为多样，而若要使前述研究结果与这些铁证并行不悖，似乎就只能推断，有许多种类的消费品正以相当快的速度被当时的人抛弃。因此，一个人能在一生中购买更多的东西，未必意味着其在人生的哪个时刻就拥有较多的物品（例如在遗产目录里列出的品项）。

物品的寿命为何会变短？有些物品，例如织物，变得（相对较）便宜，使它们更易遭替换。就其他类物品来说，新物可能比旧物更不耐用（例如玻璃和瓷器大概比锡镴、锡或木质餐具更常破掉），或许也是原因之一。[194] 但时人对时尚更加在意的心态，似乎也起了某种作用。毕竟，中断战事以让"木头小姐"（wooden mademoiselle）安然通过这样的事，就发生在 18 世纪。（"木头小姐"是穿着下一季巴黎时装，从圣彼得堡到波士顿等地巡回展出的人体模型）。[195] 时尚更加风靡的这个现象，很可能意味着欧洲每年的奢侈性商品的需求比中国或日本的需求增长更快，尽管我们暂时假设这些物品的目录（和对它们的态度）以非常相似的方式在改变。

这意味着比较欧洲、东亚两地在拥有物上的支出水平之后，可能会发现两地此类水平的差距比拥有物本身的差距来得大；而那反过来局限了我们所能做的推断。为了达成我们当下的目标，也就是探索欧洲人是否可能每年购买较多物品，从而使欧洲的"勤劳革命"比其他地方走得更远，我们根据购买速度做比较就是可取之举；但要说这样的模式表明"较高的生活水平"，并说明为何此说成立，就难上许多。比较能通过这样模式来说明的，反倒是品味上或可取得的物质上的差异。[196] 我们既已就糖、茶叶和织物做了比较，就该谨记我们并不确定欧洲每年在非必需品的花费上，是不是真的比较多。但倘若欧洲人真的和中国人或日本人一样穷，且在这方面的花费也的确比较多，那就值得思考这一由社会因素导致的"贬值"，是否就是使欧洲消费在历经经济周期、相对价格和政治稳定等方面的改变后，仍异常强劲成长的因素。

为什么在仍堪用的物品遭遗弃（或遭闲置）这件事情上会有快与慢的差异？比较社会史提供了一些线索。对中国、日本和西欧来说，17世纪都是政治和社会动荡不安的多事之秋，但17世纪中叶分别在中国、日本掌权的清朝、德川政权，却能在18世纪时让当地社会享受到大部分西欧所不能及的稳定。当然，欧洲的重要地区，特别是新消费主义最为鲜明的英国，在18世纪也享有相对较安定的（国内）局势，但政府未像清朝或江户幕府那样用心保存与重振传统角色和身份地位。可想而知的是，清朝或江户幕府的做法可能使"通过时尚来界定自己身份地位并与人互比高下"之事变得较不重要；于是，在18世纪中国、日本的"繁荣时代"里，人们虽然也会有某种形式的物品积累和富裕，但却比较不是为了汰旧换新的理由而这么做。

至少，在中国有个值得细思的问题是，时尚的兴起在那里是属于某个非常漫长、缓慢且绝非线性的过程；而在那个过程里，精英阶级的竞比高下和自我认同，与做官、官阶的关联愈来愈浅。16世纪晚期和17世纪初期是这一趋势里的一个重要时期，当时官场生涯的日益不稳和失意，似乎助长精英追寻其他人生志业和（至少暗地里）追寻不那么直接倚赖官方科举制度来确立自己社会地位的方法。精英们的这一追求，加上私人财富日增，不只有助于助长先前已讨论过的时尚、炫耀式消费的兴起，还助长了其他活动，例如精英更多地赞助佛寺、更加看重私人组织的文献考据事业等。[197]

清朝不只在1644年后成功重建秩序，还局部恢复了公益服务（包括当官和投身朝廷所鼓励但未主导的慈善事业）作为人生理想和身份地位标志的光环。而从前述的角度来看，清朝的这一成就，很可能阻止了时尚的成长，就如同这一成就也抑制了精英对佛寺的赞助一般。凡是主张出仕重获重视一事产生了拖慢时尚成长的广泛心理效应的论点，都必然流于猜测，但从中至少显示了一个相当直接的关联。清朝时严格的官服规定，可视为某种禁奢令的施行。[198]清廷通过让官场以外的人有权利穿上原本只限官员可穿的各式服饰（官帽上的顶珠、官帽等），高调奖赏那些在赈灾、筑路等种种公共工程上援助有功的商人、地主和文人。而穿戴这类服饰者，肯定不想看到它们贬值，或不想看到未有类似贡献者也能穿戴。从这个意义上说，清朝重振中央政府权力一事，虽然并不是像某些学者所曾以为的那样，掐断了"资本主义萌芽"在更广大经济土壤上的生机，但可能还是足以把"特许体系"重振到稍稍拖慢"时尚体系"成长的程度。

清朝时精英阶层的女人无缘当官，但清朝的法令还是对她们起了同样重要的作用。明朝时，诗词唱和就是精英阶层女人表达自我想法、感受和进行社会竞争的极重要工具，至少在长江下游是如此。而在中国"漫长的18世纪"里，诗词唱和更加盛行，反映了当时的繁荣、（在没有世袭贵族的国度里）高度竞争的婚姻市场，以及（伴随考据之风鼎盛而来的）强调赋写诗文为有教养之人的必备条件的现象（而且对此的看重可能更甚于以往）。[199]这种竞争与表达自我的方式所需要的购买行为，不像欧洲所需要的那么多。在较落后地区，包括新近纳入统治的地区，女人的诗集甚至使她们有机会，间接参与清帝国的建造和满汉两族的"文明开化使命"。[200]这种支配边疆地区的做法，大不同于借由消费该地异国产品来支配边疆地区的做法。与此同时，清朝上流文化的道德主义鼓励这些女人比明朝

第三章 奢侈性消费与资本主义的兴起

时更加不抛头露面,鼓励她们与城市风月女子更加划清界限。精英阶层已婚妇女和交际花社交、诗词唱和,在晚明的长江下游相当常见,但在清代就少了许多,[201] 而随着这两类人不再打成一片,商业化且在意时尚的娱乐圈,对人数更多、更富裕和更重要的精英阶层已婚妇女群的影响,大概也就因此减少了许多。

在这里,政治与社会"秩序"的恢复,可能也使人较无意通过愈来愈频繁的购买、抛弃物品的行为来界定自己的身份地位。但凡是这类论点,我们都必须视为没什么凭据的揣测,因为我们对精英在各种场合的衣着(更别提对家户预算)所知太少,无法在这方面有更进一步的阐发。若要得到更多线索,我们得把欧洲时尚超乎寻常的加快现象视为待厘清的问题,而这问题所需要的解释,至少和中国、日本在品味上"未能"如此频频改变一事所需的解释一样多。

诚如许多作者所说,不管是哪种解释,肯定都有一部分着墨于心态的普遍改变。在18世纪西欧,随着个人在他人眼中(从配偶到职业生涯,再到宗教信仰的种种事物上)具有的自主选择权被视为彰显自己身份地位和个人尊严的重要依据,[202] 消费上的自主选择权很可能也因此同样被视为表达自我想法的重要工具,从而对欧洲日益壮大的"时尚体系"起了推波助澜的作用。有些学者在差不多同时代的中国精英身上,看到更加看重个人自主选择的现象(例如在择偶上),但这些学者也把事情看得够清楚,最终未把这些趋势说成和西欧一样显著,且指出它们并非代表那种把作为选择主体的"个人"摆在第一位的观念。[203]

让我们稍稍转个角度来探讨此事。限制大家族的自主发展空间(例如立法禁止家族间的世仇报复和扩大法律的一体适用范围),乃是16世纪至18世纪欧洲诸国壮大的推手之一。[204] 在这过程中,诸国几可肯定削弱了大家族在界定个人身份上的重要性,于是我们也可以说,这推进了通过与买来之商品的新关系(而非通过亲族与不能让渡的遗产）来标示个人身份的趋势。相对的，江户幕府和清朝则通过与地方制度结成伙伴关系来恢复秩序，并把许多日常治理工作交给地方制度负责；大家族在这些制度里占有举足轻重的地位，尤以在中国为然，而中央政府提升地方大家族的权力和在意识形态上的主导地位，远比着手抑制它们更为常见。或许，在这类制度和身份仍占上风的地方，人们较无意于通过选择商品和展现商品选择来不断界定自己的身份地位，[205] 从而较不需要汰换仍堪用的物品。

但个人自主选择和群体成员身份两者被认定的价值，在不同社会里可能会被许多不同的方式改变；可能在某些领域里受到鼓励，在别的领域里又受到抑制。因此，若我们想为一个较具体的现象寻找解释，就有必要在一个较具体的层面上寻找。于是，我们必须更仔细地探索，欧洲在"时尚体系"加速成长的过程中，究竟涉及哪几类物品，以及那些影响它们在全球各地的生产和分配的因素。

如果说欧洲人的品味真的比中国、日本境内的品味变得快，这一差异似乎可部分归因于舶来品（尤其是异国制造品）在本国受到推崇的程度差异。毕竟，印度和中国的纺织品、中国瓷器等东西，都变成欧洲很重要的时尚，甚至在相当低层次的时尚亦然；而在东亚，西方的舶来品没有一样占有同样重要的地位。的确，17世纪中国的艺术鉴赏指南，曾把几样外国制品列为值得收藏的名物，[206] 且在这时期还有其他几部中国、日本的著作，也显示了对西方产品的兴趣。西方的眼镜和其他穿戴在身上的饰物，在明末清初令某些中国人感兴趣；"西洋衣"（以非常昂贵的布料制成，仿以某位来华的意大利人为明朝皇帝行宫所建宝塔上的图案），风行甚久，在17世纪为中国宫廷妇女所采用，18世纪更为长江下游时髦女子所采用。[207] 同样在18世纪，异国皮裘（先是俄国皮裘，后来是美国皮裘）开始大受喜爱。但即使如此，当来自亚洲的物品（例如纺织品）影响了欧洲的式样与消费模式时，为什么来自中、日境外的物品，却无一对中、日的式样和消费模式产生同样的影响？

西方论及东亚（尤其是中国）的学术著作，普遍认为中、日两国人民对外国物品不感兴趣，乃是因为他们深信自己的文明较有优势。这一说法的确获得了一些文献的支持，像是乾隆皇帝的一段话，大概是反映这一心态的最著名陈述。他在1793年告诉来华的英国使节，中国所需的东西全可自制，对西方所能拿出的精巧玩物完全不感兴趣；因此他认为没理由扩大贸易关系。[208]对许多史学家来说，这段话典型地反映了"中国人"长久以来的心态，这个心态被认为与好奇、贪婪和充满活力的"西方心态"背道而驰。即使是思维较缜密的学术著作，虽然注意到了中华帝国的心态并非始终如一，因为中华帝国有时拥抱异国事物（以彰显普天之下皆我臣民的皇帝心态），有时又把异国事物拒于门外（以申明中华文化的优越），却还是常把这些皇帝的心态等同于所有"中国人"对外国物品的心态。[209]于是，从这一角度来看，欧洲对外国时尚较感兴趣，也就绝非偶然。这一说法意味着欧洲走上不同的道路，肇因于心态上的根本差异，而这一差异或许与欧洲人整体上更愿意冒险和创新有关。

但是，只要我们不再以清朝皇帝代表中国，那么就可以想到简单许多的解释，解释中国较不愿意进口大量舶来品的原因。毕竟，中国进口的物品和出口物一样多（由于当时的对外贸易体制，这是势所必然），而且，尤其是中国与东南亚的贸易，充斥着异国的初级产品：供老饕享用的鱼翅、燕窝（以及许多较不那么异国的黑胡椒），制首饰用的珍珠，从中东和数个太平洋岛屿辗转运来的香，还有珍稀木材。[210]对这些进口物的需求，在18世纪和19世纪初期剧增。把许多这类物品从马来群岛运到广州的英国商人，发现他们要克服的问题不是供过于求，而是确保供货充足。[211]

这些舶来品输入中国的数量，虽然个个都未像烟草、茶叶和糖输入英国那样急速增长，但它们的进口量原本就不可能急速增长。

举檀香的例子来说，这类舶来品在中国奇货可居，商人因此四处搜罗这些物品，从而使一些太平洋岛屿的生态严重受创。很讽刺的是，直到驶往中国的船只开始满载鸦片，这些岛屿才从这场浩劫中获救。[212] 此外，除了胡椒，这些舶来品几乎都是通过采集而来，而非由人种出来的。光是这一点，就使这些物品的生产不可能像新世界的种植园那样，因为有着大量奴隶在严密残酷监督下密集工作而得以集约化，从而不可能使单位价格下跌。人可以开垦更多土地来生产糖，却无法养殖更多鲨鱼或为生产燕窝的鸟打造更多丛林栖地。曾经有人试图借由掳人为奴来增加采集工的数量（尤其是在苏禄王国，位于今日的菲律宾南部），[213] 但采集工作本身的分散性，意味着连奴隶都保有颇大的讨价还价权力；加勒比海种植园那套营运方式在此完全不可能。

糖和烟草的消费的确暴增，但（诚如前面已提过的）它们大多产于中国境内，且由自由农生产出来。这意味着它们不但与土地的其他用途竞争，还与生产者利用时间（包括闲暇）的其他可能方式竞争。在这些模式里，不易看到中国人对异国奢侈品不感兴趣的证据。比较可能的情况似乎是，他们所买的舶来品，大部分不易转换为便宜的"日常"奢侈品（就欧洲人欲在东南亚取得的丁香和香料来说，当然亦是如此；糖和烟草也是不在此列的欧洲进口舶来品）。

凡是主张中国人对舶来品相对较不感兴趣的论点，都必然会指出进口制造品的稀少。但即使在这点上，诚如柯律格所指出的，中国的艺术鉴赏家所珍藏的物品里，的确包括数样外国物品。[214] 乾隆皇帝或许对欧洲的制造物没什么兴趣，但广东、福建等沿海省份的精英却不尽如此，其中有些人的确收藏了钟和其他西方的奇珍异品。[215] 不过，毋庸置疑，中国人均进口制造品极少一事，对关于得体衣着和家居装饰的观念影响甚微。此外，欧洲除了制造品外，别无其他东西可兜售，因此中国从欧洲进口的东西惊人的单调，与其从东南亚进口的东西截然不同。鸦片贸易勃兴前，中国从欧洲和欧洲人的殖民地进口的东西，约九成是白银，史学家就据此认为整个中国（而非只是宫廷）对外国事物不感兴趣。但针对白银在西方运往中国的货物里为何占如此大的比重，有个好上许多的解释：那个解释在万志英（Richard von Glahn）、丹尼斯·弗林（Dennis Flynn）、阿图罗·希拉尔德斯（Arturo Giraldez）与安德烈·贡德·弗兰克诸人的晚近著作里明显可见。

从约1400年起，中国着手为其经济重新制定法偿币。这是由于先前一连串失败的纸币实验和元朝（1279—1368）严重管理不当的铜币政策，已使中国没有广被接受的货币媒介。在这一重新货币化的过程中，白银渐渐成为价值储藏（store of the value）工具、大型交易的记账货币（和往往也是实际交易媒介），以及这一庞大且高度商业化之经济体的官方支付媒介。这创造出对白银的庞大需求，使白银在中国的价值（相对于黄金和其他大部分物品），远高于世上任何地方；而且中国本身银矿不多。于是，在西方船只抵达亚洲的百年前，中国已在进口大量白银（大部分来自日本，部分来自印度和东南亚）。

西方人带着从历来最丰富的银矿开采的白银（1500年至1800年拉丁美洲所产的白银占全世界所产白银约85%[216]）来到亚洲时，发现把白银送到中国（不管是直接送去还是透过中间人送去），可产生庞大且非常可靠的套利。而且由于获利极大，追求最大获利的商人也就没什么理由送去别的东西［为了解"中国人的"心态，马歇尔·萨林斯（Marshall Sahlins）分析了赴京朝贡团，发现这些朝贡团并未受此逐利心态影响，因为他们所进行的活动是国君与国君在人为操纵的价格下所进行的，且基本上属象征性的交换活动。在这些交换中，逐利往往不是首要考量，尽管进行朝贡时通常伴随着逐利性质的"私人"贸易[217]］。

多位西方知识分子和政治人物希望把白银留在国内（以备不时之需，例如支付战争开销），因此不断主张应改送别的东西到亚洲。他们的抗议在文献里占据显要位置，往往使后人以为"西方"拼命想要"亚洲人"买别种外国物品，而中国人则根本瞧不起西方人（或西方工匠工艺太差），致使西方人无法如愿。但把焦点摆在这些论点的攻防上，就是误把某些政治领袖的意见当成整个社会的心态，一如把焦点摆在中国皇帝对朝贡贸易的正确形态和限制所发出的言论，失之偏颇。在这两种情况里，真正决定要做何种买卖者，乃是在市场里打滚多年的商人。

这种把中国的进口偏好看成文化保守心态的倾向，往往又因为把白银视为现代"货币"（即把白银视为残余的抽象价值储藏物，经转换后构成欧洲的"贸易赤字"）而更为强化。事实上，我们得把白银本身视为物品，一种以矿物为基底且经过精炼的产品，极适于发挥某种重要功用，而且西方能以比亚洲任何地方（在某些时期日本不在此列）还低上许多的成本生产它；先天的地质条件使中国几乎完全产不了银。此外，西方只有在少数几项制造品上，不只在原物料供应上占优势，也在更精良的生产技术上占优势（欧洲的铸币技术生产出比亚洲境内任何流通的钱币还更好、更难仿冒的钱币），而白银就是其中一项。[218] 中国人使用的白银呈绽状，因此这一铸币上的优势，对中国人来说无关紧要，但对南亚等地（往往是欧洲白银头一个购买者）的白银使用者来说就至关紧要。这些白银使用者买了欧洲白银后，透过本身的贸易网络，把许多白银送到中国。[219]

将白银视为现代意义下的"货币"，认为它们被送去东亚换取物品，而不把白银视为被中国人拿来充当货币媒介的一种物品，未免失之武断，而且这一武断性在这个议题一提出来时就清楚地呈现了。毕竟，许多象征社会声望的商品（丝织品、胡椒、鸦片和可可豆）

第三章　奢侈性消费与资本主义的兴起

在某些地方被视为物品，但也能充当货币。此外，许多白银有时充当货币，有时又充当饰物（例如首饰被拿去典当或熔掉时）。因此，把白银视为一项较特殊的物品，而非现代的钞票，有助于我们理解为何在白银流入中国那段时期里，也有大量黄金从中国流到欧洲和印度。[220]最后，由于西方学界长期以来把西方视为主动（且有心）将世界结合为一体的力量，这个说法强化了把白银视为送到中国购买消费品的残余价值储藏物的倾向。但中国这个经济体可能占这时期的世界经济高达四成（若把也正在"白银化"的中国藩属一并纳入的话），其更改货币基础一事所产生的力量不容小觑。一旦我们把这股力量纳入思考，就很难不去把中国的白银需求，视为和西方对瓷器、茶叶等物的需求一样，是"主动"打造全球经济的强大力量。

　　我们会在第六章更全面探讨新世界的白银。在此，重要的是一个较具体的观点：西方在白银出口上的巨大优势，使来自亚洲且能决定时尚走向的象征社会声望的商品大量流入欧洲。这有助于解释为何有那么多其他的舶来品涌入欧洲，因为它们是欧洲人用白银买来的，使时尚的转变在这里比在其他地方都快（第四章会探讨这一大量输入现象的其他原因）。这一观点认为，这一独一无二的大量输入现象，源于涵盖欧亚美三洲的经济形势，而非源于欧洲独有的某个"物质主义"[221]或"好奇心"。欧洲取得和经营美洲银矿的方式提醒我们，欧洲在海外强取豪夺的行径对其获得经济优势有多么重要（技术上的进步也是重要因素，但如果没占有矿场并强逼人劳动，那也是无济于事）。就这个例子来说，欧洲对海外强取豪夺所产生的成果，加快了时尚改变的脚步，从而使欧洲境内以市场为基础的合意性贸易更快出现；因而，从这方面来说，欧洲在海外胁迫的成果可能相当重要。但至关紧要的是，这个案例说明了欧洲在海外殖民地的高压统治，致使欧洲内部产生了斯密式市场动态般的额外推力（后来又转移到进口替代式的工业化），而不是因为欧洲内部较有效率的市场营销、工业生产，才促成对海外的压迫。

最后我们还得记住，即使有白银所导致的奢侈品进口，为时尚机制提供了额外的推力，那些认为欧洲对"非必需品"的需求比中国或日本的需求强劲许多，因而得以在经济上造成差异的说法，仍然只是个假设，绝非如松巴特、布罗代尔等人所认为的已是定论。诚如前面已提过的，不管社会顶层对奢侈性商品的需求有何变化，我们仍然没有什么道理认为，欧洲的"勤劳革命"和大众参与斯密式市场动态的现象，比中国（或大概日本）的这类现象还要显著。新的奢侈性需求有时候会被赋予第二个意涵，也就是认为这一需求促成成功商人与工匠进行新的资本积累，使较大型的经营者具有新的优势，从而催出生雇用无产阶级化工人的资本主义商行；但这种做法仍有待思考。本章最后一节将转而探讨这些论点；至于下一章则会探讨金融制度和"资本主义"。

奢侈性需求、社会制度和资本主义商行

松巴特在他讨论奢侈和欧洲资本主义起源的经典著作中主张，奢侈品需求的增加，会催生出新式的工匠和商人。考虑到原材料的开销、工艺精进所需的时间，以及从往往权大势大但现金短缺的顾客手中收账的难题，大部分工匠无法独力生产这些物品。

这现象并非此时才出现。许多奢侈品生产始终需要用到超乎工匠所能筹措到的营运资金，而这个难题往往也是通过最后拥有者委托制作和提供资本来解决。工匠往往在恩庇者的庄园上工作，此举既可防止工匠拿了预付款潜逃，又使恩庇者得以随时插手设计走向。但现在，由于对这些物品的需求日增，且需求集中于城市，这使得有办法自筹资本的生产者（或经销商），开始能利用规模经济的益处，

从而以比在旧制度下工作的工匠还低的成本生产物品。

于是，松巴特主张，一些独立经营的店家兴起，它们会先生产，然后把货品卖给任何买得起的人。然后，这些为数不多但经营卓然有成的工匠／商人开始从事更大规模的生产，雇用更多的工匠。这些受雇的工匠，资本不足而永远无法独立生产，结果渐渐成为无产阶级。[222]

这类情事的确存在，但我们不该高估它们的数目。不必离大城市太远，就能发现较老式的委任工作制仍大行其道，即使在18世纪晚期亦然。[223] 同样的，在中国、日本的大城市里，也能找到松巴特针对欧洲所描述的那种现象（例如现成的奢侈品），而且与委任工作制同时并存。[224]

同时期的其他地方，由传统工匠特别定制的生产方式，完全能满足剧增的奢侈性需求。欧洲人注意到，任何想得出来的东西，几乎都能够在印度的大城市里买到，也注意到这些物品往往靠强迫工匠接受特定委托制作的方式来取得，而不用从独立经营的店家中购买。[225] 同样的，这一模式在整个南亚次大陆并非各地一致。许多印度乡村织工有相当的自主性，不完全受哪个买家或恩庇者左右。阿拉萨拉特南（S. Arasaratnam）对18世纪印度东南部的研究表明，即使是已拿到预付款的织工（大部分织工如此），仍对他们产品的处置方式保有相当大的控制权，而与通过散作制拿到原材料的欧洲人不同；在靠近港口或靠近有许多潜在买家之其他区域的织造村，这转化为相当大的自主权。[226]

于是，这与替某些极有钱恩庇者效力且受他们直接支配的工匠大不相同。但在大部分情况下,这些织工通过准世袭性的织工头（和有时也透过其他中介者）与商人打交道，而非直接与他们打交道。这些织工头，"以家长式作风控制一群织工，但对他们的劳动成果没有任何经济控制权"，[227] 似乎一手搞定已大幅增长且往往走高品质路线的生产，却未成为直接控制生产的资本家，也未使织工沦为被握有资金与产品行销资源的雇主监控下的无产阶级。

在东南亚城市，工匠也得受贵族消费者摆布。技术熟练的工匠时时可能被强行带去为王公服务，或是往往发现自己最佳的保身之道，就是在某个贵族或富商的支持下工作。[228] 连17世纪的马六甲（人口20万，比欧洲绝大部分城市人口都多），尽管似乎有着各式奢侈品，却未出现"资本主义"式的工匠/商人。东南亚工匠的供不应求往往使他们挣得相当有利于自己的工作条件，但他们却没有脱离恩庇体制和定制的生产模式（即使在资本密集的金匠业亦然）。一直要到19世纪末，也就是欧洲殖民政权在法律上终结了个人奴役制（但仍未打破恩庇—侍从关系的文化重要性）后许久，才有所改观。[229]

此外，转向"资本主义"式的组织生产一事，同样也能在各类非奢侈品的生产逻辑中看到。例如中国的伐木业之所以朝这个方向发展，是因为从冒险进入森林到终于卖出原木拿到款项，这中间要等上很长时间，此外还需要雇用人数可观的伐木工。于是到了19世纪，伐木业者已雇用了数千名领工资的工人，而非从较小型的独立营运商买进木材。[230] 在江户幕府晚期的渔业里，则可以看到更清楚的例子。

北海道渔业老早就是营利性活动。渔获大部分成为鱼饼肥料，卖给较富裕但生态资源较拮据的地区。江户幕府晚期，需求随着本州许多地方农业持续商业化而暴增。同时，本州东北端的一场大饥荒，使人烟稀少的北海道境内雇佣劳动者的供应量大增，从而使大型的承包捕渔业者得以普遍使用需要15至20名人力来操作的新式、有效率但昂贵的渔网。相对于该地区众多独立经营的渔户，承包捕渔业者随之取得了竞争优势，从而改变了他们与这些渔户的关系。大型渔获批发商借钱给较小型经营者，然后买进他们的渔获，已行之有年，但在劳动力不足且需求日增的世界里，这些大批发商既没有诱因也没有权力把这些供货商无产阶级化；就连拖欠去年借款的捕鱼业者，也通常能拿到新借款以继续以个体户的身份营运。但一旦可取得更多的工人和新的渔网，这情况就随之改观。这时，取消回赎抵押品的权利，买进更多渔网，并把拖欠债款的渔民转为雇佣劳动者，就成了合理之举。简而言之，资本从贸易转入生产本身，雇佣劳动者变多，具有更多固定资本且由集中统筹的生产活动变成常态，在具有极简陋生产线的一项产业里，这全都不再遥不可及。[231] 在此还是要再次提醒，欧洲的奢侈性消费，在住宅这个领域明显有别于中国、日本和东南亚（但或许未明显有别于印度），而且这是工匠生产结构特别慢才解体的领域之一，直到20世纪才开始以扩大生产规模以节省成本的方式，来建造一模一样的单位住宅。

于是，结论似乎显而易见：奢侈性需求"本身"的规模与性质，并不会自动就变成许多备有现成廉价小饰物并雇有多名员工的店家，奢侈性需求只是创造出另一种生产体系。关键毋宁在于，社会上的奢侈性需求正随着产品市场与生产要素市场变得愈来愈重要而逐渐增长；偶尔，关键也在规模经济。没有那样的大环境，巴黎工匠的高贵顾客（这些顾客想利用手中权力来逃避付款，松巴特即据此说明为何只有资本最充裕的工匠能存活）对奢侈品日增的需求，很可能只是使旧式的（委任）生产关系复苏，而非使其转变成新式作坊。来自商人、"富农"和政治权力低于贵族的其他人的需求，在促进那些生产现成物品之新式作坊的诞生上，可能作用更大，但诚如前面已提过的，我们有充分理由认为"奢侈"需求在中国、日本数个阶层里分布的情况，至少和在欧洲人中分布的一样广。诚如前面颇详尽的说明，在谈到整体经济里"自由劳动"和市场的问题时，欧洲并没有特别比中国和日本出色；事实上，欧洲可能还落后于中国。无论如何，这三个社会在这几点上彼此相似的程度，远大于其中任何一个社会与印度、奥斯曼帝国或东南亚的相似程度。

于是,至少到目前为止,就我们一般认为的"资本主义"性质的新式商行的问世来说,这三个社会似乎具有类似的条件。那么,接下来该思考的是,为何我们会屡屡听到这类商行(和更广泛来说,"资本主义")只在欧洲出现的论调。

第四章

看得见的手

欧洲与亚洲境内的商行结构、社会政治结构和"资本主义"

受到布罗代尔的影响，大部分历史学家都着眼于经济最顶端的大商行，指望透过它们来解释欧洲为何独一无二。然而，这些形形色色的论点（例如关于消费的种种论点），有时比本书第一部里探讨过的那些论点还不精确。这些论点根据一个明确且相当简单的"完全"市场模型或可量化的财富衡量标准，主张最有利于集中式资本积累（亦即"资本主义"）的条件，除了产权（包含牢固的金融资产所有权）和竞争性市场的普遍发展，还包括使某些人得以借由规避竞争性交换、限制他们的债务、取得垄断和包收税款等非市场性或反市场性特权来获利的作为。

由于这些说明资本积累如何"顺理成章"的论点往往彼此矛盾，因此难以拿来比较或讨论。尽管我们只要举出一个亚洲社会的案例，便可驳倒第二章里关于市场的那些论点，但关于欧洲独有之"资本主义"的论点，则需要拿更多样的案例来比较。更进一步来说，虽然我们在这一章里的确找到了一些欧洲真正具有的组织性优势，但在1800年前的世界，这些优势似乎只能应用在极少的作为上：主要是战争、武装长程贸易和拓展殖民地。因此，探讨这些议题，最终会把我们的目光导向欧洲境外贸易与殖民地拓展的政治经济制度。诚如我会在第三部分主张的，欧洲人在欧洲境外的活动在当时至关紧要，而这与其说是因为这些活动导致资金积累，不如说是因为它们大大增加了有形资源的供给。

布罗代尔已详尽说明，在前工业时代的整个旧世界里，大商人之间究竟有多少共有的特色。这些特色包括被他称为"资本主义"的几乎所有习惯作为：在"透明"的竞争市场外营运，把重点摆在生产者和消费者彼此不需亲身接触的交易，使用信用制度来防止现金不足者（从资金不足的工匠到从事过多活动而资金周转不来的君王）与可能的竞争者打交道，在高收益的活动之间来回打转，等等。也就是说，资本家精于"把资本安插进不间断的生产过程（分配过程或许是个更为恰当的说法）"，而非精于哪种货物的生产。[1]

这种无法安于一项事业的现象，原因之一在于前工业时代的世界，没有哪个产业能为最成功的商人提供足够的经济前景。布罗代尔指出："商人未专攻一项事业，乃是因为他所能投身的商业领域，个个的发展程度都不足以吸收掉他的所有精力。有个太常被信以为真的说法，说过去的资本主义规模不大，乃是因为缺乏资本……事实上，商人的通信和商会的备忘录显示，商人想把资本拿去投资但却苦无去处。"[2] 这一资本过剩的现象，直到19世纪技术快速改变后才改观，技术的快速改变使投注大笔资金购买那些改造实际生产过程的设备变得有利可图。此前的成功资本家始终面临着"该把利润再投资于何处"的难题，且由于仿效者倾向于使原本高枕无忧的独占领域里出现竞争，使原本的高收益减少，因此这个难题便更加恶化（这也使数种能提升身份地位但不具生产效益的利润使用方式更加受人青睐，这是其他学者比布罗代尔更加强调的一点）。

于是，布罗代尔主张，缓慢发展的资本主义只有在非常稳定的社会秩序中才能真正变得呼风唤雨，权倾一时。唯有在这样的社会

第四章 看得见的手

里,才会把财产所有权视为神圣不可侵犯,并使资本主义的家庭得以通过数代逐渐积累自家财产。在布罗代尔看来,只有欧洲和日本满足这些条件。[3]他主张,在中国和伊斯兰世界,国家的权力太大,使有钱的非统治阶级无缘过上高枕无忧的日子;在印度,种姓制度加诸职业的限制,虽然使大商人能保有某种程度的安稳,但还是不够安稳,同时还使他们无法随心所欲投入新的商业活动。[4]

针对欧、亚两地对待财产的差异,乔杜里也提出类似但较狭隘的主张。在他的早期著作中,乔杜里特别着墨于1500年后有利于实现投资的欧洲商业形态,也就是接受存款的公立银行和股份公司。[5]乔杜里提出这些论点时,以韦伯的主张为依据,后者主张只有西欧成功发展出了使商行、委托人和代理人三方的资源能可靠地区隔的观念和会计制度,使人得以计算出真正的盈利能力,从而把资本积累最大化。

然而,晚近的研究动摇了这些说法的可信度。例如,中国的会计制度比韦伯所认为的还要先进与复杂许多;研究也发现只有相当少的西方商行才采用所谓最"合理"的西方会计制度,直到19世纪晚期"经理人挂帅"的大型商行大行其道才改观。[6]许多中国商行数百年营运不辍,尽管它们并未能完全不受家族起落影响。商业家族的记录特别稀缺,因为这类成就很少受到吹捧,[7]但还是有一些例子幸存至今。像是瑞蚨祥经营数家绸缎店铺,营运超过三百年,而食品加工公司玉堂酱园从1776年开业,也存活到1949年后。[8]天津有数个代代相传的商行,从18世纪(或甚至17世纪晚期)到20世纪,久久不衰。[9]如果更广泛检视经商世家,会发现即使中国只有少许世袭性的官职且(如先前已提过的)不可让予的土地极少,还是有几个经商世家存续了千年或更久。[10]

此外,就连那些大体上与特定家族关系非常密切的商行,都常吸引到来自其他商行的投资,并雇用了专业经理人。[11]许多商行筹集到足以将业务遍及广大地区、足以投入多种事业，乃至足以达成高度垂直整合的资金。[12]例如在19世纪初期的陕西，据说每家大伐木商有多达3000至5000名工人。[13]这使它们跻身前工业时代世界最大商行之林，而且肯定意味着它们能筹集到足够的资金来管理前工业时代或工业时代早期的任何流程。到了19世纪，在汉口这个重要的货物集散地，已有数家商行按股份制组织而成，投资者来自中国各地；四川富荣大盐场的制盐售盐商行亦然。[14]在北印度的班贾拉（banjara）、巴尼亚（banya）等地的商人群体[15]，有多名非亲族的投资人参与的复杂商业伙伴关系也很普遍。这些商行的确仍未符合韦伯的理想型商行标准，但我们也不清楚大部分的西方商行是否更接近这些标准。

在乔杜里后来的某些著作中，已较少着墨于其先前对合理商业组织的论点，[16]反而关注所谓亚洲缺少"对商业资本的保障"一说[17]；布罗代尔有时也主张，这反映了亚洲境内普遍较专断的统治体制。而与布罗代尔不同，乔杜里认为人身与土地财富在亚洲受保障的程度，未必比在欧洲来得差。但由于亚洲未能将商行资本与出资的股东分开看待（欧洲则渐渐走上此路），因而使其商业资本显得较不安稳：

> 在亚洲这些经商国里，商人和银行家无法把他们的资金投入受法律保护且受国家鼓励的公益领域。把钱拿去买威尼斯共和国、热那亚共和国或阿姆斯特丹银行之债券的民间人士，虽然同样未能免于投资风险，但这些债券具有法律认可和具有抵押价值的特性。反观借钱给统治精英或协助收税事宜的印度、中国商人，则无法把他们的公共信用确立为可转售的资产。

> 在亚洲，土地私有制的观念既未因土地大小而受限，也未因土地属何人所有而受限……然而，在资本交换上则绝非如此。

商人和其流通的资本存量仍然不分可割。在印度洋到处可见以商业活动形态呈现的资本主义；然而，把具备生产功能的资本与资本所有人截然两分的观念，几未受到社会或法律的认可。[18]

乔杜里主张，这一未把资本与资本家分开看待的现象，源于亚洲大帝国的统治精英（与欧洲城邦的统治精英不同）既不是为了政府的利益，也并非为了自身的利益才投入商业活动：

> 另两个生产要素，土地与劳动力，在社会上被认为可以分割开来；凡是拥有足够购买力的人，都能购买土地和雇用劳动力。但用于贸易与工业的资本，却仍牢牢掌握在商业团体手里。亚洲统治者似乎并未想到，拥有能产生永久收入的商业投资所有权，或许比直接向商人收税来得划算。如果他们有这样的见识，另一个必要条件会跟着产生：使这类所有权和权利受到法律界定的需要。资本为社会所有（social ownership of capital）一事，仍未受到法律予以界定且在社会上遭误解（经常与放高利贷、囤积居奇、垄断联想在一块），因此，资本为社会所有的范围和资本的具体利用、管理和积累的范围，仍未清楚划定。[19]

影响所及，"亚洲的商人始终未能免于其财产遭恣意征用的恐惧"。[20]

尽管如此，我们仍不清楚亚洲大商人遭征用财产的次数，是否比欧洲大商人来得多。一旦把欧洲君主拖欠借款时实际发生的征用商人财产情事纳入考虑，这一说法似乎就特别令人存疑。诚如后面会提到的，至少某些南亚商人受到不少的保障，不受这类侵害，而中国商人则大部分无此困扰，因为朝廷向商人借的钱很少。在布罗代尔眼中，江户幕府时代的日本商人享有和欧洲商人一样的优势，但他们遭遇的实质性征用（通过贵族与领主拖欠借款和幕府将军立法取消债务），却大概比中国或印度境内的同业还多；这类情事在稍后的时期变得较没那么频繁。[21]

此外，虽说财产受到某种程度的保障是市场正常运行所不可或缺的，但每一次保障程度提高，是否自然而然降低风险溢价（risk premium），使资本更廉价并促进经济增长，则还有待商榷。格里高利·克拉克发现，在1540年至1837年这段漫长时期，公债利率的确随着政治危机和政局稳定而变化，但私人交易里所要求的收益率通常未有相应的变化。此外，有些重大的政权更替，使财产在不受没收与课税上受到更大的保障（例如确立了国会对政府预算的控制权一事），但这些政权更替却未对私人交易里的资本价格产生显著影响。因此，他推测制度的渐趋"完善"未必是工业革命的重要序曲；至少在这方面，英格兰的制度够稳定，而且起码早在1540年时就够稳定，随之而有较不专断、较不腐败且对资本市场来说无关紧要的政治制度问世。[22] 如果约1540年至1660年和1690年至1760年英格兰境内财产保障程度的差距对资本成本未有多大影响，那么18世纪欧洲与东亚（或许还有南亚）之间的差距有重大影响一说，就更难理解。

但即使政府对中国或印度商人的威胁，未比欧洲商人受到的来自政府的威胁大上多少，商业资本与商业资本拥有者之间不尽彻底的区隔，或许仍有所影响。有学者主张，在中国，大家族有权要求致富的家族成员出钱之事，抑制了长期的资本积累，并使利润流到济助寡妇、教育和觅官的"义庄"那儿。不过，晚近的著作显示，事业有成的天津商人，在区隔自家资产与兄弟家资产上没碰上多大困扰，而且随着时日推移，这方面的困扰愈来愈少。[23] 不然，"义庄"本身也可以是商人资本的长期积累工具。愈来愈多的例子表明，这些理论上不可让予的"义庄"被借给企业家，或是被经营商业与工业的企业家所拥有，而不仅是用来购买土地而已。[24] 在此，亲属关系和共有的财产有利于长期资本积累，使家族的每房成员都从事业经营所得领到一份收入，同时使这些成员非常难以取出其本金；家族企业的经理人（有时从家族外雇来）似乎权力甚大，能决定商行的股息支付率并视需要保留盈利，角色非常类似现代企业的经理人。[25] 何炳棣在四十五年前研究的那些扬州大商人[26]，其富裕和热衷打入文人圈的形象，长久以来形塑了我们对帝制晚期中国之商界精英的认知；而与何炳棣笔下的这些扬州大商人形象不同，不管是天津还是富荣盐场的经商世家，都未费心把子弟送进官场，直到20世纪政治对商业经营的影响加深，才使这成为必要。[27] 最后，我们应记住，直到19世纪晚期，也就是工厂制度出现许久以后，家族商行也仍支配欧洲诸经济体的绝大部分产业。

对欧洲人来说，西欧与东亚商业组织两者间最大的差异，就在于海外贸易。欧洲人之所以创立新式合伙关系和最终创立股份公司，主要就是为了长程贸易和殖民地拓展。这些新形态的商业组织更清楚地区隔了资本与资本所有人的关系，从而使规模大到非单一投资人所担负得起的贸易远航和货物的一体管理，能够更顺利地问世。

相对的，一艘在东南亚海域做买卖的中国帆船，通常载运多名商人的货物，而且这些商人或他们的代理人会充当船员跟着出海，以船上装货的空间充抵当船员的工资。有个学者描述了这些船的模样，说货舱分割为许多小隔间，"就像漂浮在海上的广州城郊市场"，还有些学者推断这类贸易绝对是"落后""兜售式"和"小"资本主义的一部分。[28] 但诚如后面会提到的，只要欧洲人未使用武力，以如此方式做生意的商人，在大部分航路上与欧洲人竞争都更胜一筹（他们当然可能借由接受较低的利润来取得市场，但没有证据显示他们这么做，而且中国境内较高的资本成本使这不可能发生）。

事实上，考虑到季风贸易的特性，这样的营运方式合情合理。

由于出海人得等到风向反转才能返乡，也就无法大幅减少待在一港口（或不只一港口）的时间。以陆地为大本营的一群企业家，若自己使用所有货舱空间或把该空间租出去换取现金，会赫然发现为了支付职业水手在岸上漫长等待期间的工资，得花上大笔钱。较合理的做法，乃是停靠多个港口，缩短每个港口停靠的时间，并找到能在每个港口买卖货物且真的努力这么做的人充当船员。

相较之下，在18世纪期间大西洋航运的成本得以大幅降低，得益于许多欧洲的发货人团体，真的付工资给他们的船员，而且找到办法缩短滞港时间［例如，约1700年时，在北美洲切萨皮克（Chesapeake）要花上一百多天收齐货物才返航欧洲，而到了约1770年，已缩减到不到50天[29]］，从而一年能往返两趟，而非一趟。但在南亚、东南亚和东亚的季风气候，使得这类突破不可能发生，至少在船只仍靠风帆前进的时代是如此。据此，我们在这个例子里所看到的，将商人和其资本放在一块儿的做法，不仅不会不合理，反而是一种为了因应不同风吹模式的环境而有的调适作为。

在华南与俄罗斯之间的陆上茶叶贸易，由于涉及较单一的商品（与切萨皮克烟草类似，能在船只或旅行队抵达前轻易于某个中心地收齐该商品），而且未受制于季风，是以在组织原则上更偏向"欧洲"作风许多。据罗伯特·加德拉（Robert Gardella）所描述的一场茶叶贸易，该贸易涉及一些大商行（尽管还有更多小商行）、复杂的合伙关系、预付资金、船舱空间的买卖（使投资人得以不必一路押着自己的货物送交收货人）和现货与期货批发市场等；这些合伙关系似乎在许多方面都和从事长程贸易的近代早期欧洲公司［例如英格兰的莫斯科公司（Muscovy Company）］大略相似。[30]这些从事茶叶贸易的大商行的确没有17世纪公司的某些更高明的设计（尤其是无限存续期），但它们也并非特别需要。一如欧洲境内更早的贸易公司，它们在某种程度上体现了从事生意所需要的公

第四章 看得见的手

私分明（impersonality），而且诚如后面会了解到的，只有在这非常特殊的时空环境里，将经理人与所有人进一步区隔的做法，才真正带来好处。

只有在我们把比较对象局限在中国和东南亚时，"欧洲资本家有较多投资选项"的说法才较有可能成立。与干燥货物、酱油或伐木业不同，大举涉入海外贸易可能给中国商行招来不想要的官府关注，特别是如果委托人在海外一次待超过一个贸易季的话。因此，在这个受限制但重要的领域里，先前所述乔杜里对亚洲商人财富得不到保障的指责似乎才得以成立。[31] 中国人涉入海外贸易仍然很深，尽管（在17世纪政治动荡期间）有过政府大力阻止此类贸易的一段插曲，但就长期而言，这一顿挫对以中国为基础的贸易网，似乎未有多大的影响。然而，尽管海外贸易的利润率可能特别高，中国朝廷也未使用武力来推动中国人的海外贸易。诚如后面会提到的，清朝的确关切每年造访东南亚的中国"客商"，但对定居海外的中国人却漠不关心或甚至敌视；而中国若想建立贸易站或殖民帝国，这些定居海外的中国人至关紧要。也不会有中国政权允许以中国人的聚居地为基地发展私人武装贸易。清朝在1680年至1760年间把中国的疆域扩大了约一倍，但开疆拓土的重点摆在对沿海商人来说无关紧要的中亚。于是，中国的政治经济制度，比彼此竞争的近代早期欧洲诸国，更不利于资本主义作为的出现。

此外，中国朝廷借款甚少，很少动用商人来增加税收，而且在19世纪中叶之前贩卖的官职相对较少（但卖了许多科举功名头衔）。[32] 中国朝廷的确创造了一项国内专卖事业（盐），一些拿到卖盐执照的商人借此成为巨富，此外也设立了一些较小规模的专卖事业，但中国朝廷在这方面的作为远不如欧洲诸国。中国未将糖、烟草、烈酒或其他日益受大众欢迎且令欧洲统治者和他们所特别照顾的商人都发了大财的"小奢侈品"纳入专卖。因此，在欧洲，公共财政不只为欧洲最富有的资本家带来庞大利润，还充当新金融制度的实验场，[33]但在中国，公共财政为中国大商人提供的机会则少了许多。

于是，至少就中国来说，我们可以说，靠既有的田赋通常就能维持运作的国家，其对国内商人的干预，少于欧洲诸国对商人的干预；但相对的，这种国家为本国商人创造的机会和特别有利的发展空间也较少，我们后面会再谈这一可能的情况。或许，欧洲最大商行从政府的介入里得到的特许权，相较于它们所受到的干预，还是划算许多，因此欧洲的政治经济制度比中国的政治经济制度更有利于资本家积累资本。但这一说法仍有待证实。

另一个可能情况，乃是欧洲境内为因应国家财政需要而创造的新制度，催生出一般来讲较有效率的资本市场。这似乎言之有理，但在具体指出较复杂先进的资本市场攸关哪种活动的实现上，我们得非常小心。也因此，在探讨此问题之前，我们得多花点心力处理某套非常宏观的说法：欧洲诸国由于渴求借款以挹注财政，从而替金融资产提供了绝无仅有的保障。除了中国，我们还能检视某些亚洲的例子，由于其公共财政与私人市场间的关系非常多样，令人对"国家的信贷需要→保障资本→便宜且充裕的信贷"这串简单的推论起疑。

在东南亚，大部分前殖民时期国家，不管从欧洲标准，还是从中国标准来看，政府力量都相当弱；虽有一些大陆国家的政府，力量日益强大，[34]然而在较商业化的岛屿世界，则并非都是如此。许多东南亚国家的政府大力赞助跨境贸易，积极招募商人来参与、收缴和管理政府税收。[35]然而，这些国家的税收占他们社会的剩余比重还是相对较低，[36]因此它们能提供给商人通过购买金融或商业特权来赚取庞大利润的机会，便比不上近代早期的欧洲。

但官方借贷一事在中国、东南亚比在西欧发展迟缓一事，并不表示民间借贷和金融资产所受的保障不如其他地方。在同一时期

第四章 看得见的手

大部分的南亚和中东,我们也常常看到彼此实力相差无几的诸国进行激烈军事竞争,从而创造出与近代早期欧洲诸国类似的财政需要;[37] 甚至在其中某些区域,似乎有着与欧洲一样先进复杂的金融制度正在发展。

据较晚近的学术著作显示,南亚的资本主义其实冲破了乔杜里所强调的那些限制。例如,弗兰克·佩林(Frank Perlin)已证实,从14世纪起,印度多个地区的豪族已把村长职位、收税权和其他收取特定比例农产品的权利揽于一身。为了取得这些权利,这些豪族往往借钱给政府和其他重要家族,也愈来愈常见地借钱给农民。[38] 在这过程中,农民产量上缴的比例正式确立,这些比例受保护的程度也获得一致的认可,就连国王都不能将其推翻,[39] 而且拥有这些收缴权的人能卖掉这些权利或以这些权利为抵押借钱。换句话说,它们是"担保品",功能就和欧洲的债券,或布罗代尔和乔杜里所提到的某种确保拿到未来收入的抵押品一样。[40] 事实上,在印度,公共财政管理的发展似乎演化自私人创新,而非私人创新演化自公共财政管理。[41]

佩林和安德烈·温克(Andre Wink)把焦点摆在北印度和中印度,桑贾伊·苏布拉马尼亚姆(Sanjay Subrahmanyam)则在南印度找到更有力的证据,证明进行资本积累的家族和商业化的公共财政之间有相互渗透的关系。苏布拉马尼亚姆探究了他所谓的"投资组合型资本家"(portfolio capitalist)的事业发展过程,这些人从事以下活动并不断变动这些活动的搭配组合:投资长程贸易(大部分是高获利的奢侈品);放款、票据转交和其他金融活动;购买或出租收税权和官方专卖事业(例如钻石矿);资本密集型的土地开拓事业(往往买进边疆地区的收税权,出资支持移民、灌溉工程,然后利用信贷和收税权所提供的举债经营机会,成为当地外销产品的唯一买主);充当英国人和荷兰人在当地购货的代理人;充当廷臣或将军，以及军事补给官。[42] 在这里，收取未来所得的权利也得到习惯上甚至也许是正式制度上的保护。最后，这些权利变得可买卖，可继承，也可抵押借款，非常类似欧洲大部分地方的等价权益（equivalent interests）。

更晚近，苏布拉马尼亚姆已将他的探讨范围从南印度扩大到他所谓的"近代早期亚洲"，[43] 主张有两个特别庞大且重要的"投资组合型资本家"群体，分散在广袤的印度洋沿海地区和其毗连海域。伊朗人投入贸易、收税与转递和金融与高获利的生产事业（例如官方矿场），活动范围从东非沿岸到中东、南亚，后来亦扩展至东南亚部分地方。在这期间，来自闽粤沿海地区的中国人散布到东南亚各地。这两个群体将在私人商业与金融里发展出来的方法，转用在政府收税计划上，同时利用与政府的关系取得获利甚大的特许经营权，取得一般人无缘得知的消息，不然就是提升他们的商业利益，其做法就与佩林所描述的差不多。[44]

苏布拉马尼亚姆以一连串城邦为例，让这些"投资组合型资本家"的活动和他们所打入之国家的重商主义心态得到最有凭有据的说明。这些城邦依靠商业集散地（马六甲、霍尔木兹等）的身份维持自身地位，且必须提供有利于行商的商业环境。[45] 光是这些城邦就可以构成一个和近代早期欧洲资本家所享有的活动和安全相比不相上下的区域，而就像乔杜里所提到的，威尼斯、热那亚或阿姆斯特丹的贷方所享有的明确法定地位，而非借钱给法国、西班牙或其他欧洲大国者那般较不明确的地位（就连在英格兰这个最支持重商主义的欧洲民族国家，政府都在内战期间拖欠巨额债款，国王所欠的其他数笔债务则数十年不知何时会偿还[46]）。

苏布拉马尼亚姆进一步主张，南亚、东南亚的陆地型大帝国愈来愈效法这些城邦的作为，同时某些城邦也渐渐控制可观的腹地。于是，在大型农业国家和受商人支配的印度洋城邦境内，原本各走各的国家财政模式开始趋同,领土也大幅扩张,让"投资组合型资本家"可安全地在其中经营事业并获利。[47]

18世纪时,在上述某些陆地型帝国里,那些以中间人身份帮政府收税的商人,其事业所受到的法律保护,可能比大部分欧洲同类人士所得到的还要大。以孟加拉为例,在1770年可怕的大饥荒发生之前,孟加拉人口将近2000万,[48]和欧洲诸国相比,人口数只少于俄罗斯或法国。而该地政权所仰赖的银行家是贾加特塞特家族(Jagat Seths),其按照惯例先垫付税收给当地纳瓦布(nawab,统治者),以换得收取他们预期收到之税收的权利(然后他们再把这收税权转包出去)。纳瓦布如遭内敌或外患推翻,他们的收税权似乎仍丝毫无损(其中一个主要原因是,若是碰上现任纳瓦布想撤销先前的纳瓦布卖给他们的特权时,他们也愿意密谋推翻他)。[49]同时代借款给欧洲君主的人,可能也很想有这样的地位,但往往无缘拥有。

引人注目的是,在印度,全体居民涉入市场的程度大概比在中国、日本或西欧还低,而这些投资组合型资本家在印度顺风顺水,很吃得开。这些资本家的存在特别清楚地表明,我们不可把资本家阶级兴起的条件,和整个社会转型时所处的条件混为一谈。在比苏布拉马尼亚姆的著作还早问世的一本书里,贝利表示至少有两个因素限制了近代早期印度资本主义使社会改头换面的潜力。[50]

贝利强调,各种收税权、专卖权和其他特权的买卖(他所谓的"王权的商业化"),其前提是把许多人民拒于市场之外。若非购买这类权利者笃定认为他们能继续抢得先机,阻止更具竞争性的商品和服务市场兴起,则这类权利不会被认为安全无虞,也就不可能广被买卖。从这个意义上看,这种以特权形式出现的资本主义,不只无法与市场经济的兴起携手并进,可能还大不利于市场经济的顺利运行,从而阻碍更大范围的经济转型。

但贝利也针对或许可称之为印度资本主义精神的东西提出了一项论点。贝利此举意图遵循韦伯联系宗教信仰与经济活动的观念，但他所依据的证据，比韦伯所用来支持任何非关欧洲之论点的证据好上许多。在此无法好好介绍该论点以展现其精辟之处，但还是值得简短将它概述一番，并思考这些差异可能在经济上具有多重大的意义。

贝利主张，北印度大部分的商人，其实无意仿效那些了不起的投资组合型资本家，也就是既无意深度涉入会有高利润、高风险和资本快速周转情事的风险性新事业（大部分是与官府有牵扯的事业），也无意密切涉入土地管理之事，因为这些活动与一般传统市集商人对自己的身份认知相抵触。特别值得注意的是，贝利还主张一般的印度商人关心保护家族的"信誉"（金融、社会和精神方面的信誉）。而风险事业和豪奢生活，或单单只是拥有可能让人（或其子女）过起豪奢生活的那种财富，都可能伤及信誉。因此，一般商人透过谨慎的商业作为、相对较慢的资本周转和相对较刻苦自持的生活方式，来打造自己的身份地位，这一切都与野心勃勃的廷臣—商人的生活格格不入。此外，一些流传于商人圈、具有警世意味的故事提醒世人，直接管理土地或土地税特别危险，因为那使人摆脱不掉复杂的恩庇义务和不得不拿收成做输赢难料的赌博。在大众购买力有限的经济体里，人们始终有着想涉入政府税收管理、长程贸易和其他可能带来高获利之活动的念头，但大部分印度商人的观念和心态却把他们引离这类活动。投资组合型资本家有时受到敬佩和欣羡，却也常被他们较保守的商界同业引以为戒。[51]

我们很难质疑这段对商人文化的描述，却也很难说这究竟解释了多少。毕竟，行事审慎且对更有企图心的同业反感的商人，并非只见于印度。连在早期资本主义投机活动的温床，例如阿姆斯特丹，都可见到这类商人。诚如西蒙·沙玛（Simon Schama）所说的，在阿姆斯特丹，证券交易所是许多市民眼中完全不该从事的投机活动的象征，而行事极审慎的市立银行则是正派商业活动的代表。[52] 此外，贝利自己也举了些极有意思的例证，他以北印度一些正派商人为例，这些商人住在市集附近简陋单调的房子里，却在城郊同时拥有气派的波斯式宅邸，且很可能在这类宅邸里从事较冒进的生意。[53] 于是，"正派"可能是口头说说多于实际作为；悄悄维持可观商业投资的中国士绅家庭亦然。

即使许多商人认为从事高风险、高收益的新事业有失身份而真的不屑这么做，我们仍不清楚这一现象对整体经济造成了多大影响。无论如何，还是有空间让为数不多的商人在那些领域里一展身手，且似乎仍有不少人心动于高获利的诱惑，因而这类活动并不缺资本。经济意涵更明显的悬殊差异似乎出现在结构上，至少在某些欧洲国家里，借钱给政府一事最终成为审慎投资的最佳范例，而在18世纪印度动乱期间，与政府有瓜葛则仍是赌徒行径（克拉克所提出并在前面讨论过的英格兰利率变动，也间接表明在对借钱给公私部门之风险的相对评估上有类似的改变）。事实上，诚如不久后会理解的，通过彼此竞争的东印度公司、西印度公司来投资某些准官方的活动（包括发动战争）一事，真的在欧洲催生出了不求近利的耐心资本（patient capital），但在欧洲以外的其他地方，投资暴力活动仍被认为是较短线的投机活动。但造成这一差异的原因，主要不在文化，而且当时这些新的金融工具主要仍仅限于用在殖民和武装贸易上。

有些证据显示，西欧资本市场的效率之高，在18世纪居世界之冠，尽管我们也有理由不要遽然相信这一说法。荷兰在17、18世纪时的利率（给最可靠借款人的利率是3%），大概是世界最低的，英国的利率则在18世纪期间掉到4%—5%。[54] 就17世纪晚期苏拉特最可靠的借款人来说，利率约是7%，而在17世纪印度全境，利率似乎一直在下跌。[55] 日本利率也在下跌，但是从较高的起始水平下跌的。"大名"（常拖欠债务因而绝不是可靠的借款人）的借款利率，从1707年至1740年的平均12.45%降到19世纪60年代的8.68%（尽管18世纪30年代政局极为动荡）。[56] 在中国，残缺不全的证据显示，18世纪时名义利率和日本差不多，19世纪时则较高。18世纪晚期，天津钱庄似乎以年息10%借钱给政府和一些备受信赖的商人，[57] 当铺认为以12%的利率借钱给政府很合算，于是愿意遵守官府的多条规定。[58] 这似乎意味着在"军事财政主义"（military fiscalism）较显著且借款给政府之事较发达的地方（例如南亚和欧洲，尤其是后者），的确发展出了较好的方法来将资本递送到更广的经济领域。但我们不该草率地断言连中国都受苦于高昂的借贷成本。

首先，我们并不知道18世纪中国的通货膨胀率，也就不知道中国的实际利率。其次，利率因借款人而异，而不同社会在对较高风险放款所课的利率上有差异，未必就代表在最可靠借款人的借款利率上有同样的差异。此外，如果有时是以信誉好坏以外的标准来评估借款人，低利率就未必反映信贷的市场价格。例如，英格兰的法庭记录显示，17世纪时，放款人即使明知社会地位比他们高者没有清偿能力，仍面临得借钱给他们（且不得取消其回赎抵押品之权利）的庞大压力。[59]

更重要的，利率并非影响借钱投资意愿的唯一最重要因素，甚至也未必是最重要因素。例如在中国，要把充当担保品的土地没收极为不易；如果土地所有人拖欠借款，债主能逼他当个缴地租的佃农，但很难将他驱离土地或不让他拥有将来还清债务时收回土地的选项。从某个角度来看,这类（习惯性）规则代表产权制度极不完善，而那无疑提高了放款人所要求的利率。但从借款人的角度看，情况很可能就不一样。为该不该借钱买织布机、借钱买桑叶以饲养更多的蚕，乃至借钱办好婚礼（从而替家里增添一名劳动力）而烦恼的数百万农户，可能较愿意接受几乎完全不会使他们失去自家土地使用权的高利率，而较不愿意接受附带有较严厉违约罚则的低利率。这种情况似乎特别适用于养蚕人，因为在养蚕业里，借款期通常很短，若养得顺利，收益会很高，但失败的风险也同样不低。

另一方面，在欧洲，乡村工业的营运资本和固定成本通常来自散作商人，而非来自劳动者。一般来讲，这些较有清偿能力的投资者大概比较喜欢冒险，也较喜欢较低的利率，尽管附带较严厉的违约罚则，以防借款人拖欠债款，但对这些有清偿能力的投资者来说，拖欠情事本来就相对较少出现。除非找到证据证明中国的利率反映了资本的绝对短缺，或证明这些利率使某些至关紧要的活动乏人问津，我们不能认为高利率会妨碍原始工业与农业的进一步成长，或是妨碍机械化的实现。而诚如不久后会明了的，这两种想定情况都不大可能发生。

在我们所讨论的那些核心区域里，无一受苦于工业化资本的绝对不足。诚如布罗代尔（在本书页186的引文里）所指出的，更早期"资本主义"所受到的限制，并非肇因于资本太少，[60]而是因为资本苦无适当出口，因为当时尚无技术可让人借由投注大笔资金于固定厂房与设备来改造生产过程。或者更精确地说，问题在于，能令有钱人心动的投资渠道太少，因此只能把资本拿去购买不具生产效益的头衔和其他资源（尽管其中某些投资还是能让个人获利）。[61] 就连利率高居前述诸地区之冠的中国，其生产力和生活水平也还是比得上欧洲，因此，资本存量严重不足或用来流通资本的机构不足，似乎不大可能发生。在英国，大部分早期工业计划由企业家或他们的亲属出资，并未求助于金融制度；中国所得居前2%的人口，其所得占总所得的比重，似乎和英格兰、威尔士境内的精英一样高，[62] 因此同样的情况应该也可能曾在中国出现。对更晚且有较多文献佐证的时期所做的研究，也显示中国存在着可供用来投资的可观剩余资本。[63] 而日本的利率只稍低于中国，且比印度港口或西欧城市都高。一项对19世纪40年代2个镇和29个村的研究显示，农民储蓄率约为20％。[64]

不过，利率上的差异照理还是会有些影响。据研究，最可能的情况乃是西北欧较便宜的成本和较先进复杂的资本市场，使这一核心地区更容易从偏远地方持续获得其所需的初级产品，而较高的利率在中国则说不定会妨碍这一情况的发生（尽管这一说法的推测成分很高）。但在探讨这一假设之前，不妨先想想资本成本上的差异是否可能直接影响核心地区本身的生产力。

在核心地区，这些差异不可能对农业或原始工业的发展造成重大影响。潘敏德的著作已探明17、18世纪长江下游（还有华北）的农民，如何通过借钱从事养蚕、种棉和家庭纺织品生产等事业，来大幅增加所得，即使高利率大行其道亦然。事实上，即使得做无担保信贷而被课以最高利率，农民往往还是大胆借钱。潘敏德阐明，农民所看重的，乃是有机会取得不会使农民从此得依赖一位资助者（若非地主兼债权人，就是以买方身份独家垄断市场的散作商人），从而使有心从事生产者不必在竞争性市场做买卖的信贷来源；而大部分农民似乎可以避免这样的依赖。[65]诚如我先前提过的，农民从事这些活动的意愿，其实甚至可能比利率较低但违约罚则较严厉的情况下会有的意愿还高。

可能还是会有人以为织布机、纺锤等物品在欧洲的销售量会较高，毕竟，同样是借钱买这些东西，欧洲的商人能以比中国农民还低上许多的成本借到钱来满足这一心愿。但这只会使雇用更多人从事纺纱或织布一事值得一为，如果商人把低成本信贷的获益转移到生产者身上，而非把这些获益当利润留着或利用它们来降低价格的话。鉴于近代早期欧洲境内纺织品市场非常具有竞争性，且乡村原始工业劳动力市场较不完全许多，加上许多劳动者在所在区域里面临买家独家垄断或寡头垄断劳动力市场的情况，[66]上述的情形似乎

第四章　看得见的手

不大可能发生。

更难理解的是，为何中国、欧洲在资本成本或商业形态上的差异，竟会成为早期机械化工业的决定因素。工业革命早期的技术，大部分成本低廉，例如早期纺织厂不需要太多的固定成本，靠家族商行就可轻易支应其资金需求。摆脱前工业时代的限制，乃是最重要的一项发展，并靠英国煤业之力，这项发展才得以变得可能，而英国煤业的资本几乎全募集自家庭和其地方熟人，直到19世纪中期至晚期才改观。[67] 法人形态的组织在早期工业经济的这些产业里，则几乎从未被使用。

此外，由于早期工业创新者的投资收益够高，因而像英国境内那样高的利率，应该不至于遏制工业投资。反观17、18世纪的荷兰，[68] 虽然具有大概是世上最低成本的信贷，却未在能源利用上有突破性进展。泥煤是当地最被看好的地下能源，但事实表明，虽然荷兰人花了大笔钱做实验和建造基础设施以降低其运输成本，泥煤在质和量上终究还是无法令人满意。[69] 由此可知，在19世纪晚期第二次工业革命之前，资本市场上的差异似乎不可能对生产有什么重大的影响。

或许只有在局部地方和地区的贸易中，欧洲较低成本的信贷才可能会造成某种差别，但这差别会有多大则很难说；由于本书所讨论的各个社会都已广泛市场化，较高利率在贸易上造成的小小劣势，恐怕都不至于在中国、日本乃至印度成为整体发展上的决定性"障碍"。撇开洲与洲间的武装贸易和武装殖民不谈，就贸易上的商业形态来说，欧亚大陆诸核心地区的差异并不大；[70] 而在19世纪中叶之前，法人形态的组织肯定更少被商人使用。

如果西欧境内新兴的资本主义商行真的具有独一无二的优势，照理这些优势会显现在欧洲商行与亚洲商人竞争的地方。然而，欧洲优势却主要出现在地缘和地方政局中有利于用武力创造垄断或近乎垄断（大部分在香料上）的地域。在这些例子里，欧洲人的确赶走亚洲竞争者，并因此获利甚高，例如摩鹿加群岛（"香料群岛"）、斯里兰卡，以及（断断续续的）马六甲海峡、霍尔木兹海峡与红海是其中荦荦大者。[71] 然而在另一方面，欧洲人却未能在咖啡贸易上主宰以中东为基地的竞争性贸易。就算他们终于在18世纪得以如愿时，也是借由在自己旗下的殖民地里创造新生产中心来达成的：爪哇、圣多曼格（St Domingue）和留尼旺（La Réunion）。[72] 真正至关重要的并非较高明的商业组织，而是政治力和军事力，而这也才是欧洲商人从印度当地本土商人和菲律宾中国商人手里夺走部分贸易（但仍非全部）控制权时的凭借。[73] 欧洲人的确在17世纪中叶，在未动用多大武力的情况下，掌控了印度东部科罗曼德尔（Coromandel）沿海地带重要的纺织品贸易，但这也是因为当地战争耗尽本地商人的资源，且当地战败者因心有不甘而和外国人结盟所致。[74] 一般来讲，在武器无法掌控大局的地方，欧洲商人败给中国、古吉拉特（Gujarati）等地亚洲商人（或和他们携手）的情况，至少和他们打败亚洲商人的情况一样常见。[75] 此外，被视为欧洲最先进的资本主义商行的荷兰和英格兰的东印度公司，即使受惠于多种特殊待遇，[76] 却还是常常付不出股息，不时需要靠外力援救才不至于破产。[77]

欧洲修筑铁路的事业，由于需要投入多得多的资金与时间成本才能获利，自然与上述案例不同。对这一事业来说，法人商业形态和取得便宜资本的机会，的确攸关成败。但铁路是在工业革命已开始好一段时间后才开始建造的。而且这项陆上运输上的重大突破，也是来自技术上的变革，而非财务上的优势。19世纪中叶的铁路兴建热潮，其实不是企业家终于懂得如何筹备老早就被认为可行且可获利的铁路线资金所致。毋庸置疑，铁路建造风潮一旦启动便迅速发展，而这是因为有大批投资人（其中许多人靠棉纺织厂、煤矿和早期工业事业致富)正在寻找将庞大利润再投资的安全渠道,因而愿意接受相对较少的收益(尤以在甫独立的拉丁美洲投资失利而亏钱之后为然)。[78] 由于有许多游资在寻找安全出口,且工业上许多产业仍未用掉许多固定资本,布罗代尔笔下充沛资本苦无适切出口的时代仍未结束;然而,随着新技术使长期性的大笔投资变得愈来愈有利可图,我们已可看到该时代的尾声。[79] 由此可知,西方的法人形态和(更普遍来讲的)金融制度,即使就铁路的勃兴来说,都或许不是绝对不可或缺,但它们对铁路兴建的风潮仍有着推波助澜的作用。[80] 真正起到不可或缺作用的,乃是英国在煤业上独一无二的成就,而这一成就有一部分受制于先天的地理条件。

大体来说,运输业可能是廉价资本和先进复杂的金融制度具有举足轻重之作用的领域,至少在英格兰是如此。在英格兰,许多收税路段和运河皆用私人资金建成,把生产者、原料供应者(包括煤和谷物)和市场连在一块。尽管这些作为所需要的资金,都不会如铁路所需要的大,但它们的确和铁路一样,从初期投资到获得收益,这中间要等上相对较长的时间;其资金周转期比起1850年前的几乎任何生产,或单一大陆里的任何贸易,都要长上许多。因此,这些基础设施上的改善,极易受到集资工具的效率高低左右,包括那些使某些投资人得以在事业有成果前就将股份变现的集资工具。当英国于19世纪开始大大倚赖来自美洲的初级产品,运输基础设施就变得更为重要,从而打开通往美洲内陆的道路;而那些工程,不管是官方还是民间出资,都需要有组织的资本市场从众多陌生人那里集资,才得以顺利进行。[81]

但就算我们证实(在大西洋两岸)有组织且有效率的资本市场,有助于打造英国所需的运输基础设施,也不代表中国较不发达的资本市场,就使江南和岭南无缘享有促成原始工业进一步成长和机械化工业化所需的运输能力。在长江三角洲和珠江三角洲,有河川和运河构成的庞大水道网，让几乎每个人都有机会使用地区内廉价的水路运输。中国大部分大河可通舟楫（黄河大部分河段不在此列），加上1400英里长的官建大运河，使整个中国，相对于欧洲，如亚当·斯密所指出的，在水力运输上享有不少的优势。[82] 江南身为长江水系的龙头（如今仍有超过三分之一的中国人口住在这一水系里），也位于大运河尽头和太平洋沿岸，肯定极富舟楫之利。江南无法靠水路大量取得煤这项极重要的物资，因其大部分位于深处内陆的多山地区，且距江南遥远；若没有现代营造设备和机动车辆，任何提供资金的机制都解决不了运输问题。

但仍有一种可能的情况。诚如下一章会提到的，19世纪的江南从长江中游和上游取得的便宜稻米与木材等初级产品，已无法像18世纪中叶时那么多，从而大大限制了该地进一步成长和在制造业上走向专业化的空间。诚如后面会看到的，这一改变大体上是长江中上游地区人口增长和原始工业发展所致。人口增长是本来就存在的因素，但以长江中游为例，当下令人不解的是，为何该地开始发展自己的手工业，而非出口更多的稻米和进口更多的布。这涉及多个因素，运输成本或许是其一。

较晚才拓殖的区域，大部分离长江更远，这些新拓殖区来往河岸的运输成本高，从而助长其自给自足而非对外贸易。而如果地方政府或民间团体可以获得较低的信贷成本，则运输成本就可能会下降。中国人懂得如何筑路，但中国许多道路似乎品质相当差，[83] 而且设计时主要考虑到个人旅行（和官府驿递）之用，而非运输大量物资。有些连接重要城镇的道路，甚至在宽度和品质上都还比纯粹地方用的道路好不了多少；[84] 而在某些区域，道路根本比不上极好用的水路体系。但在上述地方之外，融资体系或许发挥了某种作用。在中国西北、西南与长江上游的伐木业里，相较于更好的道路，较易取得的信贷体系或许更有助于伐木出口贸易的增长维持更长的时

第四章 看得见的手

间。毕竟就前工业时代的活动来说，伐木业必须动用到特别大量的营运资金。

但就稻米和木材的状况来说，上述这些都是影响较小的因素。木材在中国会需要拖运很长的距离才能到河边（比欧洲境内木材在陆上的拖运距离还长），但就我所找到的极有限证据来看，树木在江南的最后价格比其在产地时的立木价格所增加的倍数，还小于运到英格兰的波罗的海木材所增加的倍数。[85] 看来，抑制木材贸易的最根本因素，很可能还是来自森林本身的辽阔，或者是无论再怎么充沛的融资，以前现代的技术也都不可能予以克服的运输难题（例如山坡陡峭）。虽然运输所导致的难题可能与稻米贸易的停滞不增有关，但诚如我们将在第五章看到的，其他因素大概更为重要。

据此，我们似乎难以具体指出，中国的资本市场真的就是妨碍江南与其边陲地区维持关系的关键因素。不过，前述针对中国的信贷制度如何有助于维系从遥远地方输入所需的初级产品一事所做的探讨，的确能帮助我们把注意力集中在欧洲的金融制度（也就是军事财政主义和布罗代尔定义下的资本主义政治经济制度）最能得到发挥的领域：组织西欧与遥远边陲地区之间的贸易。

本章剩下的部分会把重点摆在欧洲与新世界的关系上。我首先检视那些主张新世界、奴隶买卖与海外强取豪夺的作为攸关欧洲资本积累的论点。我们不能说这些论点不值一顾，但它们无法让人信服。接着，我们要探讨资本主义、海外强取豪夺的作为与工业化三者之间似乎更为牢固的关联，亦即欧洲资本主义的政治经济制度和国与国之间的暴力竞争，加上某些（对欧洲来说）特别好运的全球形势，使欧洲（尤其是英国）与大西洋世界其他地方的关系，成为举世独一无二的核心—边陲关系。这样的核心—边陲关系，给予英国绝无仅有的优势以取得某些土地密集型产品，这类产品是18世纪晚期欧亚大陆其他核心地区都觉得难以足敷所需的。这一论点会再带我们进入本书第三部分，更仔细考察东西方所共有的生态困扰，以及欧洲又是如何摆脱这些局限的。

海外榨取与资本积累：再探威廉斯论题

有好几位主要关注欧洲以外地区的学者主张，透过奴隶买卖、海上劫掠和类似活动积累来的金融资产，对工业革命的资金筹措至关紧要；这一论点的诸多版本中，又以埃里克·威廉斯（Eric Williams）的版本最为人知。有些欧洲主义者（尤其是布罗代尔）一致认为，新世界的矿场、种植园和奴隶买卖，让欧洲获得了光靠自身生产力无法支持的一项重要能力，即过更好的日子、做更多投资的能力。[86] 然而，大部分欧洲主义者认为，这些利润并没有那么重要，原因不外乎以下三类：一、有些欧洲主义者根本不接受"欧洲在海外的强取豪夺使欧洲人得以有机会享有超出平均水平之利润"的说法；二、还有些欧洲主义者，虽然同意超出平均水平的利润有其可能，但还是主张这些来自海外的利润积累，相对于从欧洲内部经济活动得来之利润而言，显得微不足道；三、另有些欧洲主义者，如我在前面的篇幅中所提的，指出早期工业革命的资本需求相对较小，就算新世界真的给欧洲提供了超出平均水平的利润，这大体上也和工业化不相干。

"可用于对固定资产进行投资的资本存量，并非创造工业革命的决定性因素"这上述的最后一个论点能不能令人信服，取决于我们究竟要反驳哪个部分。也许，若没有奴隶买卖与新世界矿场所产生的利润，英国境内仍有一些人能建起棉纺织厂和啤酒厂；而一旦棉业革命的利润开始涌现，或许就连铁路兴建所需要的庞大资本都不愁没有着落。然而，我们仍可以提出一个能站得住脚的通论来反驳这一论点：如果欧洲当初是通过进一步提高劳动力密集度而非资

第四章 看得见的手

本密集度的长期发展模式，来应对部分地区在供养18世纪愈来愈多的人口上所面临的巨大压力（第五、六章会对此有详细探讨），则欧洲可取得的金融资源变少一事，就可能对工业化的过程产生深远影响。

要说海外的强取豪夺并未替欧洲带来超额利润，似乎不大可能。奴隶买卖、新世界矿物开采和海上劫掠等事，显然能带来特别可观的利润；尽管几次失败的尝试会大大拉低平均收益，但可观的资本积累仍然建立在这些活动的持续不辍上。的确，欧洲内部某些较海外强征来得单调乏味的活动，也能带来同样可观的利润，但若没有了强取密集型（coercion-intensive）产业所提供的机会，欧洲的财富持有人是否会不改初衷地从事排干更多湿地等农业改善措施，而非购买更多头衔、郁金香或提香的画作，就有待商榷。事实上也的确如此，即使在相对较"具中产阶级性格"的英格兰，要打动上层阶级人士投资那些摆明会从事海上劫掠的风险性贸易事业，也比要打动他们投资其他风险性贸易事业容易得多。[87] 毋庸置疑，用扬·德·弗里斯的话来说，"要理解资本在欧洲经济领域日增的影响力，关键并不是去寻找只有少数人知道的资本来源，而是在针对如何保存既有的资本存量并保持其生产效益的这个难题上，欧洲人所提出的解决之道"。[88] 但有一点我们不能视而不见，那就是有些"具生产效益"且带来金钱收益的资本运用方式，主要仍是拜欧洲人在海外的强取豪夺之赐。尽管文化上、制度上的种种复杂改变，使欧洲人愈来愈爱将财富投注于具经济效益的事业上，但我们不该完全忽略爱国主义、异国情调和间接参与征服的快感等心理诱惑的影响力。至少有些人受到这些诱惑的影响，并愿意善用股份公司和其他新机构所创造的新被动投资机会，来为自己牟取好处。简而言之，海外的强取豪夺想必对西欧的资本积累有所贡献，问题是在于这个贡献是否大到足以左右工业革命的出现？

无论照何种标准来衡量，欧洲境外的利润，相较于在欧洲境内较不引人注目的活动里所赚得的利润，都是小巫见大巫；但那未必解决这个问题。帕特里克·奥布莱恩在一篇常被引用的文章里计算出，18世纪的英国人为了获取海外强取豪夺的成果，他们所做的投资不会超过总投资额的7%（但后来有篇文章认为比重有可能更高）；就整个欧洲来说，比重大概会更低上许多。[89]

尽管如此，在前工业时代的世界，这就已经有可能带来颇大的影响。当时的产出增长率要比今日大部分工业化经济体低上许多，而且有说法主张（但未获证实），前工业时代资本商品的耐久性，平均来讲远低于今日的耐久品（因为用别种材料制成且更常受到风吹日晒雨淋）。这将意味着当时在未消费掉的年产量里成为净资本积累的那部分的比例，要比今日低上许多，因为大部分会抵消掉资本存量的高折旧率。西蒙·库兹涅茨（Simon Kuznets）曾借助使用较低的整体经济年增长率（0.4%而非他眼中的工业化经济体增长率常态即2.5%）、将资本存量的平均寿命从四十年减为三十年和提高现行维护需求（从产出的1%提高为2%）以解释这些差异的存在，从而得出一个"前工业时代"的经济模型。在这个模型里，只有6%的总储蓄额成为净资本积累，有别于他所建构的现代经济模型里的76%。经过进一步的调整，他得出了一个假设性的前现代经济模型，而在这个经济模型里，即使其总储蓄额（26%）高于他对现代总储蓄额的估算（24.9%），其资本存量的净增长量仍只相当于其年产出的1.32%（相对于现代经济的19%）。[90]

在这样的环境里，就连一顿相对较小分量的"免费午餐"（在未损及消费下取得的总储蓄额增长），都能使净资本积累大增。例如，假设有个经济体完全符合库兹涅茨的第二个前工业时代经济模型（总投资额达生产量的26%，净投资额达生产量的1.32%），在此状况下总投资额若成长7%（奥布莱恩所同意因"超额利润"而可能会有的增长率），则资本存量的年净增额会达一倍多。反之，不必把资本形成总额减少太多，就能抹除掉大部分乃至全部的净资本积累；不管是上述哪种情况，7%这个假设性的增额都可能起了非常重要的作用。

的确，我们只能说"可能"起了非常重要的作用。为了便于阐明这个论点，奥布莱恩假定欧洲与边陲地区的贸易，其获利是"正规"贸易的两倍，但他也适切地指出这一假定尚未得到证实。[91] 尽管欧洲在海外强取豪夺的成本，有许多是由特许公司支付（奥布莱恩在论证时已算入这些成本）的，但某些进一步的成本则并非如此，需要做更加彻底的评估（这类论证也会再度面临如何评估近代早期欧洲境内劳动力之机会成本的问题，比如斯堪的纳维亚的移民工人和签约受雇于荷兰东印度公司的荷兰乡村失业者，这些人若待在家乡会找什么样具生产效益的工作来做？[92] 有许多人可能是找不到的）。但如果强取豪夺为欧洲人带来一些额外的利润（看来似乎有可能），而且总投资额的小幅增加可能造成净投资额的大幅变动，那么把欧洲境外的强取豪夺对欧洲财政成长能力的加持斥为不值一提，就似乎有失武断；但若因此认为这些额外利润至关紧要，这样的推论也得冒一样大的风险。较稳妥的观点似乎是：不管有没有来自海外强取豪夺的加持，欧洲直到18世纪晚期，在积聚、保护或调度商业资本（不管是源自何处的商业资本）的方式上，并未拥有足够有力说明其后来为何走上那一长程发展路径的优势。

显而易见事物的重要性：
奢侈性需求、资本主义与新世界殖民化

在促进新世界经济的成长和非洲奴隶买卖这个领域，欧洲的奢侈性需求、消费主义和资本主义政治经济制度，才明显发挥了举足

轻重的作用。但即使如此，欧洲政治经济制度和来自欧亚两洲（特别是中国）的需求，才是促成欧洲人大举移民新世界的共同推手。

的确有一些人出于宗教或政治动机而出去开拓殖民地，但若非殖民地开拓者找到能在欧洲或亚洲卖的物品，欧洲的新世界殖民地恐怕不会有太大的发展。大部分的殖民地开拓行动，都是由追逐利润的民间人士出资的。许多移民者的初衷，可能是想找到一块比较能让其自给自足过活的土地，而不是想找到一个能参与波动频仍之出口贸易的地方；[93] 然而，即使就白人移民来说，1800 年前只有不到三分之一的人能够自筹旅费，而对那些出钱请人移居新世界的欧洲富人来说，他们在意的是利用这些移民的劳动力来生产物品出口，而非助他们实现自给自足的梦想，过上太平日子。[94]

此外，移民的成本对穷人的储蓄来说本来就已相当沉重，若非美洲得以输出大量烟草和糖等产品，那移民的成本将会更高上许多。为什么呢？因为当时运送这些产品的船主们面临一个问题，在将货品由美洲运往欧洲后，他们几乎是空船返航，于是竞相载运移民前来美洲。[95] 事实上，由于出口非常发达，有些探讨殖民时期北美洲经济史的著作，甚至把下跌的远航成本（使移民得以往更内陆移入而仍能卖货给欧洲市场），视为白人控制的领土内白人人口增长的主要推手。[96] 尤其值得注意的是，非洲人流入环加勒比海地区（包括北美洲南部和巴西）一事，明显受到欧洲奢侈性需求增长的推波助澜（到 1800 年为止，流入该地区的非洲人一直比流入的白人多上许多）。

对西班牙帝国来说，情况就比较复杂些。白银一直是当时西班牙帝国最重要的出口物，且其最主要的需求不是来自欧洲，而是来自中国。当时，中国这个世上最大的经济体，在经历了一连串失败的纸币和大幅贬值的铜币尝试之后，正渐渐转换为以白银为主要基础的经济体制（印度对货币性白银的需求也在增长，但幅度没那么大。它的人口较少，货币化较不彻底，使用的货币媒介如黄金等亦比中国多样）。14世纪晚期中国开始输入大批日本白银时，当时黄金对白银的兑换比是1：4至1：5。而当新世界白银开始抵华时，中国的兑换比仍只是1：6，相对的，欧洲境内是1：11至1：12，波斯境内是1：10，印度境内是1：8。[97] 由于套汇（arbitrage）获利极大，新世界白银三分之一至二分之一最终流入中国。丹尼斯·弗林和阿图罗·希拉尔德斯的研究已证实，正是来自中国的这一庞大需求，使西班牙国王得以课征高额的矿区租用费，同时使新世界生产的大部分白银不愁没有销路。事实上，16世纪和17世纪初期欧洲的高通货膨胀，意味着即使有中国（及在较低程度上，还有印度与中东）掏走那么多大西洋世界的白银（并供给在欧洲仍很受青睐的物品以换取白银），新世界白银的价格仍快速下滑。若没有亚洲的需求，新世界的银矿场大概几十年内就不再能维持获利并同时上缴使西班牙帝国得以运行不辍的矿区租用费。[98]

这基本上不算是一种奢侈性需求。白银在中国成为主要的价值储藏物、缴税工具与重要的（但非唯一的）流通媒介，因此，除了最赤贫之人，所有人都常使用白银（18世纪铜币再度流通，从而创造了沿用至20世纪的双本位金属货币制度）。事实上，由于17世纪的欧洲人日常买卖时愈来愈常使用铜币，[99] 导致留在欧洲的白银，尽管其贸易的规模之大前所未见，反而具有更浓厚的前现代奢侈品贸易的特质。总归而言，白银贸易反映某种崭新的现象，即一般人日常使用的物品变成了一场真正具有全球性的大规模贸易；而受到几个特殊历史情境加持的中国白银需求，则反映了全球贸易在质上与量上的最新发展阶段。[100]

不过，欧洲境内奢侈性消费与"消费主义"的壮大，在白银的发展历程里仍扮演了重要的角色。亚洲对白银的需求要成为有效需求，就得有其他物品从亚洲流到大西洋世界：中国的丝织品、瓷器等物品，印度、东南亚的棉织品、香料，就扮演了这样的角色。事实上，安德烈·贡德·弗兰克便曾主张，新世界的白银使欧洲得以成为亚洲产品的市场（若无这些白银，欧洲大概拿不出多少东西来换取亚洲产品），并借此为1500年至1800年亚洲"原始工业"的成长，进而为亚洲的人口增长，提供了不少解释。[101] 至少就中国而言，对欧洲的奢侈性需求是促进生产成长的极重要因素一说，我倾向于存疑。而即使就丝织品来说，中国的国内需求都远大于出口，因此，国内需求大概才是中国产出与劳动力需求增长的推手。但白银的流入对中国经济得以平顺运行，仍具有某种刺激作用；诚如第三章里说明过的，印度或（特别是）东南亚，较不可能在没有外部需求下出现类似的增长。

弗兰克特别着意于推翻把所有改变力量都放在欧洲的理论，因此往往把欧洲对亚洲物品的欲求视为千真万确、不可移易之事。他强调了以下两点：第一，新世界白银如何使欧洲人得以将自身对亚洲物品的欲求，转化为有效需求。对弗兰克而言，若非有新世界的白银，则欧洲人所能转化为有效需求的这类欲求数量，将少上许多。第二，亚洲诸经济体的蓬勃发展如何使自身能满足欧洲的物品需求，并从而吸收了净进口量达到空前程度的货币媒介。弗兰克的这两个论点有其可取之处，因为它有助于修正欧洲中心论的观点。然而，我们不能把欧洲人对亚洲物品日增的需求，单纯归因于欧洲人支付能力的增加，或某种永恒的或未明所以的欲求。

例如，假设欧洲人在抵达墨西哥和秘鲁之际，整个欧洲的社会结构类似罗马尼亚乃至普鲁士，则似乎不可能会有同样多的白银运到中国。或者再设想一个违反既定事实但没那么极端的情况，假设欧洲各大国都能更彻底地执行禁奢令，则状况也会有所不同。不管是上述哪种假设情况，由于亚洲对白银的需求比较难以和新世界的供给接合，因此诚如弗林与希拉尔德斯所探明的，西班牙欲维系其在新世界的势力就会非常吃力。

在此，我的重点并不是替欧洲的时尚与奢侈性需求赋予一个绝无仅有的推动力量；尽管欧洲在人均需求量上或许大于中国或日本，但在性质上却非独一无二。我要强调的毋宁是，这一需求只有在与新世界的白银、亚洲原始工业的生产力和那些经济体对某项大量进口之日用品（白银）的空前需求等三件事的共同作用下，才具有举足轻重的作用。欧洲的需求的增长（无论是在常见或不常见之消费特征方面），必须要放在此一整体脉络中做检视，即使就倚赖白银从而倚赖中国的"新西班牙"来说亦然。

当然，就环加勒比海地区和北美洲来说，欧洲的需求推动殖民扩张一说更加容易理解。毕竟亚洲自己产糖和茶叶（从而大体上使咖啡或巧克力无法打入亚洲市场），而且不久后也自产烟草。因此，真正推动加勒比海地区和北美洲成长的，其实是环大西洋贸易（尽管该贸易也是位在一更大的全球经济体系里）。来自欧洲的需求使增加新世界的产量变得有利可图，而新世界日增的产量和货运量则有助于降低单位运输成本，从而使民间从事此一贸易的各方人士更有意愿出资推动移民从港口往更内陆拓殖、输入更多劳动力（奴隶、契约仆役或自由劳动者），以及扩增港口设施。

与此同时，对这些出口品所课征的关税，为政府挹注了扩大拓殖规模所需的资金，同时也替移民和随后不久就会展开的出口，创造了更快扩张的先决条件。在最初的两百多年里，新世界的出口商品大部分是奢侈品（除了白银），例如巴西黄金、北美洲毛皮、烟草和糖；而在成长较快速的后期阶段，主要出口物则变成了日常必需品，如棉花、愈来愈便宜的糖，以及（18世纪中叶以后）小麦等。简而言之，欧洲能够刺激经济发展，从而最终使19世纪欧洲工业和人口急速增长不可或缺的资源的供给量大增，欧洲的奢侈性需求厥功至伟。

在这时期最需要挹注资金的活动，分别是海外探索、开拓殖民地与贸易（而非原始工业化或早期工厂）。而欧洲的新金融制度和范围更广的军事财政主义模式，极适于组织武装拓殖和海外贸易。也正是在组织武装拓殖与海外贸易上（而不是核心地区境内的生产或贸易），才是这些制度发挥最大作用的领域。

人们很容易就把早期殖民地公司与现今的跨国公司相提并论，但尽管有些相似之处，它们之间的差异却非常鲜明。或许最重要的，这些殖民地公司是专精于领土治理的商行，且（和国家差不多一样）致力于把其他人全排除在它们地盘之外，而非专门生产某几类销售到多个地方的产品或服务的商行。简而言之，它们既是准政府，也是跨国公司的原型（proto-multinational），而且它们获特许成立，往往既带着经济目的，也有军事与政治目的。[102] 事实上，尼尔斯·斯滕斯加德（Niels Steensgaard）便主张，正是由于要对亚洲进行长程武装贸易，荷兰东印度公司才成为比此前存在的任何组织都更"现代"的企业。而荷兰东印度公司所面临的这个独特的挑战，大抵也类似于那些对新世界进行征服、殖民与武装贸易的活动所需面对的挑战。

简言之，斯滕斯加德主张，由于荷兰东印度公司在亚洲的军事／商业帝国的庞大固定成本是由内部自行承担，而非倚赖一个独立且非营利的政府的支应。因此，荷兰东印度公司不可能再采行先前的商业习惯来运作，无法在预定的期限到期后彻底清算贸易合伙关系，并把所有资产发还给合伙人，而必须把公司许多资本存量视为永久资本存量，并尽可能把获利留在手里以利资本流通；光是做到这个，就使公司得以有庞大的固定成本支应巨额贸易所需，并充分补偿那些无法透过清算取回股本的投资人。最后，并非所有投资人都对这类事业有足够耐心，因此此类商行就必须明确分割其所有权和控制权，并让股份可以买卖，以使对商行不满的股东能退出让他们愈来

第四章 看得见的手 217

愈无权置喙经营方针的永久协议。[103]

斯滕斯加德还进一步主张,这种新式商行,作为纯经济性的事业体,其效率更高于与之竞争的各种亚洲商行。我们有理由质疑这项主张:这种组织是为东印度和西印度群岛的商业帝国而量身打造的。对我们来说,斯滕斯加德的论点最耐人寻味之处,在于它证实了西方的法人形态组织,乃是源自强取密集型的殖民贸易需要;且这种新的组织一直到许久以后,才随着铁路问世而在母国国内被用到。

与此同时,这些公司需要增加输回欧洲的"异国"物品数量一事,很可能产生了几种重大影响。首先,这意味着推广烟草、糖等物品并使人们爱上它们,对商界、政界某些极具权势的人物来说,利害攸关;至于攸关到何种程度,后面会探讨。尽管这种想推广新产品喜好的念头往往受到(来自商人或政治人物的)制衡,因为反对者担心奢侈品的进口会榨干国民财富和败坏国民品性,但是那些先购入奢侈品再出口到欧洲其他地方的贸易,则丝毫不受这类顾虑的影响。由于数个公司(和政府)在转出口贸易上的经营,以及各国边界不可能守得滴水不漏而没有走私品,这些新的奢侈品便如虎添翼般,开始在欧洲大行其道。

就某些物品来说,这些新兴殖民贸易公司至少还产生了一项肯定非它们本意的深远效应。由于这些东、西印度公司力促人们消费高价的新产品(价格居高不下既肇因于高关税,也肇因于定价权遭独占或寡占),反而借此助长了新的进口替代型产业的出现,从荷兰代尔夫特(Delft)瓷器业、英国韦奇伍德(Wedgewood)陶瓷公司和德国迈森(Meissen)的瓷器业到18世纪晚期仿制印度纺织品都属之。诚如我会在第五章论证的,在当时各类土地密集型商品的供给受到抑制的情况下,光靠这些进口替代产业并无法自行维持持续不辍的经济成长,得等到西欧通过煤和殖民地来纾解生态上的压力，才有办法突破此一局限。但这些产业的确对欧洲境内的消费增加和生产分工专业化，以及所谓的"勤劳革命"，起到了推波助澜之功效；从这个意义上说，由于这些殖民地贸易公司一来具备了从事武装贸易的完善组织，二来也不会与那些仿制它们产品的国内厂商进行竞争（因为无法像对外国一样用武力对付它们），从而可能促进了欧洲的经济成长。

国与国的竞争、暴力和国家体系：这些因素如何有时无关紧要有时又举足轻重？

上述案例也进一步显示，近代早期欧洲的政治经济制度（尤其是所费不赀且持续不断的军事竞争），在促使欧洲的海外商业扩张变得独树一格上，影响力很可能比企业家的创业才华和对舶来品本身的好奇心等因素都来得大。此外，这意味着欧洲的军事竞争对欧洲经济成长的最大正面贡献，很可能并非通过战争、行政机构官僚化的方式来影响欧洲境内的经济环境（例如借由推动技术变革或手头拮据的统治者授予新产权来影响经济环境），而是通过把军事竞争扩及欧洲之外，特别是急速成长的大西洋经济中：这是最受欧洲海外强取豪夺影响的地方，也是欧洲国家收获最大的地方。

但在我们开始探讨欧洲人将国家缔造和战争扩及海外一事的意义之前，值得先思考关于这些活动在欧洲境内所产生之效应的论点。这类论点认为，战争对欧洲的发展可能带来三个好处：技术的外溢效应、需求增加带来的刺激，以及促使政府愿意以有助于增加产出（从而增加政府税收）的方式改变其制度。

由于技术变革的原因尚未被充分探明，因此我们不能把主张战争推动技术创新的观点完全斥为不值一顾。然而，在19世纪之前，由军方赞助且可转为民用的创新出奇地少。19世纪英国皇家海军在

第四章　看得见的手

食物保存方面的进步，乃是一个说明技术外溢效应的早期例子，但在工业化战争问世之前，这类情事还是相对较少见。[104] 我们也没有什么道理认为，前工业时代的战争会使人更加努力寻找新方法来操纵自然，因为当时并没有拨款研发这种事。虽然偶有悬赏来鼓励人们解决特定难题，但比较可能的情况似乎是这些赏金的存在，只是使发明家把心力从某项工作转移到另一工作，而非吸引更多的人投入技术性实验。当时还出现了某些"做中学"（learning-bydoing）的效应，举例来说，人们先是懂得以精确镗削技法制作枪炮，后来才发现同一技法可用来改良蒸汽机；但其他类工艺（例如钟表制造）也教授这些技法，而且没有迹象显示与战争有关的工作提供了特别良好的技艺训练。甚至正好相反，由于战争会把有专业技能的人引离具有更大民用性质的计划，同时打断资讯的流动，甚至夺走潜在发明家的性命，等等，是以战争对技术创新的影响，总体来说很可能是弊大于利的。[105]

我们可以用类似的论证，更肯定地反驳"战争能增加需求而对经济成长提供了至关紧要的刺激"这样的说法。承包制造军火、制服和诸如此类之物，的确在特定时候刺激了特定产业，但这类需求最终都是通过从民间课税以支应其开销，从而降低了民间的需求。诚如前面已提过的，西欧（一如东亚）似乎发展出一种制度性、文化性的架构，让消费者需求保持长期扩增（尽管会有周期性的起伏），而中上阶层对消费品的支出本身，又增加了生产者的购买力，从而增加消费需求。简而言之，除了天灾期间的例外（因其会耗尽大部分人的购买力），没有迹象显示欧亚大陆的东西两端有过总体需求不足的难题。既没有需求不足的难题存在，欧洲较高的军事需求也就谈不上解决了什么。

至于主张"国与国间的竞争会催生出特别有利于经济发展的制度"一说，则较错综复杂。大部分这类论点都指出，君王往往给予财产较大的保障（市场经济所不可或缺的）以换取短期就可到手的税收，并借以支应紧急军事情况所需；有鉴于此，这些论点便推断财产受保障程度提高，乃是无休无止之军事竞争的副产品。[106] 然而，即使欧洲境内的产权真是经此而变得较为稳固，军事竞争也不是通往那结果的唯一道路。那些认为它是唯一道路的人主张，在那些未面临同样强烈压力以增加军事支出的国度，政府较不需要与国内持有财富者谈判，从而没有理由给予他们保障财产的权利。由于中华帝国未有在国土面积和财力上与之相当的邻邦来作为竞争对象，因而有时会被持此论者作为绝佳例子。[107] 乔杜里就曾提出一个与此类似但较狭隘的论点，他认为亚洲的大帝国并未倚赖公司营业收入（若军事竞争更激烈，它们就得着手利用这类收入），因此从不需要让商业财产受到保障；而这一说法得到了另一学者皮尔逊（M. N. Pearson）的赞同。[108]

在本书前面的章节已对中国境内市场的运作方式有过长篇幅的讨论，并得出中国市场的运作往往比18世纪欧洲市场更贴近新古典主义经济学原则的结论；因此，如果乔杜里等人所谓的"产权"是指出售与使用具有生产效益之资产且大体上不受质疑的权利，则这样的论点几乎是站不住脚的。不管国与国之间的竞争对推动欧洲在保障产权上有多重要，其他社会也能够以别的方式达到类似的境地。

欧洲持续的战争的确有助于某种制度性保障的出现，但并不是在产权的保障上，而是特权的所有权保障：从包收税款、用钱买来的官职，到政府授予的专卖事业和获批准的行会特权等，皆在此列。我们已知道这类特权是不断进行军事竞争的欧洲和南亚境内的普遍特征，而且在18世纪时大体来讲很稳固且容易转让。[109] 相对的，中国面临的军事挑战远没那么一贯和严峻，是以清朝时只有两项重要的全国性特许独占或寡占事业（盐与广州的对外贸易），在19世纪之前卖出的官职也相当少（但卖出许多虚衔），没有公债，且通过直接收税而非把收税业务发包出去,更对城市行会欲将乡村竞争者拒于门外的作为袖手旁观,或予以反对。[110]

如此看来,我们的疑问就变成了,欧洲这几类特权所有权保障的扩散和得到批准,究竟对其经济发展起到什么作用。光从总产量的角度看,很难看出那会是正面的作用。包收税款人和购买官职者所增加的产出肯定甚少,而行会竭尽所能阻挠就业不足的乡村劳动力流动。垄断者使各种物品(从糖、烟草到盐之类的必需品)的价格始终居高不下,它们流入市场的数量因此只有19世纪时会流入之数量的一小部分[111](相对的,中国主要的专卖事业是贩盐,而国内许多地方都能制盐,非法生产和走私使专卖体系漏洞百出,因而需求可能未因专卖而减少太多)。佩林就印度的例子主张,只要特权能让有权有势者万无一失地阻止其他人以同等条件参与市场,特权就很有价值,这个有力的观点放在欧洲几乎同样贴切(在欧洲,至少那些较不常被拿来卖的权利,涉及不自由劳动力的使用权)。

更概括地说,这意味着需要清楚区分某些欧洲社会里的多项改变,包括更稳固的产权、代议政体的问世(至少就有产阶级来说是如此)和某些公民自由权的扩散等,这些改变太常被统归在"现代化""自由化""合理化"的大范畴里一起探讨。这些特殊权利有许多是一心要筹措战争经费的政府给予的,而且它们全都似乎与准许内部竞争(争夺政治权力、争夺市场或争夺"观念市场")一事有关,因此很容易让人以为那些把内部竞争作为最大特色的社会,最能在国与国之间的激烈竞争中脱颖而出。若只从自由主义制度最为发达的英国的(短暂)胜利来看,这一说法似乎言之有理。[112]但只要更深入检视,就会发现其实不然。

首先,诚如查尔斯·蒂利所提醒的,任何这类论点都只适用于那些所谓的"资本密集型"或"强取兼资本密集型"(coercion-and capital-intensive)国家(而不适用于走"强取密集型"之路的国家）。[113] 因为这些国家并未囊括近代早期争斗里的所有赢家（像同为赢家的俄罗斯就是个显而易见的反证）。与此同时，有些强取兼资本密集型国家，例如丹麦，却还是在政治权力的竞争舞台上败下阵来，而纯粹资本密集型的国家（例如荷兰共和国），在这方面的表现也不是很出色。[114]

其次，并不是所有欧洲社会的改变都与战争或内部竞争保有一样的关系。代议制和各种产权的授予或批准，往往是为了换取战争所需的税收；但言论自由的赢得，通常是通过与军事动员关系大不的路径实现的。值得提醒的是，即使是在英国（它常被视为说明自由化如何在国际竞争中给一国带来回报的绝佳例子），其历史进程还是令人对任何简单的关系推断心生质疑。1790年至1830年堪称英国史上最威权主义的时期之一，而且似乎在1832年结束之前威权程度一直有增无减；但也正是在这一威权时期，英国从失去美洲殖民地的创伤中复原、成为举世公认的世界最强国，并在经济发展上（一时之间）与欧洲其他地方分道扬镳。[115]

再者，并非所有涉及的产权都往经济自由主义的方向发展。许多产权巩固了前面讨论过的那几类反竞争的特权，就连照今日标准来看较没那么奇特的产权，都常妨碍了整体效率。例如，在法国（国际竞争舞台上的大赢家之一），始终需要资金挹注的政府批准了地方"财产"权（和地方法院裁定权），其中包括居少数的群体对土地兼并、圈地和公地变卖或分割的否决权。诚如第二章里说过的，这使许多改良计划几乎全受限于法律规定而无从实现，并要到法国大革命后才改观[116]（数个西德意志小邦采行类似的政策，但未能保住它们的主权地位，这个案例进一步削弱内部自由化与国际竞争卓然有成两者间任何的必然关系）。

即使各种特权可能会减少该国在短期到中期的产出，我们仍可以想象它们鼓励了资本积累，从而促成长期成长。具体地说，这一

第四章 看得见的手

论点认为保障和出售各种不断产生的未来所得（来自包收税款等来源的未来所得），有助于催生出使未来所得得以证券化的工具。于是包收税款和公债，可以为私人债券、法人组织等新金融制度的产生创造有利条件。

复杂的合伙关系是欧洲法人组织的来源，而这样的关系其实可以在世界各地找到，但把永久存在（eternal life）、自成一体的法人资格，以及特别有利于商行内部资本积累的结构结合在一起的事业体，的确似乎是西方所特有。然而，我们已知道直到铁路时代，才有一项需要极大量耐心资本的技术问世；而应用这种技术的铁路事业，其所需的耐心资本，多到光靠其他大部分事业（包括对早期工业化至关紧要的煤业、棉业）所赖以筹资的传统（通常是以亲属为基础的）网络都无法凑齐。诚如先前已提过的，在那之前，法人组织在海外拓殖和武装贸易上所扮演的角色大体上重要，因为以准政府的身份行事（包括从事战争和建造基础设施）的开销，都需要最大量耐心资本。尤其是在英国，家族商行于整个19世纪期间支配了大部分的经济活动，包括大英帝国这个全球性帝国的贸易（非洲境内的贸易和拓殖是一个有趣的例外，英国在非洲曾再度思量要不要展开大量准政府活动，并再度针对非洲特许成立股份公司。[117] 稍后我们会再谈殖民地的法人组织）。只有把眼光放得非常远，才可能找到这些新融资机制本身对欧洲内部经济活动的重大助益。

如果前述属实，更为有力的论点会是，战争催生出特权一事有利于资本积累，因为这把财富放在特别可能为了最大收益而再投资的那些人手里。布罗代尔著作的某些地方也表达了同样看法，（如前面已提过的）强调累积数代基业的豪族不拘泥于一种投资工具，而在多种投资工具之间游走转换一事的重要。但即使这类豪族很重要，也不表示他们所找到的投资工具都至为重要。这些与官方有瓜葛的工具里，至少有一些很可能把资本引离较有生产效益的活动。

诚如扬·德·弗里斯所主张的，促成近代早期欧洲经济成长的资本，有许多是借由将资金引离多种能带来威望但不具经济效益的财富出路而"找到"的。而军事竞争会使欧洲境内几乎每个国家都把更多官职、包收税款权和头衔放进市场出售，因而是妨碍而非助长了这一转型。杰弗里·帕克（Geoffrey Parker）已指出，就连在荷兰（或许是17、18世纪欧洲最具中产阶级性格的地区），都有许多债券持有人气恼于战争结束，因为这使他们的资金失去了一个安稳、有利可图和带来威望（且不必太花脑筋）的投资去处。我们眼中具有生产效益的投资，至少在这些人看来可能是别无更好出路而只好将就的投资。[118] 在这样的情况下，我们就很难说军事财政主义对欧洲境内经济的发展有多大贡献，而且战争本身当然也加快了资产的折旧、技能的丧失，以及经商成本的上扬。

然而，当把军事竞争投放到欧洲以外时，该竞争的确带来了好处。国与国竞争的大局首先把战事所带来的破坏推引至海外。更有甚者，国与国竞争还加速并左右了新世界的发展，从中协助解决了欧洲的资源瓶颈，而且它在此方面的贡献，比光是使这些人口大减的地区敞开大门迎接自由移民和贸易所会有的贡献大上许多。

当然，海外征服在某种程度上是欧洲内部激烈军事竞争的产物。那一竞争促成军事技术与战术的显著进步，使欧洲人得以弥补补给线过长和海外兵力有限的缺陷。但切不可遽然将欧洲的海外成就过度归功于"军事革命"。欧洲人在亚洲的获益，有许多可归因于其所遭遇的敌人不习惯于为争夺土地而打仗（通常是为掠夺俘虏而打仗），因而主动放弃土地给欧洲人（如在东南亚部分地方所见），[119] 或敌人内斗使小股武装精良的欧洲人就能大幅改变局势（如在孟加拉所见）。[120] 即使如此，直到18世纪以前，欧洲人在旧世界的获益仍相当有限（且有时获益还被敌人夺回）。[121] 只有在新世界，欧洲人的冒险作风才得到特别丰硕的回报，传染疾病在此至少扮演了和

第四章 看得见的手

军事技术或组织一样重要的角色。[122]

可能更为举足轻重的是，与急需税收和授予特权的竞争性国家有瓜葛的特许专卖事业、包收税款和种种所谓布罗代尔式"资本主义"的其他特征，究竟在哪些方面对欧洲人入侵新世界所产生的独特经济效应是不可或缺的。我们可以把欧洲的新世界帝国的影响，与在没有政府支持下在东南亚牢牢立足的中国商人的影响，两者之间做一个相比，就能大略明了其中的差异。在东南亚大部分地区，一如与欧洲人接触后的新世界，人烟相对稀疏，因此能供给中国"国内"所需的大量土地密集型资源。然而，虽然前去东南亚的中国人不少，但东南亚之于中国沿海地区，从未像新世界之于西欧那般重要。

欧洲人在新世界的拓殖，为了军事保护（免受美洲原住民、其他欧洲人和在许多地区人数比白人还多的非洲黑奴的伤害）和政治组织，投下了不少成本。只要能从所有出口品收取部分利润并防止"捡现成者"（free rider）进场分一杯羹，不管是国家还是获特许的垄断者，不需他方援助，就能轻易支应这类成本（17世纪70年代在弗吉尼亚烟草田工作的一名男子为国王赚得的收益，比他为自己或他的主人所赚的还要多[123]）。因此，拜垄断性作为之赐，对欧洲人来说，资助他人进一步垦殖，比让新世界的生产者参与更开放的市场更值得一为。

支应殖民地初期成本的殖民地公司，竭尽所能地鼓动国内人民喜爱他们回销欧洲的产品。至少在某些例子里，有官方也参与这样的行为。[124]虽然我们读到较多关于欧洲重商主义者如何不喜"奢侈品"进口的文献，但切记，荷兰、英格兰和法国都大力支持本国公司取得这类物品，以便再出口到欧洲其他地方。如果消费舶来品是大势所趋，那么就连最重商主义的官员都很可能会被说服，进而相信最好让人们通过自己国家的公司来买到舶来品，并让政府通过征收进口关税和从特许公司取得战时借款来分得好处。[125]

或许有人会提出理论来说，若没有垄断，欧洲境内市场会成长更快，一如19世纪的自由化降低商品价格后所见。这样的推断不无道理，但我们并不完全清楚如果自由贸易从一开始就大行其道，垦殖和开发会得到多大的资助。糖种植园主的产品如果有更大销路，他们很可能会引进更多奴隶，但把奴隶弄到新世界所需的营运资本，大部分是由欧洲商人提供，而非由新世界的种植园主提供。即使就身无分文的新移民有机会参与的那些奢侈品出口，也就是烟草和毛皮甚至大概还有金银（到了17世纪晚期已有许多小型私矿场在运作）来说，从较开放贸易体系得来的好处，大概也大部分归欧洲消费者享有，而非归新世界生产者享有。若要说分散在那数百万消费者身上的好处，会替更多人的移民或新世界发展的间接成本提供资金，那着实令人难以理解。

当然，数百万平民百姓最终的确为自己或自己的亲人移民大西洋彼岸出了钱。但这已经是19世纪的事了，当时资讯、交易和运输三者的成本都降了许多，[126]而且新世界政府能向自己人民课税，以提供军队、政治秩序和基础设施，为私人经济活动的兴旺打好必要基础。

只有头脑不清之人才会主张，欧洲（类似东亚）日增的"奢侈性"消费和为开发新领土而同意成立垄断性公司（类似南亚、东南亚的模式）且彼此竞争的欧洲诸国，就可以"解释"为何最后独独欧洲拥有重要的海外领地。地理和传染病方面的偶然因素、航海技术的进步等其他诸多因素，使上述说法成为说明何谓"武断"的绝佳例子。尽管如此，欧洲、中国的政治经济制度为各自的扩张提供了怎样不同的环境，这件事仍然值得我们思考。

海外华商主要来自闽粤，这两省也有许多极想拥有土地的人，其中许多人移往台湾和大陆数个边疆地区。1800年前，前往东南亚那些人烟稀少地区的劳动者也相当多（主要是矿工，但也有一些农民），他们有时被当地统治者引进来清理将种植经济作物的土地。[127] 他们定居在未来要种植甘蔗、茶与烟草的地方（东南亚的"加勒比海地区"），也定居在伊洛瓦底江、湄公河和湄南河这三条河的三角洲（以及吕宋岛）。1850 年后，这些三角洲会成为东南亚的"北美洲"，亦即从这里大量输出由海外移民种出的谷物。在缺乏劳动力的东南亚，可以获得较高的工资，因此有些人可能受此吸引而来，即使他们无法立即从该地区入手任何土地。[128] 把东南亚大陆地区广阔的三角洲辟为稻田需要许多劳动力（大部分是用于平整田地），但从技术上讲，这没理由要等英法殖民政权成立才能办到。

然而，在 18 世纪的中国，农民集体移民基本上不大可能，因为诚如王赓武等人所指出的，[129] 中国朝廷无意对本国子民闯荡海外直接提供军事和政治支持。这使荷兰、西班牙的殖民地当局得以阻止马尼拉、巴达维亚为数众多的侨居华商购买土地，并得以不时鼓励愤怒的"土著"屠杀华人来发泄心中的不满，或可以亲自干下这类屠杀（1740 年在巴达维亚、1603 年和 1764 年在马尼拉的屠华惨剧就是特别重要的例子）。在这样的情况下，华商有充足理由将他们的资产随时易变换为现金，以便轻易逃走或贿赂，而非将这些资产用于取得或改良土地，或把财富绑在当地（照理他们不得拥有土地）。特别想拥有土地的人，可在家乡买地满足心愿，毕竟在家乡产权较牢靠，亲戚也会提供相当可靠的人帮忙照顾。

此外，即使在 1850 年前东南亚境内已有中国商人和中国农民之时，两者之间的联系都很薄弱。巴达维亚的情况就清楚说明此点。

中国企业家在 1690 年后掌控了巴达维亚城外糖的生产。在 1710 年的 84 家糖厂中，有 79 家糖厂老板是中国人，中国劳工也占了多数。但这些糖厂老板并不包含巴达维亚城内的有钱华商（这些华商已展现了若遭不当对待可令该城瘫痪的能力）。与此同时，在乡村制糖的中国侨民，却是由一名似乎极为腐败的荷兰行政司法长官管理，而非由掌管城里中国侨民事务的中国籍"甲必丹"（capitain）来管理。[130] 荷兰东印度公司以管制价格购买糖，再卖到波斯、印度和欧洲。[131]

当这些市场销量下跌时，乡村民怨即生，荷兰人便试图把这些农民遣送到需要更多劳动力的锡兰（斯里兰卡）。这导致要被遣送出境的农民起而反抗，而荷兰人和爪哇人则宣称乡村农民的反抗受到了城里的中国人所鼓动，并随之将他们一并屠杀；直到这时，城里的中国人才与这些问题扯上关系，尽管在事实上，城市与乡村的中国人彼此间似乎少有联系。[132]

既然未能与自己家乡的市场建立稳定（且受优遇程度低上许多）的关系，或无法享有后来的东南亚政权给予中国人生命财产的那种保障，巴达维亚城内事业有成的华商便没理由把大批同胞引进来耕种，或没理由展开乡村拓殖所需要的投资。因此，由于缺乏母国政府的支持，中国人在海外的乡村定居地一直类似于为获取短期暴利而建造的临时营地，而未（像新世界种植园那样）成为日益壮大之移民群体的核心。新世界的欧洲移民出口土地密集型产品，借此得以回报家乡那些资助进一步移民的人，而在海外的中国人则没有这么做。

清朝在1740年的确认真考虑过动手惩罚屠杀海外华人的欧洲人。这个事实提醒我们不要遽然相信以下这个太过概括性的说法：中国是个"世界帝国"，看不出与境外经济体往来的好处。[133] 事实上，有好几个主要论点赞成以禁止通商来惩罚屠杀华人的荷兰人，其中之一是若不好好教训一番，荷兰人说不定会虐待下一批前去做生意的中国人，就像他们虐待已定居该地许久的中国人那般。反对禁止通商的主要论点，则是主张禁运会危害到华南沿海数十万人的生计。

后者最重要的差别在于，其主张那些仍以中国为基地的人，在与东南亚进行贸易往来和侨居东南亚时，应有资格受到帝国保护；但已在中国境外定居的人则没有这个资格。清朝的确也从事领土扩张，但那主要是在中亚扩张，而中亚无法像由商人出资打造的东南亚移民帝国那样，有助于江南和岭南取得初级产品。

由于清朝的国家安全观[134]、想维持低税赋的心态，以及（直到18世纪末为止）能保持国库预算的节余，清朝连对消极地认可中国商人的海上武装贸易（例如借由让人垄断货物来实现）都不感兴趣。于是，在庞大中国市场与海外奢侈品之间，中国民间没有人能成为具有垄断市场能力的中间环节，除了一个为期不长的例外。

那个唯一的例外，就是郑氏的海上帝国。这个帝国在17世纪时声势如日中天，既富有且强大。它在商战和海战上都打败了荷兰人（把荷兰人赶离台湾并把他们自东南亚几个有利可图的市场驱离）；从这点来看，那些认为"中国人"对结合武装贸易和殖民／海上扩张的欧式作风天生不感兴趣，或者不适合从事这类作为，或技术上不足以从事这类作为的说法，就大有商榷的余地。[135] 郑氏也从事殖民地的开拓，除了拿下台湾并扩大对台移民，还扬言要拿下吕宋岛。[136]

但郑氏帝国只在中国改朝换代的动荡时期短暂兴盛；它未能以受保障且享有特殊待遇的方式取用母国市场，只能与一些不断遭受围困的大陆港口通商。此外，郑氏王朝领导人始终把海外活动定位成在大陆军事行动的经费来源（欲达成反清复明这项无望的大业），而非把它视为一项长期的计划。因此，郑氏帝国是个深具启发性的例子，因为它体现了一种与欧洲的武装贸易和拓殖极为类似但又背离中国传统天下观的活动。

即使中国的海外商人和移民武装了自己且垄断了贸易，他们仍会遭遇其他限制。以糖的进口为例，垄断此一活动对商人益处不大，因为中国本身自产的糖就很多。相对的，欧洲商人能从糖、咖啡、茶叶和丝织品（以及颇长时间内的烟草）的进口上，获得足以收回他们海外保护成本的高额利润，因为国内并未生产这些商品。（另一方面，以来自北美洲的小麦为例，他们若以高加成定价的方式出售这类商品肯定赔钱。因此，虽有宾夕法尼亚的谷物在欧洲部分地方销售，[137] 且大家知道往更内陆可找到更多的类似土地，在殖民时期却未有人为了出口小麦而垦殖广大新地区，得等到航运成本更大幅下降，北美洲自己境内出现庞大的城市市场，以及有个独立自主的政府出于自身的理由必须支应征服、统治和整合小麦边疆地区的开销而不求立即从中得到多大收益，那一边疆地区才迅速扩展开来。）

于是，中国人海外贸易的发展方式，大不同于欧洲公司那种与政府有关联的资本主义。利润相对较低的竞争式贸易，使18世纪30年代台湾一地出口的糖，就相当于18世纪50年代整个新世界出口量的三分之一左右，让许多小投资人和船东得到不错的收益。[138] 但这所产生的利润集中程度，并不足以使拿下北吕宋一事值得一为。考虑到18世纪时西班牙对这个区域的掌控不强，[139] 而且该区域靠近台湾，马尼拉城里经商华侨势力又颇大（1603年的马尼拉就已比1770年的纽约或费城还大，更比1770年的波士顿大了一倍多），[140] 因此，闽籍商人若想和欧洲海外商人一样，获政府许可在其总部所在的市场运用武力和特权（使他们得以补偿用武成本），拿下北吕宋可能是完全顺理成章之事。到了18世纪末，巴达维亚和其周边地区应该已有10万中国人，比1770年纽约、波士顿和费城三地人口总和还多。[141] 但是，如果没办法替出口品找到销路，以支应开拓殖民地的开销，拓殖之事就行不通。从这个意义上看，东南亚的糖和稻米比较像是新世界的小麦，而不太像烟草或糖，因此东南亚大陆日后的大饭碗，一如美洲的大面包篮，得更晚才有开发它们所需的资本和劳动力得以输入。

此外,"日常奢侈品"对国家税收无足轻重。中国九成的糖和全部的丝织品、烟草皆为国内自产,也未产生关税(直到19世纪50年代朝廷对国内贸易课以厘金税才有关税收入),因此清朝官员若推动这些商品的贸易,将得不到任何好处。官员担心从台湾输出的糖数量过大,并不必然表示他们和反对输出白银购买丝织品的欧洲重商主义者一样"反市场";毕竟他们希望台湾继续把稻米卖到福建境内的从事商业、手工业和茶叶种植的地区,而不想让这两个地方都成为封闭性经济。[142] 清朝官员知道华南沿海许多人不能没有海外贸易,并希望这贸易继续下去,除非那会加剧对国家安全的疑虑。但当某些官员察觉到国家安全的疑虑并希望抑制"奢侈"进口时,他们并未遭遇到利益与其相左的财政、军事和殖民地事务官员的阻挠,因此其遭遇也和欧洲主张抑制白银出口的强硬派不同。

使欧洲的殖民主义独一无二的,并不是只有欧洲大陆境外贸易、殖民地扩张和军事财政主义这三者间的关系。即使中国具有更"欧洲／印度"式的重商主义,或印度具有更"欧洲／中国"式的对异国进口品的大众需求,中国和印度大概还是不会像欧洲人(和非洲奴隶)利用新世界那样来利用东南亚。首先,在疾病的对抗能力上,旧世界优于新世界,而中国、印度没有与此相当的生物性优势。但要不是欧洲受益于诸多因素的结合(传染病、欧洲战争、军事财政主义、奢侈性需求和中国的白银需求等),欧洲也不可能那样利用新世界。艾尔弗雷德·克罗斯比(Alfred Crosby)正确地指出,凡是带着群众流行病抵达美洲的旧世界人民,都有可能使大片地区的人口剧减,但光是病原体本身,并不会使因此被摧毁的社会改头换面,变成一个出口导向型经济体,以及在出口那些商品的预期心理下资助大规模移民,传染病以外的因素同样重要。诚如不久后会明了的,新世界出口是持续且愈来愈快之成长的极重要条件,但并非充分条件，尤以在英国为然。拜英国的时空背景和机制之赐，欧洲资本主义和消费主义在英国的影响，可能比在没有两块新大陆可供作为挥洒空间的情况下它们所能产生的影响大上许多。

结论：同与异的重要意涵

于是，晚至18世纪晚期，西欧的生产力或经济效率仍非举世无匹。但我们也不能只根据旧世界其他许多地方的繁荣和原始工业化或原始资本主义程度与西欧不分轩轾的这个研究结果，就草率相信某些学者所提出的粗浅论断。这些违反事实的说法指称，某些亚洲社会原本正朝着工业突破之路迈进，但其"资本主义的萌芽"却被入侵的满人或英国人给摧毁了。比较可能的情况似乎是，世上没有哪个地方必然迈向这类突破。事实上，就连欧洲18世纪晚期的经济学思想大师都看不到这类情事来临的迹象。[143]

旧世界里所有"人口饱和程度"（亦即相对于现有技术下土地的承载能力，人口稠密的程度）最高[144]和经济最发达的地区，似乎都一直在朝同一个"原始工业"的死胡同前进。在这个死胡同里，即使劳动力投入有增无减、已知最高明的生产技法传播开来，以及因为日益商业化而带来愈来愈有效率的分工，生产成长的速度仍只比人口增长速度稍稍领先。[145]我们无从知晓生产究竟是会无限期保持领先（进而创造出杉原薰所谓的以劳动力密集型产业为基础、持续成长的"东亚奇迹"），还是会因为落后于人口增长的速度而创造出不折不扣的马尔萨斯式困境。但不管是上述哪种结果，都与实际发生的资本密集、能源密集和攫夺土地的"欧洲奇迹"大异其趣。愈来愈高的纺织品产量和消费量，虽然常被视为"工业化"的开端，其本身却不可能改变那条死胡同，因为它无法解决一个基本的困境，也就是食物、纤维、燃料和建筑材料的生产，全都在争夺日益稀缺

第四章　看得见的手

的土地。事实上，若清除森林以种植纤维作物（或者更糟，拿去饲养需要更多土地才能生产同样数量之毛纱的绵羊），就会愈来愈难取得要在运输或重工业领域取得更根本突破所需的能源。

因此，与其把 16 世纪至 18 世纪其他先进经济体视为"虽有潜力成为欧洲但终究未能如愿"的事例，不如把这时期的西欧视为"一点也不独特"的经济体，大概会比较说得通。一直要到 18 世纪晚期，尤其是 19 世纪，原本与其他先进经济体走在类似发展道路上的西欧，才得以因为意想不到且重要的断点，突破原本在能源使用和资源取得上局限每个人眼界的因素；西欧因此成为一个幸运的异数。虽然新能源本身大体上来自对英格兰煤矿的大量开采与使用，但在接下来的两章，我们将会理解到欧洲能有机会利用矿物性能源的新天地来壮大自己，也是需要数种新世界资源的流入才得以如愿。透过为这些资源的流入所创造出的先决条件，欧洲的资本主义和军事财政主义（因缘际会的全球大形势的一部分）才真正变得举足轻重。

第三部分 超越亚当·斯密与马尔萨斯

从生态限制到持续性工业成长

第五章

共有的限制

生态不堪负荷的西欧与东亚

在本书的前面几章，我们已清楚工业化并不尽然是任何区域在近代早期经济进程的"自然"结果，本章现在要来谈谈在工业化前夕，某些区域之间关系的发展模式是如何让西欧取得重大优势的。这些优势并不一定会导致工业突破，而是使工业突破的可能性大增，并让这类突破更容易长久维持。这些优势有助于处理旧世界诸核心地区所共同面临的一个重大难题：在合成肥料、合成纤维和使合成品变得符合经济效益的廉价矿物能源登场之前，用劳动力与资本来替代土地的能力有其限制。这些限制使持续的人口增长、提高人均消费量，以及增加一地的工业专业化程度难以同时进行，更别提以19世纪愈来愈快的速度这么做。诚如后面会理解到的，贸易有其助益，但无法解决这些难题。劳动力密集型的土地管理能供养更多人，或许还能维系住生活水平的小幅改善，但大概也就仅止于此；而且它往往会降低，而非提升能从事非务农工作的人口所占的比例。

欧洲在避开这些限制上所享有的优势，大多是生态性的。有些优势源于欧洲本身资源运用上的闲置，而且叫人意想不到的是，正因先前这些资源在发展上所受到的障碍，欧洲反倒因祸得福，得以具备这些优势；尽管这些优势大多被东亚在有效率地运用土地与燃料的优势给抵消掉。还有些优势，诚如第一章里已讨论过的，与煤矿床的有利位置和开发煤矿床的技术有关。另有些优势则以新世界的丰饶和左右新世界与欧洲之关系的客观形势为基础，这一部分会是第六章探讨的重点。上述这些有利的资源冲击反过来为欧洲争取到足够的时间来促成更多的创新，并共同改变了欧洲的经济发展潜力。当然，那并不表示拥有这一额外的喘息机会就足以说明欧洲日新月异的技术创新，但这两个因素联手并进，相辅相成。

因此，我在这一章中首先简短概述了西欧相较于其他地区的前景，强调该地与其他人口稠密地区的共通之处。然后我扼要说明了18世纪各地所共同面临的生态性难题，并发现西欧本身的人口密度虽然低于中国和日本，却也面临差不多一样严重的生态难题。到了18世纪晚期，西欧和东亚能进一步全面成长的空间已相对较小，除非有着制度上的重大变革、节省土地的新技术或大量增加土地密集型商品的进口。当时的日本仍有一些边陲藩地，如果能改变制度，就能将既有最好的做法应用在尚未被密集使用的土地上，增加那些地区的产量。欧洲拥有更多这类地区（尤以在东欧为然），而中国则相对较少。这三地都有核心地区（畿内和关东、英国和荷兰、长江三角洲和珠江三角洲），而在这些核心地区，只有靠技术上的重大变革、与边陲地区贸易量的大增，或同时仰赖这两者的加持，才能支持人口、消费上的进一步增长。

理论上，欧洲比东亚更有余力增加土地使用的劳动力密集程度，以支持人口的进一步增长；但欧洲的农业本质使其不可能充分发挥这些潜能。此外，这样的路线也不可能促成人均消费量的大增，更别提促成工业化。如果我们检视丹麦这个在大体上往这方向发展的欧洲国家，就会看到劳动力密集程度的提高有助于丹麦稳定其脆弱的生态，并维持其生活水平；但丹麦的人口与人均消费却停滞不前，无法替重大突破打下基础。

最后，我探究了所有核心地区如何通过与人口较不饱和的旧世界地区展开贸易，来减轻上述难题。在每一个核心地区，这类贸易都只能解决一部分问题，这不只因为当时无法克服的技术限制（例如高运输成本），还因为旧世界较发达与较不发达地区间的合意性贸易本身所固有的社会性、经济性限制。

我们似乎有道理认为，只有那些兼具相对较稠密的人口、具生产效益的农业和广泛且复杂的商业，以及庞大手工业的地区，才有可能出现工业转型。但这些衡量标准仍会使中国、日本，或许还有印度（尤其是北印度），仍和西欧属于同一类。

进一步思考，我们发现印度成为这类地方的可能性，似乎比其他地区来得低。印度本身的人口众多且稠密，但距其前工业时代最大的负载容量仍有很大的余裕。莫卧儿时期的印度，人口增长似乎比同时期的中国、日本或西欧慢了许多；以1600年至1800年的增长率估计，从每年0.1%至0.3%不等，1830年后才开始有更快速的增长。[1] 此外，在施行种姓制度的地方，该制度使组织相当紧密的专门人士独家掌控某些资源，以及（至少在理论上）使那些人和他们的后代能永远倚赖那些资源；这可能使在中国、日本和欧洲都较常见的资源迅速耗竭的现象在印度较不容易发生。在这三个地方，较难以抑制资源的过度使用，人们也较容易通过职业转换或迁徙来避免对已耗竭的资源产生依赖。[2] 尽管种姓制度似乎一直未能被彻底执行（即使在欧洲人所宣称的很看重它的地方亦然），但种姓制度很可能对经济成长、人口增长，以及资源耗竭，起了某种抑制作用（例如，在能够雇佣劳动力和职业流动的地方，人们得以在不用继承既有经济关系的前提下结婚；反之，种姓制度使得结婚的困难度增加，因而较可能出现人口增长遭抑制的情况）。

不管是出于什么原因，印度的政治经济制度和生态，看来不同于那些已非常接近其前工业时代人口高峰（且大大超过先前任何周期性高峰）的地区。考虑到就连人口稠密的孟加拉，在18世纪中期时仍有约三分之一未开垦的树林和湿地，那么18世纪晚期的印度，肯定还有非常广袤的森林。[3]这使得印度的农民还得以在某种程度上维持最常见的自保模式，也就是个别和集体逃离，因而不同于此举老早就行不通的中国、日本和西欧三地。过往的研究认为，殖民时代以前的印度统治者用心维持生态平衡，一直到英国人对木材和经济作物的需求、不限定继承的不动产权和19世纪的人口增长打破这一平衡；但晚近的研究已使此看法不再那么可信，因为同样的证据（包括官方烧掉森林以使逃税者、叛民和盗匪没有藏身之地的记录[4]），既削弱了殖民时代以前生态体制的浪漫形象，也提醒我们印度仍有某种程度的生态闲置和某种农民抵抗作风留存，而这是在欧亚大陆两端已相对罕见的。

由于未开发土地相对较多，印度精英常倚赖不自由的依附性劳动力，尽管也有许多"自由"的乡村无产阶级因为无法取得土地而为他人效力。[5]于是，诚如前面已提过的，尽管有大量印度农产品和手工业产品进入市场，但生产者往往未进入市场，而那意味着他们买的物品也较少，也较少面临"勤劳革命"中最重要的时间分配问题。

这些土地使用模式和阶级关系模式造成的结果之一，就是平民百姓所使用的日常用品，其国内市场出奇的小。事实上，就我们所能追溯到的年代起，印度似乎就一直是出口远多于进口（贵金属除外）。[6]外部需求与精英需求的改变，在解释印度经济波动上所扮演的角色，比它们在解释中国、日本或西欧的经济波动上所扮演的角色重要许多。学界普遍认为，在后面这三个地方，任何产量的增加都会通过付费给生产者创造出自己的需求（至少在约1500年后是如此，或在中国的话，是1000年后）。[7]在可借由驱使依附性劳动者更卖力工作和开垦处女土地来增加产量和精英所得的地方，精英不大可能为了发展新的生产工序而投资。[8]就算是能扩大一般物品产量的创新发明问世后，也未必能得到人们的青睐，因为太多人手头拮据，即使是在有庞大人口和相对较佳的运输系统亦然。此外，高明的印度工匠希望从创新发明中受惠，但客观环境使他在这方面没有多大把握。最后，在许多恩庇侍从关系里，在下位者看重有钱有势者所能给予的有形无形好处而追求这种主从关系，是以虽然肯定存在追求获利的心态，却可能不如在中国、日本或西欧境内那么强烈。

于是，尽管印度有复杂先进的商业和技术，但是工业突破出现在印度的概率并不高。在此值得再度提醒，印度是个异质程度很高的地方，尤以在政治不断变动的18世纪为然。在某些地区，社会安排（social arrangement）似乎一直朝着某些方向在走，而且那些方向和在"人口饱和区域"里的方向一样；江户幕府时代的日本似乎很适合拿来和这些区域做类比。日本在名义上曾制定出一套具有限制阶级作用的法定约束，但到了江户时期，这些限制愈来愈形同虚设。我们大概不该把印度想成一个走上与中国、日本或西欧截然不同之经济路线的地方，但我针对那些区域所描述的趋势，在印度的确比较少，且往别的方向推动的力量还强上许多。假使没有殖民主义存在，究竟哪些趋势会占上风，我们肯定也只能诉诸揣测，而日增的长程贸易可能对其中任一发展方向都有推波助澜的作用。[9]

至于旧世界的其他地方，人口增长距其前工业时代的最高峰，比印度的状况还离得更远，我们因而更有道理认为这些地方的发展路径，与西欧和东亚有着更根本的不同。从东南亚到东欧，这些地方稀疏的人口意味着精英往往无法轻易放弃依附性劳动力，反而加紧对这类劳动力的掌控，以回应新的产品市场需求。

这使我们必须把重点摆在中国、日本和西欧。这三个地方正好是"打破生物性旧制度"[10]且能在 1800 年前达到新人口密度水平的区域,[11] 绝非出于巧合。至少在它们的核心区域,稠密人口和大量的资本积累使精英(相对来讲较能随意运用具生产效益之资产的人)得以不需要依附性劳动力,且仍能以有获利空间的工资来找到工人。同样的,这些地方拥有最少的闲置土地,最少的遭不当配置之劳动力以及其他"闲置生产能力"。

因此,这三个地区对工业突破和能鼓励人们改造生产过程的制度有着最大的需要,但光是这需要并无法产生结果。于是,这些"人口饱和"地区都面临同一个潜在的死胡同。

这三个地区都没有食物产量立即减少之虞,但我们仍可以明显看到其他不堪负荷的生态压力。在中国和日本,粮食作物与纤维作物的产出赶得上人口增长,但为此付出了森林砍伐严重、山坡地水土流失和随之而来水患概率增加的代价(至少在 19 世纪时已是如此);在没有重要新农业工具(例如许多通过开采取得或人工制造出的肥料)的情况下,就连这种牺牲生态的劳动力密集型扩张都可能已接近其扩张上限。西欧在大体上的情况也是如此,但却有两个重大差异。

一方面,诚如前面已提过的,将西欧农业集约化的数种做法仍未得到充分利用,即使在 1800 年时亦然。于是,相较于东亚,西欧有着较多的"闲置"资源;若有制度上或价格上的改变导致有利可图,这些资源是有可能得到开发利用的。这样的改变正在慢慢发生,例如乔治·格兰瑟姆(George Grantham)在其论法国的著作中探明,进入市场机会的逐渐改善,使农民愿意改变他们的作物混种组合,使用原本未被充分利用的家中劳动力并改变自己的消费模式,从而使他们在 1850 年所卖出的谷物得以比 1750 年时多上许多,甚至在农技没有大幅变革下亦然。有人在德意志地区找到类似模式,只是较晚才开始。1800 年,"旧政权"(Old Regime)的土地使用

第五章　共有的限制

限制被废除，导致休耕地大减，随后农民即改种新作物和转而从事更具市场导向的农业。[12] 18世纪的欧洲农业仍留下不少有待改善的空间，因此欧洲在碰上马尔萨斯人口限制之前，拥有比东亚还要大的农业成长空间。

但另一方面，这一"闲置"无法被快速且轻易地运用来应付19世纪的新增人口和其他压力。格兰瑟姆的资料显示，各地转向从事较富生产效益之农业的时间，有着极大的差异，甚至在相对较先进的法国北部亦然。诚如格兰瑟姆在其他地方所主张的，甚至到了19世纪60年代，法国农业仍处于投资不足的境地，尽管整个经济里并没有资本不足的现象；问题在于制度的改变非常缓慢，并影响到农业技术的选择。[13]尽管法国持续自给自足，但其人口，尤其是城市人口，成长速度要比英格兰、德意志和整个19世纪的欧洲都慢上许多。

而在工业化与人口成长都最为快速的英格兰，即使在1750年时，这种可供运用的"闲置"资源也所剩极少，因为英格兰的市场机会和有利的制度性作为比法国更早普及，而这两项因素都会刺激经济的发展；其结果就是英格兰的农业生产力在1750年至1850年间似乎改变不大。[14]草料作物方面的改良，使更多中等土地得以被辟为牧草地和草料种植地，从而使上等土地能更专门用来种植谷类作物，但结果是生产谷类的土地和牲畜用的土地之间有了比以往更严格的区分，而吃得较好的牲畜所多产生的粪肥，则完全被留在经过改良的牧草地里，使谷物用地的肥沃程度和以往没有两样。于是，可耕地的每英亩产量和总产量未有增加，衰退的隐忧也始终未消失，[15]直到英国开始开采肥料、进口肥料，到后来合成肥料（大部分是1850年后的事）后，才有所改变。毛罗·安布罗索利（Mauro Ambrosoli）的著作指出，英格兰人非常用心地研究了欧洲大陆的习惯作为、一流的农业手册和他们自己的实验结果，但在怎么做最能维持地力并同时增加产量上，英格兰人并未将所有所学实际运用在农业上，因为那得用到高度劳动力密集型的方法，而英格兰的农民资本家（安布罗索利认为与欧洲大陆的农民不同），一心追求劳动力成本的最小化和利润的最大化。结果就是英格兰人采用的是提高劳动生产力的方法，而这种方法在根本上与许多论及最佳农技的文献背道而驰；事实上，这种方法在许多案例中反而阻挠了地力的保存。部分因为英格兰所采用的方法，使得19世纪时需要引入愈来愈多自家农场以外的磷肥和硝酸盐，才能维持既有的产量于不坠。[16] 换句话说，若没有新的工业投入予以挽救，英格兰有可能连维持既有产量都很吃力，除非它大大增加投入农业的劳动力。而诚如后面会说明的，有许多地方便是走上了劳动力密集型的道路，但那条路并未通往工业化。

即使有了这些新投入的工业，几十年来英格兰也仅能维持产出，难以有多少更亮丽的表现，而与此同时消费量却是大幅激增。根据汤普森（F. M. L. Thompson）的估计，英格兰每名劳动者在1840年至1914年的农业产出或许成长了50%，但由于劳动者减少，这代表在七十五年里的总产出或许只增加了12%；而1866年至1914年的谷物产量，则甚至是下跌的。在1840年时，新机器和来自农场外的饲料、肥料对农业产出的贡献还相当少，而到了1938年至1939年时，其增加的产量已达45%。因此我们可以很清楚地看到，这些新增加的生产力大部分来自某种在1800年左右还根本无法取得的技术。当时英格兰的农业已经非常具有市场导向，但即使如此，通过市场诱导的理性化也只能得到非常有限的生产力增长，[17] 而且其中有些生产力增长其实降低了农业的总体产出（尽管释出了劳动力给其他工作），更完全无助于地力维持。

此外，欧洲总人口在1750年至1850年间增加了约一倍，[18] 因此，欧洲大陆上任何闲置的产能都被用来满足地方的需求。在1836年时，整个西北欧已没有足够的谷物来做面包,[19] 而那时欧陆的工业化才刚要开始。在德意志,自拿破仑开始摧毁"旧政权"之后的五十年里,耕地面积成长了将近八成,但产出只勉强跟上人口激增的脚步(人口激增也部分肇因于"旧政权"的终结,因为"旧政权"既限制婚姻自由,也限制人投身原始工业型工作和其他雇佣劳动型工作的自由,而这些雇佣劳动型工作往往能促成婚姻)。事实上,在"饥饿的 19 世纪 40 年代"(The Hungry Forties)和那之后日渐增加的人口外移率,表明此地食物供给的成长很可能赶不上人口的增加。[20] 影响所及,欧洲大陆并没有愈来愈多的剩余食物可供卖到英国。

与此同时,英国本身的谷物、肉类产出已开始不足,这可以从小麦的相对价格暴增(从 1760 年到 1790 年便上涨了四成)[21] 和后来在拿破仑战争期间引发的严重问题中看得出来。为纾解自身食物的不足,英国首先是自爱尔兰进口食物,从 1784 年起爱尔兰议会对这些食物补贴约一成的价值。[22] 1824 年至 1826 年,这些进口食物约相当于英国自身农、林、渔业产出总和的一成(超过从德意志和波兰进口额的总和),到了 19 世纪 30 年代时比重又更高(当时的统计资料无法取得),[23] 但这个数字的增长幅度已几乎到顶;而在不久后,爱尔兰将会陷入喂不饱自己的惨境,且其农产品出口会大减(而且每下愈况)。随着英国的食物短缺愈来愈严重,英国最终得高度倚赖新世界的粮食进口,并在较低的程度上倚赖俄罗斯与大洋洲。

不过,英国在 19 世纪食物消费量的增长幅度,的确未如其人口增长和人均所得增长所预示的那么快。诚如克拉克、休伯曼、林德特(在第一章)所指出的,所有的估计结果都显示,即使有我们已讨论过的那些进口和会在第六章讨论的糖进口量大增之影响,英国的人均食物供给在 19 世纪时仍是停滞或下跌的。[24]

为什么人口在变得较富裕以后,人均热量消费量却没有增加呢？其原因肯定与工业化有关。随着在户外工作的人变少，食物需求量也跟着降低。1863年时，农业劳动家庭每位成年男子所消耗的热量，比城市劳动者家庭多出将近五成，而且食物上的支出比收入相同的城市劳动者还多。[25] 由于从事粗重、非机械化工作的人变少，这一转变能使每小时的热量需求降低三分之一至二分之一。[26] 此外，棉布成本的大幅降低（从1750年至1850年降了85%[27]）和家用供暖成本的大降，[28] 也大大降低了热量需求。[29] 在19世纪时，茶叶和糖的价格比其他食物更便宜，也较为普遍，[30] 且往往用来压抑食欲；[31] 因此，它们对降低英国人谷类食物需求的贡献，比糖所提供的热量占英国人所需热量的可观比重一事的贡献还来得大（第六章会进一步讨论这一点）。切记，所有这些改变若非与煤方面的突破性进展有关，就是与从欧洲境外进口的便宜原材料（棉花、糖和茶叶）的暴增有关。这突显了英国人无法以格兰瑟姆所提的欧洲大陆方式来满足其与日俱增的食物需求，从而更使我们相信，如果没有煤和殖民地的双重加持，英国势必将面临一场无法单靠内部资源来解决的生态困境。

此外，格兰瑟姆的论点（城市需求的成长，促使农民改采较具生产效益的作物混种组合，从而增加了供给）大部分仅适用于粮食作物。纤维作物则构成较严重的难题，主要是因为其对地力和劳动力有极大的需求。在英格兰大部分地方，亚麻和大麻基本上是园艺作物，其种植规模很小。就连政府的众多补贴都未能促成产量增加，从而使英国在这些作物上无法自给自足。但即使英国能在这些作物上实现自给自足，仍远不足以在纤维上达到自给自足，因为英国自18世纪晚期开始大量进口棉花，而且进口量有增无减。[32] 在法国，纤维作物很少被纳入定期轮种的作物，因为它们耗掉太多地力。尽管大麻的栽种从1750年至1850年的确有所增长，但只在城市附近，因为那里有供应无虞的人粪和畜粪。然而，城市附近土地的面积有限，且由于城市周边区域已能提供许多就业机会，因此这些农场便难以取得大幅增产劳动力密集型纤维作物所需要的足够劳动力[33]（在俄罗斯这个极端例子里，亚麻种植的确在增加，因为要在当地休耕并不难；然而，当地仍有不易解决的劳动力与运输问题）。因此，欧洲的农业或许能在没有进一步砍伐森林、土壤耗竭或技术突破的情况下，满足比以往更大的食物需求，但在纤维上，欧洲的应变弹性就小了许多。当布产量于19世纪的欧洲暴增时，欧陆所进口的纤维仍比中国或日本所必须（或很可能）进口的还多上许多。

如果纤维供给的价格弹性比食物供给来得低，那么建材与燃料（马尔萨斯所谓的四必需品里的后两项）供给的价格弹性又比前述两者低了不少。尽管造林能使每英亩木头产量高于天然林的产量，但当时各地的造林技术仍相当粗陋，1800年时日本大概还比中国和欧洲都先进一些。[34]虽然欧洲人涉猎热带地区的经验和东印度公司接管印度森林保留地一事，使欧洲人对造林的重要性与其技术有了宝贵的认识，但这一认识得要到19世纪40年代才开始用在欧洲。[35]毫无迹象显示18世纪晚期或19世纪初期旧世界有哪个核心地区能大幅提高其木头产量，我们反倒看到这些核心地区都面临木头需求上涨、本地林木种植面积减少，以及每英亩产量难以提升等问题。这说明了西欧和东亚的加速增长都面临严峻的生态威胁，而这是一个值得我们进一步细究的问题。

由于森林被辟为可耕地，燃料短缺在欧洲、中国和日本三地最发达之地都构成了重大难题。在欧洲，可想而知木材短缺最严重的地方，就是采行集约耕种的区域（从西西里到丹麦），但欧陆几乎每个地方都有木材短缺的问题；到了拿破仑时代，木材短缺已被视为严峻的全欧洲危机。[36]这一说法肯定有些夸大，因为斯堪的纳维亚和俄罗斯明显就不是如此，但这一认知的存在，却也点出欧洲对木材供给不足的忧心已是司空见惯。

如果同意布罗代尔的估计数据，即整个欧洲的燃料供给仍足以供给每人每年约0.5吨的标准煤当量，[37]则这将使欧洲的平均值大大高于当代所估计的亚洲农家所需的最低数量（人均0.33吨标准煤当量）。[38]但如果我们考虑到北欧冬天的严寒、欧洲较能量密集式的炊煮方法，以及欧洲效率低下的炉灶，那么布罗代尔的数据很可能并不代表当时欧洲人所过的生活，比当代亚洲乡村"最贫苦"的生活来得舒适。托基尔·谢尔高（Thorkild Kjaergaard）对18世纪晚期丹麦燃料使用总量的估计[39]，在换算后为每年每人0.55吨标准煤当量，而这与布罗代尔针对法国和整个欧洲的估计数据差不多。这一相对较低的燃料消费水平，使得1740年至1840年成为丹麦历史上室内温度最低、结核病也最猖獗的时期。[40]

平均值无法充分反映问题的严峻，因为木材无法以陆路运送到遥远的异地，这使地方上普遍有燃料短缺的情况。就连在森林覆盖率相对较高的法国，18世纪时仍有一些区域"已找不到木材"，"穷人过着没火的日子"。随着人口增长，这一情况只会更加恶化。

18世纪欧洲境内燃料价格的上涨速度，一般来讲似乎大大高于其他物价的上涨速度。[41]埃内斯特·拉布鲁斯（Ernest Labrousse）估计，法国的薪材价格从1726年至1741年和1785年至1789年，都涨了91%。在他的皇皇巨著中，这是涨幅最大的商品。1768年后上涨尤其快速，且涨势一直持续至19世纪初期，在那时蔚为一股"惊人力量"。[42]在英国，薪材价格于1500年至1630年已上涨了六倍，上涨速度比1540年至1630年的一般物价水平快了两倍；[43]对英国的许多地方来说，17世纪是能源危机时期。[44]1750年后，英国对木头、木炭、松脂制品和铁条（用木炭烧制成）的短缺始终未消。铁条价格从1763年至1795年上涨了一倍，而虽有关税保护和以煤为基础的产物大增，英国仍得从瑞典和俄罗斯进口愈来愈多的铁条。[45]在18世纪50年代进入英国港口的货物总吨数，

第五章 共有的限制

有一半以上是木材；而冷杉的进口量在1752年至1792年，增加了六倍。[46]

就连在能够凑集到足够炊煮燃料的地方，燃料都未必足敷工业所需；由于燃料短缺，18世纪欧洲数个地方的锻铁炉，一年固定只能运作几个星期。[47]事实上，根据粗陋的估计方法，在1789年时，光是要维持布罗代尔所估计的燃料消耗数据，就需要用到法国林地可永续产量的90%以上。[48]因此，即使完全没有浪费木材的情形，且所有木材都可轻易运送到需要木头的地方，可用来扩增窑、啤酒厂、锻铁炉或用来制造更多纸、船与房子的木头也是少得可怜。使用愈来愈多的煤（后面会再谈到），使英国许多地方、比利时、法国里昂周边地区和丹麦的木头荒（透过进口）得到大幅纾解，[49]但在西欧其他地方，则要到1850年后才能纾解。[50]

荷兰是个很有意思的例子。荷兰靠着上一章所提到的泥煤（或许可称之为准化石燃料）运行了颇长时间。由于荷兰投注庞大资源挖掘泥煤和建造运输泥煤用的运河，使其在16世纪至18世纪拥有特别充裕且廉价的能源供给。但长远来看，光靠泥煤仍不足以取得真正持续不坠且大规模的工业成长。[51]

这并不表示荷兰工业的困扰肇因于燃料供给问题。德·弗里斯和范德武德（A. D. Van der Woude）的研究告诉我们，不能把能源供给视为限制荷兰经济发展的因素，因为在工业衰退之际仍有许多泥煤尚未开采（19世纪泥煤产量大增），且进口的煤也能以比伦敦煤高不了多少的成本运抵荷兰；因此，化石燃料缺乏并非限制荷兰成长的因素。他们主张，泥煤产量停滞，乃是因为需求未增长，是以荷兰工业的衰落是出于数个原因，但并非燃料缺乏所致。[52]

这些论点颇有道理。而且泥煤当然是开采所得来的，而非每年生长。但荷兰人口、工业生产和人均能源使用量停滞长达一百五十年的状况，使荷兰成为一个特殊案例。除此之外，荷兰向西欧许多地方输出商业、金融和保险方面特别出色的服务，以及它长期以来倚赖谷物、木材进口却又同时能满足自身的纤维、燃料需求，这两点也是荷兰之所以特殊的因素。我们无须赘述原材料短缺会对任何先进经济体的经济成长造成何等的干扰，且除了燃料短缺这个限制因素以外，其他制度性的因素也可能导致发展停滞，荷兰的情况似乎就是如此；然而，任何大型经济体若要在人口和人均产出上都持续进步和增长，都会需要化石燃料或其他某种能大幅减轻土地制约的方法。在18世纪80年代，连人口成长停滞且有充裕泥煤的荷兰，都必须进口相当于该地泥煤产量约三分之一的煤。[53] 如果荷兰人口于18世纪初至19世纪初和英国一样增长了一倍，那么就连19世纪时出现的那种泥煤产量的急速增长，都只能维持每年每人200万千卡的能源供给；到了1815年时，即蒸汽机尚未大量使用前，英国经济已在运用以煤为基础的能源，并达到每人超过800万千卡的程度。[54] 而如果连泥煤的大量供给都不足以推动新经济，那么依靠每年种植的树木就更不可能达成。

另一方面，用来制造船桅等物品的较高级木材，面临了供给量更为不足的问题。这类短缺使英国试图将其新英格兰殖民地里的所有合用树木都保留给海军使用，并将许多商船建造业务转移到从魁北克到马德拉斯（Madras）的诸多有广袤森林的殖民地。在美国革命前夕，英国三分之一的商船都是在美洲殖民地所建造。[55]

就欧洲来说，英国的木材短缺并非特例，法国的状况只比它稍好一些。1789年时法国境内或许还有16%的土地为森林所覆盖，相对的于16世纪中叶时有超过33%的林地，自然也是少了许多。[56] 而据迈克尔·威廉斯（Michael Williams）的估计，到了1850年时，在其他"欧洲的岛屿、半岛"的大部分地方（意大利、西班牙、低地国家和英国），其森林覆盖率已降到5%—10%。[57] 丹麦的森林在1500年时约为其陆地面积的20%—25%，但到了1800

第五章 共有的限制

年时,尽管采取了大规模的燃料保存措施,森林所占陆地面积只剩下 4%。[58] 而诚如后面会提到的,这和中国的岭南大区(中国的商业发展和人口密度仅次于长江下游的地区)在 20 世纪 30 年代时的林地比例差不多。[59] 而尽管在斯堪的纳维亚许多地方和东欧某些地方,以及俄罗斯的数大块地区仍森林密布,但诚如后面会说明的,这些地区对纾解欧洲较"先进"地区燃料短缺的能力十分有限。后来成为德国、奥地利的那片区域,仍比法国有较大面积的林地,整体来说或许多了 25%;[60] 然而木材在德意志的部分地区也面临严重的地区性短缺,甚至早在 19 世纪人口、耕地大增之前就是如此。在 18 世纪晚期,整个德意志每年的木材消耗量似乎还是超过森林增长幅度,从而造成木材进口大增和德意志境内竭泽而渔式的大量砍树。[61]

与此同时,逐渐增加的食物需求也威胁到欧洲另一种能量的供应:地力。随着牧草地被改辟为可耕地,绵羊和牛的饲养数量似乎一直在减少(先前所讨论过的肉类消耗量长期减少就显示此点)。[62] 日益萎缩的森林也使养猪成本提高,猪的数量似乎也在减少。[63] 在丹麦,森林正变得特别稀少,因此 18 世纪时禁止牛进入森林,[64] 这虽然使更多树苗得以存活,但也大大提高了养牛成本,从而减少了粪肥的供应量。

这造成了欧洲许多地方在 17 世纪晚期和 18 世纪期间,每英亩农田所撒的粪肥在品质与数量上都下跌了,即使是在已开始以更集约方式耕种的某些地区亦然;[65] 至少在法国,衰退的脚步似乎在 1750 年后愈来愈快。[66] 在丹麦,从 1700 年至 1759 年,粪肥价格上涨了四倍,而作物价格则仅有微幅上涨。三叶草(苜蓿)最初似乎被当成恢复地力的灵丹妙药,因此在 18 世纪晚期丹麦的轮作农地里,有四至七成农地都种有此种作物,但这也衍生出其他问题:三叶草过度栽种导致土壤疲乏、三叶草病在植株本身的迅速散播,以及随之而来的产量下跌，从而使进一步改变势在必行。[67]

在英格兰，高度市场导向的农业和高识字率造就出为数众多有关农业改良的著作，因此与欧洲许多地方相反，英格兰的牲畜数量似乎在增加，尽管就地力保存来说，其前景仍远不如某些持"农业革命"论点者所表示的那么乐观。一份1787年来自诺福克的报告显示，名闻遐迩的"诺福克轮作"（Norfolk rotation）并未解决土壤退化的问题，至少对砾石多而泥土少的砂质土壤（light soils）是如此；三叶草的种植东一块西一块，分布不均，而且土地出现疲乏迹象。[68] 进口的三叶草品种和其他草料作物，其最了不起的作用，在于使次级土地得以成为良好的牧草地，并使最优质的土壤得以专供种植谷物。但这些新牧草地若要能永续发展，牧草地上产生的粪肥就得留在原地，于是这套做法既未纾解谷物土地的不足，也未纾解谷物供给的吃紧；它增加了农业总产出（谷物加上牲畜产品），但却未增加作物产出。[69]

于是，整体来讲，虽然土地管理知识渐有改善，欧洲某些最集约的农地（包括英格兰境内的这类农地）在19世纪初期时已面临地力严重耗竭的问题（但或许由于实行轮作和许多没有充裕资源供再投资的生产者早早退出农业，英格兰似乎并未像欧洲部分地方一样面临严重的水土流失问题[70]）。若非19世纪肥料（尤其是鸟粪）进口量暴增、磷肥的开采和后来合成肥料的问世，其本有可能会导致灾难性的后果。[71]

最后，因为过度放牧之后又砍伐森林，土壤也消失了。在18世纪匈牙利、普鲁士、瑞典、丹麦、英格兰、荷兰和法国沿海地区等大量砍伐树木的地方，漂沙和巨大沙尘暴（有时把土壤带到超过50千米外）相当普遍。[72] 还有一些原本是森林的地方，变成土质含酸性高的水乡泽国（因为其他植被的吸水性既不如树，且未提供同样有利于再蒸发的地表）；而为解决此问题，便需要投入大量劳动力进行泥灰施肥和沟渠挖掘工作。[73] 对法国、德意志部分地方的考古研究显示，18 世纪是欧洲史上水土流失最严重的两个时期之一，而且严重程度前所未见。[74] 此外，水土严重流失通常意味着会引发其他的土壤问题，[75] 而 1750 年后欧洲大陆西部许多地方传出产量停滞或下滑的情事，就是明证。

欧洲低地的水土流失现象，在 19 世纪得到大幅矫正（但许多高地的地力却从未复原[76]）。这有赖于以下诸作为的多管齐下：更好的犁地、撒粪肥技法（用到与中国老早就普遍使用的犁很像的改良犁）、再植林（得益于新的生态知识、更容易取得的非木质燃料和该世纪更晚时北美木材的输入）和废除残存的公地（随着公地萎缩和人口变多，这些公地遭严重过度使用）。19 世纪贫困农民迁移到城市（和美洲）一事，大概也有助益。此外，更容易取得海外农产品和来自自家农场外的肥料（先是开采来的肥料，后来是合成肥料），也是使 19 世纪期间更多欧洲人得以吃得更好，同时阻止土壤退化的功臣。如果没有这几种纾解困局的来源（新世界在此中扮演了重要角色），19 世纪欧洲可能会陷入生态急剧恶化的局面（中国某些地区似乎就陷入了此种境地），或者虽免于步入这下场，却得付出以下代价：人口增长减慢，生活水平变差，得让更高比例的人口留在土地上，以高度劳动力密集型和节省土地的技法务农，而非为工业提供廉价劳动力。

甚至出于某种理由，我们可以推测（但也只能推测），西欧的森林砍伐已开始对气候产生不良影响。在正常欧洲的降水模式下，整年降水分布会相对较平均，但 18 世纪晚期却出现了"欧洲季风"，也就是暴烈而集中（且往往高侵蚀性）的短暂降水期，与相对较长时间的旱季交替出现的现象。[77] 为何会如此不得而知，但这种气象模式比较容易出现在森林砍伐的区域。事实上，诚如前面已提过的，欧洲人才刚开始从数个殖民地的天候变化了解到这点，他们为了开辟种植园和提供海军用木材，过度砍伐了殖民地的森林。[78] 如今还具有这类气候的温带地区不多，遭严重砍伐的华北便是其中之一（不久后会谈到这地方）。此外，即使在森林砍伐或许还不至于影响气候的地方，砍伐也可能对土壤产生某些效应，而且那些效应与气候若变得较极端会发生的效应一样。当林地变成耕地时，地表最高温可能大幅升高（在新英格兰地区的某些实验里升高了华氏10至11度），最低气温则变得更低。此外，树木较少的陆地，由于留住积雪的能力较差，于是该陆地便失去一层保护毯，导致土壤封冻深度往往甚于以往。平均风速变大，也可能带来很严重的侵蚀后果：径流流速变得更快，使水灾和干旱都加剧并降低地下水位，即使大气气候没有改变亦然。[79] 在欧洲境内已没有多少农业产出可留存的那些地区，已快要遭遇这类改变（或不久就得投入更多的劳动力以避免这类问题）。换句话说，它们正面临一场若不好好处理，便可能会大大推迟工业化的生态危机。

中国境内的森林砍伐与地力衰竭：几项与欧洲的比较

有关中国乡村的量化资料很少，但我们知道地区性的资源耗竭往往十分严重。在长江三角洲，木材短缺导致大型建筑与船只价格暴涨。建造海运船只所需的木头成本，从1550年至1820年可能涨了六倍（米价或许涨了一倍），进而导致海外贸易所用的中式帆船（junk），有不少便从长江三角洲、福建和广东迁移到东南亚去建造。[80] 几个地区的中国人尽量避免将珍贵木材当燃料烧掉，而改用作物残余、禾草和粪肥来充当燃料。[81] 到了约1750年，至少岭南、东南沿海和特别是长江下游这三个大区，都已倚赖外部供给各种生态敏感性物品（ecologically sensitive goods）。这三个地区都进口为数可观的食物（就长江下游来说，进口占总供给量的13%—18%）

第五章　共有的限制

与木材，且长江下游（会耗竭土壤的棉花的主要产地之一）也会从东北进口大量豆饼肥料[82]（岭南的棉花大部分来自进口，19世纪时该地也开始进口较以往还多的豆饼；与长江三角洲不同，当时该地人口仍在持续增长）。

的确，中国高密度的人口，不免让人以为中国的生态问题比欧洲所面临的还要严重许多，但我们并不清楚是否真是如此。比起欧洲，中国或许较无机会扩大营造业和燃料密集型产业；且比起一个没有美洲殖民地的欧洲，中国也没有在维持既有生活水平的能力上面临较大的威胁。事实上，中国人的生活可能还比欧洲人稍微优裕一些。

受益于水稻的种植，华南的集约式耕种得以持续不辍（在水稻田里，大部分养分来自水而非土壤，而且一年生的水藻已足以填补连续24次栽种所耗掉的氮[83]）；而猪（重要的肥料来源）数量似乎也是有增无减。[84] 与此同时，拜愈来愈多的豆饼肥料之赐，享有灌溉之利的岭南稻田，其单位稻米产量也持续增加，在1750年至1900年可能就增加了一倍。在长江下游（18世纪时已大量使用豆饼的地区），其产量增长的速度于1800年后变慢，但有些地方，虽未大量使用新技术，仍似乎持续增长，甚至在20世纪30年代也未停止（合成肥料和杀虫剂在1900年后才开始出现，且要到20世纪60年代晚期才普遍可取得）。[85]

旱田地区的生态较脆弱，但比起西欧境内的旱田，情况仍出奇的好。根据我对约1800年时华北某个以种植小麦、高粱为主的旱田区域所做的粗略估计，每英亩田地所用的粪肥，或许比西欧多了四至六成。对于这种粪肥的品质，我们所知甚少，但我们有理由认为它的品质比西欧的还要好，且施肥的方式较能保住其养分。[86] 更重要的，典型的华北农场在平均六年一个循环的轮作里，会种上三次可固定氮的大豆，与此相对的，在假设平均混合的农牧轮作里，则是每六年种两次可固定氮的三叶草（在中国和欧洲实际的轮作情况，都因地域而有很大不同）。附录 B 估计了以华北和英格兰小麦田为样本的氮耗竭率。这一估计谈不上精确，但仍显示在土壤养分的保存上，华北（或许只有在棉花田是例外）优于欧洲"先进"农业的核心地区。[87]此外，覆盖华北许多地方的黄土还具有一重大优势：由于黄土的毛细作用非常好，因此能从地表底下异常深的地方吸取水和矿物质。若用某地理学家的话说，这使黄土只要能保持湿润就能有效地"自我施肥"。[88]我们手上的证据强烈表明，在 19 世纪中国的许多地方，其每单位作物产量仍是持续增长的，即使没有进口肥料或人工肥料的加持亦然；因此我们没什么理由认为在某些特定区域之外有很严重的土壤问题。相对的，如果没有鸟粪和他地开采的肥料进口，英格兰和其他地方的许多农民将无法维持他们在 1800 年左右时的产量水平。[89]

在欧亚大陆两端，纤维短缺可能都是个较为严重的问题。在中国，诚如先前已提过的，人均棉花产量在 18 世纪中期至 19 世纪晚期可能大减，但总产量则未有类似的减少。但即使是这样的成就，土壤仍可能要为此付出很大的代价，至少在未从东北进口大量豆饼肥料的区域是如此。当然，其与欧洲最主要的差别在于，从 18 世纪晚期起欧洲便已进口愈来愈多的纤维，最多的是美国棉花，其次是印度棉与埃及棉，后来还有来自澳洲和新西兰的羊毛。

中国在森林覆盖率和燃料供给方面碰到了较为严峻的问题，但大概仍没有我们所常以为的那么严重，而且（出人意表地）显然比西欧还轻微。据凌大燮的估计，林地在约 1700 时占中华帝国所有土地的 26%。[90]如果扣掉与帝国其他地方关系不大的四个偏远、人口稀疏的地区（西藏、新疆、青海、外蒙古），则中国其他地方的林地占比数据会是 37.2%。而且，凌大燮很可能太低估了华北平原的林地所占比例。[91]

第五章　共有的限制

然而，凌大燮的数据是针对1700年的，当时清朝的人口暴增潮才刚开始。那么1800年的情况会更糟到什么地步？18世纪时肯定有许多林地被开辟成为农田，特别是在玉米、红薯等进口作物的传播使人得以耕种原本不能耕种的土地之后；而从长远来看，开垦山坡地也会造成生态灾难。与此同时，从湖泊和河床辟出的新生地愈来愈多，导致河川流速变慢，河床更快淤积和水患加剧。但这些问题得在多年后才变得严重，而在1800年时，它们很可能和其他人口稠密地区所面临的问题一样轻微。例如说，移居高地导致水土流失和水灾变多的模式，在高度发展的日本畿内、关东两地区也明显可见，而且似乎还比长江流域早上至少五十年就达到水患几乎永远不退的境地。[92]

让我们先从长江下游谈起。这是中国境内与欧洲英格兰、荷兰，或日本的关东、畿内之类富裕但生态吃紧的区域最近似的大区。在18世纪中叶的长江中游和下游地区，抱怨低地过度开拓之事已是到处可闻；但大体上讲，因拓地而被牺牲的资源是水，而非森林，而且其造成的问题（大部分在排水上）尚不严重。[93]而在18世纪80年代之前，抱怨高地开垦造成生态问题的反而较少[94]（对社会问题的抱怨则另当别论，因为开垦高地者有许多是来自其他地区的移民，使"本地人"与"移民"起冲突时有所闻）。大部分长江三角洲的土地是通过填海、填湿地辟出的，而非由清除森林辟出，因而境内树木始终少于华南大部分地方；囊括大部分长江三角洲的江苏省，乃是南方省份中唯一一个在公元前2700年时森林覆盖率似乎就不到五成（46%）的省份。[95]而凌大燮估计，1700年时的江苏（主要由长江三角洲部分地区和华北平原的南延伸段构成），其森林覆盖率约为50%。这使该省能拿来和华北森林覆盖率最低的地方，以及18世纪的英格兰相比较。[96]

但森林距离长江三角洲并不遥远。位在江南南缘之外的浙江丘陵，晚至 1802 年时仍有森林覆盖，且在整个 19 世纪 40 年代持续有新开垦地出现；事实上，开垦速度在 1820 年后开始加快。[97] 而可归因于山坡地开垦的第一个水灾例子，也直到 1788 年才见诸记载。[98] 福建东南沿海地区（一如江南人口密度高且是造船重镇），似乎早在 16 世纪就有山坡地森林砍伐和水土流失加剧，以及水灾等严重问题，但这情况后来似乎趋于稳定而非日益恶化。[99]

尽管长江下游的生态问题日益严重，但大概得要到进入 19 世纪许久以后，才变得比欧洲与日本核心地区还严重。诚如后面会提到的，19 世纪欧洲最发达的地区已靠着地下和海外资源来大幅纾解生态压力，而日本则是日益倚赖从遥远外海渔业取得的食物和肥料来纾解这类压力，只是纾解程度不如欧洲。[100] 但即使有这样的纾解，日本人口从约 1720 年至 1860 年便始终停滞不前。有些学者也主张，尽管日本所得水平已格外高，但日本的人均所得从 18 世纪中叶开始便处于停滞状态。[101]

就岭南这个大概是中国商业化和人口密度第二高的大区来说，我们已可对其森林砍伐和燃料供给压力做量化研究。虽然这个地区到了 18 世纪晚期时肯定也受到生态问题所苦，但其木头供给量仍大于"欧洲的岛屿、半岛"的许多地方，情况甚至很可能比法国（常被人拿来与已开发但森林遭砍伐的英国相比）还好[102]（岭南在 1753 年时有 1750 万人口，1853 年时达到 3050 万；[103] 法国 1789 年时人口为 2600 万，土地面积比岭南大了四成左右）。

凌大燮估计约 1700 年时沿海省份广东的森林覆盖率为 54.5%，其邻省即正渐渐成为广东米仓的广西则是 39%。[104] 一如中国其他地方，1700 年开始的人口暴增潮令森林受创甚巨；但与长江下游不同，岭南的人口增长势头，历经 19、20 世纪，久久未衰。到了 1937 年，广东的森林覆盖率可以说只剩下约 10%，广西则只剩 5%。[105] 但我们欠缺这中间时期的数据，因此还必须做些估计。

第五章 共有的限制

一个简单的做法是利用人口趋势。根据马立博所编的数据,我们能算出人口增长与森林消失之间的平均关系:在广东每增加一人,就表示森林减少约0.4公顷,在广西每增加一人,则表示减少0.6公顷[106](广东除了开垦森林也开辟海埔新生地,还有许多非常集约的稻田,以及与广西不同的,也进口稻米,因此两广之间的这个差距可以说得通)。透过马立博每隔二十年估计一次的人口数据,我们就可利用这些平均数算出到某个年份时会有多少森林消失。这个方法很粗略,其偏差很可能使较早年代的情况看起来比实际上的例子还糟糕。[107] 计算结果可参见表3。

表3 岭南的林地面积(1753—1853)

	林地面积(单位:公顷)			森林覆盖率(%)		
	广东	广西	岭南	广东	广西	岭南
1753年	9,000,000	6,500,000	15,500,000	45	35	40
1773年	8,200,000	6,020,000	14,220,000	41	32	37
1793年	7,440,000	5,660,000	13,100,000	37	30	34
1813年	6,560,000	5,240,000	11,800,000	33	28	30
1833年	5,760,000	4,940,000	10,700,000	29	26	28
1853年	4,880,000	4,700,000	9,580,000	24	25	24

我们从表中可以清楚地看到林地持续减少的趋势,但1853年时岭南的森林覆盖率仍有将近25%,而当时人口密度则是每平方千米约77人;相对的,法国的森林覆盖率在1789年时已降到16%,且当时人口密度仍低于每平方千米50人。[108]

正因为岭南人口密度高于法国甚多,其较高的森林覆盖率可能还是会掩盖其木头较稀缺的事实。为查明这一点,我制定了两个简单但人为的衡量标准。其中一个是"人均可永续燃料供应量",用来估计在砍伐量未超过林地正常生长量的情况下，每年可采收到的热量（以吨标准煤当量为单位）。另一个是"人均工业木头供应量"，用来估计可供用于其他用途（从造纸、营造到作为锻铁炉燃料等）的木头量，并假设家庭基本燃料供应需求得到满足（但不超过也不浪费木头）。

可能会有论者主张，若根据这两个衡量标准，法国的情况会优于岭南，因为依赖每一公顷森林的人少了许多。但至少有四个因素能反驳这个说法。

第一，华南的人均燃料需求大概比法国低了不少，因为较温暖的气候较不会有取暖的需求，且中国人的炊煮方法比欧洲快上许多又更节省燃料；此外，中国的炉灶设计，不管是在炊煮上还是家庭取暖上，都普遍比欧洲的炉灶和（尤其是）敞开式壁炉还有效率。我在计算广东的燃料供应量时（见附录C），已配合这些差异做了一些调整，但几可肯定低估了它们的影响。[109]

第二，中国栽种树木和捡拾薪材的运输成本极低，因为其主要是在每家每户的院子里或附近种植小规模树丛，并较倚赖从浓密的小森林捡拾薪材。因此相较于欧洲会把小树枝和其他易燃物留在森林里，中国较有理由将它们一并捡去当柴烧。我们无法确定这造成了多大的差异，因而会在计算时略去这差异，但考虑到中国农家普遍会用额外劳动力（往往是妇女和小孩）来尽量利用资源，以弥补较稠密人口的生态成本，因此上述差异的存在也就不足为奇了。[110]（一般来讲，比起欧洲大部分统治阶层成员，中国精英很少打猎骑马，因此比起其他大部分定居型社会的支配团体，中国精英也较少花心思保留大片土地供低密度用途。从这个情况来看，相对较缺乏大片森林一事也同样不让人奇怪。[111] 这导致中国的土地利用效率较高、闲置资源较少；然而闲置资源较多，反倒成了日后欧洲的"落后优势"。）

第三，在亚热带的岭南，每棵树的年生长量几可肯定大于法国。

第五章　共有的限制

虽然我们可以估算出这一差异并纳入计算，但我并未这么做；这是另一个让我们的比较不偏袒中国的方式。

第四个因素或许最为重要，中国农家所使用的燃料，有许多不是来自树木，而是来自作物残余。因此，在法国，每当有林地被开垦为农地，都意味着该块土地所能供给的燃料彻底消失，而在中国，开垦出的农地还是可以生产燃料。烧农作物的残余不免危害环境，但未必构成大问题。同时，虽然此举将使原本会回归土壤的有机物无缘造福土壤（因为软体虫、细菌和真菌会把植物分解为可供植物吸取的养分），但据我们对氮流量的估计，这也不是大问题。另一个无法计算但或许更严重的问题，乃是从田里移除作物残余往往使更多土壤遭风蚀而流失。这个问题在华北比岭南严重许多（后面会探讨此点），因为华北一般来说拥有较沙质的土壤，因此从收割到下次长出根足以牢牢固着土壤的植物，得等上很长时间。为了便于比较，我会先忽略这些成本，至少在探讨岭南时是如此，然后估算燃烧作物残余的这一做法在满足该地区燃料需求上的功用。

在绿色革命之前所生产的稻子（和其他小型谷类植物），其可食用的部分还占不到全身一半的重量；因此，如果我们假设作物残余的数量相当于可吃之稻米的产量（我们对此产量已有相当清楚的了解），我们就肯定不会高估作物残余的数量。但有些作物残余也用于饲养牲畜，尤其是猪。虽然我们没有任何20世纪20年代前中国所养牲畜的统计数据，但有理由认为猪（主要的肉类来源）与人的比例改变不大；这使我们得以从20世纪的数据往回推算出18世纪的数据。我假设每人拥有用于干活的其他牲畜的数量和20世纪时的华北差不多；这几可肯定是高估的，因为岭南农民耕地的面积比华北农民小了许多（欲更了解资料来源、假设与计算过程，请见附录B）。

若把这个方法用在1753年岭南的食物产出上（一如马立博所重建的），我们可以得出以下结论：可供作为燃料的作物残余产生至少人均 0.08 吨的标准煤当量，差不多是今日亚洲开发银行所估计的最低需求的四分之一；更有可能的数据是人均 0.16 吨标准煤当量（18 世纪农民使用的燃料不可能比今日认为的必需燃料还多，因此假设他们使用的燃料比今日还多，从而认为他们面临严重的燃料危机，是十分荒谬的）。为了防止高估，只要不是由种植谷物、红薯和豆类的土地所产生的作物残余（涵盖相当广的作物），我都完全不予计入。马立博估计，1753 年岭南人口所消费的食物，很可能产自该地区仅仅三成的耕地。因此，即使在马立博的产量估计得减半这个不大可能发生的情况下，整个岭南地区专门用于种植其他作物的土地面积，肯定也超过总耕地面积的四成。而这样为了防止高估而不把来自这些土地的残余物计入的做法，无疑也会过度修正对利用作物残余获取热能的乐观估计。

接下来我们可以谈谈 1753 年和那之后的燃料供应量。把岭南地区每隔二十年增加的人口计入，再加上适当数量的牲畜，同时假设多出的耕地只满足了那一人口的食物需求（即使这项假设并不可能发生），并使用前面计算出的森林面积减少的数据，就会得出表 4 和表 5。表 4 显示岭南潜在人均燃料供应量的改变情况；表 5 则表明，如果每年所取走的森林产量不危及森林的永续，以及若先扣掉为满足可取得之作物残余与家庭最低取暖、炊煮需求之间的落差所需的数量，还有多少木头可供用于其他用途。

这些数据虽然不精确，却仍点出了两个重点。一方面，我们了解到即使在使用资源很有效率的经济体里，人口成长都会迅速地吃掉木头供应量。当我们记得表 5 的"非燃料用"木头得用在许多建筑、兽拉车、船和其他必需品上时，就能够清楚看出任何产业（使用燃料来漂白、染色的纺织业亦然）成长所需的能量供给都正迅速减少。于是，只要市场手工制品的成长有助于推动人口增长，这一股力量终将关上通往"勤劳革命"与工业革命的生态窗口；也就是说，除

第五章 共有的限制

表4 在木头没有其他用途的情况下的"燃料"供应量（单位：吨标准煤当量）

年份	供应量	年份	供应量
1759年	1.75	1813年	0.99
1773年	1.45	1833年	0.83
1793年	1.19	1853年	0.70

表5 家庭燃料需求之外的木头供应量

	林地（单位：公顷）	燃料所需的林地	剩下的林地	人均"非燃料用"木头（单位：吨）
1753年	15,500,000	1,650,000	13,850,000	2.85
1773年	14,220,000	1,675,000	12,545,000	2.25
1793年	13,100,000	2,260,000	10,840,000	1.73
1813年	11,800,000	2,469,000	9,331,000	1.32
1833年	10,700,000	2,956,000	7,744,000	1.00
1853年	9,580,000	3,339,000	6,241,000	0.74

非大规模改用化石燃料和进口初级产品，否则这样的结果似乎无可避免。事后来看（尽管只是事后来看），即将到来的生态瓶颈似乎大大抑制了人口进一步增长与人均所得增长，也抑制了走出农业的可能性。

另一方面，这些数据并不意味着马尔萨斯式危机就要到来，甚至晚至1853年都未意味着如此。岭南的情况似乎比法国在更早期所面临的情况还要好（法国已几乎是西欧森林砍伐最不严重的地区）。1550年左右，法国的总潜在人均燃料供应量是2.3吨标准煤当量，也就是满足基本燃料需求后，人均可采集木头为3.6吨；到了1789年，这一剩余量几已荡然无存。如果所有可采集的木头都被烧掉，燃料供应量会是约人均0.64吨标准煤当量，而如果燃料消耗量维持在布罗代尔所估计的人均0.5吨标准煤当量，则会留下人均约0.29吨的木头可用于其他用途。从这个角度来看，就连中国某些人口较稠密的地区，都没有面临特别严重的生态问题，日子过得似乎比经济发展程度相近的欧洲地区还要好。

最后，我们还得思考华北地区。这个旱田地区不只无法享有水稻的好处，还得肩负供养中国首都（始终是世上最大城市之一）的重责大任。到了1900年，华北许多地方已是生态灾难区，而且学界普遍认为这一情况已存在很久。凌大燮的1700年数据意味着当时山东、河南这两个华北省份的森林砍伐已很严重（森林覆盖率分别只有1.3%和6.3%）。完全位于华北大区的第三个省直隶省，情况好了许多（22.7%），而只有局部位于华北的山西省亦然（18.8%）。尽管如此，华北的情况还是很令人忧心。

整体而言，中国北部和西北部这两个大区大概是中国境内生态问题最严重的地区。中国西北部人口稀疏，因此我们暂且忽略该地区日益恶化的问题（尽管对当地来说十分重要），而把重点摆在人口多上许多的邻区华北。事实上，诚如第三章提过的，无论是从人均还是绝对数字的角度来看，华北非粮食作物的产量在1750年至1900年间都是下跌的，因为该地区愈来愈多的土地得用于生产粮食。但即使在华北，约1800年时的整体情况并不全都如此惨淡。尽管提高生活水平的可能性不大，但从生态的角度来看，保持稳定的生活水平和某种程度的人口增长，似乎还是有可能实现的。

1696年沿着大运河旅行的法国传教士杜赫德（Du Halde）在其著作中提到山东南部有广袤森林，而那里正是华北森林砍伐最严重、人口也最稠密的省份之一。[112] 整个18世纪，兖州附近地区（距杜赫德笔下人物所看到的森林不远）不断地利用大运河把薪材往北送到临清的朝廷砖窑。尽管运送的薪材不多，但这事也意味着山东并非如凌大燮所言那么缺乏林地。[113] 即使晚至1793年，据访问北京的英国代表团成员乔治·斯当东的描述，也呈现出一幅复杂的景象。

斯当东指出，华北平原大部分地区的树木都"分布稀疏"，[114]但同时也指出在某些地方，通常是墓地附近，有着大片树林。[115]他认为，尽管他所看到的华北乡村往往贫穷，但一般来说却不缺基本必需品。他还指出华北高粱的根，通常被拿去烧成灰来当肥料，但当"燃料不足时"，也会拿到家里充当燃料烧。[116]最后，斯当东指出华北境内的大运河两岸，种着成排的杨柳和其他植物以加固堤岸。[117]尽管这些树为数不多，但也意味着燃料短缺还不严重。等到了20世纪，当人们对木材的需求真的无计可施时，根本不可能防止这些树被人盗砍。[118]

凡是量化的估计都必然很粗略，但根据20世纪的数据往回推，却有可能得出合理的推测数据。我以山东西南部27个县为样本，这些县在1800年时的人口大约是500万。到了20世纪30年代，此地燃料短缺的严重程度，在整个中国已名列前茅，每年人均燃料供应量差不多是0.09吨标准煤当量，比当时孟加拉或非洲萨赫勒地区（Sahel）的最糟糕的地区还要糟。[119]因此，如果连这个地区在约1800年时的生活都似乎还过得下去（如斯当东的说辞所示），就难以不叫人惊讶。

根据一项粗略但非常保守的估计，山东西南部这个地区在1800年时的燃料供应量是每年0.62吨标准煤当量，比布罗代尔对同一时期法国能源使用量的估计数据还高了约两成，更比当代所估计的最低维生供应量高了将近一倍。尽管在该地的燃料供应量里，大概有超过四成来自作物残余，但这个地区1800年时似乎可能还有至少13%的林地。[120]这将使可供用于其他用途的木头所剩无几（例如乡村房屋用到许多晒干砖坯），更别提用于促进工业成长；燃烧作物残余，长远来看可能会导致侵蚀加剧和土壤养分流失（特别是与往后数十年进一步的森林砍伐和稍后会讨论的地下水位下降一起发威的话）。但在1800年时，此地的整体情况似乎并不比西欧大部分的地方还差。

因此，尽管人口稠密，1800年时中国土地所受压力大概未比欧洲（或日本）大上多少。至少就森林和土壤来说，中国的衰败速率大概比18世纪的西欧还慢。

在其他领域，欧洲可能也拥有更大的生态缓冲（ecological cushion）来减轻生态冲击。例如，由于复种制在东亚较盛行，使东亚在19世纪上半叶北半球气温降低（亦即太阳能突然减少）时，较难抵御随之而来的冲击。[121] 比较可以确定的是，欧洲仍有大量因为水源充足而得以转化为可耕地的草原和牧草地。1700年至1850年在俄罗斯以外的欧洲新增的农地，有将近三分之二来自这些牧草地，而人口、制度方面的历史则显示，这一转化大部分发生于1800年之后。但在中国（或更精确地说，在中国的中亚），大部分尚存的草原属半干燥草原，新增的农地几乎全来自清除森林或与水争地。[122] 因此，由于欧洲得天独厚地拥有相对较丰富的水资源，可能使其有更多的空间来处理土地压力的问题。

土地与水资源在其他方面也彼此相关。中国人用心捡拾小树枝、作物残余等物，既解决燃料短缺问题，也使被开垦的地较少，得以留下较多的树，但在其他方面，这一作为就没那么理想。森林砍伐最终导致土壤侵蚀和水患。就前者来说，诚如先前已指出的，在18世纪的中国，严重程度或许和欧洲一样；就后者而言，中国的情况则比欧洲严重。森林砍伐也导致土壤干燥（因为在森林被砍后的地区，降雨量变少，地面水分蒸发率变高，低矮植物将直接暴露于阳光下）。尤其是在干湿季颇为分明的华北，其气候模式较类似某些地中海和热带地区，而不太像北欧；[123] 随着境内森林消失，这一模式大概只会更加恶化。此外，随着黄土愈来愈干，它不再能透过其特别强劲的毛细作用从地底下提供额外养分给植物。最重要的，黄土质地非常轻，且随着森林砍伐移除了急需的防风林后，黄土特别

第五章　共有的限制

容易受到侵蚀（20世纪30年代发生干旱尘暴期间的美国大平原，其所丧失的土壤中，有许多也是黄土）。

因此，欧洲处理其燃料短缺的方法，可能比中国的方法更能符合生态保育需求（甚至在煤业勃兴之前就是如此）。在此应该强调的是，这不是因为欧洲人有意识借由维持森林覆盖率来防止干燥。虽然在某些欧洲人的热带领地（森林砍伐对气候的影响较明显许多的地方），已开始采取这类作为，但这些观念（有一部分从中国、印度那儿学来）要到后来才在欧洲产生影响。18世纪欧洲对树木的保育做得并不多，而且完全是为了取得足够的营造用（特别是造船用）和燃料用木材。[124]

缺水可能已是18世纪晚期华北部分地方的严重问题，但以我们现有的了解还无法对此做出明确论断。在19、20世纪期间，地下水位大幅下降，达到可能带来危害的程度；事实上，如今华北许多城市正同时面临水资源短缺和地下水位严重下降的问题。[125]但在18世纪晚期，这两个问题大概还不那么严重。当时的华北农民发觉必须挖更深、更高成本的灌溉用水井，尤其是如果想种棉花的话（当然长远来看这无异于饮鸩止渴）。[126]然而，一份1771年对紧邻北京南缘的地区所做的调查，显示仍有117处水泉和5座大湖存在，且与1420年的情况相比几无改变。[127]山东首府济南附近和山东西南部地面水的消失，也似乎主要出现于19世纪晚期和（尤其是）20世纪。根据1839年的《济南府志》，历城县内有湖7座、泉150处、井11口、池18座、湾18个；该志具体提到，该县72处名泉中，已有两泉消失，并列出过去（有时是遥远的过去）见诸记载但老早就消失的另外7道泉和2座湖（这个区域的前一部地方志完成于1785年）。[128]这意味着当时地下水位有所下降，但还不到剧降的程度。然而，到了20世纪20年代，几乎各方面记载都更详细得多的历城县志，这回提到只剩下5座湖、40处泉、5座池，以及4条小溪；该志具体指出，72处名泉尚存者已不到一半（1839年时还有70处泉存在），而且另外列出多个已消失或大幅缩水的水域。[129]因此，任何18世纪水井和地下水位下降的问题，都可能是日后问题的早期和相对较轻微的征兆；而到了1850年后，该问题便急速恶化。

我们已能借由后见之明，看出中国与欧洲两地在生态与经济关系上的某些重大差异。欧洲较难凭本地生产来扩大其衣用纤维和木头供应量，因为欧洲农业相对较不集约，（与东亚相比）劳动力供应有限（进而会妨碍亚麻产量的增加、较细心的燃料收集和作物残余的使用），而且欧洲可能根本没有机会以和19世纪人口增长相当的速度扩大其食物供给。不过，事实表明，欧洲可以透过长程贸易（先是棉花、鸟粪、糖、木船和松脂制品，后来是谷物、肉类和原木）来处理这些短缺问题。而另一方面，中国和日本则通过密集地使用劳动力和（后面会提到的）国内贸易，在国内满足较多这类需要；而且中国和日本这么做时，并没有使自己立即陷入生态困境。然而就长远来看，至少中国为此付出了不小的代价：其水资源供应的安全余裕缩小，且（或许）易受寒冷天气的危害。而这两个问题，都不是通过贸易甚或今日可轻易取得的技术所能解决的。

中国边陲地区的生态安全余裕相对较小，这使那些地区易因为官方效率或投入心力的降低而受害。官方心力的投入有助于处理这些问题，但这一投入在19世纪中叶时剧减。富裕的长江三角洲长久以来被认为会处理自己大部分的水资源控制和其他生态问题，因而较不受这一降低的伤害，但却大大受害于19世纪的内战和鸦片进口暴增等国家新忧患与新走向的问题。[130]

最后，人们一旦靠着集约式农业和燃料收集来养家活口，就很难改弦更张、改采欧洲的方式来解决问题。而日后的事实表明，欧洲的那些土地与生态问题可以通过殖民地、技术和化学予以解决。[131]反观中国，即使是在当代的条件下，也很难（如欧洲那样）

第五章　共有的限制

使足够多的中国人口投入出口导向型工业、进口更多的初级产品。这不只是因为要动用到的人口太多，还因为许多这类"剩余"的劳动者不像在原始工业里的"剩余劳动者"，无法在不加剧农业产出短缺的情况下投入工厂生产。

简而言之，19世纪的中国不像欧洲有着那些能够抑制生态衰退的改变。中国没有从效率极低的土地使用模式所产生出的闲置资源，例如公地共有制、三田制或专供爱马贵族使用的牧草地。中国也没有像欧洲一样从重型铁犁技术的传播中获得好处（深犁地有助于减缓土壤侵蚀），即便这项技术在中国已盛行数百年。中国同样也未能如欧洲一般引进植树造林的思想与技术。此外，贫困的农民也无法像欧洲一样，以工业城市或美洲作为另一条出路。而且诚如第二章曾提过的，尽管边陲地区的人民希望前往正在发展原始工业的长江三角洲寻觅赚钱机会，但社会习俗减少了其对当地生态所可能提供的纾解作用。中国既没有勃兴的煤业来取代薪材的使用，也没有来自新世界的大量土地密集型物品。从1800年至1850年，中国人口增长速度大概低于欧洲（1750年至1850年间的增长速度则差不多），且人口增长都集中在华北和长江中上游地区，而这些地区本来都是长江三角洲取得初级产品的重要来源地。因此，如果我们把中国在1800年左右时可能已在生态上变得比欧洲脆弱的几个方面（肇因之一是纤维生产仍自给自足）加在一块，并考虑到中国没有制度性的闲置资源、较难以改善土地的管理方式，也没有美洲那样提供人口出路和初级产品的地方，则中国与欧洲在发展上突然分道扬镳也就没那么叫人意外了。我们可以看出中国某些地区的生态在1800年左右时和欧洲差不了多少（尤其是中国的核心地区），甚至恶化速度还比欧洲来得慢；然而，当欧洲的生态开始趋于稳定时，中国却开始迅速地大幅恶化。反过来说，我们似乎可以因此想象，要不是欧洲具有多种纾解生态压力的来源（或至少具有大部分纾解来源），无论是来自新技术、迎头赶上的技术，或来自新世界的意外收获，则欧洲本来也有可能会陷入经济转型较少和环境较为苦难的境地。

经过上述剖析后，我们再回头检视丹麦这个例子。丹麦这个西欧国家在某些方面较类似于中国与日本，而较不像英格兰。16世纪至18世纪丹麦的海军兵力和商船数量都飞速增长（丹麦森林为此受创颇大），而且丹麦也以英格兰和荷兰为师，特许一些公司从事海外贸易和殖民地拓展，但丹麦最终未从海外扩张中得到多大好处，其土地、燃料和地力问题也都在18世纪变得严峻。尽管如此，在通过国内措施稳定生态上，丹麦做得比欧洲大部分地方好上许多，这些措施包括：有计划且大规模地用泥灰施肥，将沙丘整辟为可用地，开挖沟渠，系统管理森林，在同一块土地上施行农牧轮作并种植大量三叶草，等等。这些是劳动力密集型程度很高的措施，据谢尔高非常保守的估计，乡村劳动者的人均劳动时数因此增加了五成，[132] 而且在许多例子里，这些措施会需要大规模动用隶农（在18世纪丹麦隶农仍很常见）。[133]

丹麦的这些作为使农业在一个崭新且生态上更健全的基础上茁壮成长，但丹麦在1500年至1800年间城居人口比例没有增加，原始工业成长幅度也甚小；[134] 尽管有运输上的难题，但某些燃料密集型产品，包括玻璃，几乎都仰赖进口。[135] 尽管丹麦有为数可观的资本、良好的运输体系，参与了欧洲科学的发展，周边还有许多在文化上相似的工业化模式可供效法，但这个劳动力密集型模式仍然延续到19世纪。除此之外，尽管这些具有高度劳动力密集型特质的耕作种植、燃料保存和土地管理做法会导致劳动的物质生产率长期下降，但劳动力仍绝大部分都集中在农业。根据谢尔高的估计，从1500年至1800年丹麦的农业产出顶多增加了一倍（而且当中有愈来愈多的比例还必须用来支付燃料等进口物品的费用），但劳动力

第五章　共有的限制

投入量却增加了超过两倍[136]（在19世纪晚期的丹麦，劳动收益的确开始增长，但最初这主要不是因为实物生产力提高，而是因为其邻邦日益工业化，使丹麦人能以更高价格出售自家的农产品）。

于是，一旦走上通过乡村劳动力密集化来追求生态上的几乎自给自足这条路，就不易舍弃这条路线，至少在20世纪化学和机械的发展使农业得以更彻底的转型之前，还是如此。从这个意义上看，丹麦所走的路线较类似于18世纪和19世纪初期的东亚，而较不太像英格兰或佛兰德所走的路（这也是安布罗索利眼中英格兰在一场赌博里所岔离的"农民"路线，而且若非有鸟粪和其他非产自自家农场的肥料可以取得，那场赌博本可能是生态上的一场大灾难）。而即使像丹麦一样针对土地管理投入如此庞大的劳动力，其结果仍只是接近生态平衡；其煤进口量于1740年后有增无减，尤其是1820年后。[137]

只有通过后见之明，我们才能较清楚地知道欧洲的问题之所以比中国更易解决，是因为有技术变革、制度上的迎头赶上和新世界资源这三者的共同加持。18世纪晚期的东亚，相较于欧洲，无法被判定为"人口过剩"，因为东亚有较多的人生活水平和欧洲人一样高，而且在许多方面其生态吃紧的程度还低于欧洲。

就连中国人口在1800年至20世纪30年代的进一步增长（至少增加了1.5亿，甚至是2.25亿），都是在营养水平未有明显下降的前提下达成的。即使是在社会灾难特别严重、似乎特别符合马尔萨斯观念的20世纪初期，中国的青壮年人口的平均身高都可能有小幅成长（青壮年平均身高常被拿来作为替代一般营养程度的指标，尽管这个做法存在争议）。[138]尽管对非必需品的平均消费量似乎有所减少，但诚如第三章所提过的，这主要是因为人口增长集中在较不发达地区，使得生活水平相对较高的江南等地人民在全国平均消费量里占的比重变得较小。除了中国北部和西北部这两个可能的例外，没有多少迹象显示中国有哪个地方的生活水平下降。当然，19世纪中叶频仍的天灾人祸期间例外。由此观之，如果所谓的"生态危机"意指既有的期望可能不保的话，没有多少迹象显示1800年时（遑论1750年时）中国有"人口过剩"的现象和即将爆发的"生态危机"。我们顶多只能主张，当时存在有某种生态"瓶颈"，抑制了生活水平的大幅改善，同时也出现了某些迹象，暗示中国北部与西北部地区将会有更严重的问题发生。

整体而言，欧亚大陆两端都碰上了严重的麻烦。两地所遭遇之麻烦的程度（单单以国内资源为基础），差异很可能相当小。欧洲的主要优势在于拥有闲置资源（闲置资源是对密集使用土地一事设下制度性障碍而留下的），而不是因为有较高明的经济条件而得以实现渐近积累。当我们只把关注的对象局限于这些地区的内部资源时就会发现，最重要的差异乃是人口增长和原始工业似乎会极快速地关闭通往工业革命的生态之窗（ecological window），使经济生活和人均资源使用量所产生的剧烈改变可以在任何地方发生。工业革命要能发生，就得在某处找到大量意料之外的燃料、纤维乃至食物，甚至要使原始工业持续成长，都得保住这些东西。

要完全了解这些相当意外的收获所具有的重要性，我们得先检视最后一个大体来讲相似的领域。我已在前面主张，拜极高效率（和往往劳动力密集型）的资源使用方式之赐，中国、日本的核心地区在找出解决土地密集型资源短缺的本地良方上，表现较出色。但这些解决之道只能治标而不能治本（就木材来说尤其是如此），而且它们有赖于进口其他非本地的资源（例如用以减轻棉花田之地力耗损的东北豆饼）。简而言之，欧洲、亚洲的核心地区都需要通过与人口较不稠密之地区的长程贸易，来取得土地密集型资源。只要这个长程贸易是与旧世界其他地方进行的合意性贸易，欧亚大陆两端的核心地区就面临了类似的机会和限制；但以下我将会提出有力的理由，证明中国的核心地区比西欧的核心地区更成功地运用了这类贸易。

与旧世界的边陲地区进行贸易以取得资源：以斯密式办法解决准马尔萨斯问题一事的共通模式和限制

自由劳动型边陲地区里的进口替代

中国、日本和欧洲的核心地区都从人口较稀疏的地区进口土地密集型商品（尤其是能源类商品）。就西欧来说，这指的是从波罗的海和东欧进口谷物、木材和牛，以及后来从新世界进口多到超乎需求的产品。就岭南来说，是指从东南亚乃至印度进口商品；而江南则主要倚赖从长江更上游和其支流运来的稻米和木材，以及从1680年左右开始，倚赖来自东北的木材和大豆。在日本，16世纪和17世纪初期的庞大外贸，在1640年后遭到官府严厉限制，到了1700年，除了白银和丝织品方面的些许贸易，已几无外贸可言。[139] 但核心地区（苏珊·汉利和山村耕造将其称为"地区Ⅰ"）与国内其他地区（汉利与山村所谓的"地区Ⅱ"）之间发展出了某种内部交换模式。地区Ⅰ似乎在1720年时已达到其所能供养的最大人口水平，并输出钉、瓦、工具和皮鞋，尤其是纺织品。地区Ⅱ进口前述制造品，并输出稻米、木材、马和其他土地密集型产品。外围地区，尤其是位在极北边的外围地区，也是鱼的主要供应来源。从18世纪中叶起，渔获作为核心地区的食物和肥料，愈来愈受看重，人们也开始往愈来愈远的地方寻觅渔业资源。[140]

土地密集型的进口物得花钱才得以入手，而所有核心地区都想借由贩售制造品，尤其是纺织品，来满足此欲求；但这一交换模式面临至少两个可能的限制。

第一，出口原材料者往往会走上进口替代的过程，并借由此一过程开始自行制造他们原本进口的物品。而随着该地区主要出口品的生产收益开始逐渐减少（例如得从愈来愈远处将木材搬运到河岸才得以出口更多木材时），人们就会开始转业。在20世纪，许多第三世界国家的政府便刻意采用进口替代的策略以实现工业化，但长远来看，结果往往不尽如人意。[141] 结果，经济学家往往把进口替代视为一种欲阻止市场之"自然"趋势的操作，通过运用关税、补贴等做法来人为地改善工业萌生阶段的竞争力。但是在两百多年前，核心地区与边陲地区间的技术落差往往不大，而且不管落差是大是小，该落差都没有受到国际认可的专利权保护。此外，只有极少数的生产过程需要在初期投入大量的固定资本；而相对较高的运输成本，尤其是体积愈大价值愈高之类货物的运输成本，也提供了某种程度的"天然"保护。虽然某几类产业（例如养蚕和织造）生产过程太复杂，因而新入场者很难与已牢牢立足的生产者一较高下，[142]但还有许多产业生产过程是简单的。于是我们可以得出一个结论：在1800年前的世界里，进口替代并不是一个"人力所强加"的过程。在人们可自由转行从事别种生产、可自主决定要为自己生产何种物品、自主决定要用从其他劳动赚得的现金购买什么物品（亦即可自主决定要不要参与德·弗里斯所谓的"勤劳革命"）的边陲地区，进口替代的发生似乎相当自然。这一过程只在找不到某些特殊的原材料时、只在需要用到特别复杂之技能的地方，或者有政府或领主垄断事业阻挠的地方，才会受到阻碍。

事实上，进口替代最后扩及中国境内那些与长江下游和岭南有贸易往来的地区。而随着原始工业发展起来，长江中游原本输往下游的过剩稻米减少（既因为人口变多，也因为有些土地改种棉花以供应本地纺织业者所需），也使该地区较不倚赖来自江南的布。[143]华北在17世纪时已开始发展自产的纺织业，而随着此过程在18世纪里继续进行，华北输往江南的原棉也因此变少。[144]

华北原棉输出量减少的幅度，大概比长江中上游稻米、木材输出量减少的幅度来得大，因为华北固有的人口增长抑制机制较少，而且面临的生态问题严峻许多。一如长江中上游，1750年至1850年华北人口增长幅度超过帝国的平均值。但就和长江下游一样，长江中游的人口增长本身似乎具有自我调节的作用。19世纪中叶内战前的几十年里，随着土地和水资源益发短缺，该地区人口增长的速度也变缓不少。此后大概花了五十年，人口增长才从内战的摧残中复原。[145]尽管长江中游地区的土地与水资源蒙受极大的压力，但人口增长的放缓似乎来得颇快，因而得以避免重大的生态危机或经济危机。一个评估人口增长导致生态压力的有用指标，便是洞庭湖（中国第二大淡水湖）的湖面面积。居民们填湖、开辟出不少新生地，使得洪患大增，并使该湖面积从1825年至1850年似乎减少了将近800平方英里（占该湖原面积的13%）；但那之后直到该世纪结束，洞庭湖的面积大抵变动不大。[146]

另一方面，尽管发生一连串影响甚久、不折不扣的生态灾难，华北的人口仍持续增长，几乎未有停顿，而且从20世纪50年代起更是加快增长。在1850年前后，华北人口增长最快速的地方，出现在华北境内大体来讲最穷的省份河南。[147]我们并不清楚原因，但晚近对中国其他地方生育控制的研究，或许可提供一些线索。

李中清和王丰在他们论及中国人口体系的划时代新作中，强调了亲族的角色。亲族透过宗族组织或住在一起之数户的户长来发挥作用。亲族对婚姻内生育的约束是不可或缺的，并能通过收养来弥补这类约束所带来的损失，以在夫妻膝下无子时合理保障老年生活安稳和仪式传承不辍。[148]已有论者主张，让已成家的兄弟间仍保有牢固联系的社会安排，可以提供某种保险，使人较不需要通过生养更多小孩来避险。[149]在华南，宗族组织特别强大（但宗族组织的家户组成，其复杂程度平均来讲和华北一样低[150]）；而在辽宁，由数户共同组成的团体也特别普遍（辽宁是李中清和王丰乡村资料的另一项主要来源）。

但大体上来讲，宗族势力在中国北部和西北部并不强，而由数户共同组成的团体，（据确实零星的资料显示）在此也远不如在辽宁那么常见，反而比较多是基本上独立自主的核心家庭。在华北，兄弟分家产时（不管父亲或母亲是否还健在），不大可能像华南一样，搬离或创造出归更上层家庭单位所有之房产。[151] 即使原摆放家族祖先牌位和祭台的房间，都可能转作住房或被分割，变成每个兄弟各有自己的祭台（即使各兄弟仍围着一个共有的院子而居）。[152] 在这样的情况下，很难想象华北的大家庭能像江南、辽宁那样，以具体作为和观念宣导的方式，强烈左右核心家庭里所做的生育决定。于是，说不定是别种亲属体系，使在中国其他某些地区里成为抑制人口增长之重要力量的家户机制，在中国北部和西北部的作用相对薄弱，从而使这些地区更接近马尔萨斯、哈伊纳尔等人所误认为适用于全中国的人口动态。

不管华北人口急速增长的原因为何，该地区人口密度在19世纪40年代时可能已超过长江中游五成，尽管华北有着水资源较少、作物生长季较短和其他劣势。[153] 到了1953年，华北人口密度已超过长江中游七成。在这样的情况下，与长江中上游不同的，华北在1750年至1900年间非粮食作物的人均生产量几可肯定曾经减少；绝对生产水平甚至说不定也降低了。而如果原棉产量减少且当地又将更多的棉花纺成纱，则输往江南的棉花势必会大幅减少（详见附录F）。

不管边陲地区的这些发展过程，是像长江中上游那样达到相对较良性的平衡，还是像在中国北部、西北部那样未能达到平衡，这些发展过程都限制了较进步地区的持续增长和使其制造业更加专业化的能力。但在我们继续谈这些后果之前，值得进一步探讨这个过

第五章　共有的限制

程的起因。

截至目前，我都把这个发展说成理应出现的"自然"过程，如果边陲地区拥有大体上自由的劳动力且没有特殊的限制因素（例如殖民地垄断制）的话。然而，实际情况更为错综复杂。我们仍不清楚是什么因素促成这些边陲地区人口的增长，但外部对它们产品的需求和谋生机会变多一事，肯定起了某种作用。

人口增加和原材料出口减少之间的关联也并非那么单纯。在实行旱作的华北，光是劳动力投入量的增加，并无法使产量大增；而人口增长和环境不堪负荷则大概可以说明为何该地区有那么多剩余的劳动力得以投入手工业，以及原材料出口为何减少。[154] 光是人口增长本身，就已是木材生产地区出口为何减少的主要原因，因为粮食作物会与森林抢地，而当时对如何提高每英亩木头产量的知识还很粗浅。[155]

在长江中游，剩余劳动力也很可能提高了稻米产量；但我们并不清楚为何劳动力变多以后，剩余劳动者却没有比过去更加专注于增产稻米，也不清楚他们为何不自产布而是向外购买。事实上，珀金斯的零星资料显示，在长江中游湖南省的某些最以出口为导向的县里面，其每英亩稻米产量的确随着该省人口达到饱和而剧增。18世纪时达到长江下游水平的约六成，而到19世纪便已赶上。[156] 该地的耕地面积也大增，推测大多是出现在较落后地区。[157] 考虑到湖南人口从1775年至1850年增加了约四成（从1750年至1775年年均增长率大概更高，但相关资料非常贫乏），[158] 因此该省很可能得以维持住其人均食物产出，从而增加该省可输出的剩余食物。然而，湖南的实际出口数字却是下滑的，因此我们不得不推断，虽然湖南各大出口县份的产量增加幅度原本可能和其他许多地方相当，但之所以最终未能达到此一成绩，至少有一部分的原因是人们选择将劳动力用在别的用途上。许多清朝的官员就是这么认为的，这些官员把推动双季稻的失败，归咎于农民不愿付出必要的劳动力，哪怕当地环境就是适合如此轮作。[159] 此外，另一个导致出口下滑的原因是，那些把较多劳动力投入非谷物生产的人（不管是在低地织布的妇女，还是在山地种茶的男女），都仍会消耗稻米，从而减少可输出的剩余稻米。因此，劳动力如此重新配置并非不可避免的。

尽管劳动力投入生产出口品所带来的实质收益逐渐减少，但初级产品的价格却可能会升高到足以使持续专业化生产比多样化生产还划得来的程度。虽然前现代较昂贵的运输成本可能会助长地区的自给自足，但内河与沿海的运费往往不高，是以中国的边陲地区能继续将大量（但愈来愈少）体积愈大就愈值钱的物品运到江南和岭南。不免有人会因此认为，那些不希望船只空船而回的发货人，会以令人心动的运费招揽江南出口品的承运（尽管要在逆流回航时增加载重是一件比顺流而下江南时更棘手的事）。因此，我们还须对长江中游的原始工业化提出更进一步的解释，无论这个工业化是通过抑制出口进一步增长的力量，还是通过助长地区内多样化的力量来实现。

有一种可能的合理性（尽管只有少许资料可供了解），也许与当地的运输成本有关。一般在大区里，最肥沃、交通最便利，而且最靠近主要交通动脉之河川地区，会最先达到人口饱和。接着，人口增长便会开始不成比例地出现在远离这些主要动脉之处，而要从这些地方运出大体积的货物会有很高的成本。由于中国人均拥有的大型驯化牲畜少于欧洲或印度，也因此尽管（如第一章里所主张的）中国在整体运输能力上并未居于劣势，但运输成本却可能随着与河岸的距离的增加而暴增。但这项多有助于解释为何出口未与边陲地区的人口、耕地面积和总产出同步上扬，并未解释为何已定居在交通便利之地附近的人，在19世纪时出口反而较少，除非我们能证明他们开始拿初级产品换取较晚开发地区的物产。

第五章　共有的限制

　　这个说法可以适用在定居于主要河谷之外的某些群体。这些人在18世纪晚期和19世纪初期开垦并耕种山坡地，而且他们的人数急速增加。这一定居山坡地的现象，老早就有人认为与中国采用会在高地和劣质土壤上生长的外来粮食作物（红薯、马铃薯等）一事有关。[160] 于是，山坡地开垦一事就符合马尔萨斯的理论，亦即人口变多迫使人移往较劣质的土地，而新作物的适时出现，则又使他们得以在那里存活，或者新辟的粮食种植地使人口得以进一步增长。然而，这类靠劣质食物勉强维持温饱的贫穷高地居民，却与河谷里较幸运农民有出口剩余一事扯不上关系。

　　但高地农业还有着与我们的论点息息相关的另一面。许多在山坡地和原属荒地的土地上种出的作物（茶叶、花生和各种油籽作物），之所以可以有比较好的销路，乃是因为社会变得更富裕，而非只是因为人口变多。事实上，方行在晚近某篇文章中，就是以非谷物食物的消费增加为证据，证明17世纪至19世纪长江下游的生活水平有所改善。[161] 针对中国其他地方的饮食，则尚未有类似的研究，但长江中上游的低地稻农，其贸易条件和土地生产力都正在改善，[162] 似乎很可能会把他们部分的增加所得拿去购买各种辛辣调味品。如果真是如此，他们就会成为他们高地邻居的顾客，也许还会给他们一些稻米作为回报。该文强调，中国的非谷物经济作物的生产者也常种粮食作物，比如茶叶和红薯，因此其粮食产量可能也会同步增长，从而使他们比加勒比海地区"致瘾食物"的高度专业化生产者更不倚赖买来的食物。[163] 这类次要谷物在18世纪晚期和19世纪传播开来，甚至使湖南省一些原来食物无法自给的县变成净输出者。[164] 但是，某些原本送往下游的稻米，这时似乎也有可能转而送往上游山区。

　　至目前为止，我都把这项讨论局限在经济因素，特别针对市场力量在中国如何发挥作用予以详述，而未提出其他有力的解释因素。

然而，若要更加周全地解释江南重要进口品为何日益短缺，还有更多经济上的因素需要纳入。例如说，华北与长江流域之间的水路运输于1800年恶化，进一步抑制了原棉的运送；而在长江上游、西北部和西南部，鸦片的兴起成为棉花之外另一种可供种植的经济作物，可能也是原因之一，尽管此事发生于1850年后。[165] 除此之外，我们还需要考量与文化和国家政策有关的其他影响因素。

官仓、义仓制度就是这类可能因素之一。至少在18世纪，官仓和义仓在抑制季节性价格波动和歉收年价格上涨上颇有成效。诚如皮埃尔–艾蒂安·威尔（Pierre-Etienne Will）和王国斌所指出的，这一制度有助于减轻从事非谷物生产和从市场购买食物的风险。[166] 粮仓制度在18世纪时达到巅峰，但在那之后开始碰上困难。即便如此，仍有许多地方的粮仓到了更晚时仍运作良好，而与此同时政府则不再能像以往一样，在不同地区间大规模转移谷物以因应偶发危机，这使得粮仓制度在19世纪时仍能继续为谷物剩余地区那些选择多样化栽种的农民减轻风险，只不过粮仓已经无法发挥其减轻跨地区性生产专业化风险的效果。

中国的性别规范，则可能是一个更加牢不可破的因素。女人在室内工作（尤其是纺纱与织布），被认为比起下田干活来得更加"得体"。要不是这种心态（和对妻子缠足的偏好）的存在，则内陆家庭本可能会找更大的土地耕种或以更集约的方式耕种（从而有更多剩余谷物可卖），并且生产较少的布。

我们在第二章评估这些性别规范会对经济选择产生多大的限制时，已探讨过其中的某些问题，并已了解即使在江南，女人也要到1850年才完全不必下田干活。我们也知道，至少在18世纪中叶的价格下，我们不必搬出文化偏好，就可以解释这时期的乡村女人为何织布多于农耕（在米价较便宜的长江中游，相对价格大概使女人更偏爱从事织布）。但最简单有力的解释未必能全盘解释其真正的动机，而理想化的"男耕女织"家庭分工，由于受到明清两代（尤其是清代）的官方鼓吹而变得更加普遍，大概也真的助长了国内的进口替代。[167]

既然"男耕女织"这个家庭分工理想偶尔也会有不敌现实需要的时候，因此我们或许可将它视为一种被许多家庭心向往之的生活方式。而随着长江中游于18世纪晚期时开始变得愈加富裕，该地区就会有更多家庭能实现此一理想（这非常类似于在某些西方国家，当男人的收入负担得起让女人专职持家时，就会限制女人只能操持家务）。既然文化偏好并非自行落实（湖南男人得学会如何种植棉花，湖南女人得学会如何纺棉纱和织棉布），因此清朝官府借由传播耕织知识以鼓励家庭男耕女织之举，很可能就对文化偏好的普及有所影响。

此外，当中国内陆边疆地带（东北除外）在19世纪中叶已大体上人口饱和之后，这些性别规范大概也对抑制人口移回江南起了颇大的作用。只要在内陆仍可取得土地且大部分人的技能（和自我形象）与农耕牢不可分，大概就不会有大举往沿海迁徙之事。但尽管19世纪时的江南动荡不安，该地区的人均所得仍居中国之冠，而且随着其他地区的土地变得稀少，那些没有足够土地的人，可想而知会移往长江三角洲来寻找手工业和服务性质的工作，从而使江南人口再度开始增长、工资下降，并让其布料出口更加便宜。也就是说，如果女人能独自迁徙（迁往有纺织工作的地方）而不会被人指指点点，或如果织布并未被视为在丈夫（通过拥有土地或长期租佃）拥有稳固的土地使用权的家庭里，女人所应从事的理想工作，那么这类迁徙将是顺理成章的事。但由于这些文化偏好和心态的确存在（在江南，即使是租佃都需要可观的存款），很可能并没有乡村农户移往核心地区。以工厂为基础的城市工业兴起（其中有些工厂还为单身女工辟了宿舍），以及欧洲定义下的那种无产阶级在

1900年后出现，这两件事促成了这样的迁徙。这样的迁徙在此后又因为20世纪50年代中期以降中华人民共和国禁止乡民迁往城市，而再度中断。

清廷推动较不发达地区的人口增长和手工业发展，并且不只把这视为文化理想的一部分，还希望能借此让所得足以照规定纳税的家户数目最大化。为促成那些地区的人口增长和手工业发展，官府并没有单单指望市场动态。我们已知道清廷如何鼓励人民移往人口较稀疏地区，并为此提供移民资讯、投资基础建设，有时甚至还提供贷款。清朝的土地税政策，既有对江南和其他一些富庶地区所要缴给官府的重度税粮（其他地方未被课征的税粮）进行法定估价之事，也有让许多新拓殖区或再拓殖区免除税赋的实际作为，而这些土地税政策肯定有利于"边陲地区"发展，但同时大概也抑制了帝国头号核心地区的发展。

为了推广农业与手工业方面的最佳技艺，清廷也付出了虽然零散但相当重要的努力。例如引入新品种作物，以及雇用江南织工去其他地区传授技艺[168]（官吏不仕本籍和频频轮调的规定有利于这些作为的推展）。而在中国北部和西北部，清廷为使生态贫瘠地区的人民实现基本温饱，也付出了不少心力。最大的这类工程就是黄河水利工程（此工程还为满足其他目的），其在19世纪初期大概耗去官方总支出的一成多，比某些政府花在战争、还债和官饷之外的支出总和还要多。[169]

我们无法精确估量清朝官方政策的影响。尽管未能根本改变中国发展的格局，但肯定还是有所影响。在市场因素的共同作用下，清朝的政策将农业、手工业和商业挂帅的经济扩散到整个帝国。然而，这一影响大概不总是时时存在，而这样的影响是在何时改变，又为何改变，将会是个很值得探讨的课题。

诚如王国斌所指出的，晚明和清朝官员有两个将经济扩及帝国

第五章　共有的限制

全境的模式可供仿效。其中一个模式强调跨地区之间的贸易和专业化；另一个则强调要让大体上独立自主且自给自足的地区大增。这两种扩张在早期阶段通常都离不开朝廷的作为，但后一类扩张较不需要朝廷较高层持续不断的关注[170]。[或者至少当时是这么认为。然而如果考虑到地区性或本地性专制统治的长期生态影响，此说或许就不成立。此外，要谈互赖或自给自足的程度，我们也可以从许多不同的层次切入：上从帝国，中至施坚雅（G. William Skinner）口中的大区，下至本地的市场营销社区，这使得情况变得更加复杂难解。] 我在先前已经主张，在1750年以后，实际上的情况正积极往"个别治理"（separate cell）的方向转移，尤其是在1800年以后，朝廷似乎愈来愈不愿掌理大型工程，且即便朝廷愿意，其成效也往往较差。不同盛行观念的改变，在何种程度上能反映"何者较行得通"的认知变化，或是反过来，对何者较行得通的认知变化，能在何种程度上反映不同观念的盛行，乃至于官员眼界的变动、特定政策和经济大趋势三者关系的密切程度，这些问题都还有待进一步的研究来填补。

同时期的日本展现了有些类似的发展模式，只不过日本中央政府所追求的目标大不相同。日本主要核心地区，在约1720年后增长并不显著。事实上，在18世纪晚期和19世纪初期关东和畿内这两个地区的人口反而都减少了。与此同时，大约在1780年以后，几个边陲地区的人口和手工业都突然开始增长。[171] 江户幕府并未牺牲核心地区来推动边陲地区成长，但在1760年左右以后，江户幕府仍默许某些边陲藩的藩主，采行新措施来使这些藩将自身经济多样化，并能比以往更安稳地供养愈来愈多的人口。

土佐这个相对较穷并输出木材的藩，便是其中的一个例子。在17世纪营建热潮期间，为了提供木材给大阪（和为了支应土佐藩主服务幕府将军和定期前往江户报到的高昂开销），土佐的森林遭到严重砍伐，甚至还砍光了好几座山的树木。后来土佐为了满足愈来愈多的人口需求而欲在新开垦的土地上发展农业时，反倒频频受害于从光秃秃的山坡泻下的大水，而且农产量也还是赶不上人口增长的速度。土佐的情况到18世纪时变得更糟：人民的日常食物减少，甚至在18世纪50年代发生了好几年的饥荒。[172]

但在18世纪晚期，土佐的人口再度增长，生活也变得没那么困苦。这主要是因为该藩的专卖权遭到废除，导致高级纸之类出口品的小规模生产得以蓬勃发展。而这类专卖权之所以会被废除，乃是因为土佐藩主大大削减了他们在江户的昂贵开支和他们对幕府将军的服务。换言之，幕府将军得先同意这样的改变，这个边陲地区的负担才能减轻，其经济也才可以摆脱有害的财政压力。[173]

废除有害的专卖权和劳动义务，使边陲地区得以供养更多人口；而当此事在财政上变得可行时，这些增长的人口本身也有助于强化劳动自由化的趋势。在外围诸藩，随着人口增长，双季稻作也变多，而这种高度劳动力密集型且难以监管的耕作制度更为盛行一事，则助长了更小型农田和更大的租佃自主的趋势。畿内地区比外围更早两百年就发生了土地制度上的相同改变，而当时畿内同样也出现人口增长与双季稻作变多的情况。[174]

因此，虽然江户幕府并未像清朝官方那样致力于让国内人口与原始工业的分布更为平均，但最终也还是废除了让人口与手工业集中于核心地区的政策。同一时期的部分欧洲国家采用了背道而驰的做法，致力于打击市场以维持专业化核心地区的特权地位（但有成有败）。然而不管是出于什么原因，日本的原始工业与中国的状况一样，其地区性分工的程度远不如英格兰显著，反而是在家庭分工上较为显著。[175]

旧世界内陆地区的发展，并没有导致向它们购买初级产品的较先进地区立刻出现物资短缺的现象。就连人口稠密的长江下游都找

第五章 共有的限制

到了能让其继续用工业出口品换取原材料的市场，部分是借由往更远地方寻找市场，部分则依靠专攻其他地区尚无法与之匹敌的某些利基产品，例如较高级的织物。但这些过程都仍有其极限。

到了1800年，中国的木材商人已打入帝国的每个角落，有些木材甚至需要漂流而下超过1000英里才会抵达最终目的地。在工资较低的陕西，有些树木得拖运65英里才能抵达河边，比欧洲人用陆路运送原木的距离还要远（除了供应马德里的木头外）。[176] 不过，由于这类工作需要大量的自由劳动力，这类木材的价格高涨到连富裕的江南都吃不消。诚如18世纪某份史料所说，"木值百金，采之亦费千金；值千金，采之亦费千金"。[177] 此外，高昂的运输成本也可能产生一种吊诡效应：森林耗竭加剧，进口地区却未受惠，而这一情况与从家户院子附近的树木捡拾燃料时所获得的效率正好相反。例如在20世纪20年代，中国西北部森林的木材运输成本高昂，使得一整棵树只有其中最值钱的部位值得运送。这产生的影响不是使伐木速度变慢，而是增加了树桩的体积和伐木者留在地上的"废木"数量，延缓了森林的再生长速度。[178] 随着18世纪晚期的伐木业愈往更偏远处伐木，大概也产生了类似的浪费现象。于是，尽管中国的长距离产品市场效率甚高，却无法为日益成长的沿海地区无限期提供原材料。

同样的，日本核心地区即地区Ⅰ与其他地区即地区Ⅱ之间的贸易在18世纪时也碰上了类似的问题，尽管这在日本可能不像在中国一样那么快就造成问题。在地区Ⅱ，进口替代日益兴旺，诸藩里的农民也愈来愈常涉入现金经济，尽管这两件事仍受"大名"专卖权的掣肘而稍稍变慢。[179] 于是，到了19世纪，地区Ⅰ许多未受到挑战的出口利基产品，仍是以地区Ⅱ人数不多的精英为销售对象的奢侈品。与此同时，日本内陆地区的人口增长（这一增长即便在地区Ⅰ的人口已停止增长后仍然在继续），减少了内陆土地密集型产品的剩余数量,并导致木材等物的产出在18世纪时停滞不前。[180] 整体来讲,诚如康拉德·托特曼(Conrad Totman)所说:"德川社会在扩大其生态基础上碰到了前所未见的难关。"[181] 即便核心地区的人口增长趋零,木材与稻米贸易实现自由化,[182] 以及地理环境让大半日本享有便捷的水力运输,但这样的生态难关还是因此而发生了。

较不自由与较少弹性的边陲地区

与东欧贸易的西欧人则碰上另外一种限制。与中国内陆不同,东欧到处是靠强迫性劳动力来经营的庄园,而且这些劳动者受迫的程度不一。普鲁士的农民有时能靠打官司以捍卫自己的权利,但贵族地主(容克,Junker)控制着法院,农民要打赢官司并没有那么容易;[183] 而在梅克伦堡(Mecklenburg),在波兰和俄罗斯,农民讨回公道的司法渠道更少。农民不是没有逃走的可能,但真的这么做的人,可能得冒失去仅有权利[184]和遭到严厉报复的风险,因为逃跑的俄罗斯农奴往往会被遣返。庄园主无法杜绝逃跑之事,但他们的因应之道似乎比印度和东南亚境内义务劳动者的"主人"更有条理些,因而产生了颇大的吓阻效果。波兰农民逃跑成功的概率一度甚高,但在18世纪时变得愈来愈困难。[185] 晚近的学术研究表明,就连东欧领主的管辖权都是"经协商产生",而非单纯强加在子民身上,但这还是创造出与较自由地区所见大不相同的动力。这些差异意味着,相较于中国内陆地区,这里的人口增长与进口替代较为缓慢。但诚如稍后会提到的,这些差异会以别种方式来限制出口增长。

相较于自耕农或雇佣劳动者的雇主,高度倚赖强制性劳动的地主则晚很多才经历出口生产收益降低之事。至少就理论上来说,就算农奴多工作一小时,也完全不会增加领主的成本,因此即使是难以取得的木材,领主都没必要以天价出售。而靠依附性劳动力来耕

第五章　共有的限制

作的农业，即使是在自由劳动（甚至是低工资的自由劳动）世界里会被视为离谱的条件下，依然能够持续成长。例如有的时候会为因应价格下跌而提高产量，以维持领主的收入。[186]

事实上，劳动力的榨取对象不只有顺从的农民。诚如威廉·哈根（William Hagen）所探明的，普鲁士在16世纪谷物产量暴增期间，其强迫性劳动力大增的成果，有一部分因农民按规定要上缴的实物和现金减少而被抵消掉了。因此，这一劳动力的确对庄园主构成一重大成本。此外，农民（不情不愿地）接受强迫劳动的增加，有一部分是因为增加幅度还算合理，让农民仍有足够时间（和使用自家马匹）耕种自己的田地，而这也意味着先前有关"农民不堪强行增加的劳役压榨"的说法很可能流于夸大。事实上，农民在自己田地所栽种的相对较需要密集投入劳动力的园艺作物似乎变多了。而这无疑有一部分是随着人口增长和领主运用好几种优势将多余的农地据为己有，并导致这些田地变小之后，所不得不采取的因应措施；但这也很可能反映了农民实物与现金支付额的减少，从而意味着农民能以较少的谷物收成过活。[187]如果农民增加为领主种植出口作物的工作时数，而且以更劳动密集型的方式去耕种自己日益缩小的田地，则劳动总投入量很可能会增加，可能会比在出口需求推高农民每小时所得，且使他们能选择享有较多闲暇和消费的情况下会有的增加量还要多。于是，此地"经协商产生的领主管辖权"所产生的冲击，和较古老且片面强加的"农奴制"会予人的冲击，很可能差异不大。在梅克伦堡、波兰的大部分地区，在立陶宛、俄罗斯和其他许多地方，某种类似于农奴制的制度或许仍然适用。

与此同时，东欧境内城镇与原始工业的薄弱发展，也使其持续维持出口导向，减少了我们在东亚边陲地区看到的那种进口替代发展的可能性。东欧城镇为何会在中世纪晚期和近代早期遭遇成长停滞和没落，各家说法不一，有的强调来自其他工商重镇的竞争，有的强调多场战争带来的冲击，也有的强调从根本上限制城镇规模扩大的落后农业，还有些人则强调贵族不计代价存心要打破资产阶级势力（和不让农民在城里有栖身之所）的作为，更有些人强调催生出东西欧间新分工模式的谷物产量暴增一事。[188]

不管出于何种原因，东欧的纺织品生产早在 15 世纪就开始逐渐衰退，而随着谷物出口的增长，纺织品产量更开始全面衰退。[189] 但也有些地方例外，像是 18 世纪的西里西亚和波希米亚部分地区，以及奥地利阿尔卑斯部分山区等地，纺织品的产量却是快速增长的。但这样的增长通常发生在诸领主权力管不到的地方，亦即缺乏良好土地但也少有强迫劳动的山区。[190] 而在绝大部分的东欧大平原，由于庄园势力较大，乡村工业远远落后于西欧的乡村工业。[191] 在哈布斯堡帝国治下的匈牙利，尽管不是波罗的海国家，且要到后来才成为西欧进口谷物的主要来源地，但匈牙利的确从"漫长的 16 世纪"起就输出牛、葡萄酒和其他土地密集型产品。直到 19 世纪六七十年代为止，匈牙利都有超过八成的劳动力投身农业。[192]

另外还须考量的点是，出口兴旺和原始工业蓬勃发展一事，对东欧人口所产生的冲击，大不同于其对劳动自由地区人口所产生的冲击。在较自由的地区，出口兴旺和原始工业发展往往会导致雇用更多劳动力，并促成早婚和生养较多小孩的现象。尽管有着普鲁士这样的例外：当地领主本想透过增加强迫性劳动力来回应 1763 年后重新上涨的谷价，然而眼见此举遭遇愈来愈强的抵抗，且其效率也愈来愈低，普鲁士领主们最终确实使用了更多的雇佣劳动者，从而使更多人以独立乡村劳动者的身份定居于他们的土地，并使新家庭得以更快形成。[193] 但就目前所知，像普鲁士这样的例子在易北河以东的其他地方并不普遍（事实上，18 世纪时强迫性劳动整体来看是变多的，有时增至一星期要工作六天），而就连在普鲁士境内，这一模式主要也都是在废除强迫性劳动前的五十年里才开始出现

第五章　共有的限制

的。[194]再者，即使有些强迫性劳动力能在废除前就先转为雇佣劳动，这趋势也不是稳定不变的。与此相反，随着雇佣劳动者变得愈来愈多，他们反倒也变得比较像是早期那些负债缠身的农民。在1763年时，这些按日计酬的散工为了要拥有房子、菜园和牲畜吃草权，得付出9.5塔勒（taler）的银币（一塔勒约合一名乡村散工一星期的现金工资）作为租金。雇主以实物支付他们打谷的酬劳，并以现金支付其他几种劳务，当时这些散工每年只需要提供6天的无酬劳动。然而到了1808年时，虽然租金已减为5塔勒，但他们每年却得付出65天的无酬劳动（这还不算打谷和耕田等重活），几乎相当于一名"纯农民"背负的义务之四成，而且纯农民还是在比这些散工大上许多的土地上工作。[195]

比起西欧，东欧原始工业的发展较无助于使人结婚成家，或使人口增长变快。在于尔根・施伦伯姆所深入研究的一个区域里，就连18、19世纪时大型亚麻业的成长，都很难为无地者提供多少机会。事实上，这一产业的劳动力大部分来自那些已拥有足够养活全家之土地的"自耕农"和依附他们的乡村劳动者。拥有大片土地的庇护人依旧拥有控制这些乡村劳动者结婚成家的权利，而且往往不希望底下出现太多家庭。人口的确有所增长，但其幅度却非施伦伯姆早期著作里认为的那种与原始工业化密不可分的暴涨幅度。[196]维尔纳・勒泽纳（Werner Rosener）探究了约1800年时的整个东欧，并估计有10%至15%的乡村人口是大庄园上的家仆，而且这些家仆普遍无法成家。[197]例如在奥匈帝国，一直要到1781年，农民才得以不受领主干预，自主结婚。[198]

这种体制也使往东欧移民的人数始终不多，即便是在东欧人口密度相对较低之时亦然。当时曾有一些拓殖计划，主要是在普鲁士（有将近30万的拓殖者被带进普鲁士开垦、排干并占据湿地），但也有部分是移入到加利西亚、立陶宛和俄罗斯三地的部分地区。为使这些新佃户不至于打退堂鼓，统治者通常得保证让他们享有个人自由，并给予他们世代拥有自家农场的权利和数种免除规费的优惠。[199]但这些做法并非惯例，而且授予的土地原本都是荒地。最好的土地无法吸引移民前来，因为只有少数西方人会接受该地的耕种条件。此外，尽管往东欧的移民潮（大部分是德意志人）早在12世纪就开始，且一直持续到18世纪，但对当地情况的影响却愈来愈小。较早期的移民既带来新的农业技术，也带来耕种者享有权利的观念，从而影响了他们在普鲁士、波希米亚和波兰部分地区的斯拉夫人邻居；但在18世纪迁徙到更东边地方［主要是布科维纳（Bukovina）和俄罗斯］的人，其对当地的影响却很小，因为他们的人数相对周边族群来讲太少，而且太孤立。[200] 由此可见，当我们以为会有更多人像西欧人口的趋势一样往东移（随之把观念带过去）时，实际上移去的人却愈来愈少。

于是，势必有某些制度性的力量减缓了东欧朝人口增长、原始工业化和偏离出口导向发展的趋势，而且这些力量之强大远甚于日本边陲地区，更甚于中国内陆地区。这同时也使得西欧有更多的机会可以不断地拿制造品来换取东欧的初级产品。考虑到抵达英格兰码头的波罗的海木材，其价格就已是立木价格的20倍左右（且都还未经过任何加工），那我们就会了解欧洲东西两端在购买力、资源和机会成本方面的差异。根据我手中有关江南和中国偏远内陆地区木头价格的资料（虽然资料不多且不甚精确），江南与偏远内陆地区的木材价格比很可能是10：1。[201]

但这类贸易伙伴也会为西欧带来不同的问题。首先，僵固的制度限制了东欧增产的能力。其次，对制造商来说，东欧不是个很好的市场，从而限制了西欧购买东欧初级产品的能力。因此，尽管依附性劳动力有助于稳定东西欧洲境内的贸易模式，但也使这一贸易的规模始终相当小，从而愈来愈无法满足西欧对土地密集型产品的

第五章　共有的限制

需求。接下来我们不妨先探究阻碍产量增加的因素，再来探究东欧对西欧物品相对较小的需求所带来的问题。

强迫性劳动往往没有多大生产力，因为不管是领主还是农民，都不会花多少心力从事改良。因此值得注意的是，当普鲁士贵族地主开始在自己的农场上投注更多的资本时，他们也开始使用更多的雇佣劳动力。[202] 还有一点同样值得我们记住，即东欧的领主制（一如西欧许多地方，只是西欧的领主制较为薄弱），不只涉及领主与个别农户间的关系，还是领主与整个村子间的关系。这样的领主制有助于复制几种共有财产（例如林地、公共牧草地和露地），而诚如先前已提过的，要更动这几类共有财产极难。借由维持这类"闲置资源"，东欧的制度可能会事先留下一批可供输出的剩余谷物以供未来之用；但从短期的角度来看，这也使得东欧很难将这类闲置土地用于生产谷物，不管价格诱因有多大皆然。[203]

诚如第二章已提到的，德意志境内公地的废除提高了产量大增的可能性，但这要在拿破仑时期之后才有可能。在哈布斯堡王朝的领地，农奴解放来得比较晚，休耕制的衰落也来得较慢。1750左右年时有33%的土地休耕，到了1850年也只降到25%。[204] 在波兰和匈牙利，迟至19世纪中叶时才开始以新的轮作制取代休耕制。事实上，就连两田轮作休耕制都要到19世纪中叶才从这些地区彻底消失，而在俄罗斯、罗马尼亚、保加利亚和塞尔维亚，此制仍持续不辍。即使是在连接农场与港口的铁路开通，以及1829年博斯普鲁斯海峡开放给俄罗斯船只通行之后，这个制度都仍然存在。在俄罗斯部分地区，两田轮作休耕制一直沿用到农奴于19世纪60年代获得解放之后。[205] 一般来讲，愈往东，新技艺传播的速度愈慢。因此，农奴解放前东欧的谷物出口量，长期维持在比生态所能支持的水平还低的水平上。而这除了有其供给面上的理由，诚如后面会提到的，还有需求面的问题存在。

东欧（和极北欧地区）所购买的西欧制造品并不多。东欧大部分农民几乎都不买进口品，因为他们大部分都被排斥在现金市场经济之外，而且城镇居民为数不多，买得起进口品的领主人数更少，难以创造出多大的市场。在普鲁士，至少"自耕农"所卖出的自家谷物，似乎足够让他们买得起大量亚麻制品和其他制造品；但即使在普鲁士，这类家庭的数量都远远少于较穷的"半自耕农"、乡村劳动者和奴仆。在波兰，买得起许多制造品的平民似乎很少见。[206] 在斯堪的纳维亚的大部分地方，农场主和森林居民为自由之身，但他们人数也不够多，不足以撑起广大的制造品市场；因此，向他们购买东西的机会同样不大。[207] 西欧人的确成功地将他们自产和来自欧洲境外的奢侈品（亚洲香料和丝织品，以及后来的新世界的糖）卖给了上层阶级，但他们从东欧进口的物品，约三分之一得用白银购买。[208] 而在货币化程度有限的经济体（如俄罗斯），或货币化正在进行但经济规模小的经济体（如挪威），白银就很可能变得供过于求。

欧洲与东南亚的贸易也始终摆脱不掉类似的需求面问题，尽管两地由于距离的缘故，大体积产品的贸易在汽轮问世前十分有限[209]（而且诚如第四章已提过的，有许多后来供应出口的土地在18世纪时的东南亚尚未被开发利用）。中国、日本与东南亚的贸易，情况则较复杂，有好几种货币媒介往不同方向流动（意味着主要的驱动力是套汇活动，而非达成贸易平衡）[210]，许多中国货被人买去以便运到更西边脱手获利。但每个卖货到东南亚的人似乎都发现当地市场不大，因此不管是哪种商品，只要是大批运来，都很可能在港口造成供过于求的情况。[211] 与此同时，从南亚、东南亚运往中国、日本的初级产品（越南与泰国的糖、印尼的胡椒等），因为有着大得多的市场，反而就未面临类似的"供过于求"问题。事实上，若非这些路线两端的当权者对参与经商者设下限制，其中某些商品的销

第五章　共有的限制

量很可能还会多得多。[212]

在进出口方面，印度又扮演了复杂的中介角色。就与中国的贸易来说，印度主要出口农产品（棉花、靛蓝染料和后来的鸦片），以及再出口从更西边处入手的部分白银。印度从中国那儿则入手黄金和多种奢侈织物（然后再出口其中的一部分）。这里提到的黄金肯定充当货币和准货币（例如需要黄金时常把金饰熔掉），但充当价值储藏物的情况，多于充当官方支付媒介和（最少见的）日常交易媒介的情况。事实上，许多黄金的流通颇慢，因此可以把对黄金的需求视为主要是贮藏需求，而非交易需求。于是，在与中国进行贸易时，印度简直就像是东南亚或东欧的放大版，从而符合我们先前的看法，即有许多印度人大体上仍处于现金经济之外，而且印度的所得分配看来非常不均。

但印度在18世纪时与其他地区进行贸易的情况则大不相同。印度的出口品种多了许多，而且布这项制造品还是其中最大项。英国人已开始打印度森林的主意，但这时期主要仍是为了在马德拉斯和孟买造船。木材出口还是未来的事，棉花、靛蓝染料和19世纪时的小麦出口亦然。[213]的确，诚如查尔斯·金德尔伯格（Charles Kindleberger）所指出的，18世纪时印度所大量买进的欧洲制造品，除了用新世界金属制成的钱币，品项并不多；但这往往反映了当地的竞争情况或运输方面的难题，而非反映经济停滞。[214]此外，从欧洲进口的钱币和从大洋洲进口的宝螺（cowries），普遍被人拿来用于一般交易，而不只是充当富人的价值收藏物。[215]有好几个印度土邦也从中亚和阿拉伯半岛进口大量欧洲制造的武器和战马，[216]这些当然不是消费品，但它们的存在也进一步说明了把印度经济视为"贮藏者"而非"挥霍者"的刻板印象太过夸大。因此，印度不像东欧和东南亚那样会对其欧洲贸易伙伴构成"市场过小"的问题；然而，这些特定的商品贸易却也无法满足西欧希望拿制造品换取土地密集型产品的需要。那一交换模式更晚才会出现。

最后，与近代早期欧洲进行广泛贸易的非洲地区，则呈现出与东南亚贸易有点类似的情况；尽管从某些方面来看，那些地区要成为欧洲所需的初级产品的供应地，前景较东南亚更差。非洲的人口同样较稀疏［但塞内冈比亚（Senegambia）的某些地方例外］，依附性劳动力在社会结构里也扮演着重要角色（但一如东南亚的依附性劳动力，这些不自由的非洲劳动者一般来讲还是比东欧农奴自由）。与此同时，当地工业能够满足当地的大部分需求，因此进口品大部分是奢侈品。约翰·桑顿（John Thornton）合理地主张，欧洲人在16、17世纪卖到非洲的铁，占非洲所使用的铁量不可能超过10%至15%，即使在进口铁的沿海地区亦然；而且进口的布也不可能超过那些地区用布量的2%，因为那里进口的布大部分都充当供精英展示的奇珍异品。而且，非洲也卖了为数不少的布到欧洲。[217]

此外，非洲（与东南亚不同）还出产大量黄金，因此欧洲除了奢侈性制造品外，相对就没有太多货物可以拿来交换非洲的物品。非洲出口的初级产品主要是胡椒、黄金和象牙，而这些东西也无法替代欧洲的土地生产。一直要到许久以后，欧洲人才拥有可以迫使非洲人种植欧洲所需作物的武力（和疾病抵抗力）。[218]

当然，的确有一项非洲货物大量出口，那就是奴隶。尽管从当今的视角来看奴隶贸易意味着一种完全宰制的关系，但奴隶贸易的成长并不表示欧洲人能片面左右与非洲的贸易。对外的奴隶贸易能够壮大，是因为有许多社会不只没有土地私有制，还允许把人当成财产来拥有。于是，拥有"人"这项货物，就变成了一种储藏与积累财富的方式，[219] 而买进奴隶的欧洲人允许奴隶主把这项储藏的财富转化为无生命（从而虽然生产力较低但较安稳）的象征社会声望的商品。随着奴隶贸易的扩大，这类商品成为欧洲得持续搜寻才能满足所需的货物。[220]

第五章　共有的限制

总之，我们应避免把20世纪的贸易模式套用在过去。因为20世纪的贸易条件通常较有利于工业出口者而非原材料出口者，而且往往把"农业"和"贫穷"画上等号。[221]20世纪的这种模式只有在初级产品的生产开始需要投入更多的制造品后，以及在连穷人都开始购买许多非农产品或借助工业投入而生产的农产品之后，才得以确立。因此，上述这类"消费不足"的现象，与研究19世纪晚期和20世纪的学者（虽非全部，但大部分是马克思主义者）常提出的现象大不相同。在大部分这类记述里，"需求不足"被视为核心地区面临的问题（拜机械化之赐，生产力暴增的幅度远超过工资微薄之劳动者的购买力成长幅度），有些学者因此主张，另辟市场的需求在19世纪催生出新一波晚期帝国主义，且其资本主义气息特别浓厚。但在前述印度与非洲等地的例子里，"消费不足"则被视为某些前工业时代边陲地区里的社会结构和人口条件造成的问题（这些边陲地区出口多于进口，原因在此），阻碍了前工业时代核心地区（某些物品供给不足但消费者并未不足的地区）获取所需的土地密集型产品。

特别是对西欧而言，东欧代表了生态上能够输出大量谷物、木头等土地密集型产品的边陲贸易伙伴。而拜其僵固的制度之赐，东欧的这份余裕并没有像在东亚边陲地区那样快速被转用于内部成长。这些僵固之处也意味着东欧与西欧的贸易很快就会达到顶峰，而且诚如前面已提过的，其水平相较于中国境内谷物、木材和肥料的长距离流动，只能算是次要的。[222]另外也令人讶异的是，即便波罗的海木材储量丰富，又有强劲需求、上涨的价格和一般来讲良好的水路运输，砍伐量却相对有限。我们没有量化资料可以比较东欧的木材贸易和中国的木材贸易，但相较于18世纪的北美新英格兰与加拿大，波罗的海的伐木量似乎更节制许多，毕竟新英格兰和加拿大除了木材之外可供出口的货物不多，而且所需的制造品大部分来自进口。与19世纪的伐木业相比，18世纪的伐木量又肯定大大不如。[223]

世界体系理论家一般把"封建"东欧与"资本主义"西欧之间的这些交换[224]视为转型的关键时刻，全球劳动力分工的时代由此展开。但我们在这里所看到的，乃是这些交换在形态上或规模上都不算异于平常，而且其成长受到极重要的内在限制，限制了西欧通过这些交换扩大其食物、燃料、纤维和建材储量的能力。光是找到"较不进步"的贸易伙伴，并不能解决任何核心地区的问题。就算有，也顶多只是暂时解决而已。

19世纪晚期的东欧不像中国内陆和日本的地区II那样，经历过大幅人口增长（不管是自然增长还是因移民入境而增长[225]），也没有早早走上进口替代的路子。这对西欧是有利的，因为这使东欧得以留下较多可供出口的土地密集型产物。工业革命时期生产活动的大量资本化和生产力的提升，已使包括布与铁路车辆在内的商品，在哈布斯堡王朝辖地和俄罗斯境内都有其销路。于是，欧洲（如果视为一个整体的话）最终可能获得某种"落后优势"，而且这种优势是源于欧洲早期在土地密集使用上的制度性障碍。但在18世纪或19世纪初期的技术和制度条件下，欧洲尚无法享用这些优势的果实。那时的中欧、东欧全境才刚开始解放不自由的农民和分配公地，而在东欧的许多地方，一般人仍只能购买极少的制造品，昂贵的资本商品也很罕见。因此，东西欧间的贸易水平在1800年左右仍和17世纪中叶时没有两样，而这远不足以满足西欧的需求。于是，1800年的西欧仍未能解决本章前面所描述的那些生态压力，就像中国和日本一样。这些压力可能使增长完全停止，不然就是迫使其走上更加劳动力密集型且完全不会有重大突破的"东亚"（或"丹麦"）式道路。本章所讨论的生态上的"落后优势"，最终对欧洲的发展造成了很大的差别，但这些优势得要在一段时日之后才得以展现。

而在这个过渡期里，用煤技术的突破成为欧洲纾解生态压力的重要凭借，但由于还是需要更多样的土地密集型产品，这样的纾解仍然不够。如果西欧要在工业生产和初级产品消费上实现远超18世纪中叶水平的大跃进，甚至是生产总量的增加和人均生产量的成长，那么西欧就会需要新一类的贸易伙伴。而诚如后面会提到的，这样的贸易伙伴只有在新世界才可能找到。

第六章

废除来自土地的限制

美洲这个新型边陲地区

在所有核心地区中，就只有一个地区逃出了原始工业的死胡同，并在技术允许时将手工业转化为现代工业：这个地区就是西欧。而西欧之所以能做到，主要得拜剥削新世界之赐，使其不必多动用庞大的劳动力；尽管如果真的这么做，欧洲也能提供足以让19世纪人口保持增长的初级产品（当时的欧洲如果要以更集约、更有助于生态永续的方式来利用自己的土地，本来需要多动用这些劳动力）。新世界既生产"实物资源"，也生产贵金属，而这两者必须分开探讨，我们在此先从实物资源谈起。这些实物资源最初产自加勒比海地区的种植园，接着转往巴西东北部，然后则由美国南部出产。

新世界出口的农产品，大部分是奴隶种出来的。种植园几乎都位于岛屿上，要不就是在海岸附近。因此，尽管从中国内陆输往江南和岭南的货物，在自由劳动者面临收益减少，转而把更多心力投入手工业时，会出现增长停滞的情况，但来自环加勒比海种植区的出口就不会有这样的情况，也无须担心旧世界森林居民迁离河岸后所面临的运输成本暴涨的问题。新世界种植园的业主（不同于东欧庄园园主或东南亚胡椒园园主）所需的劳动力大部分是从海外买来，

第六章　废除来自土地的限制　　299

且往往削减他们基本维生所需的生产品，并因此使西欧在与新世界贸易时得以避免像与东欧交易原材料时所摆脱不掉的"市场过小"问题。此外，新世界种植园的出口额必须提高到足以支应购买奴隶的成本，同时还能满足业主大半的衣食所需。

　　非洲奴隶为何成为那么多新世界殖民地里的主要劳动力？原因有好几个。首先是新世界原住民与欧洲人接触后的惊人死亡率，造成他们大部分死于疾病。而诚如先前已提过的，1800年前负担得起横渡大西洋船费的欧洲人少之又少，只有在能逼他们生产出口品的情况下，花钱把他们运送过去才划算。既然无法公然奴役欧洲人，那么可行之道就是与有意前往新世界者签约，要他们充当若干年的仆役以偿还旅费，期满则还其自由之身，并授予土地。随着欧洲人（和非洲人）在新世界的存活率开始提高，原本的做法对大部分种植园主来说就开始变得太过昂贵；他们更偏爱先付较多的钱，买来一个永远不必还其自由之身的奴隶。[1] 幸存的新世界原住民有时也会沦为奴隶（尤以在巴西为然），但非洲人之所以特别受到业主的"青睐"，仍有几个原因：新世界原住民被认为弱不禁风，因为许多人和欧洲人接触后就一命呜呼，以及至少有一些欧洲人基于人道理由反对将原住民纳为奴隶（但非洲人不在人道关照之列）。[2] 此外，美洲原住民若要逃跑会比非洲人容易得多，因为他们比较容易与附近尚未被征服的原住民合作（尽管非洲人有时也这么做）。最后一个原因则和征服原住民的行动比起开头的五十年来大为放缓有关，因为在那之后（在天花已发挥其最大的破坏力且数个原住民族已拿到枪和马）要抓到原住民并纳为奴隶已不是件容易的事。[3] 相对的，非洲规模庞大的境内奴隶买卖，让欧洲人相对来讲较容易在那里取得奴隶（前提是手上得有奴隶主想要的东西）。与此同时，西班牙、葡萄牙王国也较中意跨大西洋的奴隶买卖更甚于在新世界掳人为奴，因为前者更容易监控和课税。[4] 这种国与国之间的竞争和军事财政主义，也是另一种能间接加快境外人口移入新世界的手段，并推动形成了一种环境，让移民在其中只能专注于生产出口性产品，否则就难以另谋生路（这点与中国边疆地区的移民不同）。奴隶别无选择，甚至他们的主人可能也没多少选择，因为他们（与如果在当地掳人为奴不同）得想办法回收他们购买劳动力所花的钱。

在1760年至1810年把奴隶输入英属西印度群岛的花费，约相当于同时期蔗糖出口收益的四分之一，而从英国进口货物到新世界的总值则约相当于蔗糖收益的二分之一，最后剩下的四分之一收益，则相当于从英属北美进口的食物和木头的总值（不计入直接将这两样东西拿来换取糖的数目）。[5]在法国大革命和海地革命前夕，法属加勒比海地区的糖出口额比英国低了约15%，而整个18世纪期间，法国输入的奴隶几乎和输入英属加勒比海地区的奴隶一样多。因此，在法属加勒比海地区，输入奴隶的开销应该相当于糖出口收益的约30%。[6]而在西巴这个世上最大的奴隶输入地，1821年至1826年（我找到的数据中数段连续年份里的第一段），输入奴隶的开销相当于该地那段时期的总出口收益。[7]由于19世纪20年代输入特别多的高价奴隶，因此这肯定非一般情况。18世纪晚期的平均值大概较接近于总出口值的四分之一，和在英属、法属加勒比海地区的情况差不多。[8]因此，奴隶买卖使欧美贸易从根本上有别于旧世界核心与边陲地区之间原材料与制造品的直接贸易，而且更具有扩展性。

再者，几乎所有在旧世界里身不由己的经济作物生产者也会一并种植自己维生所需的作物，但反观许多新世界的奴隶却几乎没有机会从事自给性农耕。有很长一段时间，种植园主买进的女奴隶非常少（而且释放的女奴多于男奴），因此许多奴隶也没有家庭，从而无缘如许多旧世界环境里被迫种植经济作物的劳动者那样，有子女协助供给维生所需的物品。[9]这导致了一个结果，也就是奴隶虽然穷，但其日常需求却为进口品创造了可观的销路。在这点上，奴

第六章　废除来自土地的限制　　　　　　　　　　　　　　　301

隶与旧世界边陲地区的大部分非自由民十分不同。这些日常物品（尤其是供奴隶穿的便宜棉布），占去进口制造品中的大部分，差不多相当于英属加勒比海地区糖出口收益的五成。其中有些物品始终是欧洲制造，还有些最初从印度经欧洲转运过来，但后来被英国仿制品取代。

考虑到来自英属北美的谷物和木头（尚未计入用来直接换取糖的数量，尽管我们不知其确切数字），其价值相当于加勒比海糖收益所剩下的最后四分之一，因此这一贸易不只使北美大陆得以有钱进口英国制造品，[10] 还使英国得以间接将其相对较充裕的资本和劳动力更多地转化为能够节省自身土地利用的进口品。比起加勒比海地区的奴隶种植园，巴西与英属北美境内的奴隶种植园有更多的必需品可以从本地获取，因此需要从海外购买的物品也比较少，尤其是巴西为了紧缩开支而只提供异常少的食物与衣物给奴隶。[11] 尽管如此，这些进口需求仍有其重要性。[12] 此外，巴西为限制必需品购买量所祭出的策略（从剥削日常食物到失衡的两性比例），也使其更加需要从非洲买进新奴隶以填补其奴隶需求。

因此，蓄奴使欧美贸易不同于旧世界核心地区与边陲地区之间的任何贸易。像中国西南部这样自由劳动型的边陲地区，即使拥有新世界一样的生态丰饶程度，对欧洲也不会产生同样大的助益；东欧（或后来的爪哇）之类的边陲地区亦然，因为这里的劳动力虽然被迫兼差从事出口导向的生产活动，但其主要的经济运作模式仍是以基本维生需求为导向的。波托西（Potosi）的白银出口量是个很好的例子：随着此地原住民人口逐渐恢复，此地再次出现自给自足型的地区性经济，而这却导致其白银出口量开始下跌。[13] 这件事提醒我们，若没有巨大的支配力或未能在当地复制出对欧洲物品的需求，则光靠欧洲本身的需求，并不能确保商品会源源不绝地流到欧洲。我们稍后会再回到白银的议题上。在此需要强调的重点是，环加勒比海地区之所以可以输出这么多糖、烟草和后来的棉花，并不只是因为生态因素，还因为这个地区的社会和政治结构也被打造成"需要"几乎其他任何东西。事实上，英国在此拥有一个与法国、荷兰或丹麦所不同的优势，即不需要从欧洲将食物运到产糖殖民地，只要靠北美大陆就能办成此事，而且北美大陆还反过来购买英格兰的制造品（通过投入劳动力和资本而不是土地）。

由于结合了人口大量减少和引进奴隶来填补人口这两项因素，环加勒比海地区成为出奇庞大的进口品市场和土地密集型出口品的来源。事实上，这个地区成为第一个具备今人所熟悉之"第三世界"轮廓的边陲地区，它进口大量的资本商品（在此指会走路与说话而且还是被掳来的资本商品）和日用制造品，而且出口价格则随着生产变得更有效率、更资本密集型和更普及而持续下跌。而与此相反，在欧洲通过能源所生产的大部分资源（包括食物），其价格在整个18世纪期间，相对于工资和其他商品，都是上涨的。[14] 这使得新世界的种植区成为新一类的边陲地区，其进口量足以使本地与核心地区的贸易保持相当程度的平衡。此外，这类地区的进出口彼此也会刺激成长。糖出口增加总是促成奴隶进口增加，而食物与衣物进口增加，往往也使种植园欠下更多负债，从而使种植园在隔年不管价格而卖出更多糖。[15]

与此同时，由于大部分种植区只专门生产一项或两项出口品，这大大促成了贸易本身的一项重大改进：在技术没有大幅改变的情况下，跨大西洋航运的成本在18世纪期间减少了约五成。这一减少有部分要归因于政治上的改变，因为英国海军压制住大部分海上劫掠，从而使保险费率降低，并使更多船货得以靠船员较少的无武装船只运送。[16] 但另一个重要因素（在第四章曾简短讨论过），乃是购货所花的时间剧减。这意味着营运资本的周转更快、船只使用更为集约，而且要付给船员的工资大减（船员离家在外的每一天都要支薪，即使在港口等船货买齐亦然）。滞港时间能够减少，乃是因为有当地一名代理人在船只抵达前先行将要送上船的货品备齐在仓库里，船只就不必停靠许多种植园，也不必花时间讨价还价。比起有多种出口品可供采购的某些港口（例如印度洋港口），在每个地区都只卖一两种出口品时，找到人负责这类事要容易得多。[17]

如此一来，原本在旧世界的边陲地区要寻找更多的初级产品时，往往意味着最易取得的货源会先耗竭而迫使运输成本升高，而且还与进口替代的逻辑背道而驰，但在新世界的许多地方，却有一股与此截然相反的动力在运作：新世界的政治和社会因素不利于进口替代，且种植单一出口作物能够压低跨大西洋的运输和交易成本，并反过来使美洲人得以既承受较高的本地运输成本（亦即往更内陆扩张），同时仍能在欧洲卖出足够货物以支应其制造品购买开销和偿还初始创业成本。无论所用的劳动力是奴隶、契约仆役，还是需要创业资金的自由劳动者，这股动力都在运作，而且在推动向北美洲移民上起了至关紧要的作用。[18]这股动力与波罗的海贸易或来自中国内陆地区的贸易不同，它还有助于使跨大西洋的制造品（和被掳来的"资本商品"）的交换持续扩张。

换言之，在当时大部分人仍与自给式生产离不开关系，且世界也尚未步入大部分生产活动均需昂贵资本商品的时代，新世界人口的锐减、殖民地法令和蓄奴这三项因素合力打造出了一个新型的边陲地区，能够替他地提供愈来愈多的原材料。事实上，往后的发展表明，即使是在新世界许多地方，这一情况都无法长久持续；例如随着秘鲁和墨西哥境内人口水平恢复，较自给自足的经济体再度出现，初级产品的出口量便随之下滑。[19]综合前述，若非在环加勒比海地区创造出的特殊条件，光是存在富裕的自由劳动型核心地区和较穷的不自由劳动型的边陲地区间的贸易，并不会有如此划时代的影响（例如，西欧与东欧间贸易的重要程度或活络程度，就绝不会高于长江下游和其诸多自由劳动型边陲地区间的贸易，但西欧正是通过与新世界的贸易，才产生了划时代的影响）。正如同世界体系理论家所主张的，控制边陲地区劳动力的方式的确至关紧要，但如果因此把各种不同的"被强迫种植经济作物的生产者"混为一谈，那便流于过度简化。新世界蓄奴和殖民主义因而在几个很重要的方面有其特有的意义。

关于蓄奴对欧洲（尤其是英国）工业成长的重要性，较早期的论点往往侧重于出口市场成长会促进工业蓬勃发展一事。然而，由于国内市场也正在同步成长，因此这些论点往往偏离事实且难以顶住来自"内部论"（internalism）的攻击。这类争辩或许本来就辩不出什么结果，好比说，假设1748年至1776年加勒比海地区的需求占去英国工业产出成长的12%左右，[20]那么这究竟说明了什么恐怕也见仁见智。本书在此要强调的论点是，同样都是"市场"，有些市场就是比别的市场还重要。新世界的市场就是这个特别重要的例子，因为它提供了日益扩张的母国市场所无缘拥有的东西：新世界和奴隶贸易能在无须动用英国土地的前提下，将其生产的制造品以合理（甚至日益下跌）的价格转化为愈来愈多需要大量土地才能产出的食物与纤维（以及后来的木材）。

另一个新世界，另一个意外收获：贵金属

与此同时，墨西哥、秘鲁和后来的巴西则把大量贵金属送到欧洲。其中有些贵金属直接来自对殖民地的榨取，例如西班牙、葡萄牙国王从他们领地的所有开采成果抽取的份额。在1640年前，依法抽取的份额是所有船运量的至少27.5%，说不定高达40%。[21]由于如此高的抽取比例很快就导致走私猖獗，因此皇室实际上从未拿到这么高的份额。为了减少走私，法定抽取比例也逐渐下调；尽管

如此，皇室大概仍拿到登记在册之产量的十分之一至五分之一。[22]

流往欧洲的贵金属，还有颇大的比例是通过经济胁迫来取得的，这是个只比前者略为间接一点的方法。无论是通过原住民实际下场开采，还是花钱免除这劳役，从而补贴他人工资，强迫性劳动所摊派的劳役额度降低了贵金属开采的成本。[23] 由于摊派劳役的直接受益者是住在新世界的矿业企业家，因此他们很明显都会尽可能增加产量（不管价格高低）；而由于有许多人（从大型中型矿主到"得上缴一定比例之开采成果"的矿工本身）都有金银可卖，[24] 因此他们无法阻止这些金银被转手到欧洲的买家手上。与此同时，殖民地立法则大大降低了那些把欧亚物品拿来交换贵金属者之间的竞争，而且至少曾试图限制当地可取代这些进口品之货物的生产。于是，这一贸易的规模和该贸易进行时所依据的价格便遭到扭曲，使更多所占比例不详的出口金银，成为送给欧洲的"礼物"。

这一"礼物"有一部分留在了西欧。这些贵金属本身对欧洲的经济发展帮助不大，因为它们大多被当作军费花在战场上（包括西班牙对西北欧新兴核心经济体差点得手的攻击）；[25] 但这些贵金属可能有助于润滑欧洲的贸易巨轮，而且肯定对军事发展的成长有所贡献。与此同时，许多新世界的财货流向更东边，并把其他商品带到欧洲。这一流动大略可分为互不相干的三股。

在新世界的金银出口中，较大的一股出口流到了旧世界里几个有着丰富生态的小市场区里（从东南亚到近东部分地方再到东欧），使欧洲得以扩大其从这些边陲地区进口的实物资源量。在这些小型市场区内，白银或黄金的用途类似现代的货币储备（但黄金作此用途的情况少于白银），它们储藏剩余价值并被转移去支应与那些对欧洲所售物品需求不大（因而供需不平衡）的区域所进行的贸易。但也可以把这些通常先制成钱币再从欧洲转运出去的金属视为一种欧洲制造品，只不过恰好在这些区域有相当大的销路，而且当地本身（因缺乏适当的原物料而）产量不大。[26] 在那些正在迅速货币化的经济体里（例如斯堪的纳维亚境内），这一制造品较常被视为大众使用品；但在市场化程度最低的边陲地区，例如东欧，它基本上是一种奢侈品。然而不管是上述哪种情况，贵金属都使人能从这些地区得到更多的初级产品。

不过，由于贵金属不像布或谷物会磨耗或用尽，因此，如果社会上只有极少数人在使用贵金属，就不易创造出日益扩大（乃至久久不坠）的贵金属市场。的确，有钱人能扩增他们所贮藏的白银或首饰，但到了某个阶段，他们所拥有的这类东西将已足敷各种想得到的债务支出之所需，而白银作为一种炫耀性消费品，肯定已开始失去其相对于丝织品、瓷器和绘画等物的价值。于是，就算15世纪的"金银荒"持续未消能让新世界白银协助西欧取得更多的原物料，[27] 但新世界的白银本身并无法无限制地扩大西欧与货币化程度较低之旧世界经济体的贸易。

第二股金银流也有助于欧洲取得土地密集型物品，但较没那么直接。这股金银流被用来换取数种亚洲（主要是印度）的制造品，而那些制造品的转售所得，又支应了替美洲购买奴隶所花的许多成本。光是印度的布就占去19世纪英格兰商人用来换取非洲奴隶之货物总值的约略三分之一，而且可能占去法国商人用来购买奴隶之物品的一半以上（法国比英格兰更晚才制造出上好的印度织物仿制品）。[28] 葡萄牙的帝国贸易中，有许多货物是从亚洲直接运到非洲再到巴西，在母国停靠只为运送货物到新世界。[29] 换句话说，这一股金银流促进了前述过程，在此过程中，新世界蓄奴区成为劳动力和资本充沛但土地不足之欧洲的重要补充。

在印度，诚如先前已提过的，我们有充分的理由将金银币流动量的很大一部分，视为满足了广泛的交易需求，而非将它们视为弥补"贸易赤字"的一种财富储藏。然而，尽管有可观的证据证明货

第六章　废除来自土地的限制

币化在印度方兴未艾,但在缺乏来自新世界的贵金属的情况下,印度接下来却未必会进口更多的其他欧美物品。在印度,很多人进入市场都只是为了取得一些必需品,满足偶尔才有的仪典支出(例如婚礼),取得用以缴税和缴其他规费的现金。他们虽然在某种程度上也购买其他物品,但我们并不清楚欧洲制造品是否具有竞争力。考虑到他们更青睐中国的织物与陶瓷器、东南亚的美味香料和特别是来自中东的伊斯兰物品,这意味着欧洲奢侈品也不会有好销路。因此,就算我们只把流到印度的贵金属视为一项产品,这也会具有一个非比寻常的意义：它们差不多就是印度唯一会大规模购买的欧洲货(另一个我所想到可能同样受青睐的欧洲货则是军火。在这个历经莫卧儿王朝衰落和英国崛起称雄的时期里,我们并不清楚若再大幅增加这项已然为数可观的贸易会带来什么影响)。

最后,第三股贵金属流曾在数十年岁月里始终保持流量第一,但这股白银流对减轻欧洲土地所受压力大概帮助最少。它流到亚洲境内人口稠密、高度商业化的地区,并在那里充当社会各阶层的交易媒介;作为交换,亚洲也因此有数种消费品流到欧洲和美洲。这段描述,诚如先前已提过的,或许适用于印度的部分贸易,但在此主要仍指涉流到中国的大量白银。在那里,无数人用白银缴税,也用它们完成许多日常的购买活动。

我们很清楚白银在此是一项物品,而非用来结清未结算账户的剩余财富。的确,1500年至1640年白银流入中国,黄金、黄铜则自中国流出,且往往最后落脚于欧洲。[30]虽然丝织品(中国出口的几种"实际物品"中最重要的一项)并非金属,它也在某些地方充当货币使用。于是,在这项贸易里,新世界的白银只是被拿来套利的许多物品之一。由于白银已成为中国这个世上最大经济体的货币与财政基础,[31]使中国拿自身那些较其他地方丰富的物品(黄金、瓷器和丝织品),换取其相对稀少却需求庞大的白银。[32]到了约

1640年，这一贸易已使中国和欧洲境内的金／银价格比差不多相当；于是，这一贸易开始失去其存在理由并急剧衰退，只有在18世纪时才得以恢复。[33]而在这项贸易的第一阶段，其对供给土地密集型商品给欧洲一事贡献不大。但此贸易能带来巨大利润，让欧洲产生了（与愈来愈多的白银不同）可用来与别处交换的物品。

在中国，一如在印度，我们或许很难想象如果无法取得白银，还有哪种物品会如此大规模地进口。从这个角度来看，新世界矿场对欧洲能够取得旧世界其他地方的物品甚为重要。但从进口者的角度看，中国的情况不同于印度，因为在中国更难以把进口的大量白银视为非必需品。于是，在没有白银大量流入的情况下，我们只能想象中国若非输入其他货币媒介，就是大规模重新配置中国自己的生产性资源，从而或许反过来扩大了对其他进口品的需求。与此同时，从欧洲的角度看，流入中国的金属和流入印度的金属，差别在于前者对减轻欧洲土地所受的压力帮助相对较小，甚至只起到间接上的帮助。

我们对新世界贵金属在用途上的区别极不严谨，且往往犯了假性因果（post hoc）谬误。我们只能说这些金属的不同用途和它们不同的最后目的地两事之间有关联，将其视为某种趋势而非绝对通则。即使在东欧（或许是一般人民参与现金经济程度最低的边陲地区），也并非所有进口的金属都代表停滞经济体里精英所贮藏的抽象"财富"。相对来说，即使在人民参与现金经济程度最高的中国，也肯定都有囤积白银之事。我们必须承认，像这类囤积白银的行为长久以来都可以在每个地方见到，因此，某些学者所认为的西方"挥霍者"形象与亚洲"贮藏者"形象之间的鲜明差异，可以说根本无凭无据。[34]此外我们也还必须考虑到，当时一般人并没有所谓的储蓄账户，而且首饰等炫耀性物品又往往是获得婚姻以增殖生产单位的重要一环。在那样的世界里，囤积贮藏一事和交易需求之间的区隔并不是那么的泾渭分明的。

这三股金属流尽管具有粗略与易变的性质,但它们还是能明确告诉我们一点:新世界的金属并不单单只是欧洲人用来转化为"实物"资源的"货币"(欧洲人借由将它们分布到旧世界各地来达成这一转化),且并非始终受欧洲的需求所驱动。其他地区的内部动力照样能创造出和欧洲一样真切的"需要",例如中国对更好用之通货的需要,或东欧精英欲将自家的剩余谷物转化为易储存与运送的东西,从而可用来为他们的战士供应作战物资的心态。[35] 正是欧洲动力与其他地区动力的交汇,才决定了这些金属流的广度与性质。世界经济依旧是多中心的,从其他地方发出的力量,也和欧洲所发出的力量一样,具有左右世界经济的能力。

事实上,诚如第四章已提过的,若非中国经济如此充满活力,使其更改金属货币基础一事便足以吸收新世界在三百多年里铸造的惊人的大量白银,那些矿场本有可能在几十年里就变得无利可图。从 1500 年至 1640 年欧洲境内按白银计定的价格大幅抬高来看,表示即使有亚洲吸走大量白银,白银在欧洲的价格仍然缩水;[36] 而且若旧世界那些货币化程度较低的地区未将白银贬值,这些地区也不会无限期地不断吸收贵金属。这是近代白银和黄金与当今"货币"又一个大不相同的地方。今天那些拥有强势货币可供花用的人,绝不会在获得更多资源上碰到困难,因为当今边陲地区对资本的需求更是惊人的庞大。

然而,新世界金属从西欧转运他地,的确使西欧进口的实物资源数量得以远超过其原先所能进口的数量。为了要使从旧世界某些货币化程度较低的边陲地区流出的资源量能够不断扩大,有些新世界的白银可能得被转换为布、瓷器或香料;而拜中国需求之赐,西欧也能有这一选项。诚如先前已指出的,西欧靠新世界的金属本身、往往用白银取得且经过转运的亚洲货,以及来自新世界本身的异国货物（例如糖和烟草）这三者的结合，其支付了西欧来自旧世界其他地方的进口货物，还多于支付完全在欧洲内部生产出来的制造品。

因此，某些学者将"强取来的金银块"和"透过合意性贸易所取得的重要实物资源"两者做区分一事，似乎就显得太过牵强。[37] 不仅生产出新世界资源的土地和劳动，许多是市场外的强取性作为（extra-market coercion）的成果，而且凭借对加勒比海种植园的独特安排，和在整个新世界实施重商主义政策，才得以避开使旧世界的核心和边陲地区的交换量持平的所有力量。若没有这些特点，若没有白银可用来协助支应殖民地治理开销和用来购买亚洲货以转运到非洲和美洲，则"生态上的意外收获"恐怕无缘如此大量地输送到欧洲，欧洲的生态压力是否还能从旧世界其他地方获得那么多纾解，恐怕也是未定之天。

对生态压力纾解程度的某些估量：工业革命时代的英国

本节牵涉到的数量极大，[38] 但为达到有用的探讨，必须将它们拆解为数个小项。为便于论证，我们先删掉那些若非因为重大的制度性改变，否则原本能从旧世界边陲地区取得的物品（例如俄罗斯原本很可能更大量输出的毛皮），以及旧世界采用马铃薯之类的新世界植物后的获益（若没有马铃薯，爱尔兰和普鲁士都不可能把谷物输往英格兰）。新世界的大渔场，最好也略而不计；北美洲沿岸的安全登岸处，便于欧洲人前去那些渔场捕鱼，但若没有这些登岸处，欧洲人还是能去那里捕鱼。从广义上看，这些属于新世界带来的意外收获，但如果把网撒得太广，我们就只是在计算大西洋两岸的交换量，而非要证明这些交换（更别提它们背后的任何机制）不可或缺。因此，就18世纪和19世纪初期来说，讨论焦点将几乎完全集中在糖和棉花，并对19世纪中期和晚期从美洲流出的更大量

第六章　废除来自土地的限制　　　311

初级作物一事有所思考。

据西敏司的估计，1800年时糖占去英国热量摄取量的约2%，到了1900年增加为惊人的14%；[39]实际上的数据似乎会更高。若套用西敏司所估计的人均糖消费量和换算成热量的方式，1800年联合王国（包括爱尔兰）每人每日的糖消费量会超过90卡路里。如果1800年时英国每人每天平均消耗2500卡路里（粗估），[40]那么即使是在那么早的年代，90卡路里都几乎相当于总摄取量的4%；如果人们真的平均每日消耗2500卡路里，那么1901年糖的平均摄取量会产生超过总热量18%的热量，而如果平均消耗量是可能性更高的2000卡路里，则会是超过22%。糖在今日常被斥为"垃圾"热量的来源，但在较贫乏的日常饮食里，它可是甚有价值，能够防止珍贵的蛋白质被燃烧成能量。[41]

1800年总摄取量的4%这个数据或许让人觉得没什么，但在此要提醒大家，1英亩热带甘蔗田所产生的热量，相当于4英亩多的马铃薯田所产生的热量（18世纪大部分欧洲人不屑吃马铃薯[42]），或9至12英亩小麦田所产生的热量。[43]约1800年时联合王国境内所消耗掉的来自糖的热量（使用来自西敏司的数据[44]），需要用到至少130万英亩产量处于平均值的英格兰农场，甚至说超过190万英亩也可以相信；到了1831年时则会需要190万英亩到260万英亩。这时欧洲境内（和尤其是英国境内）未开垦的土地，几乎都已不是欧洲最好的土地，因此把这些数据调得更高看来也就是合理的。

肉干、船、松脂制品与少许的木材和谷物，在18世纪晚期替欧洲省下了一些土地，到了19世纪初期时则省下更多土地。例如，原本在1800年前由北美洲输出到英国的木材数量仍微不足道（但输出到欧洲南部的数量则不然），但到了1825年，输入量已多到足以取代超过100万英亩森林的产出，且在那之后输入量还在向上攀升。[45]有些土地的节省则是间接的结果，因为新世界白银和该白银再出口，支应了英国自波罗的海进口木材的许多开销（18世纪八九十年代从波罗的海进口的木材每年取代了约65万英亩土地的产出）。考虑到英国的可耕地总共约有1700万英亩，[46]且截至这时已自新世界找到300万至400万亩的"幽灵地"（ghost acres）*，因此这对英国土地基础的扩大就绝非微不足道。这时候棉花都还没登场，且来自美国的进口货物也尚未历经19世纪中期将会出现的极大幅增长。

到了1815年，英国已进口超过一亿磅的新世界棉花，这个数字在1830年更达到2.63亿磅。[47]如果要用同样重量的大麻和亚麻取代这些纤维，相对来说不会需要太多的额外土地面积。1815年时需要多20万英亩，1830年需要多50万英亩。然而，就大部分用途来说，大麻和亚麻（尤其是大麻）都被认为是次级品，而且它们处理起来较麻烦许多，以机器将它们纺成纱的工序比棉纱工序还晚问世。[48]更重要的是，大麻和亚麻都是非常需要投入密集的劳动力和粪肥的作物，因此大部分人只把它们当园艺作物来种。不管是在英格兰，还是在北美洲，就算经过三百年的官方推广和补贴，也还是未能促成更大规模的大麻和亚麻生产。[49]

再来就该谈谈羊毛。长久以来，羊毛一直是欧洲主要的衣物纤维，但要饲养足够的绵羊以替代英国用新世界的棉花所制出的棉纱，将会需要非常惊人的土地面积。在1815年时需要将近900万英亩（根据标准农场的比例换算），1830年时需要超过2300万英亩。最后这个数据超过了英国作物地与牧草地的面积之和，也超过安东尼·里格利的以下估计：若要靠森林生产出约1815年时英国煤业一年所产出的能量，英国需要神奇的多出1500万英亩的森林才行。[50]如

---

* 该词被用来描述资源的转移消耗，大意指用于种植国内人口和发展所需的食物和一些其他资源的海外土地。——编注

第六章　废除来自土地的限制

果把约 1830 年时的棉花、糖和木材都算进去,"幽灵地"面积会在 2500 万英亩至 3000 万英亩之间,远远超过煤在正常范围内所能提供的贡献。

诚如第五章已讨论过的,欧陆以外的进口货也通过改变饮食习惯降低了人均食物需求。这或许会使我们所计算出的土地节省量增加不少,但大概无法算出确切数字。家庭取暖成本变低,当然主要得归因于煤产量的大增。但能让更多的人在室内工作而非走"江南"乃至"丹麦"的方式来维持生态,仍极有赖于以煤为基础的便宜能源,以及棉花、谷物等来自海外的土地密集型进口品的供应。室内劳动者的人均热量消耗量,似乎比室外劳动者少了约三分之一。[51] 若非有美国棉花,就不会有产量之高前所未有的便宜布料,能够有助于保暖和进一步减少热量需要。此外,茶叶和糖还具有压抑食欲的特质,也能够降低人们对热量的需要,从而在不知不觉间又省下一些土地。此成就有部分也是通过海外的强取豪夺才能取得,因为大部分的糖来自新世界的种植园,而茶叶最初是用新世界的白银购买,后来则用印度鸦片购买。在 19 世纪初期,上述这些因素合起来已使"幽灵地"面积明显地增加了;到了 19 世纪中期和晚期时,"幽灵地"的面积更出现极为巨大的增长。

美国南部当然不是后来唯一会生产棉花的地方,但若没有这个地区,曼彻斯特的早期成长将会碰上非常大的阻碍。看看后来美国在内战期间发生的所谓"棉花荒",我们就可以理解若没有这个地区的生态遗产与制度遗产,要维持棉纺织品的荣景,难度将会再高上多少。

虽然美国的棉花出口只有在 1862 年至 1865 年中期因内战而停摆(1861 年间美国北方尚未能有效封锁南方),但英国于 1850 年时已开始为增加棉花供应量付出不少心力。我们几乎可以肯定,假设英国身处于一个美国无法供应棉花的世界里,则英国将不会为找到棉花供应来源付出那么多的心力。由于这时英国的国力远强于19世纪初，因此英国所能取得的航运和其他相关技术远优于以往。或许更为重要的，英国拥有许多工厂、大批工人和对产品心怀期望的既有顾客，足以创造出避免棉花供应量减少的诱因，且这诱因比起打造一个能克服棉花初期短缺的产业一事，要来得更加强烈。然而，尽管付出这些心力，"原材料供给……还是始终没有弹性"。[52]

英国的心力主要花在印度。在19世纪50年代期间，印度政府正施行"以棉花为导向的兼并暨铁路兴筑政策"，但头十年的成果却是乏善可陈。1861年曾出现一次重大增长，但有许多增长却是通过减少国内消费和输往中国的货物量实现的，而非通过增加产出来达成。即使如此，1861年印度运到英国的棉花数量仍不及该年美国运到英国数量的一半。除此之外，即使当日后美国北方对南方的封锁变得有效而且棉价大涨时，出口量也只再增加了8.6%。[53]

另一个相对来讲较为成功的作为出现在埃及，而且是在少了许多外力的加持下达成的。埃及能有这番成就，乃是因为自穆罕默德·阿里（Mohammaed Ali）当政以来，埃及政府自己就致力于增产棉花。当他下令兴建的纺织厂不敌同业竞争时，埃及所产出的棉花随之可供出口之用。自1821年开始出口，1824年输出了2700万磅，到了19世纪50年代已将近5000万磅，[54]但这还是不到1815年时美国出口量的一半。埃及棉花在出口最盛时曾高达将近2亿磅（仍远不如1830年美国的出口量），然后便急转直下，出口量大跌。[55]这些为时不长的成就，是在过去四十年来上层的强力推动后才得以出现的，并以受到英国兰开夏郡的成功榜样启发的体制来管理。然而在事实上，一直要到美国内战爆发为止，埃及的棉花种植区大多仍局限在穆罕默德·阿里及其亲属的庄园里。而且尽管有如此长的准备期，这些庄园仍未能实现可永续生产的水平，更谈不上达到能进一步成长的生产水平,也无法以兰开夏所能长久忍受的价格提供棉花。

尼罗河三角洲在整个美国内战期间,无论任何季节都有约四成的土地用于种植棉花。考虑到当地采行轮作制,或许该地的每块田地在1863年至1865年间的某个时间点上都种满了棉花。[56] 鉴于埃及境内得到充足灌溉的土地不多,这大概代表了在没有20世纪大规模水利工程灌溉的情况下,埃及所能达到的栽种面积的绝对最大值。然而,即使是在这样的土地上,栽种的成本也暴涨到只有在1864年的最高价格下才有可能获利的程度,[57] 而在那样的价格下(事实上,甚至在更低的1862年价格下),原棉其实已比粗棉纱还要贵。[58]

相对来说,英国比较没那么用心于促进其他看来大有可为的地区(巴西、非洲西部、澳洲昆士兰省和缅甸)从事棉花出口。因此,尽管棉花价格大涨,这些地方的棉花生产也几无成效可言。[59] 英国棉花的消费量在1861年至1862年减少了55%,而价格则涨了一倍(1861年时价格就已因为战争而上涨)。相对来说,1860年时棉花成本已约是羊毛价格的三分之一,但到了1864年成本又更加增高。[60] 若非英国在美国内战开打时有着相当多的原棉储备量以及大量过剩的库存棉制成品(从而压低对更多纺纱与织造工作的需求),则此一价格肯定还会更高。[61] 兰开夏郡纺织厂的职缺在1862年少了快一半,而剩下的棉纺工人到了该年11月时,一周的工作量只剩下两天半(与此相对的,1860年至1861年时一周工作六天)。[62] 许多商行(尤其是从现金储备和设备等资源的角度来看较类似早期工厂的较小型商行)因此破产。

的确,就连这一不敷需求的原棉供应量,都大大超过19世纪初期美国的供应量;但诚如先前已提过的,这也源于一些在当时所想象不到的作为。而且在没有20世纪农业工具的情况下,也不大可能找到足以替代后来"新欧洲"（neo-Europes）所产生且在极大程度造福欧洲的粮食作物。在当时的旧世界，根本没有哪个地方同时具有以下的条件：比欧洲本身更利于欧洲粮食作物生长的生态、相对较稀疏的人口和有利的制度性结构。[63]

比较与计算：这些数字意味着什么？

或许有人会以类似（第四章所讨论过的）回应海外榨取和欧洲资本积累论的方式，来反对这些计算结果。既然其他因素（欧洲内部的资本积累、国内食物供应量或诸如此类的因素）更为重大，我们怎能有定论可言？这是个重要的疑问，对这个案例而言如此，对要把历史进程予以概念化来说，亦是如此。

如果我们大体上关注可以解释某个案例的增长，较小的因素就是次要的因素。但即使在这里，都会出现归类上的问题。"输入英国的新世界农产品"这个包含性的类目，与类似的类目"（英国）国内农产量"和"从欧洲其他地方的进口"相比，或许显得小，但如果把这些类目再细分（"从德意志进口的食物""从斯堪的纳维亚进口的木材"等），就发现某些新世界的亚类目，例如"从美国进口的木材"，会在这个更长的要素清单里名列最大项目之列。而要把类目分得多细，取决于对不同产品的可替代性、特定产业对更大规模的经济发展所具有的重要性等事项的复杂判断，以及某些更进一步的反事实条件陈述（这也是新世界的资源看起来比新世界的利润还要重要的原因之一。的确有别的投资能带来金钱收益，但是否有别的方法来取得大量的土地密集型产品，就不太清楚了）。因此，除非我们想直截了当地表示任何东西总是会有替代品，且市场也始终能精确地衡量出活动和物品等事物的相对重要性，否则这类判断就无可避免（要了解这些假设的某些局限，不妨想象一下火星人突

第六章 废除来自土地的限制

然拿走地球的所有化石燃料会对经济有多大的冲击。虽然目前化石燃料生产者只占世界国民生产毛额中的颇小比例，但我们仍能推估真正的冲击肯定会更大）。

大体而言，显然在某些情况下，某些事物只要一点小幅的增加就会导致全然改观。举例来说，人类基因有98.4%与倭黑猩猩一模一样，[64] 但在讨论人类为何遍布几乎整个地球（而黑猩猩只存活于一些孤立的小地区）时，恐怕只有少数人会以某个解释太着重于剩下的1.6%基因所促成的行为而认为该解释说不通。

"相对较小的差异却能造成重大的历史分流"这个基本观念，既早见于古谚（"少了钉子，失了蹄铁；少了蹄铁，失了战马；少了战马，失了骑士；少了骑士，失了消息；少了消息，失了胜仗；少了胜仗，失了王国；这全因少了马蹄铁钉"），也见于今日（例如非洲一只蝴蝶振翅，改变了格陵兰岛天气这个著名的"混沌理论"例子）。这个观念与寻求平衡的模型背道而驰，因为在这类模型中，微小的差异并不会造成重大且持久的差异。因此这个观念促成历史学与经济学的尴尬结合，至少促成了历史学与"假设平衡状态是特定体系通常趋向之目的地"的那类经济学派结合。此外，倘若同意微小因素的重要性，也可能导致知识界的混乱无主，因为解释可能变成大杂烩，使我们一头雾水；或者解释可能变成众人各执一词，每个人都把适合自己需求的因素说成"至关紧要"。但就历史来说，有时必然有一些因素具有比它们本身的大小所暗示的还要大的持久效应。

要根据比较来解释为何这类因素不容小看，有一部分取决于正被思量的诸案例在其他方面的相似之处究竟有多清楚。历史从来不像黑猩猩与人类的例子（98.4%的基因一模一样）那样利落分明。我们反倒很常提到"约略类似"，或"某些优势似乎与某个具有抵消性的劣势密切相关"，或"恐怕没有哪个机制会在更大差异出现的期间大大强化某个差异的重要性"。

于是，煤和新世界的重要性，似乎会有一部分取决于读者对我在其他地区所提出的相似之处的信服程度，以及关于那些特定现象的论点。至于那些现象本身，基于以下四个理由，我认为它们特别值得看重：

一、前述的计算结果显示，这些现象与某些合理的标准（例如英国境内的土地基础）之间具有不小的关联性。

二、这些现象出现的正是时候，正好说明了一项重大差异的发生原因（倘若我们把那个大分流的发生年代往回推到1800年前后的那个百年的话）。

三、这些现象透过纾解某种限制（例如土地数量有限）来影响发展，而且以当时的知识基础和制度，这种限制原本很难予以纾解。

四、中国和日本的核心地区，以及欧洲特定地区（例如丹麦）的例子，为了解缺乏这些优势的社会所会呈现的样貌提供了看来可靠的例子。

这些现象并不是要使我们以为，欧洲若没有这一纾解就会蒙受马尔萨斯式浩劫。这就好像是在想象一个与"蝴蝶振翅会产生飓风"情节相似的环境，或仿佛以为印度、中国或日本只要有一个稍稍更长久的生态之窗，就也会产生工业革命。欧洲本有可能发生一场生态危机，但我们的反事实条件陈述使我们得以想象多种更有可能的结果：以一套劳动力密集型的调整来因应土地压力（现实里，的确有人在有点类似的情况下以此方式成功因应土地压力），但不会导致英国产生突破性进展之类的发展。事实上，诚如在本书最后一节会看到的，这些劳动力密集型路径可能也使人更难师法工业化，即使在已有技术可供模仿后亦然。因此在我看来，根据"初始条件的微小差异会导致日后大上许多的差异"这一原则来强调我所选出的这些因素，似乎是合理而非鲁莽之举。

第六章　废除来自土地的限制

数字之外

　　介绍过动态效应不易被平衡模型或性质更笼统的定量测量捕捉到这个观念之后，我们来花点时间看看那些使新世界和欧洲与旧世界其他地方分道扬镳一事产生关联的途径。我们已（在第三章）简短谈到烟草、咖啡等新世界出口品的动态文化效应，尤其是它们对消费习惯和促使人从事市场导向之生产的影响。这些非必要的物品（以及用新世界白银在亚洲取得的其他物品），在我们所做的几类生态计算里谈不上重要，但它们无疑对加速攸关欧洲经济动态的"勤劳革命"发展助益甚大。

　　首先，烟草、糖、可可、咖啡和茶叶都具有些许致瘾性，都易于调理和食用，且都能短暂提神。这使它们极适合在漫长工作期间的空档食用，特别是离家在外工作时。随着家与工作场所分开，这些特性变得更为重要，尤以在工厂时代为然（特别是在英国，新世界的白银使英国有钱以中国茶叶部分地取代琴酒和啤酒，从而也可能大有助于创造更适于从事快节奏且危险之工作的人口）。此外，这些新的"日常奢侈品"，除了烟草，都是欧洲未生产、因而不可能在自家制造的商品，于是只能经由市场导向的生产活动来取得。那些想得到丝织品或棉制品或大受欢迎之混纺品的人，也只能经由市场导向的生产活动来如愿；至于连穷人都开始视之为重要身份地位象征的银质皮带扣等小饰物亦然。

　　这些物品不只得花钱才能取得，而且在许多情况下它们的成本也促使人追求专业化生产。只有相当有钱的人，才会明知年轻子弟学习处理丝织品时可能会报废该高级织物也不心疼；而那些可能会用大麻或亚麻来自制衣物的家庭，则比较不可能拿高级的织物来制作衣物，以免一不小心毁掉该织物，除非制作衣物会是他们未来的谋生技能。因此，在此时期成为许多老百姓生活一部分的异国商品，可能便会以一种重要但无法量化的方式，促成劳动时间从家用性生产转至市场导向的生产，而这一转变又是欧洲能从更高程度的分工得到"内生性"好处的极重要凭借。眼下，我们暂且也把（西敏司所言的）种植园本身作为工厂组织之重要实验场的可能性搁下不谈。[65]

除此之外我们还要切记，新世界金银的贡献，不只是使欧洲人得以在新世界其他地方买下别的物品而已。这些金银也有助于欧洲军事指挥官和主计人员的设立，而且这些人将成为新世界当地精英深具影响力的伙伴（往往后来还成为他们的殖民地主子）。[66]对种植园所产的糖、烟草和殖民地所产的其他产品所课征的消费税，也在打造这些军力上发挥了重要作用。1670年至1800年(或至1810年，如果你比较喜欢把更多拿破仑战争时期的年份纳入的话)，英国政府增加的税收（以固定价格计算），有一半来自海关收入。至少在1788年至1792年，有三分之二的海关收入是来自对茶叶、糖、印度布、生丝、烟草和"外国烈酒"（大部分是以加勒比海糖制成的朗姆酒，不含葡萄酒）所课征的税。[67]这些商品的关税总值，占去这段时期英国所有主要税目之收入的22%。[68]而靠这些贸易过活的各家东印度公司，当然执行了欧洲人在亚洲的许多早期征服行动。

同样值得指出的是，愈来愈强的军力使18世纪晚期和19世纪初期的欧洲人得以趁着亚洲数个地区政局动荡不安之际扩张势力，但欧洲自己内部也正在发生剧变。[69]金世杰认为，人口增长所导致的资源短缺及价格变动，与欧洲在17世纪中叶和18世纪晚期的政局动荡，两者有着看来可信的关联。[70]因此，来自海外的资源起了更显突出的作用，使人口增长的这些问题不致更加恶化。这说法也可以适用于从新世界商品征得的政府税收，因为比起向国内产物和资产课税，这些新世界商品的税收的不受欢迎程度低了许多。而当我们考虑到英国相对较平顺地度过了"革命时代"，想起英国脱离

第六章　废除来自土地的限制

这时期时已是个版图大增的帝国时，在欧陆有许多地方却正在遭遇重大的经济挫败，这些海外资源的意义就显得更为重大。

于是，对新世界的剥削和对被押到那里工作之非洲人的剥削，除了在前述幽灵地面积的数据里起了重要作用，似乎很可能还在许多方面起了重要作用。在把所有指标都纳入考量之后，我们发现这一剥削对于使西欧与旧世界其他核心地区分道扬镳所起的作用，似乎很可能比欧洲依靠自己境内市场、家庭体系等制度所产生的任何据称可以凌驾其他地区的优势，都还要大。在使西欧至少与东亚诸核心地区分道扬镳上，似乎只有三个因素很可能起了差不多重要的作用。其中一个，颇为吊诡，会是欧洲的生态"落后优势"。这一落后留下未被开发利用的资源，从而在19世纪时提供了生态上的喘息空间。然而，我们已知道英国（或低地国家）在某些极重要的商品上（尤其是纤维作物和木头）并未享有这些优势，而且这些优势还会被生态劣势给抵消掉。第二个可能的因素是英国煤矿床有利的地理位置及此有利位置和整个煤／蒸汽复合体之发展的关系。第三个因素则是工业创新浪潮本身。这个因素仍未得到充分探明，而且诚如先前已分析过的，它异常重要，因为它与丰富的煤和拜新世界之赐而得以纾解其他资源限制一事密不可分。

在本书最后两节，我将从两个方面探讨分道扬镳系大势所趋一说。首先，我把说明新世界为何攸关欧洲发展的论点进一步带进19世纪，简短概述这些动力是如何在工业化扩散到英国以外地方之际既发生改变又持续的。最后，我将回头检视中国、日本和印度。这三个地方都在不同程度上不得不采取劳动力密集程度日益提高的手段来解决生态不堪负荷的问题，而且各自在不同程度上发现这些调整使他们后来较难进行资本密集型和能源密集型的工业化。我一再主张，若没有前面讨论过的那些意外收获，欧洲本也可能被迫走上劳动力密集程度高上许多的道路，因此，提出最后这几个例子，用意不在替一个全球论述做完满的收尾，而在完成以下论点：19世纪初期代表了一个影响深远的极重要分流时刻。拜先前讨论过的诸多因素之赐，当时的英格兰不致沦为长江三角洲的翻版，而且这两个地方日后差异变得如此之大，让人很难看出它们在相当晚近时还颇为相似。

进入工业世界

具有节省土地作用的新世界进口品，要到1830年后才会大增。而曾有数十年的时间，这些进口品与化石燃料产量的惊人增长同步发展。从1815年至1900年，英国的煤产量增加了13倍，[71]而英国的糖进口量在同一期间也增加了约10倍、[72]英国的棉花进口量则增加了惊人的19倍。[73]与此同时，英国也开始依靠美国的谷物、牛肉等初级产品过活，其木材进口量也暴增；最后，新世界也成为欧洲过剩人口的巨大出口。

当然，在19世纪初，英国已不再把奴隶卖到北美洲和加勒比海地区，而且英国卖到阿根廷的奴隶始终不多。但到了19世纪中期，拜新技术问世之赐，跨大西洋的航运成本得以比18世纪更大幅减少，而其他改变（特别是铁路）也正彻底改变内陆运输的面貌。这大大加速了前面讨论过的以下过程：运输成本减少使来自欧洲的移民得以从愈来愈广大的美洲地区把初级产品送回欧洲，借此支应他们的旅费、初始成本和制造成本（美国的独立也加快了这一过程，因为比起先前追求利润的殖民地公司，美国政府远没那么在意怎么收回其为保卫和发展边疆地区的开销）。

到了那个时候，也有一些机械资本商品（而非人力资本商品）是新世界的生产者想从欧洲得到的，而且新设计至少享有某种专利保护。与此同时，便宜的运输、机械化的生产和欧洲移民所带来的

第六章 废除来自土地的限制

喜好，使欧洲此时也能在新世界卖出大量消费品。由于资本和劳动力以移民和投资的明确形态、以制造品的间接形态大量输入美国，土地众多且以市场为导向的美国便成为使人口日益稠密和工业化的欧洲臻于完善的绝佳助力。

但即使有这种种改变，英国至少仍得间接倚赖强取豪夺的形式，来支应其在19世纪大增的新世界资源进口物品的大部分开销。事实上，即使在"世界工厂"的声名最盛之际，英国在美洲所卖出的东西也很少足以抹平其从大西洋彼岸进口的数额。[74]随着进口替代在欧陆和北美洲持续进行，并最终创造出在出口市场上与英国竞争的产业，这一情况更加恶化。于是，欧洲的殖民主义和海外的强取豪夺（这时集中在旧世界），即使未像1850年前那样重要，至少也持续重要了数十年。

事实上，在第一次世界大战爆发前的四十年里，英国主要通过与亚洲贸易的巨大顺差，抵消了其与美洲和欧洲间已非常庞大的贸易赤字，且即使把航运、保险和利息支付等"无形"的成本算进去亦然。最大的贸易顺差出现在英国与印度的贸易上。英国人通过立法，人为扩大其从布到火车头的种种货物在印度的销路，而印度则输出鸦片到中国，输出茶和靛蓝染料等农产品到欧陆（往往是在极具胁迫性的条件下为了出口而生产的），以此弥补那一赤字的颇大一部分。[75]与此同时，英国顶受住其与大西洋、欧陆贸易伙伴的庞大贸易赤字，同时仍输出庞大资本的能力，不只对英国消费者本身很重要，也为下一批工业化国家（尤其是能保护自己的市场、能在未受保护的市场上销售商品，并得到庞大资本挹注的美国）提供了助力。

的确诚如埃里克·琼斯所主张的，凡是无意中发现新世界并使该地人口锐减（任何带有旧世界疾病的人到了那里都会引发的作用）的团体，都可能像后来欧洲人那样来利用美洲；但是琼斯所谓的欧洲创业精神，[76] 却不是西欧的发展能够超越世上其他人口稠密地区的独有重要因素。西欧人所享有的优势，很大一部分要归功于他们在组织探险活动与长期征服上的创新，在打造兼具创业精神与高度强取豪夺性质的制度上的创新，还有受诸多因素影响（从美洲原住民无法抵御天花到新世界白银的大量供应，以及规模同样庞大的中国重新货币化计划）而塑造出的有利于欧洲的全球形势。而这些优势也反过来赋予西欧人一个特别有利的位置，使他们得以撑过前一个世纪的"生态旧制度"和该制度所面临的诸多生态挑战，乃至继续扩增会使来自土地的产物销路大开的诸多产业（从纺织业到啤酒酿制业和冶铁业）。

最后的比较：劳动力密集、资源与工业"壮大"

于是，当煤、蒸汽和机械化为人类的技术创新开辟了宽广的新空间时，西欧人（尤其是英格兰人）正好处在一个可以大展身手的有利位置，而且这个位置别人还无缘享有。广大未开发的新世界资源（和地下资源）任他们取用，从而消除了来自土地的限制。不只如此，西欧人凭着在新世界的所得，使其在进入19世纪时拥有更高的生活水平与更强的军力（从而能在某些情况下强行打开市场或取得垄断地位），以及更大规模的手工业。大部分的早期工厂工人，就来自这些原始工业劳动者，而非直接来自农民。

乔尔·莫基尔在其欧洲工业化"壮大"（growing-up）的模型中，清楚地说明了从已在原始工业工作的人群里大量招来的工厂劳动力的重要性。首先，尽管屡屡有人试图在农业里找到"剩余劳动力"（亦即能从该产业移出而又不会明显危害生产的劳动者），[77] 但似乎很少能够如愿，即使是在今日的第三世界里亦然；[78] 而我们所探讨的核心地区在约1800年时，个个皆承受不起农产量大跌的冲击。其次，

第六章　废除来自土地的限制

工厂若雇用本来在原始工业工作的劳工，还享有一项特有的优势。因为如果工厂工人是招自农业部门，那么即使工资未因他们成为需求对象而上涨（换句话说如果农业里有剩余劳动力），至少工资也没理由下跌；而随着大量生产技术的扩散导致工厂生产的产品价格下跌，商行的利润会减少，说不定扩张也不顺（莫基尔假设所需的固定资本相当便宜，因为工业化早期普遍如此；而由于不管生产过程如何，原材料成本都大略一样，因此工厂的工资开销就是最重要的变动成本）。但如果在工业开始发展之初能利用那些和工厂生产相同产品的原始工业劳动者，那么该技术扩散除了会压低工厂产品的价格，也会压低劳动者获取别种收入的可能性。于是，工厂就能降低工资并从该产业吸引新鲜血液加入；而这使工厂得以更长久地保有较高利润。[79]

于是，在这个想定的情况里，原始工业的"壮大"就能够导致工业发展，而不再需要仰赖让农业在同样土地面积下仍维持甚至增加既有产量，同时还能释放出大批劳动力的社会与技术转型。此外，原始工业劳动者在投入工厂时，往往具有某种相关的技能或有助于进一步创新的知识。这一切意味着在机械化工业问世前后的那几十年里，原始工业的持续发展让欧洲处于一个（比如果欧洲被迫将更多人留在农林业里）更有利的位置。

让我们稍稍换个方式来说。欧洲原始工业和许多早期机械化产业的扩大，有赖于农业产出的增加。撇开本来能否在英国（乃至欧洲）境内找到数量多到足以解决这些问题的土地不谈，若把大批额外的劳动力用于直接供应这些农产品，将会在日后制造更多问题。但欧洲反而是通过其他人来代替自己生产这些农产品，同时把自己的劳动力投入陆军、海军、贸易和制造品生产，增加这些领域的人力。当国内工厂需要更多劳动力时，欧洲尚有原始工业劳动力可用，从而享有前面讨论过的那些优势。

久而久之，拜技术变革（例如更优良的枪炮和船舰）之赐，欧洲陆海军的人均战力变得更强，而且日益得到用殖民地税收雇用的"土著"的补充或替代。于是，海外产业也经历了某种它所特有的"壮大"，意味着它们不必吸纳大量的欧洲劳动力，就能以这种方式来获取初级产品。国内农业的大幅扩张原本有其必要，但若真的追求这样的扩张，不只会碰上生态难题，而且还难以和工业劳动力的扩张并行不悖。1850年后英国的农业劳动力终于开始减少一事，被认为既与该世纪更早时还无缘取得的技术有关，也与农业进口品的大增有关；劳动力投入减少之际产量维持稳定，但未大增。[80] 相较于第五章所讨论过的、就欧洲来讲属于特例的丹麦，两者的情况有很明显的差异。在丹麦，通过劳动力密集型方法实现生态几乎趋于稳定一事，似乎与数十年的工业化扞格不入，尽管其中许多作为的边际收益（和城乡劳动者的实际工资）并不高，而且还进一步下跌。[81]

即使没有新世界之类的地区来供应所需的纤维和其他土地密集型产品，中国和日本在很长的一段时间里，也找到了方法来不断扩张其原始工业部门，就像整个欧洲所做的那样。这些过程也涉及贸易（与渔业）某种程度的扩张，其目的是纾解核心地区土地所受到的压力；但相较于欧洲，中国和日本的解决之道涉及自身农业部门（尤其是纤维生产部门）更大程度的集约化和扩张。而到了18世纪末，那一过程似乎已愈来愈慢，而且付出了相当大的生态成本。日本人口到了1750年时已不再增长，而虽然中国人口又继续增长了一个世纪，但从事原始工业的人口占总人口的比例很可能已停止升高，甚或下跌。虽然在中国境内拥有大规模原始工业的诸地区中，真正经历去工业化者很可能只占少数，但实际情况却是中国境内偏重农业的地区在1850年时，其人口占总人口的比例，已比1750年时高得多。

长江三角洲最进步的几个府的人口，1750年时占中国总人口的

第六章　废除来自土地的限制

16%—21%，但到了1850年时已几乎不到9%，1950年时更只有约6%。诚如不久后会提到的，在这些府里从事原始工业的人口占诸府总人口的比例可能有微幅减少，但不管是否真的如此，清帝国原始工业最发达的地区在总体数据里所占的比重已不如以往。在岭南这个中国境内原始工业第二发达的大区，在1750年至1850年人口增长了75%，但整个中国人口却增长了将近一倍；此外，在岭南增加的人口里，广西这个以农林业为主的省份也占了异常高的比例。

于是，尽管有些偏重农业的大区，其原始工业化的程度开始提高，但它们拥有在1750年后增加的人口之多数，意味着1850年时农业在整个中国所占的比重至少和1750年时一样高，即便到了1950年时也低不了多少。此外，散布于内陆各农庄且往往被视为理想农户之一部分的原始工业劳动者，比起与土地没有关联的真正的无产阶级，较不可能愿意投入工厂工作（假设有工厂存在的话）。因此，在1750年后的约两百年里，中国很难沿着相对较容易的"壮大"道路迈向工业化，反而不得不处理直接从农业取得其大部分工厂工人所衍生的种种相关问题。

但美国的情况要我们切记，并非所有早期的工业化地区都有大规模的原始工业部门。事实上，肯尼思·索科洛夫（Kenneth Sokoloff）和大卫·多拉尔（David Dollar）比较过19世纪的美国和英格兰之后，强调英格兰境内的农业工作由于受季节性影响较大，因此放慢了以工厂为基础的工业发展。由于一年里只有部分期间会有大量劳动者可用，但工资又远远不足以吸引他们完全离开土地，于是，事实表明手工业是工厂的顽强对手，而在这情况下对集中式工厂、设备和管理所做的投资，还不如在农、工劳动者的区隔更加泾渭分明的情况下所做的同样投资来得有益。相对的，在美国，土地／劳动力比例非常有利，使得农场主能用其他活动（例如畜牧、伐木、种水果和开垦土地）来补充其谷物生产，而由于这些活动的单位面积产量较低、时薪却较高，于是乡村劳动力不必大大倚赖手工业，就能有全职工作。也因此，美国工厂建成后的成长速度往往也比英格兰（尤其是种植谷物、生产手工制品的英格兰南部）工厂还要快。[82]

这一论点可以在英格兰和美国这两个地方说得通，但美国的情况仍大不同于本书所探讨的欧亚大陆诸核心地区。非常有利的土地／劳动力比例，意味着美国农场在自成一体的工厂劳动力出现时能轻松喂饱这批人（不管这批人是境外移入，还是来自人口本身快速的自然增长和城乡间迁徙）。这也意味着这些农场主即使没有以工业生产为副业，仍买得起工厂产品，即使那些产品以相当贵的劳动力制成亦然。与此同时，遥远的距离和关税有助于避免往往以较便宜的劳动力制成的欧洲制造品全盘吃下美国市场。

在这些特殊情况下，美国那些必须找到有务农经验者（不管来自马萨诸塞州，还是爱尔兰和德意志）前来工作的工厂，说不定（与"壮大"模型背道而驰）能够比英格兰工厂更快速扩张。但在18世纪的旧世界，只有寥寥几个地方承受得起这种人口增长模式，也就是既未增加本地农产量，也未借由生产工业出口品带进初级产品。在旧世界核心地区里，那些没有乡村人口可用于原始工业的地方，这比较可能肇因于一整年非常劳动力密集型的复种（例如在岭南部分地方）或为保存脆弱的生态而投入的庞大劳动（例如丹麦境内泥灰施肥、挖沟等此类的劳动），而比较不可能肇因于我们在19世纪美国农场上所看到的那几种可获利但土地密集式的副业。

于是，旧世界诸核心地区无法以美国那种方式打造出工厂劳动力。对这些地区来说，只能二选一：即若非从全职原始工业劳动力中抽调出人力，就是从至少兼职性的农业劳动力中抽调出人力。在此情况下，能利用原始工业劳动力一事，似乎仍是打造旧世界工业劳动力的最有利方式。英格兰的情况因此比长江三角洲等地更为有

第六章 废除来自土地的限制

利,因为英格兰有边陲性贸易伙伴可以弥补自身经济,而后者没有这类贸易伙伴。

这一论点也可从莫基尔欧洲工业化"壮大"模型的另一个特征来切入。这个模型假设人们最初是在其农业劳动的边际生产力低于原始工业的边际生产力时,转而投入原始工业生产活动的(前一边际生产力刚开始时高于后者,但下跌速度快了许多,主要因为土地供给有限)。于是,只要一个区域能继续靠出口原始工业产品来换取食物(或许还可加上纤维和木材),而且不会影响食物与手工制品在该地区所据以进行这些交换的"世界"市场里的相对价格,则超过某个需要程度的多余劳动力就会全部投入原始工业。

就荷兰和比利时来说,走上这个通常被称作"小国假设"(small-country assumption)的状态完全合理(莫基尔拟出这个模型就是为了说明这两个地方的情况),就长江下游和岭南、关东和畿内地区来说,走上这样的状态也一度合乎道理。诚如先前已提过的,长江三角洲诸府虽也进口大量的初级产品(3600万人进口了15%—22%的所需食物,以及木材、豆饼肥料等),但它们所利用的腹地和销售网络太辽阔。因此,若我们用"小国假设"来探讨该地区18世纪中期的贸易,仍然说得通。然而,随着其中某些腹地的人口增加(例如长江中上游和华北),其农业收益开始减少且也发展出更多自己的原始工业,贸易条件的确因此改变,转而明显不利于原始工业生产者。

以白银计价的棉布价格年年波动,但我们似乎无法从1750年至1850年的名义布价中看出什么趋势。[83] 以我们手中有相对较有用的广州原棉价格资料来说,尽管短期波动往往很剧烈,但也看不出一个明确的趋势。[84] 然而,在长江下游以白银计价的米价,在那个世纪却涨了四成。[85] 光是这一增长大概就使第二章中那些假定的妇女纺纱、织造所得减少约三成,从1750年的7.2石米减为1850年的5石米。

此外，根据岸本美绪（Kishimoto Mio）所收集的片断资料显示，在长江下游，1750年至1800年原棉价格的确上涨甚多。这一研究结果与广州附近没有显出任何趋势的价格相符，因为这两个地区间的运输成本于18世纪晚期和19世纪初期剧减。这一结果也会与17世纪的模式相符，因为在那些模式里，长江三角洲境内的原棉价格似乎和米价大致同步。[86] 如果岸本的资料大致上可以代表江南，光是1750年至1794年（她的资料的截止年）纺工与织工的所得就差不多会下跌五成，尽管那会是从较高的起点下跌。而如果假设原棉价格趋势长期来讲跟着米价趋势变动，那我们这里所假设的织工／纺工的稻米购买力，1750年至1800年间会下跌25％，到了1840年会下跌37％。[87] 若用盐来衡量，下跌幅度会更大，或如果用薪材来衡量，大概亦然。

即使是这些缩了水的收入，仍能满足女性自己的维生需求，而且离男性农业工资（从实际价值来看也在下跌的工资）差不了太多，因而中国的"性别差距"并不如欧洲那么大。但这些收入也的确表明以家庭为基础的纺织品生产所带来的收入减少了不少，甚至在未有机器制织物与其竞争之时就是如此。织造非常上等之棉布的女人，大概不会蒙受这些压力，因为此类布料的价格在同一个百年里上涨了几乎一倍，[88] 但这些女人是特例，因为她们具有超乎常人的技艺，且每年大概也只生产较少的布匹。

在莫基尔的模型里，长江下游原始工业劳动收益以如此幅度下跌，照理应会促使某些劳动力回头务农、接受先前原本低到无法接受的务农收益，从而促成农业进一步集约化和某种程度的去工业化。[89] 虽然任何这样的转变都不会太大，但从某个现象仍可能了解其变动的幅度：19世纪初，来自长江下游的原棉在广州似乎已变得更便宜且数量更多，令带着印度棉前来贩售的外国商人大为忧心。

第六章　废除来自土地的限制

价格下跌可能主要是运输改善所致，[90]但量的增加或许意味着，长江三角洲可用于本地纺织者的棉花变得较少；而长江下游原棉产量在这期间似乎不可能大增，来自华北的进口量则几可肯定是下跌的。

但即使收益变低，长江三角洲大部分的女人仍继续从事纺织。事实上，诚如先前已提过的，正是在19世纪，史料完全不再提及该地区女人与男人一起下田干活之事。[91]如果某些家庭不愿让自家妻女回田里干活，以免抛头露面，而且说不定还想增加布的产量以维持收入，那么就可能会产生类似金世杰所描述的那个准内卷情况。在那一情况里，女人"只能"从事以家庭为基础且工资非常低的纺织工作，因此，若要展开以工厂为基础的纺织品生产，将会十分不划算。任何在此期间出现的这类模式，都会是暂时的形势所致，而非（如黄宗智所认为的）一种基于永不改变之规范的中国长期发展的基本特征；而且，诚如金世杰所提议的，要以这类模式来从根本上解释工厂为何未在中国发展出来，似乎已经太迟而不适用。[92]但这类模式或许有助于延缓家庭纺织品生产被工厂生产取代，即使在技术已可以为人所取得之后亦然（金世杰在其文章的更后面就曾如此表示）。不管是前述哪种情况，这些女人所置身的家庭，家中男人（和在某种程度上的小孩）仍旧被逼着在农耕、采集燃料和管理土地上采取劳动力密集程度越来越高的策略，而这对工业化来说并不是个好兆头。

日本对类似压力的回应不脱中国所采行的那个基本架构，但仍具有某些差异，而且这些差异可能带来长远影响。首先，日本人口比中国或欧洲的人口更早突破其历史性上限，而且从此未再降回上限以下。当欧洲和中国的人口在17世纪晚期都下降之时，日本人口达到历史新高，到约1720年进入平稳期，此后直到约1860年才会再有变化。[93]这一漫长的人口零增长期或许代表为因应生态限制而做的某种人口调整，而且这一调整比19世纪初期缓慢但仍正面的中国人口增长所代表的调整，还要快速且彻底；但我们也可以说这一调整更为剧烈，是因为情况更为糟糕，毕竟即使在约1860年时，日本整体人口密度就比中国高上许多。[94]而日本远洋渔获量的大增提供了某种在中国较少被使用的纾解手段（这些渔获既供食用也供作肥料），而且系统性植树造林早早展开，也是一项重大的调整作为，[95]但日本核心地区的原始工业，在进一步扩张上却也面临严重障碍。

相对于工业产品价格，18世纪30年代的农产品价格上涨得很厉害，接着便未显现任何变化趋势，直到19世纪20年代晚期才开始另一波陡升；1735年至1825年的平均现行价格比18世纪20年代中期价格最高时高了约两成，比1730年价格最低时高了将近五成。[96]就我所知，不管是在畿内还是在关东，都没有迹象显示以去工业化因应相对价格的变动，但是这两个地区的人口的确在减少。1751年至1821年关东地区少了16%，畿内地区或许少了5%，而人口增长可观的那些县，大部分都位于1870年时人口仍相对较稀疏，且也仍大大低于斋藤修所做的乡村工业化指数之全国平均值的那些区域里（相对的，畿内地区的人口密度和乡村工业化指数都比全国平均值高了一倍）。[97]我们已知道工业、人口的大幅增长出现在土佐之类较贫穷的藩。在土佐，旧有的垄断正在放宽，但许多这类垄断仍然存在，迁徙障碍亦然。边陲地区的这些成长障碍使某些边陲地区极力要求限制家户口数，而且做此要求的边陲地区或许比中国境内还要多（但囿于现有资料，在此任何比较都是推测性的），从而局部保住了欧陆许多地方所拥有但中国无缘拥有的那种闲置生产力。换句话说，日本最进步地区的人口占总人口的比重，一如中国有所下降，但下降程度较为和缓，因为边陲地区人口增长幅度较小。劳动力密集程度提高了，但这几乎完全是因为每名劳动者的工时增加，而非因为人口增长。相对于乡村，城镇失势，[98]但日本都市化

第六章　废除来自土地的限制

程度相对来讲仍然较高,意味着储存于手工业（而非农业）里的"伪剩余"劳动力（莫基尔语），多于在中国所见。

至于印度的情况，可想而知又是与众不同的，但仍不脱那个一般架构。此外，印度不同于中国之处，表明其走向与日本的不同之处南辕北辙，而且意味着工业化在此面临更为严重的长期障碍。诚如前面已提过的，印度人口的急速增长晚于中国或西欧，更比日本晚了许多，大概是在1830年后，几可肯定是在1800年后。[99] 19世纪时印度耕地大增，也没有多少迹象显示食物、燃料和纤维或建材整体有严重短缺（分配当然是另一回事。例如19世纪晚期印度出口大量谷物，国内却发生严重饥荒）。前殖民时代晚期的商业化虽然没有中断，但印度非务农人口占总人口的比例在英国统治初期大概是降低的。这块次大陆经历了贝利所谓的"农民化"（peasantization），因为有愈来愈多原本四处流浪或从事手工业的人，被拉进（和推进）定居性农业里。这一过程似乎在沦为殖民地之前就已开始，原因之一是莫卧儿帝国衰落后兴起了诸多彼此竞争的土邦，盼望通过让四处流浪的人定居在土地上，来增强官方管控、公共安全和国家税收。在英国人统治下，这一过程开始加速，使愈来愈多原居住于城市的人也受到波及。[100]

印度是否在19世纪时发生过去工业化一事，已引发激烈辩论；但由于资料不足，此争议不可能解决。[101] 不过，有一点似乎已得到许多人认可，那就是从18世纪晚期开始，全职纺工与织工（尤其是以城镇为基础的这类劳动者）大幅减少。这似乎先是肇因于东印度公司和其他一些愈来愈要织工专门针对某个潜在买家生产的商人所采取的措施（尤以在孟加拉采取的这类措施为然），导致许多工匠因收入减少而改行；[102] 后来则是肇因于印度纺织工业与英国兰开夏之间的竞争，导致此地工匠收入更加不稳。[103] 印度城居人口占总人口的比例，长期来看是大幅降低的（从17世纪晚期的13%—

15％降为1881年的9.3％），但目前仍无法更精确地定出开始衰退的时间。[104]哈比卜的研究结果也显示发生了去工业化的情形，印度在1595年至18世纪70年代期间生产的糖、棉花和靛蓝染料的价值，从绝对角度来看（更别提从人均角度来看）很可能是下跌的。[105]

拜兼职性乡村纺织活动增加之赐，印度境内棉纱和棉布的产量可能得以维持原有水平，但对未来的工业化来说，其重要性就不会和全职原始工业劳动力增加一事的重要性一样。这些人都不是后来能转入工厂而不致农产量减少的人，[106]也不是受雇于工厂后，工厂老板雇用他们的成本会跟着工厂产品的单位价格一起下跌的劳动者，因为他们有一定比例的所得来自务农。

于是我们可以说，尽管在19世纪初期时，印度经济的货币化程度比在中国、日本或西欧所见都还要低，印度却也还是朝着类似的方向走；而且比起这三个地方，印度拥有较大的生态空间，可以容纳愈来愈多的人口和人均消费。但到了20世纪初，印度已失去那一优势，且既有人口稠密区的劣势，也有原始工业不发达和内部市场不大之区域的劣势。这种种问题的发生，与其说是因为（大体上）受市场驱动的地区性发展（就像似乎已把中国带到死胡同的那种发展一样），不如说是因为殖民地当局（和在某种程度上当地土邦当局）偏爱要人民定居，偏爱"习惯法"、农林产品出口和让印度成为被母国工业产品垄断供货的市场。其结果就是愈来愈着重于初级产品的出口，即使人口大增时亦然；而这些初级产品的生产，往往又用到受胁迫的劳动力，而且受胁迫的程度与18世纪印度最不自由的地区一样高，说不定还更高。[107]

于是，尽管农商领域成长可观，印度却可能落入较无法以工业领军实现转型式成长的境地。比起在18世纪的社会趋势持续了更久，同时人口增长、来自机械制产品的竞争更晚才到来的假设下至少会发生的情况，殖民地印度的"农民化"形态或许可合理地称为"未充分发展的发展"（development of underdevelopment）。英国人大概没有如某些民族主义学者所主张的那样，阻挠了印度原本很有可能发生的工业突破，但19世纪的局势变化可能使这一突破比在没有这些变化下更不易发生，也比西欧经济体和东亚经济体所面临的转变更不易发生。换句话说，当日本和（尤其是）中国的核心地区可能会因为它们的边陲地区往"核心"看齐而面临发展瓶颈时，印度的核心地区却落得往边陲地区看齐的更悲惨境地。

在此最令人称奇之处，就在于当"小国假设"变得较不适用于东亚诸核心地区时（主要因为其边陲地区境内的人口与原始工业增长，使可供投入它们的"世界"市场的初级产品数量，相对于它们的需求，变得较小），这同一个假设仍适用于英国，尽管英国人口暴增且人均需求上升（最初上升缓慢，后来在约1840年后急速上升）。此外，在接下来的百年里，这一假设不只仍适用于英国，还适用于愈来愈大范围的"工业欧洲"。若没有这一奇迹，就不可能同时备齐"较多的人口""较高的人均消费""劳动力密集程度较低的土地管理"（全是"欧洲奇迹"的主要凭借）这三项因素。若没有这一奇迹，欧洲前工业时代市场经济的成就，虽然令人赞叹，却可能把欧洲导向与其他地区同样令人赞叹的市场经济体一样的方向。若没有这一奇迹，只怕就连另一个奇迹，也就是构成"工业革命"初期历史的一连串技术创新，都很可能放慢到爬行的速度。

诚如第五章讨论过的，西欧的"落后优势"是促成这一奇迹的因素之一。由于存在制度的阻碍，使有些国内资源没有被开发利用，而这些阻碍在19世纪才得到疏通且一度使某些正在工业化的地区的进口需求不致进一步扩大。但诚如先前已提过的，这一论点不大能用在英国，用在纤维和木头上亦说不通。另一个推手则是技术方面的迎头赶上（例如在每英亩面积产量方面），但光是这个还是无法解释为何欧洲可以蹿到世界其他地区前头。煤当然大大减轻了欧洲的木头供给困扰，但有颇长一段时间，只有英国和其他一些地方得以如此。再者，即使在煤使用量很大的地方，木材的整体需求仍有增无减，因为木头还有其他许多用途。木材进口量在整个18世纪晚期持续上升，19世纪的增幅更是高逾以往（但诚如先前已提过的，通过与蒸汽动力、铁路等此类事物搭上关系，煤也有其他发挥之处）。

于是，若要更全面地说明欧洲核心地区所发生的事，我们也必须审视其边陲地区，弄清楚为何这些边陲地区供给"世界"市场的初级产品变多而非变少。原因有一部分在于东欧与俄罗斯境内的制度性作为。这些作为长久抑制那种在中国内陆和日本的地区Ⅱ里相对较快发生的那种人口增长和原始工业，也就是造成了更多的"落后优势"，但这些优势要到1860年后才会被大规模利用。另一部分原因，诚如本章所主张的，主要在于新世界使欧洲得以经由第一个原始工业世纪向工业化过渡，而这不只是因为新世界丰富的天然物产，还因为有独一无二的制度和客观形势，使欧洲人得以比纯斯密式贸易更早且更多地将新世界物产带到欧洲。

这些制度性因素，有一些（例如奴隶贸易和矿场劳动制度）明显背离市场原则，而且常被我们草率地归于"前现代"世界，因而忘记了它们对催生我们当今世界所起的作用。还有些因素，例如法人组织，则成为大家所熟悉的"现代"之物，我们清楚其源于欧洲。因此，我们往往忘记它们是欧陆外的遭遇（encounter）所创造出来，且往往是为了那些遭遇而创造，更忘记在很长的一段时间里它们可能是支应行使暴力之庞大固定成本的最重要方法。后来这一方法还迫使这些企业增加"异国"进口品的数量（而非如威尼斯人和葡萄牙人所常做的那样，把心思全摆在净利率上），从而扩大欧洲在海外的势力。另外还有些因素，例如众所皆知的专业化奴隶种植园，它们在欧洲创造新一类边陲地区上所发挥的作用，也在此得到新的诠释。除了这些制度，还有好几个全球形势也有利于欧洲势力在新世界的扩张，从风向和风型、疾病抵抗能力上的落差，到欧洲国家间的竞争和中国对白银的需求等，都有影响。

要使跨大西洋贸易成为绝无仅有的自我扩张途径，前述这些在大体上属于欧洲之外且无关市场的因素都是不可或缺的。借由这一途径，欧洲（尤其是英国）能利用自己的劳动力和资本来纾解其吃紧的土地压力，从而把扩展速度（与东亚的情况不同）远超农业的人口扩张和原始工业扩张，都转化为有利于日后发展的资产。若没有这些因素，人口与原始工业的扩张可能会是日后一场浩劫的基础，或者可能会受阻于19世纪愈来愈高的初级产品价格，或可能会因为需要以劳动力密集程度更高的方式来利用并保存有限的土地基础一事而受到大力抑制。

原本没什么特别优势的西欧核心地区，为何能获得独一无二的突破，得天独厚地成为19世纪新的世界经济中心，并得以让剧增的人口享有前所未见的高水准生活？要解释这个问题，我们理当要把市场以外的因素和欧洲境外的形势视为最关键的因素。而在跨地区比较的路途上走了这么远之后，我们至少已经对本书一开始曾谈到的方法论问题，找到了一部分的解决办法。这趟探索之旅表明，与其假设自己正在寻找工业化前夕诸多真正独立自主之实体间的差异，我们更应该承认那些业已存在的关联在创造这些差异上所扮演的重要角色。

附录

附录A
对1800年左右德意志与北印度的人均陆路载运量的估计与比较

水路运输具有相当高的成本优势,但在许多前现代的经济体里,大部分物品走陆路运送,因为往往根本无水路可用,或即使有水路可用,来往水边仍需要颇长的陆上运输。但就任何前工业时代的经济体来说,针对陆路货运量(不管是真实货运量还是潜在货运量)所做的估计,都非常少。

松巴特在《现代资本主义》(*Der Moderne Kapitalismus*)卷二第一部分页339至341对1800年左右的德意志所做的计算,是少见的例外。他倚赖1846年所统计出用于运输且行走于德意志关税同盟里的马匹数量,认为那一数量稍低于1800年时使用的马匹数量(因为铁路开始兴建一事很可能已开始使人不再像过去那样想拥有马)。然后他把这数量乘上每匹马看来可信的可负载量和每日可行走距离,并假设每年工作250天(最后一个假设并未被表述出来,更别提得到解释了,但若要使他的数据彼此相符,这一假设不可或缺),结果是每年5亿吨千米,也就是每年3.25亿吨英里。

在晚近某篇文章中,伊尔凡·哈比卜估计印度北部的班贾拉人(banjaras,居无定所的牧牛族群,为别人运货,有时自己从事买卖),

每年最大运货能力为8.21亿公吨英里。[1]哈比卜针对极重要的变数（班贾拉人的牲畜数量）所提出的数据，系大略参考非官方观察家的说法而得出的，而非以正式的统计资料为本，因此似乎既可能流于保守，也同样可能流于高估。

此外，哈比卜的估计以每年约115个工作日为本，不到松巴特数据的一半。班贾拉人居无定所，牲群得不断移动以找到食物，正因为一路边走边吃草，很少吃买来的饲料，因此们是非常低成本的运输工具。出于同一原因，哈比卜推测它们每天只能走六七英里。于是，哈比卜的工作日数据（尽可能保守的数据），就我们所要做的比较来说，似乎过低了。要估计载运量，我们不妨不估计工作天数，而只比较每日可利用的载运量。我选择另一个可行做法，这个做法使结果稍稍（但就只是稍稍）有利于德意志。假设松巴特估计的工作天数合理，且把哈比卜的估计数据加倍，得出每年约230个工作日的数据（相对于德意志的250天）。于是，哈比卜的数据变成每年16.42亿公吨英里，也就是松巴特数据的五倍多一点。比较载运量时，我们所面对的最后一个不确定之处，乃是松巴特未清楚交代所用单位是英制吨还是公吨，如果他指的是前者，北印度的数据就得上调10%，从而是德意志数据的五倍半。

最后，我们得除以人口。在这方面，数据也很粗略，但我们能得出看来可信的数据范围。针对后来成为德意志帝国的那片地区（从而与松巴特所依据的德意志关税同盟马匹统计数据所涵盖的区域约略相当），科林·麦基佛迪（Colin McEvedy）和理查德·琼斯（Richard Jones）估计1800年时的人口为2400万；[2]托马斯·尼佩代（Thomas Nipperdey）对同一时期同一地区估计的数据是3000万。[3]对印度人口的估计则各家说法差异甚大：《剑桥印度经济史》估计约1800年时整个次大陆的人口在1.39亿至2.14亿。但大部分数据在1.7亿至1.9亿之间。[4]如果扣除南印度约2000万的人口（南印度不在班贾拉人的活动范围内），[5] 就得到 1.5 亿至 1.7 亿，也就是德意志人口的五至七倍之多，陆路载运量为德意志的五倍至五倍半。

这意味着德意志人均陆路载运量可能高于北印度，但高不了多少。此外，我们手中的资料大概不利于印度。班贾拉人专门从事长距离运输，意味着我们忽略了把货物运到地方市场和其他短程运输的牲畜载运量。在前工业时代的经济体里，这类短程运输大概占了陆路运输的一半以上。相对的，松巴特计算了所有用来运输的马匹，把主要用于载人而非载货的马匹清楚地涵盖在内。由于资料本身不尽可靠，我们无法做出决定性的比较，但载运量似乎很可能相差不大，而且在这两个地方都有许多闲置的载运量可用。

附录B

对18世纪晚期用在华北与欧洲农田之粪肥的估计,以及对因此产生之氮流量的比较

根据20世纪满铁("南满洲铁道株式会社"的简称)的调查结果(这些调查结果在其他方面似乎很精确),在较穷的华北农村,每亩耕地所用的粪肥在1800斤至2000斤之间。我据此估计为1900斤。针对较发达的华北农村,满铁的数据为每亩耕地3000斤。[1]换算成每英亩公斤数,即是每英亩耕地6600公斤至10600公斤。

为根据这些数据往回推算18世纪晚期的情况,我假设在仅有少许耕畜的经济体里,猪和人是最重要的肥料来源。[2]我还倚赖珀金斯的以下估计:猪的数量大致与中国人口的数量趋势相当。[3]再利用黄宗智所得出的1790年、1933年河北和山东两省人口数据,[4] 18世纪晚期的粪肥供应量应该是1930年水平的六成左右。

但这些较少的18世纪粪肥供应量所施用的耕地少于20世纪。取黄宗智的1753年、1812年数据(两者数据非常接近)的中间值,并把这些数据与其1933年的数据相比,就得出1.4倍的数据。[5]

计算出的结果是每英亩耕地5600公斤至8900公斤,比斯利歇·范巴特(Slicher Van Bath)所估计的18世纪晚期4000公斤至5600公斤数据高出不少;[6]而且这个"欧洲"数据所倚赖的资料过

度偏重荷兰、莱茵兰、英格兰和法国的资料。华北的粪肥品质似乎很可能（但无法证实）和欧洲境内粪肥一样好或更佳。

根据作物产量和粪肥水平推算出土壤养分趋势，很难做到精确。施加特定数量的粪肥（或者，更重要的，种植会固定氮的作物，例如豆科植物），会为土壤增加多少养分，取决于许多因素，包括我们所不清楚的一些因素。太多当地情况会影响估计，因此即使在今日，最可靠的估计都还是高低相差非常大的区间值，而非单一数字。举个极端例子，据说栽种黄豆每公顷可固定 15 公斤至 331 公斤的氮。[7] 但比较西欧和中国境内农业所产生的氮流量有其用处。这一比较运用了针对极重要参数（例如一吨特定作物所增加的氮量）所算出的平均结果。把重点摆在氮这个元素上很有道理，因为它是三大植物"巨量养分"（macro-nutrient）之一。同为巨量养分之一的磷，其浓度常与氮的浓度密切相关。第三个巨量养分钾，则更难分析，因为在植物还无法利用的土壤里，能存在大量这类养分，而至目前为止我们对于为何会如此仍所知甚少。[8] 此外，氮无法以可被大部分植物利用的形态长久储存于土壤里（除非通过栽种可固定氮的作物），因此，在前现代，氮流量经常是对土壤生产力起限制作用的因素。[9]

怀着上述认知，我利用彼得·鲍登（Peter Bowden）所估计的数种参数数据，比较了重建的"典型"华北农场与英格兰农场模型。[10] 在大部分方面，英格兰较类似长江下游或岭南这两个中国经济最发达的地区，但小麦、稻米的生态差异是无法克服的难题。至少拿华北来和英格兰相比时，我们是以类似的作物来比较的，于是选择一个特定的估计数据，比如种植一吨小麦所会耗掉的氮量，不会扭曲我们所做的比较。我假设华北农场采用两年三作的轮作制，即两年里种两次小麦和一次大豆（普遍见于华北的做法）；至于英格兰农场，我假设一年一作，两年种小麦，再一年种会固定氮的三叶草。

每一熟的小麦，为产出一公斤小麦和跟着一起长出的麦秆，似乎会耗掉土壤约 0.0234 公斤的氮。[11] 如果把麦秆犁回土里，但（诚如一般会有的情况）麦秆里的养分至少有一半在这过程中流失，[12] 那么欧式农耕每公斤小麦所耗掉的氮养分会是 0.0214 公斤。至于华北，我假设所有残余物都未回归土壤（尽管这说法流于夸大），那么生产每公斤小麦所耗掉的氮会是整整 0.0234 公斤。

18 世纪 70 年代英国小麦平均产量为每英亩约 23 蒲式耳，[13] 以 8 蒲式耳等于 1 夸脱，[14] 5 夸脱等于 1 吨来换算，[15] 这相当于每英亩 523 公斤。18 世纪晚期华北的直接数据极难觅得，但对 1930 年的可靠估计会是每亩约 100 斤；[16] 把此数据与该时期华北小麦田每亩残余物数量（据《山东的畜牛》这一满铁调查的说法为 140 斤[17]）结合，我们也得到非常切合实际的小麦/草料比。然后如果运用珀金斯人均食物产量未变这个论点往回推算 1800 年时的情况，并且调整每亩产量以得出真正的（大概的）已知耕地趋势和人口趋势，就会得到 1800 年每英亩约 306 公斤的数据。[18] 于是，在六年期间，我们模型里的那个英格兰农场会有四熟的小麦，六年下来的每英亩总产量为 2092 公斤，而华北农场会有六熟小麦，每英亩总产量为 1816 公斤（值得注意的是，若把华北农场三次大豆的收成加进去，该农场的食物总产量就比英格兰农场高了许多，尽管就中国来说，华北的食物产量相对较低）。

英格兰六年期间四熟的小麦应该会从每英亩土壤摄取走 44.77 公斤的氮；中国的小麦则从每英亩摄取走 42.49 公斤氮。我们接下来就来谈怎么补充地力，先从粪肥开始谈起。

当今的数据显示，畜粪投入土壤的氮量，约是新鲜粪重的 0.9%，其中有一半或更多在施用于土壤后挥发掉。[19] 如果把这些数据用在 18 世纪晚期，英格兰、华北这两座农场即使没有栽种会固定氮的作物,看来都会很容易补充流失的氮,但这似乎不大可能发生;这两个地方(和几乎世上任何地方)的农民都发现轮作是维持高产量绝对不可或缺的。这些20世纪晚期数据对18世纪晚期来说为何偏高太多,至少有两个原因。首先,它们来自用商业性饲料喂食长大的牲畜,而那些饲料比更早时牲畜所吃的饲料营养许多。其次,上述数据是就新鲜粪肥而言。粪肥若未立刻施用,其价值会迅速流失,[20]但出于节省劳动力的考量,在中国和欧洲,粪肥都会累积一段时日后才施用。事实上,在英格兰某些农场上,大规模施肥一年不到一次。[21]

因此,当时施肥的益处肯定比20世纪的计算结果所意味的低了许多,但低了多少不得而知。不过,不管绝对水平为何,华北农场在这个领域里表现大概相对较出色。它们每英亩所施用的肥料重量大概多了六成,而且它们更常施肥,因储存而流失的养分因此大概较少。最后,中国境内大部分畜粪来自猪,而英格兰大部分粪肥来自乳牛或肉牛。猪所产生的粪肥,养分较高,至少就今日来说是如此。(新鲜猪粪)氮含量为2.0%—7.5%,相对的,肉牛为0.6%—4.9%,乳牛为1.5%—3.9%。[22]中国人较频繁施用较多较营养的粪肥,这种施肥方式应该比英国人的施肥更对土壤有益。

最后,我们要谈谈固氮作物。在华北,这类作物一般来说会是大豆;在英格兰,则会是豌豆、菜豆或三叶草。三叶草的固氮作用远优于豌豆或菜豆,而在当今的条件下,大部分种类的三叶草根部上的细菌,每英亩会固定24至94公斤的氮,大部分品种平均每英亩会固定60公斤左右的氮。这意味着它的固氮量稍高于大豆(每英亩48公斤的氮)。[23]但我们假设的那座中国农场六年收成三次大豆,而英格兰农场同期间只栽种两次三叶草;在比较过两者的平均值后,我们发现又是中国农场表现较佳(每六年每英亩144公斤氮对120公斤氮)。

这一比较受制于多个不确定因素，但至少再度表明中国经济情况较差一说并没有道理。而若以豌豆或菜豆（而非以三叶草）作为小年作物的英格兰农场，情况大概会差许多。以普通菜豆来说，当今的固氮量是每英亩 4 至 26 公斤，平均为 12 公斤，而就豌豆来说，则是每英亩 7 至 31 公斤，平均 22 公斤（但兵豆的固氮量更高一些，蚕豆则更高许多）。[24] 瓦茨拉夫·斯米尔所估计的菜豆产量与每英亩约 0.56 吨这个平均作物产量相符[25]（各估计值之间同样又有很大差异），但鲍登提到英格兰真实农场三个年份的菜豆产量数据，其中两个年份（1737 年和 1738 年）是每公顷 13.4 蒲式耳至 15 蒲式耳（第三个年份是 1671 年，而在该年的数据里，每种作物的据报产量都高得离谱）；[26] 这相当于每英亩 0.144 吨，也就是当今平均值的几乎四分之一。如果我们把固氮量打上类似的折扣，使其少到每英亩 3 公斤，那么固氮量会少到无法弥补两年种植小麦所流失的氮。[附带一提，对豌豆、菜豆和三叶草所做的比较（三叶草种植在"经过改良"的农场迅速传开）间接表明圈地可能在另一个方面造成重大差别，尽管晚近著作倾向于别种看法]。

总而言之，不管是就英格兰，还是就华北来说，我们都无法精确估算氮流量，但我们可以说，我们手中的种种证据显示，华北的生活水平丝毫不逊于英格兰；许多证据显示华北的生活水平更有过之。

附录C

对法国、岭南与华北部分地区之森林覆盖率与燃料供给量的估计（1700—1850）

对华北燃料供给量的估计，锁定在山东省西南部，这是华北平原人口最稠密的地区之一。先前我已根据相当可靠的资料，估计过20世纪30年代该地区的燃料供给量（其所用的基本史料和手法，可见于彭慕兰1988年博士论文的附录F）。

为根据这些估计数据往回推算18世纪晚期的情况，我再度使用了黄宗智所估计的该时期华北人口与耕地面积百分比的变化（见前面所述）；没有详细的数据可让我具体估计这些县的变化。而我再一次同意珀金斯的论点：在中国，猪只数量的变化大致上与人口数量的变动同步，而耕畜数量的变化则大致与耕地面积的变化同步。

接着，若要照全省数据所表明的将耕地面积减少约三成，就得猜测这些土地在用于耕种之前的用途。我尽可能找出在使用过程中生产最少燃料的土地，以压低我的燃料供给估计值。

例如，估计20世纪30年代的燃料供给量时，我认为该地区18.9%的土地用于建筑和道路，因此未生产生物量（biomass）；这个估计值大概原本就偏高。建筑、道路所覆盖之土地的面积，应该大致上和人口、商业化程度的变动同步，因此，在估计约1800年时用于这些用途的土地面积时，最可信的估计似乎是前述比例的六成；但我最后认为属于这类用途的土地是20世纪30年代数据的八成（15.1%）。

至于未用于耕种、盖房子或筑路且非完全无用的土地（例如多岩的山坡或长不出植物的沙地），则必须划归以下三类其中一类：草场、准森林或成熟森林（照每英亩能量产量由低至高的方式排序）。华北所拥有的草场面积数百年来都相对较少，其所拥有的大型牲畜，除了犁地所不可或缺的牲畜，也相对较少；据1940年的某项调查，该地区的牲畜从草场摄取的食物，只占它们所摄取食物的7.5%。为使我的估计值始终维持保守，我假设约1800年时农场牲畜所摄取的食物，整整一半来自草场。这比任何逸事性证据所间接表明的比例都要高出许多，而且必须把该地区27%的土地都划归这一类（相对的，20世纪30年代时这比例只有3.8%）。然后我把剩下的13%土地全划归林地，把其中三分之二的土地划归产量较低的准森林一类。这和1949年后的调查所发现的比例差不多，但更早的一百五十年前，成熟森林所占的比例几可肯定更高。

最后，我再度依据珀金斯的假设，调整可供后来使用之作物残余物的数量。如果约1800年时，用相当于20世纪30年代约七成的土地供养相当于20世纪30年水平约六成的人和畜，而且产生的人均剩余量未比其多上许多，也未少上许多，那么当时每英亩的作物产量就约是20世纪30年代水平的85%；同样的，我假设当时每英亩所产生的作物残余物数量，也是20世纪30年代水平的约85%。我还假设1800年农场牲畜的摄食量和1930年差不多，假设1800年时农村家庭燃烧木材、禾秆等燃料的手法，在效率上和20世纪30年代差不多。结果，就尚未使用化石燃料时期的标准来看，当时的燃料供给颇为宽裕，每人每年达0.62吨标准煤当量；由于进行这一计算时，对土地使用方面的估计值牵一发就足以动全身，只要更动我那些有关土地使用的非常保守的假设的任何一个，燃料供给量的估计值就会立即大增。

计算法国的燃料供给量就简单得多。作物残余物和禾草很少用作燃料，因此除了得关注多少土地是林地，不必太费心去思考土地使用模式。为粗估出人均燃料供给量，我使用了库珀（J. P. Cooper）著作所引用的1550年、1789年林地面积粗估数据：分别是约1800万公顷和900万公顷；至于每公顷林地的可永续性燃料产量，我使用了斯米尔的全球平均数据，即每公顷3.6吨木头（1.8吨标准煤当量），并把这数据也用在华北。[1] 人口数据（1550年1400万和1789年2500万），则来自麦基佛迪和琼斯的著作。[2]

结果得出1550年的人均燃料供给量为人均2.31吨标准煤当量，1789年则是0.64吨标准煤当量。1550年时每人所使用的燃料大概未超过0.5吨标准煤当量，因此我们应该把满足该水平所需燃料后剩下的木头视为可供用于其他用途，而这类剩余的木头数量很可观，约略是每年每人3.6吨。但到了1789年，林地每年新增的木头，大概几乎全得用于满足布罗代尔所估计的燃料消耗量（0.5吨标准煤当量）。只剩0.29吨可做其他用途，只比约1800年时理论上华北可供用于燃料以外用途的人均0.24吨木头高一点点，而华北是清朝内地18行省里森林砍伐最严重的两个地区之一。根据亚洲开发银行的建议，人均0.33吨标准煤当量是符合可永续要求的最低人均燃料使用量，本书用在法国和华北的人均0.5吨标准煤当量则不符合该银行的上述建议，但如今亚洲大部分最穷的人所住的地方，气候比法国和华北境内气候还要温暖，而且他们所拥有的炉和房子，热量生产效率也高于18世纪时人们所拥有的；此外，其中许多人所使用的炊煮方式，其燃料使用效率即使没比当时华北高许多，至少也比当时的法国高得多。如果0.5吨标准煤当量真的是华北、法国两地合理的最低值，那么到了1800年，这两个地方都不可能在不致令部分人口遭遇严重燃料危机的情况下，腾出许多木头用于其他用途。

但岭南的情况稍好于法国，尽管其人口密度在1753年时已和1789年时的法国一样高，且在1853年时已成长约一倍。这一优势主要源于两个因素。首先，在岭南，一如在华北，作物残余物向来充当燃料使用。其次，由于岭南的亚热带气候和使用中国式炊煮方法，以亚洲开发银行的人均0.33吨标准煤当量，而非以用在法国和华北的0.5吨标准煤当量，作为"维生"所需的最低燃料消耗水平，似乎很合理。斯米尔估计，在今日最穷的热带村子里，人们烧掉的燃料，只有温带地区穷人的五分之一；[3]岭南虽然属于亚热带，我假设该地区的人所需的人均燃料为法国境内的三分之二，从而大概未充分传达该地区的优势，特别是因为他们使用的炊煮方法也比欧洲人更经济。此外，为避免太强调这一气候上的差异，我所使用的每公顷可永续木头产量数据，和我用在法国、华北的数据一样，尽管在较温暖的气候区树木每年的生长量高了许多。

第一件要务是估计不同时期的林地面积。我先从凌大燮所估计的约1700年岭南的森林覆盖率着手；[4]马立博认为这些估计值大体上与其他资料相吻合。[5]凌大燮估计，1700年时广东的2020万公顷土地里，54.5%是林地，广西的1870万公顷土地里39%是林地。到了1937年（有较好资料可供利用的一年），广东森林覆盖率降到10%，广西降到5%，[6]而这两个省的人口分别增加了约2500万和1000万。[7]人口增长是砍伐森林的主因，因此我把消失的林地除以增加的人口，得出广东境内每增加一人，平均约消失0.4公顷林地，而广西相应是约0.6公顷林地（这一差异有其道理，因为广东境内高产量的水稻农业面积多了许多）。

这一做法虽然粗略，却比较可能夸大而非低估这时期早期的森林砍伐程度。在这一时期的早期，还剩下足够的林地，因而没必要为了取得燃料乃至建材而砍掉超过永续性产量水平的树木;到了这时期末期,光是为了维持最基本的家用需求,都不得不过度砍伐树木取材,从而加剧那些会破坏仅存森林的需求。结果见表6。

表6 剩下的林地面积(单位:公顷)

	广东	广西	总数
1753年	9,000,000	6,500,000	15,500,000
1773年	8,200,000	6,020,000	14,220,000
1793年	7,440,000	5,660,000	13,100,000
1813年	6,560,000	5,240,000	11,800,000
1833年	5,760,000	4,940,000	10,700,000
1853年	4,880,000	4,700,000	9,580,000

接下来我们得弄清楚靠作物残余物能满足多大比例的维生水平的燃料消耗量(人均0.33吨标准煤当量)。为避免高估可取得之燃料的供给量,我做了两个极不切实际的假设。首先,我假设遭砍除森林但未成为作物种植地的土地未生产燃料,且生产极少的牲畜饲料。这使大量土地被略而不计。马立博所估计1700年至1937年广东境内新增的所有耕地,只相当于消失之林地面积的六分之一;至于广西,则是约三分之一。剩下的消失林地,有许多成为种不成作物的草场(尤以丘陵地区为然)[8],但那些草场的草,有许多被收割去喂食牲畜和供做其他用途。

其次,我只计算来自粮食作物的作物残余物。我们并不清楚在20世纪前的诸多不同时期,岭南农地究竟有多少被用于种植别种作物,但我们根据约1753年时的当地史料,对岭南的食物消费量有相当可靠的估计:6000万石,也就是约93亿斤。[9] 稻米(和大部分其他作物)所产生的作物残余物,按重量来计算,稍多于可食用的产量，因此不需精确的面积数据，就能得到可从粮食作物取得之残余物的最低数据。但要了解这个估算方法有多保守，有一点值得注意，那就是据马立博的估计，1753年时岭南的食物需求可能靠仅仅1680万亩土地就能得到满足，[10]而光是广东境内耕地面积就达4300万亩（第九章）。因此，由于我们先前把既非农地也非林地的大量土地（而且是愈来愈多的土地）排除在外，我们所估计出的数据也就未把该地区许多（很可能过半）作物残余物纳入其中。

要估算出1753年可供用作燃料的作物残余物数量，最后一步是得估算出需要多少作物残余物作为动物饲料。为此，我估计18世纪岭南人均牲畜数量和20世纪华北一样，约相当于每六人一头牛。这或许稍稍低估了猪的数量，因为岭南比华北富裕，而珀金斯估计在这个时期里整个中国的人均猪只数变动不大。[11]不过，这几可肯定高估了役畜的数量，因为这类牲畜所需的数量随耕地面积变动，而非随人口变动，而且岭南的人均耕地面积远少于华北。18世纪牲畜的饲料消耗量被假设为和20世纪一样。最后，我假设大约一半的牲畜食物需求靠作物残余物之外的东西满足：禾草、在林地地面吃草和人吃剩的残肴等（光是禾草可能就满足了一半以上的牲畜食物需求）。这些计算得出的结果，乃是1753年时可供用于燃烧的人均作物残余物为636磅（0.318吨），从而产生了人均0.16吨标准煤当量，亦即最低需求量的将近一半。剩下的燃料需求可能靠消耗掉岭南1550万公顷林地里仅仅165万公顷林地的可永续性木头产量就能满足。

然后我用同样保守的方法估算出未来从作物残余物产生的燃料供给量。换句话说，我拿马立博所估计的每二十年的人口增长数，乘以他所估计的人均食物消费量，得出可供使用的额外残余物（再度不考虑新辟出的土地面积比种出这多出的食物所需的土地面积大了许多一事），加上相应于人口增长的牲畜饲料需求，假设人均燃料需求不变，然后估计要消耗多少林地才能永续地满足未靠作物残余物满足的燃料需求。结果见表7。

表7 岭南地区可供用于燃料以外用途的林地（1753—1853）（单位：公顷）

	岭南林地面积	用于燃料供给的林地面积	可供其他用途的林地
1753年	15,500,000	1,650,000	13,850,000
1773年	14,200,000	1,675,000	12,525,000
1793年	13,100,000	2,260,000	10,840,000
1813年	11,800,000	2,469,000	9,331,000
1833年	10,700,000	2,956,000	7,744,000
1853年	9,580,000	3,339,000	6,241,000

表8 岭南地区人均"可取得"的木头（1753—1853）（单位：吨）

1753年	2.8	1813年	1.3
1773年	2.2	1833年	1.0
1793年	1.6	1853年	0.7

最后，我计算了"额外"之林地的可永续性木头产量，再除以人口（见表8）。人口增长使"剩余"的木头供给难以支应所需，即使在大体来讲相当节俭的生态/经济体制里亦然。在人口约略增长了75%的百年里，林地面积减少了仅仅40%，但"剩余"的木头供给减少了55%，人均剩余木头少了75%。不过，现行的水平和趋势仍优于前工业时代的法国。1550年时法国的人均剩余木头为3.6吨，比1753年时的岭南还高，但高出的幅度未如预期那么大；由于作物种植地对法国的燃料供给毫无贡献，每多出一人所加诸"剩余"木头的压力，比岭南高出许多。到了1789年，人口已比1550年增加了将近八成（和1753年至1853年岭南的增长幅度差不多），

但人均剩余木头量的减少幅度达惊人的92%，剩余木头只有岭南水平的40%。没有新的燃料来源，这两个地区都有大麻烦要降临。但与我们的直觉认知相反的，情况更为吃紧者似乎是法国。

附录D
对多种进口品为18世纪晚期和19世纪初期的英国所提供之"幽灵地"面积的估计

糖

在19世纪初期的联合王国,糖消费量大约是每年15万吨,后来关税降低,大幅刺激了购买量。[1] 由于5.6吨的糖就能为140人提供每日420卡路里的热量长达一整年,[2] 因此15万吨的糖便能为61.4万人提供每日2500卡路里的热量达一整年(每日热量摄取量的数据各家说法差异颇大,但对法国大革命前夕巴黎平民的估计数据低于此,[3] 对19世纪英格兰劳动者的大部分估计数据亦然[4])。

若以糖以外的作物供养这么多人,会需要多少面积的土地?按照西敏司的换算方法把15万吨糖换算成总热量,得出5718.12466亿千卡的数据。再采用附录B中英格兰小麦产量数据,假设十分之一的小麦收成得留下来供隔年播种之用,每一英亩播种的田会产生471公斤的小麦。把小麦碾成粉后,提取率约为50%,[5] 于是这变成235公斤面粉,而由于每公斤面粉有约3400千卡的热量,[6] 每英亩播种的田所产生的总热量就是79.9万千卡。这意味着会需要约71.5万英亩播种的上等田。此外,据鲍登的英国农业概述,[7] 这样的农田需要的耕畜会是一年四头公牛,每头牛会需要一英亩地的干草产量(即使假设公牛所摄取的食物有一半来自公共牧草地而且一年里只有部分时间在牛棚里喂食亦然)。于是,20英亩播种的小麦田其实需要至少24英亩的地;按比例加乘后,要用小麦填补进口糖所产生的热量,就会需要85.8万英亩的地。如果想在未利用公共牧草地的情况下,拨出足够的干草来喂饱耕畜一整年,这数据就得增加至100.1万英亩;如果假设采三田轮作制,每种20英亩小麦,就得拨出10英亩地休耕(或在较现代的三田轮作制里拨出10英亩地种三叶草),并让牲畜在那10英亩地吃草,数据就增加到107.2万英亩。最后,如果假设真正休耕的地为10英亩,另有4英亩地供生产干草(尽管到了18世纪末此做法在英格兰已不盛行),数据又增加为121.55万英亩。

另一个替代性做法,便得承认整个联合王国基本上是个单一食物市场,在1770年至1860年间英格兰高度倚赖"凯尔特地区"*来供给食物。[8]而这一做法只有在凯尔特地区有其他热量来源的情况下才可能施行。19世纪初期苏格兰、威尔士和爱尔兰三地人口总和,几乎和英格兰一样多,而且糖的消费速率也差不多。[9]把诺埃尔·戴尔(Noel Deerr)的联合王国平均消费数据(人均约18磅)乘以米切尔(B. R. Mitchell)著作里的人口数据[10],就会得到以下结果:

1801年:3.11亿磅
1811年:3.33亿磅
1831年:4.32亿磅

把前面讨论过的那些方法用在第一个数据,就得出89.2万英

---

* 指包括苏格兰、威尔士和爱尔兰在内的六个使用凯尔特语的地区。——译注

亩至126.4万英亩的幽灵地。1811年数据则变成95万英亩至134.6万英亩的幽灵地；1831年数据则成了123.7万英亩至175.2万英亩的幽灵地。如果代以布罗代尔[11]所认为的典型欧陆产量（假设英格兰得从欧洲其他地方进口额外的谷物），这些数据则几乎都会加倍；如果假设马铃薯的使用量更多，这些数据则会缩水。

木材

木材的情况最容易计算。我使用了瓦茨拉夫·斯米尔[12]所估计的一公顷具有相对良好生产力的"天然"森林（亦即非人造林）增产的可收获木头量，以及阿瑟·洛厄（Arthur Lower）的波罗的海、美国出口至英国的木材量数据[13]和把板英尺换算为立方英尺得出的数据，结果会得出如下的估计值：18世纪末每年从波罗的海输入相当于64.6875万英亩地产量的木材（根据每年1.5亿板英尺算出），以及19世纪初期每年从北美洲输入比100万英亩地产量还稍高的木材（根据2.5亿板英尺算出）。

棉花

1815年，英国进口了约1亿磅新世界的棉花；1830年则是2.63亿磅。[14]亚麻田如果照顾得当，每英亩亚麻田约能产500磅亚麻，[15]而约20万英亩地所产的亚麻，可能足以替代1815年进口的棉花；约50万英亩地所产的亚麻，则可能足以替代1830年的棉花进口量。但亚麻生产易遭遇本书正文里提到的那些难处，而且很难增产到上述的产量水平；18世纪晚期英格兰总产量可能只有800万磅，种植面积或许是1.6万英亩。[16]而每英亩产量和亚麻差不多的大麻，则会碰上所有作物都会碰上的许多问题，不适合用来制作较好的织物。[17]

　　至于羊毛，我利用了鲍登重建的17世纪一个位于良田上的500英亩绵羊饲养场的数据。[18]据他估计，这样的饲养场能养1000头阉羊（每头每年生产4.5磅羊毛）和1181头其他绵羊（每头每年生产3.5磅羊毛），整个饲养场每年共生产8445磅羊毛。以这样的产出率，得有11841座这样的饲养场，或592.05万英亩的地，才足以生产出和1815年进口的棉花一样重的羊毛，更需要1539.33万英亩地，才足以替代1830年进口的棉花。一磅羊毛生产出35840（64×560）码的64分细纱线——一种"重要类型"，[19]而一磅棉花生产出53760（64×840）码的64分细纱线，长度为前者的1.5倍（18世纪棉纱支数大部分在40分至80分之间，但19世纪的机器能纺出更细许多的棉纱[20]）。如果根据这个因素调整，以取得足以生产出和进口棉花所生产一样多之纱线的羊毛，就1815年来说，就要将近900万英亩的地，1830年则需要超过2300万英亩的地。

附录E
对长江下游地区乡村纺织工人收益能力的估计（1750—1840）

任何对从事棉纺织工作之女人收益的估计，都必然是粗估，因为我们所拥有的原棉和棉布价格资料都相当零星，而且短期价格波动往往相当大。把最高时的棉花价与最低时的布价搭在一块（或反过来把最低时的棉花价与最高时的布价搭在一块），会产生严重误导人的结果。此外，"布"这个产品非常多种，历来所引用的价格并非个个都清楚交代所指的是哪种布的价格。江南所产布的平均品质，在本文所探讨的这个期间有所改善，[1]原因之一是劳动成本较低的几个大区满足了它们自己更多的低品质布需求。

把岸本美绪所记录的原棉价格资料[2]和张忠民所记录的布价资料搭在一块，[3]结果看来就很合理，而且它们似乎代表了最典型的情况。不过，方行[4]引用了更高许多的原棉价格（几乎和张忠民所引用的最后布价一样高），而广被引用的18世纪史料《木棉谱》所引用的一个布价，从那些较高棉价的角度来看是说得通的，但如果和岸本的原棉价格匹配在一块，就会使纺织劳动者的收益高得惊人（方行的棉价是华北的棉价，而且是偏远市场的价格，但由于华北输出原棉到江南，问题仍在）。而这些差异颇为重要，因为鉴于米价已为人所熟知，利用相对较高的棉价和布价算出以稻米计的收益，比使用低价格所算出的还要高。

因此，我做了两组计算：其中一组使用较高的布价和棉价，另一组使用较低的价格。就既纺纱也织布的个人（或家户）来说，这两个假定情况得出的结果非常接近，尽管高价假定产生的收益较高。就那些只纺纱的人来说，低价假定证实了这类工作的收益不足以供养一名成年女子的观点，但这也只在对种种参数都做最悲观的假设时才成立。在未做如此假设的情况下，低价假定意味着这类工作能养活一名成年女性，但扣除了销后所剩不多。这不足为奇，因为不从事织造的纺纱工大部分是年轻女孩，至少在长江三角洲是如此。相反的，高价假定意味着连成年女纺纱工都能养活自己且绰绰有余，这就有点让人怀疑，但又非完全无法置信。而就只织布的女性来说，尽管低价假定所得出的收益相当高，但看来仍然可信；而高价假定所得出的收益，则超过大部分乡村家庭所必有的支出。

于是，低价假定似乎较可能成立，较不支持我的假设，且与较多可取得的价格资料相符。因此，我在本书正文中只使用那些数据；但在这篇附录里，我把两个估计值并呈。

18世纪中期既纺且织的情况

使用高价格

资料选用

就18世纪中期来说，《木棉谱》说"木棉布之佳者每尺未尝过钱五十"（这里所谓的品质之"佳"究竟"佳"到何种程度并不清楚，而一钱则约略相当于千分之一盎司的白银）。卢汉超[5]引用了1677年的一份史料，说入手原棉后，一名女性需要花约七天才能将其纺织成一匹20尺的布；这些对物质生产力的估计，与黄宗智的估计相差不远。这一匹布会值约1000钱,若以1750年的银/铜兑换率,就是1.1两银。

但这个价值有一部分来自布里的棉,而非来自该女性的劳动,而且棉价差异颇大。岸本美绪的资料显示在18世纪中期的江南,每斤未轧过的棉花要价20钱至40钱,每斤价格通常在20钱至30钱,但旱年时每斤则超过40钱。[6] 诚如稍后就会见到的,这些价格比方行所引用的华北棉价低了许多。然而,把岸本的布价与她的原棉价格相匹配之后,我们就得到纺织劳动与棉花本身在布匹价值里所占的比重,而且这些比重与从方行著作得出的比重非常接近。[7] 这个假设原棉和布价都便宜的"低价"假定,在本书页364至365和页368有进一步的说明。

但如果把岸本的相对较低原棉价格与《木棉谱》里的高布价相匹配,问题就来了。一斤未轧过的棉花只生产0.33斤轧过、净过的棉花,因此岸本的未轧棉价格将意味着每斤轧棉要价60钱至120钱。在这种价格下,纺织成一匹布的约1.33斤棉花,[8] 在一般年份的成本将是130钱左右;把这与《木棉谱》布价相匹配,布的价值里就有将近九成是劳动的收益。这似乎高得不可置信,而且由于我想对纺织劳动者的收益做保守的估计,我假设《木棉谱》价格只在原棉价格也很高时才会出现(尽管是否真是如此并不清楚)。于是,我使用的是方行较高许多的数据,[9] 据他的著作,在18世纪晚期的华北,每斤轧过的棉花要价140钱至400钱。在这时期华北仍把部分原棉运到长江下游,因此我假设长江下游价格不可能低于华北价格,随之选用方行的最高价格400钱(又是为了使收益估计值往下偏)。这一"高价格"假定在下一节和页366至367有进一步说明。

高价格假定的结果

在这些价格下,一匹布里的1.33斤未轧棉会值533钱,也就是超过该匹布价值的一半（但这些价格的波动对那些把自产棉花纺织成布的家庭来说无关紧要）。方行也估计，纺棉纱（比起织布远较不需技能且报酬较低的工作）的女人，通常会赚到相当于她所用棉花之价值三成至五成的收益[10]（黄宗智也倚赖的一个估计值），因此，鉴于这些价格，我们的估计似乎就相当保守，也暗示既纺棉纱也织棉布的女人替原料的价值增加将近九成，远低于方行所引用布价大体上是棉花价四倍的当今估计值。[11]

如果女人纺织 7 天就能赚到 467 钱，一年工作 210 天就会有 14010 钱的收益（这个一年工作天数大大低于在 20 世纪初期江南的乡村纺工、织工身上观察到的天数，他们平均一年工作超过 300 天；[12]而一如附录 F 所显示的，这个工作天数与我们对该地区布匹总产量的保守估计大略相符，如果江南每个女人都织布的话。肯定有些女人不织布，因此，那些真的织布的女人，一年工作天数很可能稍稍超过 210 天，而我们的收益估计值很可能又是偏低）。按照 18 世纪中期的兑换率，这相当于 15.5 两银。如果使用王业键以 1750 年为中心的三十一年米价移动平均数（1.67 两），这能买到 9.3 石的米。

低价格下的纺织

前面引用的《木棉谱》价格似乎并非常态，或许反映了特别高品质的布价或不寻常年份的布价。张忠民[13]引用了 16 尺长的布 0.3 两或 0.4 两的价格（在《木棉谱》中八成的布长 16 尺），但未交代重量，除了"清中叶"，也未提供确切年份。方行[14]告诉我们，乾隆时期（1736—1795）布价平均 0.4 两，但在某些年份可高达 0.7 两或 0.8 两。他也交代了布的重量，说这样的一块布用掉 3 斤原棉，也就是在《木棉谱》里和卢汉超、黄宗智计算时所提到的标准布匹所需棉花数量的四分之三。在此我们就以他的 0.4 两为基点往下探讨。

按照18世纪中叶长江下游的兑换率，0.4两约合360钱。如果岸本美绪棉花价格代表未轧棉的价格（不然，这些价格会低得离谱，并会使收益估计值即使在低布价情况下都会非常高），这些布匹的棉花含量会值约90钱。这些数据与方行所引用的一份史料完全相符，[15] 该史料说布价是同重量原棉的四倍。于是，劳动为这块布所增加的价值会是270钱；如果把这套公式用在卢汉超、黄宗智和《木棉谱》所提到的更大块布匹上，劳动所增加的价值会是360钱。如果这是女人纺织7天的所得，她一年工作210天的收益就会是10800钱，也就是12两银子；比我们用高价格所估的结果低了约22%，但以1750年的米价来算，仍足够买到7.2石米，而且诚如接下来会提到的，与男性农业劳动者所能得到的收益无分轩轾。

与男性收益比较和与食物成本比较

对人均米消费量的估计，最低为每年每人1.74石，最高为2.62石；马立博认为2.17石是可靠的平均值。[16] 我所见到的最高估计值是从事户外体力活的一名成年男性每年消费5.5石；潘敏德以2.5石为成年女性消费量，孩童消费量则更少许多。[17] 这些资料有助于在关照种种相关因素下探究我们假设的女性收益。

在这时期的江南，无地的男性农业劳动者一般每年赚2两至5两的现金；[18] 其中较高的那个数据并非来自年收益率，而是来自月收益率乘以12，因此这个数据假设了这样的劳动者一年12个月都找到工作（有些不大可能，但并非完全不可能）。农业劳动者工作期间也得到雇主提供膳食，至少提供部分膳食。如果为了论证的可行，我们假设他们三餐全得到免费供应，假设他们一年到头都找到工作，假设他们的日常食物每年以5石米为主（稍低于最高的可取得数据），那么他们每年所赚的现金和米就相当于10.4至13.4两银子（或换算成米的话，6.1 至 7.8 石米）。

于是，我们假设的这位高价织工／纺工的收益是男性农业劳动者收益的 116%—149%，尽管他整年工作而她"只"工作 210 天。如果检视养活自己后剩下的收益净额，并且记住女人食量普遍比男人（尤其是下田干活的男人）少了许多，那么差距就拉得更大。女人养活自己后会剩下 6.8 石米，男人只剩 1.2 至 3 石。

在我们那个可能性较高的低价格假定情况里，那位既纺且织的女人收益就没这么好，但比起男性农业劳动者还是比较好。她的 12 两银子所得比我们用非常宽松的假设所计算出的男性农业劳动者 10.4 两至 13.4 两银子收益的中间值稍高一些；而由于成年女性食量比男性小，她所拥有的消费后所得剩余也比男性农业劳动者高了不少。

换句话说，高价格假定里的女人能靠自己的工作养活 1.9 个男人，或者（如果她是寡妇的话）能养自己、一个年迈的父母或公婆和三个或甚至更多个年幼小孩（视年龄而定且当然假设有年迈的祖父母帮忙照料小孩和其他家务，使这位母亲得以有时间纺织）。低价格里的女人能养活 1.4 个成年男性，或养活自己、一个老人或许还可养活多达两个的小孩。这样的生活会很困苦，但比起以一名已丧妻的男性农业劳动者为户长的家庭，不会比较差，很可能还更好些，即使他在其他方面际遇颇好亦然。在这时期,女性收益,一如"内卷"式论点所意味的，显然并未低于基本维生需求。

18 世纪中期纺而不织

使用高价格

对只纺纱的女人来说，情况惨了许多，但还是没有黄宗智所认为的那么惨。如果女子使用一台有一个踏板的纺车（成人才有办法用的机器），一天能纺出 8 两重（0.5 斤）的棉纱；如果未使用纺车

（许多纺工是无法操作这类纺车的年幼女孩），较可信的产量是每天5两重（0.31斤）。她的工作收益很可能相当于她所用棉花原料之价值的约30%—50%，[19]因此她所赚的，相当于0.09斤至0.25斤清过、轧过的棉花，视她每日的产量和价格波动而定；为了论证的可行，我们采用0.16斤这个稍稍低于上述区间之中间值的数据。如果棉花价格低者每斤140钱，高可达每斤400钱，而且我们同样取其中间值（在此，与既纺且织者的情况不同的，选择原料的高端价格不会使我们的估计变得较保守），她每天会赚到43钱，一年工作200天的话，就是8600钱（9.5两银），足够买到5.7石的米。接着我们继续使用上述棉价区间和纺工收益占棉纱价格比重区间两者的中间值，但把产量估值降到区间的低端（每天5两重），假设纺工操作不了踏板纺车。在此情况下，纺工每年会赚到6400钱，或约合7两银，或4.2石米。如果针对男性农业劳动者的收益能力，继续做出和前述一样宽松的假设，那么在这些中间值假定下，这些女人所赚的就比男性农业劳动者少了许多，顶多只有87%（如果把我们对纺工的高端估计值和对农业劳动者的低端估计值匹配在一块的话），说不定几乎不到50%（如果反过来把纺工的低端估计值和农业劳动者的高端估计值匹配在一块的话）。但即使如此，我们都该谨记这些工资足以养活一名成年女性和至少一个小孩，江南只从事纺纱的人似乎大部分是年轻女孩，这一假定情况以每年工作200天为基准。

如果坚持使用这一价格区间的低端、这一生产力区间的低端和一年200个工作日，收益估计值（3.7两银子或2.2石米）就的确或许会低于一名成年女性的最低维生需求，但大概不致如此，这将相当于每天能买到约合1870卡路里的米。只有针对所有变数（棉花价格、每日生产量和价格中归纺工所有的比例）都采用最低值，才会得出低于维生水平的工资：每年工作200天，赚2.8两银子，亦即1.7石米。

使用低价格

但如果在棉花价格上采用低价数据，而且继续以占所使用原棉之成本四成的比例计算纺工的收益，我们就真的得到了非常低的收益估计值。如果轧过的棉花每斤约90钱，而一名纺工每天只能处理0.31斤，她每天就只能赚到微薄的28钱，也就是一年约1.3石米。这比成年女性的基本维生水平低了许多，但大概仍足以养活从事此类工作的一名青春期前女孩（在江南地区，有许多纺纱工作落在这类女孩肩上）。同样应该注意的一点，我们的纺工收益估计值（一如黄宗智的估计值），系根据棉花价格的某个百分比算出，而那一估计值的来源，即方行的著作，也是我们的高原棉价格的来源。[20] 若说这个百分比在较低的棉花价格水平下说得通，实在没道理。相反的，比较可能的情况似乎是，在原棉较便宜许多的年代和地方，纺工收益占棉纱成本的比例会更高一些，而方行对劳动占棉纱成本比重所提出的低数据，局部反映了在某种经济体里使用高价棉花的女人所面临的压力。在这种经济体里，布市场竞争极激烈，而且能在价格高时放弃购买棉布的消费者，多到足以使连在纯粹本地市场里贩售的人，都难以将上涨的原料成本全部转嫁给买家。

18世纪中期织而不纺

纺工收益占棉布价值里的小比例，就代表织工收益在其中占了相当大的比例。所需棉纱全部自外买来的乡村织工大概少之又少；大部分乡村织工若非自行纺制部分棉纱，就是有个女儿负责纺纱（在后一情况里，家庭很可能从未仔细计算他们自产布所收到的价格里，有多大比例来自家中每个成员的付出）。但为了论证的可行，我们假设有个女人只从事织造，并计算她个人的所得。

附录 E

如果纺织出一匹布要花 7 天,且用掉约 21 盎司的棉花,而这位女人只有每天能纺出 5 盎司棉纱的简单纺车可用,那么,7 天里想必有 4 天都在纺纱,剩下 3 天则用来将纱织成布。如果她有机会用到一天能产 8 盎司棉纱的脚踏式纺车,那么纺纱只要用掉 2.5 天,织布则是 4.5 天。在此我们就假设是后一情况,因为那有利于做出较保守许多的估计,而且因为像这个例子里的成年女子,没理由不去使用较好的技术。如果我们接着使用前面探究过的低价格假定(似乎是比较常见的情况),那么就要花 4.5 天,把值约 168 钱(比已轧棉的 120 钱价值高了四成)的纱线,织成值约 480 钱的布。于是,在这个假定情况里,只织布的女人工作 4.5 天能赚 312 钱,也就是一年工作 210 天能赚 14560 钱,约合 16.2 两银子。这个数据比我们高价格假定里的既纺且织者的收益还要好,比低价格假定里的既纺且织者和男性劳动者的收益都要高出多达 35%。同理,在高价格假定下,棉纱会值 360 钱,棉布会值 1000 钱,于是全职织工每 4.5 天就会赚到 640 钱,比低价格假定里的收益高了一倍多,而且鉴于我们了解其他人的收入,这看来相当不可信。

18 世纪中期以后的纺纱与织布

由于价格资料零星,很难弄清楚 1750 年后的百年里纺工、织工购买力的变化。布价似乎变动大不(但最高级布例外),[21] 米价(有非常多的文献可资佐证)则涨了不少,因此我们可以确定我们那位假设的既纺且织者实际购买力是下跌了,但为估算出下跌多少,我们得做出一些假设。在下文里我概述了四个可能的假定情况,而在那些情况里,购买力都下跌 25%—50%。

（一）

这是最简单的做法且会产生最乐观的结果。这得以我们的高价格假定为起点，并运用来自广州地区的原棉价格趋势；我们所拥有的该地区资料相对较完善,而这主要得归功于当时广州有外国人（其中许多外国人从印度运来棉花）。1750年至1850年这些原棉价格未显出长期的变动，[22] 布价也未显出变化趋势，因此这个模型告诉我们，纺织品生产者的名义收益应该也没有改变。于是，从实际角度来看，她会因为米价上涨而变得较穷。1750年至1800年米价上涨了约22%，到了1840年上涨了32%。[23]

（二）

不过，在长江流域，原棉价格不可能和广州地区一样没有明显的变动趋势。事实上，广州地区价格的持平意味着长江流域价格呈向上趋势。岭南老早就从长江下游取得其大部分棉花，但18世纪中期时，岭南也开始买较便宜的印度棉花；至于来自长江下游的棉花再度把广州的印度进口棉花挤出去一事，普遍被归因于长江下游与岭南间运输成本大跌。[24] 如果广州价格持平而运输成本下跌，这意味着在江南购入棉花的成本上涨。但上涨多少？

我们先把高价格假定当成1750年情况的代表。如果这么做，就必须把方行的高端价格当成我们的18世纪中期出发点，但他没有提供长期趋势方面的资料，因此我们需要有个替代办法来说明接下来的百年里原棉价格可能再上涨多少。有个很简单的办法颇为可取，那就是假设在这漫长期间棉花价格与米价变化同步。在17世纪，这两种产品的价格的确一起变动（尽管棉价变动晚数年），因此这个假设看来似乎成立。[25] 不管从说明价格为何上涨的货币性解释来看，还是从更切合我们分析所需的某个假定来看（这个假定强调江南的贸易伙伴地区境内变动的土地／劳动比例和原始工业化，导致江南更难取得便宜的进口稻米和原棉），这个假设也似乎有其道理。事实上，出于某些理由，我们可以认为原棉蒙受的通货膨胀会比谷物所蒙受的来得厉害。华北是长江下游最大的境外棉花来源，在1750年后的百年里人口增长特别大，而且（诚如第三章和附录F里所表明的）棉花种植面积大概减少了，其本地的纺织业则更为壮大；因此，华北原棉出口剧减可能特别厉害。随着大运河衰败，华北与长江下游间的运输成本很可能上涨，从而进一步妨碍江南进口原棉。与此同时，长江下游与岭南之间运输成本的下跌（两地间运输就沿着江南输出原棉的路线），大概提高了岭南市场买家所愿意支付的价格。输入长江下游的稻米（大部分来自长江中游）减少，理由就和从华北输入长江下游的棉花减少一样，是因为这个相对较不发达的地区人口增长和原始工业化，但其减少幅度没有后者那么剧烈；而与东北的贸易成长，可能透过次级谷物进口的增加，为长江下游进口量减少的困扰，提供了至少某种程度的纾解。主要进口物是用来磨成粉充当肥料的大豆，但也输入一些小麦（和一些供食用的大豆）。于是1750年后原棉价格与米价同步上涨之说虽然出于猜测，但那大概是个稳妥的猜测。

如果根据米价趋势来估量棉价，那么，一块值1000钱的棉布所含的原棉，到了1800年时，其价值应该已从533钱（如前面所讨论过的，根据方行的著作算出）上涨到654钱。纺织劳动者的劳动收益占价格的比重，随之跌了约25%（从467钱降为346钱）。在这五十年里，米价涨幅略高于20%，[26] 实质收益的降幅则达到约四成。如果用同样的方式计算1840年的情况，会发现一块值1000钱的棉布所含棉花的成本上涨到702钱，纺织劳动者的收益随之降到298钱；由于稻米进一步上涨到每石2.2两银，在这九十年间实际收益降幅扩大到约52%。

但诚如先前已提过的,我们的低价格假定大概是比较常见的情况,而在此,我们也能得出两种可能情况。第一种采用岸本美绪零星的18世纪棉价数据,认为它们可信;第二种则使用她的研究结果(17世纪棉价大略来讲与米价同步变化),并将此结果用在18世纪和19世纪初期。由于可取得的资料不多,这两种情况都只是粗估。

(三)

岸本收集了一些18世纪江南原棉的价格,而那些价格显示从1750年至1800年价格上涨了超过一倍(尽管在区分实际趋势与短期波动上我们又碰上了麻烦)。[27] 而诚如先前已提过的,把这些价格与张忠民、方行所引用的18世纪中期布价匹配在一块时,就产生合理的收益估计(但与《木棉谱》中的布价匹配时,则产生非常高的收益估计)。如果接下来搬出我们对1750年的低价想定,使用岸本的棉价和张忠民、方行的布价,然后把原棉价格增加一倍,那么一块值480钱的棉布所含之原料的价值,就从120钱上涨为240钱,既纺且织者分到的价值随之从每匹布360钱降为240钱,名目收益减少33%。如果接着以至1800年为止的米价涨幅(岸本的棉价资料到1794年为止)进一步减少这些收益,实际收益的降幅就是45%。如果(在资料付诸阙如下)我们假设到1840年为止棉价未再上涨,米价的进一步上涨还是使实际收益减少将近五成;如果1800年后棉价继续涨,收益能力的跌幅会更大。

(四)

最后,我们使用对18世纪中期的低价格假定,但假定原棉价和米价同步变化。如果如此,一块值480钱棉布所含棉花的成本,就从1750年的120钱涨为1840年的158钱,而既纺且织者所分到的棉布价值则从360钱降为302钱,降幅逼近33%。吴承明和许涤

附录 E

新引用了一份 19 世纪中期的史料,该史料记载 1821 年时每担（100斤）原棉的卖价为"3200"（大概是铜钱），[28] 这会非常接近岸本所收集到的更早的七十年前的未轧棉价格；但同一份史料也记载,十至二十年后 4000 至 5000（钱）是较正常的价格（而且一如在其他史料所见,记载了更激烈许多的短期价格波动）。于是,这一资料产生的百年价格涨幅和原棉价格与米价同步变化这个假定所产生的涨幅差不多,差异之处在于那一涨幅全发生在该期间的最后二十年。

如果使用米价指数并把原料在我们布价中所占的价值从 120 钱调高为 158 钱,既纺且织者所分到的价值就从 360 钱减为 302 钱,名目收益减少 16%,减幅不算太大。但若与米价涨幅匹配在一块,就连这一想定情况都产生至 1840 年时实际收益 37% 的降幅（1800年的数据会是棉的价值 147 钱,劳动价值 333 钱,因此名义收益降幅会是 7%,实际收益降幅则会是 25%）。

附录F

对1750年及其后长江下游地区和整个中国棉花、丝产量的估计

与联合王国、法国和德意志比较

广东的丝产量

我只估算过两个最大产区的丝产量：广东（大部分是珠江三角洲）和长江三角洲。就广东来说，估算方法和用在糖产量的方法（见第三章）基本上一样。我们先是使用马立博关于耕地和粮食作物所需土地面积的资料，估出1753年时至少有1680万亩地用于种植非谷物作物（马立博本人表示今日的数据大概比这个多出约两成）。然后我们把其中一成地（168万亩）归为种桑以供养蚕的地，一如我们估算糖产量时所为。这几可肯定是低估了，因为桑树和甘蔗是该省最常见的两种非谷物作物，因为这所产生的全省桑田面积，比20世纪20年代该省三个最大的产丝县境内的桑田面积还要少，比珠江三角洲所有县份的桑田面积少了许多。据苏耀昌（Alvin So）估计，要养活能生产一担（133磅）上等丝的蚕需要20亩桑田，如果使用这一估计值，[1]168万亩地每年能生产约1100万磅的丝。

差不多同一时期，广东所生产的丝约占中国出口丝的四分之一。[2] 广东拥有中国唯一对外开放通商的港口，而且其与中国最大

国内上等丝市场（长江下游和京畿地区）的距离，比另一个主要产区（长江三角洲）与该市场的距离，远了数百英里，因此广东丝生产的出口导向程度，似乎不可能低于长江三角洲的丝生产。于是，长江三角洲的丝产量似乎不可能不到广东产量的三倍（3300万磅），而且似乎很可能还多上不少：这是开始估算该地区产量时该谨记在心的一个准则。

江南的丝产量

就长江三角洲来说，我们对其耕种模式了解较多。王业键仔细估计了该三角洲14府的食物消费量和食物进口量，[3]我们可据此估算为了提供当地所需粮食里自产的那一部分，得有多少地用于种植粮食作物。我使用珀金斯每亩地产1.9石糙米的数据作为平均产量，[4]使用王业键的各府人口数据[5]（其实是1778年的数据，但该地区1750年后人口增长不多），还使用了珀金斯、梁方仲所引用，来自官府课税清册的耕地面积数据[6]（这些数据的确不算太高，这些清册则来自1735年和1820年，而就大部分府来说，两个年份的数据非常接近）。

我只在两个方面舍弃王业键的资料，而这两者都会降低我的产量估计值。首先，我把位于长江北岸的三个府略而不计。这些区域的确产棉也产丝，但它们也是主要的产盐区，从而使我们在把非谷物地归类为其他哪种作物的种植地时比较棘手。我把这三个府完全略去，从而自然降低了我的总产量估计值。其次，我以2.2石米这个估计值或与其相当的值，而未以王业键的2.0石米，作为人均谷物消费量。这使我计算出的结果与马立博的广东数据一致，意味着划归谷物地的土地面积得多于王业键著作所间接表示的。

如此计算出的总数，见表9对长江三角洲诸府境内非谷物作物种植面积的统计。这些数据大体来讲与王业键所引用的当今偶然估计值（例如某府一半土地种棉花）一样，或较低于它们。

表9　1750年左右长江三角洲诸府非谷物作物种植面积估计（单位：亩）

府	耕地面积	谷物种植面积	非谷物作物种植面积
苏州	6,254,000	3,471,209	2,782,791
松江	4,048,871	1,877,230	2,171,641
太仓	3,962,671	1,263,409	2,699,262
常州	5,579,264	3,222,943	2,356,231
镇江	5,200,023	1,815,028	3,384,995
江宁	5,233,949	1,798,866	3,435,083
杭州	4,284,327	1,733,300	2,551,027
嘉兴	4,356,442	1,538,385	2,818,057
湖州	6,136,678	1,406,438	4,279,640*
宁波	4,066,059	1,290,984	2,775,075
绍兴[①]	3,492,271	2,955,317	536,954

[①] 在1735年和1820年的诸府耕地总面积数据里，只有绍兴府的两年份数据相差甚大；1820年数据（676.5514万亩）是此处所用数据的将近两倍。若采用这数据，会使绍兴府非粮食作物土地所占比例高到将近60%，而比起这里所用的约略15%的比例，那个比例与其他诸府的比例摆在一块更为一致。不过，我还是决定使用较低（且几可肯定较不准确）的那个数据，以免估算丝和棉花产量时有高估之虞。

一旦对非谷物种植地的面积做了这些估计，就得断定在这类土地上可能种植的非谷类作物各占了多大面积。以这个地区来说，这类土地会绝大部分用于种植棉花和桑树，而非形形色色的广东经济作物；因此，尽管我们会再度任意减少种植面积（就某些府来说减少五成），以确保我们的估计是保守的，但我们就可以不必去做偏

* 数据疑有误，根据前两项计算应为4,730,240。——编注

附录F

低的估计（例如将广东境内非谷物种植地一成划归甘蔗、桑树种植地），反倒可以拿王业键对这些府的特色界定（主要产棉、主要产丝或两者皆产）作为指导依据。

杭州、湖州和嘉兴都是以产丝为主的府，棉花产量很低；这三府共有1009.8724万亩地种植经济作物，能产生6665.1578万磅的上等丝。如果为了论证的可行，我们认为这些经济作物地只有四分之三种桑树，这仍会产生约5000万磅的丝。苏州、宁波和绍兴三府混种棉桑。据我们更早时的计算，这三府有609.482万亩地种植经济作物。苏州府被几乎公认是帝国里商业化程度最高的府，因此该府的数据似乎有点低，而绍兴府的数据则肯定偏低（见表9的注释），但我还是把这一面积数据进一步减少五成以求更加谨慎。于是有394.741万亩地种植经济作物，棉、桑各占一半；如此一来，会另外产生1005.6453万磅的上等丝。于是，即使我们打了这些折扣且假设长江三角洲其他地方完全不产丝（肯定绝非事实），就得出该地区每年约生产6000万磅丝的估计值，每个居民差不多两磅。如果把这数据调高一倍，大概还是说得通。

要得出全国性数据极难，因为我们已略去许多产区而且针对刚刚检视过的这两个产区，我们都力求得出偏低的数据。不过，有一点仍值得指出，那就是如果上述数据代表中国丝的总产量，那就表示1.75亿至2.25亿人生产了约7100万磅的丝，也就是每人每年生产了5.1盎司至6.5盎司的丝。这数量不算多，但就奢侈品来说，绝非小数。

江南棉

在前述过程里，我们认定棉桑混种诸府有152.3705万亩地种植棉花，尽管那是在将这几府的非粮食作物种植面积任意减少五成之后所得出。如果每亩地生产约39磅轧过的棉（这似乎是这时期的平均产量），这些地会有5942.4495万磅的产量。然后如果将三角洲地区主要产棉的诸府境内的种植面积乘以同一个产量估计值，就得到54776.4778万磅的棉花，再加上先前的数据，就是6亿磅多一点。同样为了力求保守，我自行将这数量减为5亿磅。不过，这得出的江南人均棉花产量还是16磅多一点。

为估算江南地区有多少棉花制成布，还需要两个步骤。首先，得算出非用于制布的棉花数量（主要用于棉袄和棉被的填充物）。关于18世纪时作此类用途的棉花数量，我们手上没有估计值，但20世纪初期，这些用途的棉花，就整个中国来说，为每人约1.3磅。[7] 如果18世纪时也是如此，江南可供用于纺织的棉花会是人均约14.7磅；我把这调低为比较好计算的14.5磅。

其次，得考虑到江南从华北进口的棉花和江南输出到东南沿海、岭南的棉花（大部分用来换取糖）。令人遗憾的是，关于这些输出和输入量，我们几乎没有确凿的资料。有些逸事性的证据指出，18世纪时江南的棉花进口大概多于其出口，因此如果把输出和输入量搁在一旁，也不会扩大当地棉布产量估计值；我把这视为权宜办法予以采用，使用了来自上个段落的棉布产量数据。但出于某些理由，我们可以认为虽有逸事性证据，江南即使在18世纪50年代都是原棉净输出地；而由于接下来的百年里，岭南需求增加，来自华北的进口量减少，到了1850年时江南肯定已是如此。令人遗憾的是，没有资料可供我们直接估量这些输出和输入量（而且叫人庆幸的是，这些输出和输入量对计算全国性产量来说不重要）；它们对我们的地区性估计值可能会有多大影响，我们只能诉诸揣测。

有个理由要我们认为江南输出原棉，那就是以江南的劳动力，要把该地区所生产的原棉全部制成布会很困难（尽管不无可能）。如果遵照附录E中我们对布匹大小和女性人均生产力的估计值，

4.5亿磅棉花（扣除充当填充物的棉花之后的数量），将足以织成约3000万匹布，而这么多的布会需要约相当于1000万成年女性一年工作210天才能织成。1750年，江南有约1600万女性居民；如果该地人口的年龄结构和20世纪初期时差不多，则会有将近1000万10岁至50岁的女性。[8] 由于我们知道有相当多的女性养蚕，而且有些女性除了纺织还从事别种工作，因此要有足够的成年女性投入棉布纺织，恐怕也很困难。

对此问题，有好几种可能的解决办法。其中一种是由9岁和说不定8岁的小孩提供部分劳动力（用在纺纱上，而非织布上）；这大概属实，但这类女孩的人数顶多只有30万多一点。50岁以上女性的人数会多上许多（或许达250万），而且其中有些人的确纺纱织布，但究竟有多少人就不得而知。男人的确做了部分织布工作，但我们无从知道做了多少。我相当武断地估计，纺纱织布女性一年工作210天。这数字有可能太低（诚如前面已提过的，20世纪初期超过300天），但若把工作天数调高许多，会使女性（和家户）收益高到让人难以置信。这几个因素可能使我们的劳动生产力估计值与江南进口的原棉和出口的原棉一样多的假设相符，但更有可能的情况似乎是仍有某些剩余误差得用出口来予以解释。其中部分剩余大概输往邻近地区，例如紧邻江南的北边三个相当繁荣的府，这三个府大概另有150万名年纪在10—49岁的女性，而王业键笔下的"长江三角洲"就包括这三个府。

差额的其他部分会输往东南沿海和岭南。江南出口额的庞大，由这两个地区纺织业的勃兴可以看出（这两个地区自产棉花极少，虽然从印度进口了一些棉花，但根本不敷所需）。另外，由江南从这些地区进口糖的规模也可看出，很可能将近3亿磅，每磅（白糖）价格和已轧棉的价格差不多。[9] 当时人常把岭南、江南间贸易说成主要是这两种商品的交换，因此如今不免有人想据此断言江南出口了3亿磅的已轧棉；但我们无从确认这个商品贸易进出口等额，或无从了解其他涉及的货物（包括数种昂贵奢侈品）。而由于来自华北的进口规模较难估算（见页383至386），若想估算出得把江南布匹产量数据删减的额度，似乎只会是徒劳；在更多资料出现之前，最稳妥的做法似乎是简单表示（切记我为了尽量压低这一估计值所做的其他事）人均14.5磅大概有点高，但还不致高得离谱。

但在一部刚出版的重要著作中，李伯重估计了江南的布产出，而那个估计值比我的低了不少（他未触及全帝国的产出）。有趣的是，他的估计值反映了对每名劳动者产出的估计值，而后者与我的差不多，[10] 但他假设江南从事纺纱、织布的人口占该地区总人口的比例低了许多。

李伯重把徐新吾对江南松江府人均布消费量的估计值套用在整个江南；然后加上吴承明和许涤新的"出口"估计值，以得出江南的总产出。[11] 但除非松江府的布特别重，徐新吾的估计值（以匹计）若换算为人均布消费量，会使松江（或许是清朝最富裕的府）的该人均值，比起吴承明和许涤新审慎的全帝国平均值（见页388），都低了不少。然后李伯重根据这一产出往回推估出从事纺织品生产的女性人数。[12] 他以这个估计值相当接近他所估计的乡村非务农家户数目，证明这个估计值站得住脚。但由于有许多家庭既务农也纺织，这一做法很不可靠。于是，我认为，依据纺织业劳动力得出的估计值反倒和我的较高推测值比较一致。

李伯重估计，在江南某个地方约有140万户，每户有一母一女从事纺织品生产，能生产出他所认为江南布产出的约六成。如果剩下的约四成都由类似家户以类似速度生产出来，这还是会产生约230万对这类母女（不到所有乡村家户一半）的纺织业劳动力和总共约相当于350万个成人从事纺织品生产的劳动力，约占江南所有劳动力的19%。在我看来，这些数据太低。

附录 F

李伯重指出，清朝初期和中期的数个观察家估计江南非务农的劳动力占50%—70%，但他认为这些数据肯定太高。[13]于是他采用20世纪三四十年代调查得出的估计值（10%多一点的乡村家户未务农），同时表示这是个保守的估计。他还表示江南人口约15%住在城市。[14]

李伯重认为乡村非务农家户只占10%，就18、19世纪来说太低，而且很可能偏低许多。他这看法几可肯定没错（但为了使他的估计保守，他还是使用这一估计值）。首先，到了20世纪30年代，乡村纺纱业已因为来自城市的机械化竞争而奄奄一息。此外，诚如第五、第六章讨论过的，我们有充分的理由认为江南的布产量到了20世纪30年代已下跌（织布业也跟着衰退），剩下的棉布产业已有一部分移到城市里。再者，尽管出现数座大城，20世纪30年代从中国其他地方运到江南的谷物似乎比更早的两百年前还要少；这使其他证据所表明的当地谷物产出想必有增无减（主要因为投入的劳动力增加）一事得到进一步的确认。增加的劳动力里，有一部分肯定来自每个劳动者的劳动量增加，但我们也有充分的理由怀疑农业劳动力有所增加。基于上述这些理由，更早的两百年前江南非务农乡村家户所占的比例，几可肯定远超过10%。而在其中某些家户里，男女都从事纺织品生产，从事布匹生产的人数因此会增加不少。如果把城市里的生产和一半以上务农家户里女性的生产加进去（别忘了李伯重在别处提出的看法，也就是"男耕女织"的理想分工模式，清朝时终于在江南取得几乎全面的落实[15]），就不难得出更高许多的江南布产量数据。在此所做出的刻意简化的假设（江南的原棉进出口打平），或许会产生有点太高的数据，但在计算过程中我还做了其他力求保守的作为，而我依旧认为我所估计的1750年江南人均棉布产量超过14磅的数据不算离谱。

与联合王国比较

如果我们同意上述说法是个粗估值，1800年时，即纺织技术的突破已开始往外扩散许久以后，联合王国的棉、羊毛、丝和亚麻制品产量合计达到人均12.9磅一事，就饶富深意。[16]（1磅亚麻或羊毛生产出的布匹面积，大体来讲少于1磅棉花所生产的，因此，把这些不同种类的纺织品按同样重量混在一块计算，既简化了比较，也使该比较对中国不利。）令人遗憾的是，我们不清楚长江三角洲所生产的布有多大比例出口，这个比例很可能比联合王国（约产量的三分之一）还高，[17]从而使该地区的布消费量低于联合王国的水平。但生产力分别位居中国、欧洲第一位的两个地区，其人均产量可能差不多和这项关键商品的消费量或许差不多一事，饶富深意，尤其是在我们记得1753年时有3100万人口的长江三角洲诸府，人口比联合王国多了将近一倍。

全国棉花产量及其与欧洲其他地方的比较

当我们想要拿整个中国与整个欧洲比较时，资料问题就变得更棘手许多。有关中国和欧洲的资料都非常零散，生产活动在地理上太过分散，使我们无法集中于一些重要地区。诚如前面提过的，丝织品的生产是例外。中国的丝织品产量可能过半产自长江下游，说不定达四分之三。但丝织品在纺织品总产量里占的比例很小，而棉花生产则相当分散。

令人遗憾的是，我们用来估计糖、丝织品和江南棉布产量的方法，用在范围明确且高度商业化的地区很好用，但用在面积辽阔而商业化程度较低的地区，就不管用。在这类例子里，举例来说，我们所假设的人均食物消费量，出现相对较小的变动，就很可能使我们所估计的可供用于植棉的土地面积增加一倍或两倍（比如从非常大之总面积的3%—9%增加一倍或两倍）。因此，我们得试试别的方法，并从后来的数据往回推算。

1870年，即捻军和太平天国运动平息后不久，中国生产了约18.5亿磅棉花，[18]到了1900年减少为约15亿磅，但后来又再度增长，其势至今未衰。1750年的产量似乎很可能比这低不了多少，因而人均产量较高许多。这一说法或许让人觉得意外，但逐一检视过中国的各大棉花产区，证实此说不假。

首先，有一点必须指出，即清代首度开始种植棉花的大地区不多。[19]长江中游诸省的棉花种植面积在1750年后确有增加，但它们的产量从未达到非常高的程度。与此同时，西部四川、陕西两省境内某些重要的产区，19世纪时改种别的经济作物（罂粟），而因此被弃种的作物往往是棉花；其中某些改种发生于1870年前，某些发生于那之后。[20]中国各地还散布其他小块棉花种植区，但1750年和1870年至1900年最重要的产区是长江下游和华北。就长江下游来说，若说棉花产量在19世纪大增太过牵强。1750年至1850年，该地区最商业化的地方，人口和耕地面积都未增长，在该地区其他地方，成长也不多；经过19世纪中叶的天灾人祸摧残，人口和耕地面积大减，到1900年时或许恢复到原来水平，但要到1949年后才会再大幅增长。[21]我们的种种证据显示，1750年此地区种植经济作物的土地所占的比例，已和接下来两百年所会达到的比例一样高（事实上，20世纪30年代输入此地区的稻米大概少于18世纪50年代，这意味着可能已有部分土地改回种植粮食作物），因此，在这段时期，经济作物面积照理应该始终变动甚少。甚至棉花种植面积可能减少，至少到1900年时是如此，因为1870年后更多许多的土地改种桑树。我们手中的产量数据很零星，但它们未显示1750年至1900年长江流域棉花产量有所增加；照理也不会增加，因为技术上没有重大改变，而且（在人口未增加下）劳动力投入量大概变动不大。

最后，该谈谈华北。华北的资料特别稀少，棉花种植面积的变动很可能比其他任何地方来得大。一方面，克劳斯的估计值显示山东和河北的棉花种植面积，1900年时总共只有300万亩，20世纪20年代时增加到500万至600万亩（尽管军阀在此地区为害甚烈），到30年代又增加到更多[22]（山东和河北是华北三大产棉省之二；至于第三个省河南，我未找到有用的资料）。这一增长很可能只是恢复到更早时的水平，因为我们已知道1870年至1900年全国棉花产量下跌，而且华北受到19世纪晚期数场大旱打击，想必使种植棉花之类需要大量用水的作物风险特别大，照理下跌的全国产量里，应有颇大一部分发生于华北。就连克劳斯的20世纪20年代数据，都只相当于这两省几乎不到3%的耕地面积。

另一方面，赵冈引用了一份18世纪中期的史料，该史料说直隶（清时河北的名称）境内20%—30%的耕地种植棉花，且光是该省境内就有1400万至2100万亩。[23] 同样问世于18世纪的史料《棉花图》记载，直隶省保定以南土地20%—30%种棉花。[24] 视我们对这份陈述作何解读而定，1820年时登记的田亩少者3500万亩，多者5000万亩（这大概又大大低估了实际耕地面积）；乘以20%—30%，表示光是该省就有700万至1500万亩棉田。即使以山东、河北两省一成土地植棉计算，都会有1700万至2400万亩，也就是1900年数据的六至八倍。[25] 如果我们使用前面用于其他地区的估计方法，接受低得离谱的官府耕地面积估计值，假设人均食物消费量为每年2.2石，上述数据也是这两省可供种植非粮食作物的大略面积。[26] 如果同意18世纪50年代的耕地面积已接近20世纪30年代的水平，可供种植非粮食作物的耕地面积就暴增为高到令人难以置信的7000万至9000万亩，视我们所假设的人均食物消费量为2.2

石或2.5石而定；不管是上述哪种情况，棉花都会是最普遍的非粮食作物。因此，我们有充分理由认为1750年华北所产棉花可能比1870年或1900年多了不少。

其他资料间接表明同一情况。1750年至1870年山东、河北两省人口增加了超过四成，到了1913年已增加了约八成，而耕地面积增幅则少了许多。事实上珀金斯认为这一耕地面积根本没增加。[27] 我觉得这说法太极端，因为诚如第五章里指出的，我认为这两个省的森林面积，即使在1800年时，都比20世纪30年代时多了不少。但就连官府所提而令人存疑的18世纪50年代数据，都意味着到1873年时增加了几乎4%，到20世纪30年代时增加了约45%；"增加的部分"包括地籍清册里大增的耕地。[28] 在中国其他地方，日益恶化的人／地比例，被单位面积产量的大增而大部分抵消掉，而单位面积产量的大增，则是更密集使用肥料（包括粪肥和豆饼）、更多的复种和每亩所投入劳动力增加（例如透过极细心除草）获得。但华北未种会像稻米那样只要多地投入劳动力，产量即会有可观增加的作物；多投入的肥料大部分是粪肥，因为效力较好的豆饼也较贵；而较短的生长季使复种制的采用不可能大增。此外，1853年黄河改道后涝害与土壤盐碱化的问题加剧，很快就造成山东省数千万亩地产量减少。于是，华北所需要专门用来提升粮食产量的土地面积，其增加速度似乎非常可能比1750年至1870年、1900年乃至1930年华北耕地面积的增加速度还要快上许多；而这反过来意味着该地区棉花的绝对产量在这期间很可能大幅减少。

因此，华北棉花产量的减少幅度似乎很可能和四川、陕西可能有的减少幅度一样大，而长江下游产量则差不多持平；只有长江中游和（可想而知的）河南（两个远较次要的产棉区）产量增加。由于这些地区性结果，约1750年时中国棉花总产量似乎很可能至少和1870年时一样大，或肯定和1900年时一样大。

如果为了更求审慎，把用来填充和非纺纱用的棉花从1900年的数据里扣掉，然后除以1750年较少许多的人口（1.75亿至2.25亿），就会得到每人约6.2磅的人均消费量；若用1870年的数据来算，则得到人均将近8磅的答案。这些数据比吴承明和许涤新所估计的1840年数据都高上不少，而后者系根据20世纪数据往回推算出来（这可是很棘手的事，因为关于1840年后中国百年动乱期间产量和生活水平究竟上升还是下跌并未有定论）。[29] 他们提出人均约3.5磅（含填充用的棉花）的消费量，相对的，连我较低的估计数据都达7.5磅（含填充用的棉花）。但这差异其实并不让人苦恼。如果我的棉花总产量1750年至1840年变动不大一说没错，而人口在这期间增加了一倍（吴承明和许涤新使用了1840年4亿人的数据），那么他们针对1840年估计的人均消费量，就应差不多是我的1750年估计值的一半。于是，我针对1750年提出的估计区间似乎合理，而低的那个数据比高的那个数据的可能性更大。

拿这与欧洲的数据比较，谁高谁低？把棉、羊毛、丝和亚麻的消费量加在一块，联合王国（包括爱尔兰）1800年的人均消费量似乎是约8.7磅。[30] 法国18世纪80年代的亚麻产量似乎是人均约6.9磅，棉花产量则微不足道，只有0.3磅。[31] 现存的羊毛资料，都以平方码计，而非以磅计，若要得到精确的换算，得先确定制成的是哪种布；但使用看来相当保险的换算率，约1800年的产量似乎是每年每人1.18磅。[32] 于是，在法国大革命前夕，法国人均纺织品产量类似于我们对中国的那个较高估计值，而且比我们的那个较低估计值高了三分之一。就德意志来说，我所能找到的最早数据显示其纺织品产量比中国少了许多：1816年人均毛织物产量只有1.1磅，1838年的人均棉织物产量仍只有0.6磅，1850年的人均亚麻织物产量则是约3.3磅，总计人均纺织品产量为5磅。[33] 从英格兰进口的布无疑使德意志的消费量高于这些生产数据，但19世纪初期德意志人每年的用布量，似乎还是很可能少于更早的七十五年前中国的人均用量。德意志当然绝非当时欧洲最穷的地区（就我所知，19世纪初期以前的东欧或南欧未有有用的数据），而我们对中国的估计，包含了中国最偏远贫困的地区。于是，18世纪中期至晚期中国的纺织品消费量似乎比欧洲高了不少。

致 谢

凡是浩大的工程,都有赖多方协助才得以完成。我原本只是想替另一本主旨与内容皆大不相同的书写一篇文章,不料经过错综复杂的发展,一篇文章竟成了一本书。而正由于过程的错综复杂,许多人的见解和意见反而比平时更加重要。

许多人读过本书的原稿,并对某个版本的原稿提出宝贵意见,这些人包括史蒂文·托皮克(Steven Topik)、蒂莫西·吉南(Timothy Guinnane)、王国斌、丹尼尔·西格尔(Daniel Segal)、乔尔·莫基尔、安德烈·贡德·弗兰克、埃德蒙·柏克三世(Edmund Burke III)、伦道夫·黑德(Randolph Head)和他世界史研究班里的学生,以及詹姆斯·吉文(James Given)、金世杰、马立博、丹尼斯·弗林、万志英和贾森·赫克特(Jason Hecht)。本书的部分内容也曾在大大小小的研讨会上提出,许多同僚在研讨会提供了深刻且有用的建议,由于人数太多,我无法在此一一列出。"全加大经济史研究会"(All-UC Group in Economic History)的会议上总会出现具有创见的评论,而这些评论特别值得一提。如今是同业通过网络互动的时代,因此我也要感谢乔舒亚·罗森布鲁姆(Joshua

Rosenbloom)、艾伦·泰勒（Alan Taylor）和塞缪尔·威廉森（Samuel Williamson），在我于"经济史网"（EH.NET）上简短说明本书论点之后，主办了一场格外有益的线上讨论。在那场讨论会上［和后来在"世界史学术网络讨论群"（H-World）上由帕特里克·曼宁（Patrick Manning）主持的另一场讨论会］，出现了发人深省的想法和有用的建议，让我受益良多。

这本书把我带到远非我专长的领域，因此我也倚赖许多同僚的引领，得知在他们所熟悉的领域，有哪些资料是我必须一读；除了上述的许多人，罗伯特·莫勒（Robert Moeller）、安妮·沃索尔（Anne Walthall）和李中清，对我帮助特别大。还有些同僚在其他方面助我完成此书：彼得·林德特、卫思韩（John Wills）、史景迁、麦克洛斯基（Deirdre McCloskey）、肯尼思·索科洛夫、滨下武志是其中特别要予以感谢者。

向这么多人同时表示感谢，可能稀释了我对其中任何一位同僚的感谢之意；然而，那当然不是我的本意。王国斌特别值得一提，他从头到尾看过两个版本的原稿，与我彻底讨论了本书论点所具有的问题，在参考书目方面提供了宝贵意见；我把如此密切的同僚情谊视为理所当然，但那绝非寻常情谊可比。在此有个迟来的机会在书面上向Dan Segal 表示感谢，也特别令人快慰。这二十多年来，他对我的教导之多，不管是在我们都感兴趣的题材上，还是在何谓知交好友的体悟上，恐怕是任何人都不能及的。我深信在这份感谢清单上的每个人，都对本书的论点至少提出过某些反对意见，因此，在此我还是要不厌其烦地重述，本书若有错误，全该由我一人负责。

撰写本书时，还受惠于不少有形的支持。这本书是我在一次休假从事另一个案子时开始成形的（尽管那时的样貌大不同于后来的成书）。那个案子得到加州大学校长研究奖学金与美国学术团体理事会、社会科学研究理事会和福特基金会中国研究联合奖励项目（ACLS/ SSRC/Ford Foundation Joint Fellowship in Chinese Studies）大力支持。本书内容大半写于后来某次休假期间，那次休假则是因为古根海姆基金会（John Simon Guggenheim Memorial Foundation）与加州大学尔湾分校的慷慨出资才得以成真。普林斯顿大学出版社的彼得·多尔蒂（Peter Dougherty）和他的助理Linda Chang所提供的协助和鼓励，还有珍妮弗·巴克尔（Jennifer Backer）娴熟、细心的文字编辑工作，大大改善了本书。

我个人私下得到的协助，丝毫不亚于我专业领域里得到的协助。本书大半内容在艰困的情况下写成，若没有许多人的帮助，我面临的难关肯定会更棘手许多。碰上麻烦时，新旧朋友、同僚和不少邻居一起助我渡过难关，盛情可感。我无法在此将他们的大名一一列出，若漏列其中哪位，我会很过意不去，因此只能一道表示感谢，但我心中的感谢未因一并致谢而有所稍减。

最后，但绝非最不重要的，我的家人在这些年表现出不凡的体谅，若没有这份体谅，我不可能有时间或平静的心情写书。David、Jesse、Benjy表现出的勇气和毅力，远超过一般人眼中的小孩子；他们一再迎接挑战，同时始终不失孩子的热情和爱，始终讨人喜欢。我要大大感谢他们。

至于我的妻子莫琳·格雷夫斯（Maureen Graves），我该说什么呢？过去几年我们常听到的一个比喻或许很适切。我们原计划到巴黎一游，最后却置身新西兰，而莫琳自始至终，既未忘记回巴黎这个目标，也懂得只要不去寻找卢浮宫，就能享受置身新西兰的乐趣。这一平衡之举有赖于耐心、毅力、远见和爱，而它们个个都是我所无法说明或充分表达感谢的。只能说这本书是她的书，借以聊表我的感谢。

加州尔湾　1998年9月

注 释

导论

1. 在此应该指出的是,对大部分作者来说,"西欧"是个社会、经济和政治上的概念,而非真实的地理实体:比如爱尔兰、南意大利、伊比利亚半岛的大部分地方,经济发展程度远不如一般认为欧洲或西欧所一贯拥有的那种发展程度。一般来讲,我会从地理的角度使用这个词,同时指出在这些比较中常被人拿来代表"欧洲"的那些区域(例如荷兰南部或英格兰北部),若与中国的江苏省等地,而非与中国或印度之类的整个次大陆做比较,或许会在大小和经济特色上得到较好的比较。
2. 例如,现今对 Eric Williams(1944)、Andre Gunder Frank(1969)、Samir Amin(1974)之类人士的论点,大体来讲以不以为然的主流论定。对海外榨取这个主题的通论性精辟评论,De Vries 1976: 139—146, 213—214。
3. 针对认为彼此有系统性关联而非真的各走各的诸实体之间的比较(他所谓的"涵括式比较")所做的探讨,见 Tilly 1984。
4. 例如,Blaut 1993: 186—206。
5. 晚近的一个好例子,见 Britnell 1993。
6. 要充分了解把立法改变和民间习俗的重要性尽可能贬低的倾向,可看看重新解释英格兰露地(open field)耕作制衰落一事的众多专题著作。这些露地曾被视为具体反映了敌视新兴资本主义的集体伦理观,并在较富个人主义、较少家长主义的观念称霸国会时,被议员通过立法摧毁。如今普遍主张,露地其实具体反映了在收成不稳定且没有保障的世界里个人的合理策略,它们的消失主要是因为利息逐步降低使另一种收成保障措施——谷物贮存——相较于把个人的土地维持在许多分布零散而且可能在土壤和微气候上稍有差异的小块土地上,成本较低且效益较高(例如,McCloskey 1975a, 1975b, 1989)。本书页 86 至 90 会讨论(和反驳)这一观点,而这一观点的进一步后果,就是催生出如下主张:传统露地在法国境内未受到差不多一样有效的政府打击一事,对法国发展的阻碍,并不如先前史学家所普遍认为的那么大。

7. 针对这个以英国为中心的看法，有两个很典型但大不相同的陈述，见 Landes（1969）和 Hobsbawm（1975）。对这一看法最清楚且犀利的评论之一，乃是 O'Brien and Keydar（1978）。

8. 见，例如，Snookes 1994a; Wrigley 1990: 101—102。

9. O'Brien 1982: 12。

10. 出处同上。O'Brien 以英、法为主题和 Keydar 合写了一本书，在此书中，O'Brien 提出更令人信服但大不相同的观点，即欧洲的工业化不单单是英国的创新向欧洲大陆其他地方的扩散。例如，法国专注于不同的产业，而那些产业往往涉及将英国的半成品变成成品。但英法之间的互补性，既说明可能存在不同的通往工业化之路，也间接表示我们不能简单地将英国工业化排除在此故事之外，然后说即使没有英国的工业化，欧陆还是会工业化。诚如后面会提到的，若没有两个重大的断点（分别由煤和殖民地所造成），则英国的故事根本难以想象。

11. Wong（王国斌）1997。

12. 关于以"文明"为比较单位效益不大一事，见 Fletcher（1995: 3—7）; Hodgson（1993: 17）。关于大陆，见 Wigen and Lewis（1997）。

13. 例如，我比王国斌更加强调全球形势的因缘际会和相互影响，除了欧洲、中国，还把更多地方纳入讨论；我也对他的某些主题，例如国家的形成，着墨甚少，对他未全面探讨的某些主题，例如环境改变，着墨较多。

14. Tilly 1984。

15. Jones 1981, 1988。

16. Hajnal 1965, 1982。

17. Jones 1988; Elvin 1973; Powelson 1994。

18. Abu-Lughod 1989; Frank 1998。

19. 见，例如，Jones 1981: 70—74。

20. Crosby 1986: 2—5, 294—308。

21. Frank 1998: 283, 利用了格申克龙（Gerschenkron）的理论。

22. Sugihara（杉原薰）1996。

23. 但值得一提的，晚近几年，许多西方经济史学家也已开始感兴趣于描写使合同容易落实，从而即使没有官方大力参与保障财产权，仍使有效率的市场得以有机会出现的制度性作为。有益的摘要说明，见 Greif 1998: 597—633。

24. 见，例如 Ambrosoli 1997; Levine 1977; Kjaergaard 1994。

25. Wittfogel 1957; Jones 1981: 66—67; Jones 1988: 130—146; Mokyr 1990: 233—234, 256—260; Powelson 1994。

26. 杉原薰和速水融（Sugihara and Hayami, 1989）认为，17 世纪就已有分道扬镳的"工业"革命和"勤劳"革命，Arrighi 则在 18 世纪看到此现象。的确有迹象显示存在如此早的这一分流，但我仍要主张直到 18、19 世纪之交，这一分流才会确立，那时，新世界加上煤，表明这种利用土地且资源密集的道路会继续安稳走上很长时间。

27. P. Huang（黄宗智）1990: 11—17; 相关的论点，也见 Goldstone 1996。

注释

28. De Vries 1994b。
29. Braudel 1977: 60; De Vries 1976: 210—214。
30. Flynn 1984; Hamilton 1934。
31. Braudel 1977: 60—75。
32. Mokyr 1976: 132—164；比较 Lewis 1954: 139—191。
33. 关于相对于"异国资源"的欧洲境内的资本积累，见 De Vries 1976: 139—146, 213—214。关于需求，见同上，176—192; Mokyr 1985b: 21—23；而 Mokyr（1985a）质疑需求因素在工业革命里的重要性。
34. 在这方面，有一点应该指出，即"专业化"（specialization）不同于"分工"（division of labor），更不同于"复杂"（complexity）。例如，人能想象这样的社会：有极复杂的交换规则来决定谁每周烘焙面包，但没有哪个人是全职的面包烘焙师傅。这样的社会，其复杂程度肯定不亚于任何社会，其成员肯定个个能掌握一套非常复杂的技能，但正因为如此，它不会具有某种社会所具有的那种经济动能：在那种社会里，成员一再受外力驱策而专门从事他们自身特别能找到销路的少数几项工作。
35. 我把这些压力称作"准马尔萨斯式动能"，因为我并未主张人口稠密必然会导致我所讨论之任何核心区域里生活水平的下降，而是只主张鉴于前工业时代革命的技术，土地／劳动力比率的日益恶化大大阻碍进一步的大幅成长，主张早期的工业技术虽然缓和了这个限制，这些技术本身并不足以改变大局。
36. Blaut 1993: 42, 124, 152。
37. 关于奥斯曼帝国人口，见 McGowan 1994: 646—657。该帝国人口似乎大部分地方都相对较稀疏，而且在 18 世纪的大部分时候有减无增。

第一章

1. 琼斯所谓的"欧洲人"所指为何，有时并不清楚；有时，这个词涵盖整个欧陆；有时则只指西欧，乃至西北欧。
2. Jones 1981: 4—5。
3. 出处同上，14。
4. 出处同上，22—35, 40—41。
5. Van Schendel 1991: 42; Marshall 1987: 7, 23。
6. P. Huang（黄宗智）1985: 145。
7. 关于计算结果，见附录 B。
8. 黄宗智著作（1985: 322）里所提的人口数据，以山东为例，约 1750 年时是每平方英里 400 人（在没有净粮食输入情况下供养的人口），相对的，根据 McEvedy 与 Jones 的著作（1978: 62—63），荷兰一地是约 160 人，而且是在有大量粮食进口加持的情况下。
9. Bray 1984: 48, 198—200（与欧洲相比）; Palat 1995: 60（关于磨制面粉）。
10. Smith 1937: 637—638。
11. Habib 1990: 376—377。

12. 见附录 A。
13. 见，例如 Gardella 1992b: 101—102。
14. Wu（吴承明）1985: 277。1 石约合 103 公升；1 石米重约 160 磅。
15. Perkins 1969: 297—307; Marks 1991: 77—78。
16. Braudel 1981: 127。
17. Jones 1981: 81; De Vries 1974: 170。
18. P. Huang（黄宗智）1985: 322。
19. Xu Tan（许檀）1995: 86。
20. Smith 1958: 68。
21. Reid 1989: 57。
22. Bray 1984: 53; Palat 1995: 60。
23. Braudel 1981: 196。
24. Jones 1981: 7。
25. Hanley 1997: 104, 110—111, 117, 119—120; Reid 1988a: 36—38, 41。
26. Bairoch 1975: 7, 13, 14。
27. Stone 1979: 58。
28. Knodel 1988: 68—69。
29. Wrigley and Schofield 1981: 230, 708—713。
30. Razzell 1993: 757—758。
31. 出处同上，759—763；调整后的平均预期寿命是我自己算出来的。
32. Blayo 1975: 138—139。
33. Nipperdey 1996: 89。
34. Hanley and Yamamura 1977: 221—222。
35. Smith, Eng and Lundy 1977: 51 在表格中列出的数据 46.1 和 50.8，乃是未来平均预期寿命。在此也应指出，在这项调查里，一如在晚近对中国人的调查里，高杀婴率（往往不是因为食物严重短缺）这个调查结果，使人在出生时和一岁时的平均预期寿命出现特别大的差距，使后者成为了解整体状况的较佳依据。有些人无法相信会有人即使未到走投无路仍然杀婴，对于这些人，我建议不只该思考杀婴一事在有钱的中国、日本人家里的盛行，还应思考欧洲富裕城市人，老早就知道把自家婴儿送给乡村奶妈养会使婴儿早夭概率大增，仍坚持这么做。
36. Telford 1990: 133。
37. Lee and Campbell 1997: 60, 76—81。
38. Lavely and Wong 1998，尤其是页 721—724。
39. 这个皇族的成员是满人，但住在中国且在许多方面已相当汉化。
40. Li Zhongqing（李中清）1994: 7。
41. 出处同上，9。

注 释

42. Braudel 1981: 129—130。
43. Clark, Huberman and Lindert 1995: 223—226。
44. Pan（潘敏德），未出版：10。
45. Marks 1991: 77—78。
46. 被引用于 Perkins 1969: 300。
47. 关于英格兰，见 Clark, Huberman and Lindert 1995: 226 注释。Pan（潘敏德）1994: 327 和所附的注释提出合理的论点，证明将成年男性消耗量估计为成年女性消耗量的两倍非信口胡说。如果此说为真，中国每个成年男性消耗量，将会是光靠谷物就产生更为可观的 3181 卡路里，但男女间热量摄取量相差如此大，会使"成年男性消耗量"成为有点靠不住的比较标准。不过，20 世纪 30 年代上海的资料显示，成年女性的谷物消耗量是成年男性平均消耗量的 77%（上海社会局 1989: 183）；这相当接近于 Clark, Huberman and Lindert 研究英格兰资料时所用的 0.733 转化率。
48. Ng（吴振强）1983: 56，被引用于 Reid 1988a: 48—49。
49. Reid 1988a: 45—50。
50. Visaria and Visaria 1983: 472—473。
51. Parthasarathi 1998: 79—109。
52. Hajnal 1965, 1982；尤其见 1982: 476—481。
53. Cornell 1996: 43—44; Hayami，被引用于 Goldstone 1991: 405。
54. Smith, Eng and Lundy 1977: 107—132。
55. Skinner，被引用于 Goldstone 1991: 407。
56. Reid 1988a: 16, 160—162。
57. Lee and Guo（李中清和郭松义）1994: 1—38; Li Bozhong（李伯重）1994: 41—42, 46—52。
58. Lee and Wang（李中清和王丰）将出版的书：20—21; Lee and Campbell 1997: 90—95。
59. Li Zhongqing（李中清）1994: 3。
60. Li Bozhong（李伯重）1994: 57—58。
61. Abu-Lughod 1989: 193—197。
62. Will 1980; Perdue 1987: 211—219。
63. Bernhardt 1992: 129—134。
64. Reid 1988a: 121—128。
65. Jones 1988: 130—146，尤其是 145—146。
66. Hao（郝延平）1986: 28; Morse 1966: II: 61, 180, 256, 322，特别针对美洲市场谈，以及谈布的较低价格。
67. 尤其见 Jacob 1988: 27—30, 58—59, 60, 77, 81—82, 89, 110, 123, 150—151, 158, 209, 223。
68. 见，例如，Henderson 1984; Kawata（河田悌一）1979。
69. Widmer 1996: 95—99, 103—104, 107—108, 113—115。
70. Bayly 1989: 80—81。

71. 注释 8 所探讨过的山东、荷兰两地人口密度的差距，就是个特别有意思的例子，因为灌溉并非山东农业里的重要因素。中国农业技术概论，见 Bray 1984。要找个非关中国且真的涉及灌溉的例子，可考虑发生在南印度卡维里（Kaveri）三角洲的一件事，即当地的耕种者交出 94% 的收成，却未饿死（Van Schendel 1991: 44）。这间接表示一个农民可供养 16 人（尽管大概不是喂得很饱）——间接表示在亚洲某些地区，每个工人的生产力，而非每英亩的生产力，能大大高于在欧洲所发现的任何生产力。

72. 关于铁，见 Dharampal 1971: 243—244, 246—247, 260；至于英格兰的铁价（和生铁转化为条铁之事），见 Deane and Cole 1962: 页 222 注释 5、页 223 注释 1。关于织染，见 Mitra 1978: 13。

73. Thornton 1992: 45—48。

74. 见 Hanley 1997: 104—105, 110—111; Reid 1988a: 38。

75. Dharampal 1971: 141—164，论印度；Du Jiaji（杜家骥）1994: 154—169，论中国。

76. Xiong（熊秉真）1995 论妇幼照护；Unschuld 1986: 183—197; Widmer 1996: 95115, 以及 Bray 1997: 311, 论医学出版物的普及。

77. Smil 1994: 234。

78. 见，例如，Anderson 1988: 154。

79. Mokyr 1990: 13, 57, 83。

80. Greenberg 1951: 87。

81. Bray 1997: 217—220。

82. Elman 1990: 79—85。

83. Smil 1994: 107。

84. Elvin 1973; Frank 1998; Habbabuk 1962; Washbrook 1988。

85. Reid 1989: 61, 69—71; Reid 1988a: 135。

86. Mitra 1978: 37—41; Hossain 1979: 324—338; Arasaratnam 1980: 259—260, 263, 265, 268, 272, 278。

87. 见，例如，Staunton 1799: II: 138。

88. 当然，"相对较少"是个相对词。德·弗里斯与罗伯特·艾伦（Robert Allen）把荷兰、英格兰与西欧其他地方、与更早时期相比之后，惊讶于在原始工业与农业之间季节性流动的工人何其之少，而肯尼思·索科洛夫和大卫·多拉尔 1977 年比较过英格兰与美国之后，惊讶于即使在 19 世纪晚期，在农业和工业两领域都兼差打工的英格兰人何其之多。第六章会再探讨美国例子和其所代表的意涵。

89. De Vries 1994a: 57—62; Allen，被引用于 Postel-Vinay 1994: 72。

90. Parthasarathi 1998: 101—102。

91. Mokyr 1991: 177—181。

92. MacLeod 1988: 158—181。

93. Jacob 1988: 92—93。

94. Mokyr 1990: 166。

95. Lazonick 1981: 491—516; Bairoch 1975: 3—17，论约 1800 年时国民所得的差距和现今更

注 释

大许多的差距。

96. Braudel 1982: 522, 575; Frank 1998: 289—291。
97. Chapman，被引用于 Mokyr 1990: 98—99。
98. Li Bozhong（李伯重）1998: 108。
99. H. Klein 1990: 291—293。
100. 见 Mitra 1978: 46—47, 51, 63—66, 75—92, 113—115, 126—127, 14—15；关于工资比较，见 Chaudhuri，1978: 157, 273。
101. 见，例如，Mokyr 1990: 221。
102. 例如，Hobsbawm 1975: 38。
103. 见，例如 Bruchey 1967: 表 2-A（未编页码）。
104. W. Parker 1984: 38; Mokyr 1985a: 107—108。
105. Gunst 1989: 73—74。
106. Parthasarathi 1998: 107。
107. Goldstone 1991: 186; Labrousse 1984: 343, 346—347。
108. Blaikie and Brookfield 1987: 129—140，特别是 138; Kjaergaard 1994: 18—22。更多详情，见第五章。
109. Blaikie and Brookfield 1987: 139。
110. 出处同上，133。
111. Chao（赵冈）1977: 22—25, 30—31。
112. M. William 1990: 181。关于某些特定国家，见 Darby 1956: 203—204 和与 Cooper 比较 1985: 139 注释（法国）和 M.Williams 1990: 181（德意志）。
113. Blaikie and Brookfield 1987: 132—133。
114. Wrigley 1988: 80—81。
115. Braudel 1981: 170。
116. Grove 1995: 408。
117. 诚如在第五章里会看到的，欧陆西部大部分地方的森林覆盖率，仍优于英国，但18世纪时，由于大部分区域不像英国那样煤炭使用量日增，因而受苦于较严重的燃料短缺和较快速的木头价格涨势。
118. 关于欧洲人借鉴印度观念和习惯做法一事（格罗夫主张这些观念"比从印度以外地方引入任何一套观念……还要重要"，见 382），至少在 1857 年前是如此，见 Grove 1995: 387—388, 406, 440, 471—472；关于中国的影响，见 187；关于更早时期，见 77—80。中国官方生态认识的洞见和局限，见 Dunstan 1977。关于日本的造林，见 Totman 1989。
119. Grove 1995: 435, 463—464, 471—472, 480。
120. Morton 1981: 118—121。
121. Wrigley 1988: 54—55；要更了解换算一事，见本书第六章注释 50（页 460）。
122. Hammersley 1973: 602—607；也见 Flinn 1978: 139—164。

123. M.Williams 1990: 181。
124. Harris 1988: 25, 56。Flinn（1978: 145）也指出，若非有煤，1750年后英格兰铁产量增长可能因木炭短缺而受阻；他的重点在证实更早期的产出率乃是可持续的，而且并未发生日益恶化且促成以煤为基础的制铁业问世的木炭危机。
125. Harris 1988: 26; Flinn 1958: 150。
126. Harris 1988: 26。
127. Hammersley 1973: 608—610 指出，高运输成本使木头价格因地而有很大差异，而且往往由一个买家或卖家支配某个市场，因此以价格来评断稀缺程度大多不准。此外，木炭价格包含颇大的劳动成本，因此与木头价格的关系并不密切。
128. Flinn 1978: 143—145, 147—148; Hammersley 1973: 608—610。
129. Flinn 1984: 114。
130. Flinn 1984: 26, 121—128。
131. 关于中国，见，例如 Needham 1965: 255。
132. Needham 1965: 135—136, 225—226, 369—370, 387。
133. Hartwell 1967: 102—159。
134. Needham 1965: 497。
135. Huang（黄宗智）1985: 114—115; Ho（何炳棣）1959: 136—137。
136. Huang Qicheng（黄启臣）1989: 1—2, 46, 84。
137. 出处同上，2, 70—72。
138. 出处同上，2。
139. Sun Jingzhi（孙敬之）1988: 93。
140. 见，例如，Huang Qichen（黄启臣）1989: 70—72，列出17世纪的煤矿。
141. Huang Qichen（黄启臣）1989: 109—140。
142. 见 Needham 1965: 513—515, 522, 525—528, 531（提到直径一英寸、需要非常精细的手艺才制得出的17世纪的钟表，以及能仿制从西方输入之最精巧钟表的钟表匠）；也见页285、296，谈及早在11世纪时就出现的有差动齿轮的里程计。
143. Skinner 1977a: 217，谈运输成本；也见 T. Wright 1984: 9，提到中国西北的煤从矿场运到50千米外的河岸，价格涨了四倍。还有 De Vries and Van der Woude（1997: 37），论欧洲："历史上，能源矿床的开采与否，取决于运输成本，更甚于资源本身的采集成本。"
144. Yu Minxia（余明侠）1991: 27。
145. 出处同上，19, 21。
146. 宋应星，《天工开物》，1637：卷11，被引用于余明侠1991: 23。水的问题似乎不大，即使在徐州煤矿亦然。该地煤矿所在区域，雨量比西北多了许多。见，出处同上，27。
147. 详情见第五章和 Nef 1964: 174, 263—264。
148. Nef 1932: 156—158; Wrigley 1988: 77—78。
149. Nef 1964: 158, 183, 203; Nef 1932: 215—224。
150. Harris 1992: 18—23，尤其是 21—23, 27, 30—31。

注 释

151. 在远洋航行上，就欧洲来说，英国特别精于此道，就世界来说，则又是欧洲首屈一指。海运在亚洲非常发达，在某些方面甚至领先欧洲，但相较于欧洲，亚洲的海运更偏重于较贴近海岸的航行，在无边无际的大洋上航行的时间更少。而在大洋上，初期导航犯了较小的差错，后果就不堪设想。欧洲航运业者的跨大西洋远航，是亚洲的长程航海者所未从事过的航行，而跨大西洋航运业者的技术需要，肯定一如陆海军对有助加农炮瞄准之仪器的需求，起了重大作用。

152. E. Thompson 1967: 66—70。

153. Mokyr 1990: 85, 103—104。

154. 从瓦特的模型到19世纪70年代时已上市的蒸汽机，效率又增加了三倍。见 Mokyr 1990: 90。

155. 出处同上，88。

156. Von Tunzelmann 1978: 224, 289。

157. Mokyr 1990: 88, 90。

158. Von Tunzelmann 1978: 62—63。

第二章

1. 见，例如，North and Thomas 1973，特别是 157—158; North 1991: 35。

2. 见，例如，Senghaas 1985: 28—30, 65。

3. P. Huang（黄宗智）1990: 108。

4. 出处同上，114。

5. 见 Levi 对皮埃蒙特地区某村子的土地市场的探讨，1988: 79—99。

6. R. Huang（黄仁宇）1974: 99。

7. P. Huang（黄宗智）1985: 87。

8. Pomeranz 1993: 240。

9. Chen（陈翰笙）1936: 34—35。

10. Buck 1937: 192。

11. Jing and Luo（景甦、罗仑）1986: 34—35; P. Huang（黄宗智）1985: 103。

12. P. Huang（黄宗智）1990: 103, 45%。

13. Marks（1984: 44）证实，大部分土地是可终身保有的不动产，但在有些区域，佃户很普遍；Chen（陈翰笙，1936: 19）指出，在某些特别异于常态的村子，68%的土地由佃户承租。

14. Naquin and Rawski 1987: 100—101。

15. Watson 1990: 247。

16. 例如，P. Huang（黄宗智）1990: 107。

17. Osborne 1994: 11—13, 15, 19。

18. P. Huang（黄宗智）1985: 79—81; P. Huang（黄宗智）1990: 58—75。

19. Myers 1982: 290—291; Rawski 1985: 6, 注释里有好用的著作概述；Bernhardt 1992: 24—

26。

20. Zelin 1986: 510—514。

21. Buoye 1993: 54—57。

22. P. Huang（黄宗智）1985: 139—145。

23. F. Thompson 1963: 68。

24. Carr 1967: 51。

25. Forster 1960: 120, 162—163。

26. 关于荷兰，见 De Vries 1974: 33, 38, 44—78, 54；关于伦巴底，J. M. Roberts 1967:68—69；关于瑞典，M. Roberts 1967: 142, 146。

27. Bloch 1966: 127—128; Brenner 1985a: 47—48。

28. De Vries 1974: 27—28, 31—32。

29. De Vries 1974: 152, 243; De Vries 1976: 36。

30. Bloch 1966: 128—192。

31. 见 De Vries 书中的比例 1976: 39—40。

32. Ambrosoli 1997: 393—394。

33. Parker and Croot 1985: 80—81。

34. Bloch 1966: 221—222。

35. 出处同上，233。

36. 出处同上，179—180。

37. De Vries 1974: 152; De Vries 1976: 64—67。关于北意大利普遍禁止休耕之事，见 Zangheri 1969: 33—37。

38. J. Elliott 1961: 62—64；也见 J. Klein 1920。

39. Nipperdey 1996: 123, 131, 134。

40. Slicher Van Bath 1977: 71; F. Thompson 1968: 63—73。

41. 针对"农民个人主义"在法国开始擅场的时间，为何比在英格兰晚上许多，还有不同的农业改变模式与"资本主义"阶级结构、体制和心态的关系，学界有激烈的争议，而在此，我们无须为此争议费心着墨；重点要摆在时间差本身和这一转变的相对较慢和新技法的较慢引进两者的基本关联（Bloch 1966: 197—198）。如果对 18 世纪英国农业优于法国农业一说心生怀疑，亦即对可自由运用新技法一事造成多大影响心生怀疑，随之就会碰上一个更严重的麻烦。已有人提出一些这类怀疑，Patrick O'Brien（1977: 174）和 F. M. L. Thompson（1968: 71）是其中荦荦大者。不过，他们的论点建立在即使英国其采用新技法的速度都没我们过去以为的那么快这个主张上，而非建立在对英国较胜一筹一说的否定上；而对英国人口数的修正后研究成果，往往把我们对英国农业增长幅度的估计值再往上推（被引用于 Cooper 1985: 141—142）。O'Brien 要我们勿草率地认为农业差距之大足以说明英国的工业突破为何较早，的确有其道理，但这并未使以下观点就此失去说服力：法国两百多年间始终"无法突破"人口增长上限，一再受苦于糊口危机（Ladurie 1974, 1976），人口密度低于英格兰、低地国家、西德意志或北意大利（Cooper 1985: 138—139），农业体制受阻于习俗而无法变为较有生产力。

注 释

42. Allen 1982; McCloskey 1975a, 1975b, 1989; Clark 1998。
43. Clark 1998: 77, 87—94。
44. 出处同上, 94—97；也见 McCloskey 1989: 159。
45. 但对 McCloskey 等人来说, 市场根本没有失灵：在利息太高, 使大部分人无法借由留住和贮存本会出售的谷物以防范饥荒之时, 露地耕作制（使农民保有未集中在一地的数块小田从而）是降低风险的合理办法；这一情况一旦改变, 露地的效率不彰就不再被这一保险防饥功能抵消, 露地制随之开始式微。
46. McCloskey（1975b: 155—156）提到这点, 说这是可能会有的问题, 但断言用在其他生产要素的资金的确等同于它们真正的机会成本。
47. 说明这一观点的最权威的著作是马克斯·韦伯的《新教伦理与资本主义精神》(The Protestant Ethic and the Spirit of Capitalism)。后来又出现其他数个解释, 其中有些解释较着重于不断在改变的观念, 其他则较着重于物质的作用, 但各家都认同这一现象的重要。布罗代尔和扬·德·弗里斯在探讨物质作用方面成就斐然, 后面会谈到。
48. 见, 例如 De Vries 1976: 219—226, 232—235。
49. 见 Wrigley 1990: 107—111。
50. 见, 例如, Phelps Brown and Hopkins（1956: 306 和 1957: 289—299, 尤其是 296）, 指出, 农业未能完全吸收增加的劳动力和因此导致人民大量投入兼职和低工资的工作。也请注意, 18 世纪许多时候, 15 岁至 40 岁的欧洲男性有将近 5% 在军中服役（De Vries 1976: 204）, 却未造成显著的劳动力短缺。
51. Lewis 1954: 139—191。
52. De Vries 1994a: 61。
53. Mokyr 1985a: 107—108。
54. Schultz 1964: 61—70。
55. Rosenthal 1992: xxi, 43, 48—50, 60, 70, 93, 120, 165。
56. Chen and Myers 1976; Marks 1997: 105—110; Perdue 1987: 165—174, 181—196（指出问题变成灌溉设施的兴建过多, 而非如 Rosenthal 针对法国所指出的兴建不足）; Kelly 1982: 89—103, 118—195（尤其是 192—195）, 204—219; Ludden 1985: 87—89;Stein 1982a: 109—116; Fukuzawa 1982a: 200。
57. 见, 例如, Grantham 1989c: 43—72。
58. Tilly 1975: 392—393, 397—400, 409—414。
59. Kaplan 1976: 252—299; Tilly 1975: 424—428; Meuvret 1977: 卷 4—6 各处。
60. Goldsmith 1984: 186, 187。
61. 尤其值得一提的是, 这类劳动者在任何事物上多花的一小时, 对领主来说仍具有机会成本——这名劳动者在那期间本可能被迫从事的其他某种工作的价值。但在可供选择的工作并不多的地方——例如, 在欠缺资本、主人偏好或其他原因, 因而没有工业生产或所需的劳动力都已被指派工作的农业庄园——这个成本也可能会非常低。无论如何, 对领主来说, 如果替代的选项是让劳动者享有闲暇, 要劳动者做事所会产生的成本, 实质上是零, 但对必须诱使自由劳动者放弃闲暇前来工作的雇主来说, 就非如此。第五章会更详细探讨此议题, 特别是在东欧的时空环境里探讨此议题。

62. Lewis 1954; Chayanov 1966: 53—117; P. Huang（黄宗智）1990; Geertz 1963。
63. Elvin 1973: 235—267。
64. 在景甦和罗仑取样的 331 个"管理型地主"中，他们名下的土地只有两成由非佃户耕种（1986:附录 1 和 2），而这类地主所持有的土地不可能超过总耕地两成［见，例如，P. Huang（黄宗智）1985: 104］，意味着可能有 4% 的土地，其耕种主力既非土地所有人，也非佃农。
65. P. Huang（黄宗智）1985: 85—105。
66. Ye（叶显恩）1898: 232—233, 239—240, 291。
67. M. Elliott 1993: 346, 383（满人的奴隶大部分是家仆）；更概论性的叙述，Wei, Wu, and Lu（韦庆远、吴奇衍、鲁素）1982: 77—91。
68. Slicher Van Bath 1977: 113—114。
69. Soboul 1966: 159—161。
70. De Vries 1976: 58—59; Kjaergaard 1994: 148—149, 154—155, 167, 221—223。
71. Soboul 1966: 168—179; Behrens 1977: 606—607; Mooser 1984: 99—103。
72. Brundage 1978: 2—5。
73. Kulikoff 1992: 185—186。
74. 出处同上，191。
75. 例如，Morgan 1975: 215—234。
76. Greven（1970: 26—27, 109, 193）给出另一个平均预期寿命数据，说 17 世纪晚期 20 岁男子的平均预期寿命为 44.2 岁，同年龄女子为 41.6 岁（后来的这一年龄男女，平均预期寿命降到稍低于 40 岁），不到 20 岁者的死亡率特别低。Razzell（1993: 765）针对不同类（大部分是精英阶层）的英格兰人估算了平均预期寿命，认为 17 世纪时，活到 25 岁者预计可再活二十年至三十一年，但在 18 世纪中期和晚期，这个数据上升为接近三十五年（从而与马萨诸塞人几乎相当）。
77. 见 Galenson 1989: 52—96; Morgan 1975: 295—315；第四、第六章会对此有更多着墨。
78. J. Lee（李中清）1982: 284, 293; Sun Xiaofen（孙晓芬，1997: 30—34）论四川; Marks（1997: 291）论广东。
79. Lee and Wong（李中清和王国斌）1991: 52—55。
80. Zelin 1986: 518。
81. 见，例如，Judd 1994。
82. Y.C. Wang（王业键）1989: 427。
83. 根据 Perdue 著作（1987: 25, 40）算出。
84. Everitt（1967: 尤其是 543—563, 568—573）论英格兰；论法国，见 Kaplan（1976:69—70）谈迫使谷物只能在有多个买家的市场出售的作为，（90—91）谈这些规则的废除，（289—290）谈论"囤积"如何变得正常。也见 Usher 1913: 306。
85. Braudel 1977: 53。
86. Mann 1987: 42, 45。
87. Pan（潘敏德）1994: 130—201，尤其是 175—187；也见 Lu 1992: 488—490。

注 释

88. 吴承明、许涤新 1985: 112—115。
89. 出处同上，116—118。
90. 在 Mann（1992）的著作中，可找到对这些议题特别清楚的探讨。
91. Li Bozhong（李伯重）1998: 107—108; Lu（卢汉超）1992: 480—481; P. Huang（黄宗智）1985: 118—120; Marks 1997: 171—173。
92. Sewell（1980: 117—121）论法国；Walker（1971）论德意志。
93. Wong（王国斌，1997）非常有力地阐明了这个观点，并针对欧洲国家所会和不会回应的几种经济混乱与中国境内的经济混乱的差异程度，探讨此说的意义。
94. Kellenblenz 1974: 59。
95. Walker 1971: 88—107。
96. Levine 1977: 19—20。
97. Ogilvie 1996: 128—129。
98. Kriedte, Medick, and Schlumbohm 1981: 143, 182, 197—198。
99. Ogilvie 1996: 136。
100. Phelps Brown and Hopkins 1981: 3。
101. 被引用于 De Vries 1994a: 40—42。
102. Allen，被引用于 Postel-Vinay 1994: 72。
103. Williamson 1990: 183。
104. De Vries 1994a: 45, 53, 56。
105. 出处同上，61—62。
106. 出处同上，57—60, 62。
107. Williamson 1994: 162, 166; Williamson 1990: 182—183。英格兰数据是更大许多的南方差距与较小许多的北方差距两者的加权平均值；我根据页 182 的 1797 年、1851 年指数自行换算出来。
108. Postel-Vinay 1994: 65—66, 72—74。
109. 出处同上，78—79。
110. Williamson（1990: 193）估计，生活成本上的各种差异、城市生活的缺点、乡间较易得到济贫物资这三个因素，化解了大半的工资差距，但他推断它们仍未能解释劳动力市场为何大大失灵。
111. Saito（斋藤修）1978: 92。
112. Nishikawa（西川俊作）1978: 81—82。
113. P. Huang（黄宗智）1990: 91, 110。
114. De Vries 1994b: 249—270。
115. Braudel 1981: 132。
116. 出处同上，134—135。
117. 根据 Abel 著作（1980: 136, 161, 191）算出。
118. Clark 1991: 446。

119. Braudel 1981: 131—133。
120. Kriedte, Medick, and Schlumbohm 1981: 28—29。
121. Levine 1977: 58—87。也见 Kriedte, Medick, and Schlumbohm 1981: 57, 77—86。
122. 见 Ogilvie 与 Cerman (1996: 1—11) 中对该专题著作的概述。
123. Kriedte, Medick, and Schlumbohm 1981: 100—101。
124. 出处同上, 77—88, 139。
125. Nipperdey 1996: 91—93。
126. 出处同上, 121, 144, 150, 183, 192, 197。
127. De Vries 1994b: 249。
128. De Vries 1993: 107—121。
129. De Vries 1994b: 257。
130. Kriedte, Medick, and Schlumbohm 1981: 64—65, 68—69; Medick 1982: 90—92。
131. 论糖, 见 Mintz 1985: 132。
132. De Vries 1976: 179—180; De Vries 1993: 见全书各处和 107—114。
133. Perkins 1969: 71。
134. Chao（赵冈）1983: 55—57。
135. 见 Ho（何炳棣, 1955）论新世界粮食作物的扩散, 指出它们在贫瘠地区最为重要。
136. 论中国, 见 Teiser(1993) 和 Johnson, Nathan and Rawski 1985 年著作中的文章; 论英格兰, 见 Plumb 1972。
137. 为免误解, 我得另外指出, 这一差异未必意味着中国人（或其他非欧洲人）必然较"看重来世", 或较易于把资源"浪费"在"不具生产效益"的仪式上。地方表演或出殡, 不管做的人是专业人士或业余人士, 都用到同样的资源（人的时间、食物、戏服或丧服的材料等）。"仪式"开销的生产效益也未必低于其他开销。雕刻神主牌, 一如抽烟, 创造了经济需求, 说到使购买者成为更强壮的生产者, 两者的实质贡献都不大：在特定环境里, 就心理层面来说, 这两者对维系人作为有效生产者和社群一员的身份来说可能都很重要。
138. P. Huang（黄宗智）1990: 44; 也见 Warden (1967) 描述用亚麻纤维 (638—639) 和大麻纤维 (48—49) 制成纱线的难题。
139. Bray 1997: 256, 260, 263, 265。
140. 据 Pan（潘敏德）1994: 36—38, 110—113; 也见 Adachi（足立启二, 1978）的说法, 不管在哪个地方, 一块豆饼都抵得上 30 倍至 50 倍充分稀释过的粪肥, 因此施用时省事; 豆饼也省下收集肥料所需的大量劳动力。一个家庭花三两钱购买足以替 5 亩稻田补充肥料的豆饼, 相当于花掉一名长工一年现金工资的五分之三, 但更接近长工现金工资与实物工资总和的四分之一。购买豆饼和粪肥的成本差额, 很可能约相当于一名劳动者一个月的总工资（为求稳妥, 工资估计偏高）, 使必须运到田里的肥料少了约 4800 磅至 6200 磅。这可能省下一个月劳动力的一大部分, 至于省下多少, 视田地的分散程度而定。足立启二把重点摆在有钱农民的豆饼购买量上, 但特别表示他们买这些豆饼主要是为了节省工资支出; 类似的道理似乎也适用于较小规模的农民上 [在 18 世纪长江下游的家户平均持有土地的面积区间里, 5 亩地很可能偏较小的那端：见 Pan（潘敏德）

注 释

1994: 521—524，对"平均"土地面积的精辟探讨］。与散工的平均工资相比，没那么有利，但散工工资必然大大超过基本维生所需，因为这类人有许多日子找不到工作。

141. Pan（潘敏德）1994: 41—43。
142. Perkins 1969: 21。
143. Bernhardt 1992: 228。
144. 关于法国、奥地利君主仿效中国皇帝农耕仪式，见 Ledderose 1991: 245—246。关于清朝皇后祭拜蚕神（"女人以帝国官员身份主持的唯一公开仪式"），见 Mann 1992: 79—81。
145. 中国思想家往往主张借由母亲从事这些工作时的身教，使孩子学到勤劳、节俭和守纪律的美德。于是，即使不用自己赚钱，生活还是过得去，女人还是往往被鼓励做这些事，而欧洲女人则往往着力劝如果生活过得去，勿为了赚钱而工作。见 Mann 1992: 86—89。
146. Tanaka（田中正俊）1984: 90—92; Nishijima（西嶋定生）1984: 61—62; Lu（卢汉超）1992: 490。
147. Kriedte, Medick, and Schlumbohm 1981: 50—51, 102—104。
148. P. Huang（黄宗智）1990: 65，引用 Li Wenzhi（李文治）等人所著 1983: 407, 413—417。夫妻档劳动者的雇用合约往往可能包括夫妻与他们小孩的膳食；或者，丈夫一人的雇用合约可能供餐较少（认为他的妻子会替他准备餐食）。不管是上述哪一种情况都会使黄宗智的推断无法成立。
149. 资料来自 Pan（潘敏德）1994: 97—101。我自行添加了别的计算数据。
150. Chao（赵冈）1983: 55—56。
151. Pan（潘敏德）1994: 348。
152. Lu（卢汉超）1992: 482—483。
153. Zhang Zhongmin（张忠民）1990: 207。
154. 出处同上，207—208。
155. Xu Xinwu（徐新吾）1992: 469。
156. 见附录 E。低价格情况在这里为何可能太悲观的理由，尤其见页 368。
157. 关于 18 世纪三四十年代这些织工的某些工资数据，见 Chao（赵冈）1983: 57。就他所引用的四个例子，有三个例子，这些工资其实似乎低于 16 两，但这些数据似乎又只包含现金收入，而劳动者几可肯定也得到免费供餐，或许还有住宿以及其他福利。
158. Li Bozhong（李伯重）1998: 150—151。
159. Goldstone 1996: 1—21。
160. Li Bozhong（李伯重）1996: 102—106。
161. 出处同上，105。Bray（1997: 206—272）主张，在帝国晚期，男人在纺织品生产上扮演的角色其实大了许多，而此观点会在很多方面使我分工未受到古老规范过度约束的说法更有说服力。不过，她的论点大体上只就纺织工作上高超技能的表现和位于市场高端的织工而发（见，例如，239—241, 257），而这一情况或许有类似西方杰出男性大厨的情况——社会上有精于厨艺的男性，并未使大部分烹饪之事由女人操持一事有多大改变。
162. Li Bozhong（李伯重）1996: 105。这一差异或许也有助于说明太平天国之乱后为何不再有文献提到江南地区女人下田干活之事，因为也是在这个时候，江南大规模舍弃棉业，转而发展养蚕业［P. Huang（黄宗智）1990: 120—122］。

163. Gardella 1994: 172; Bray 1997: 221—222。
164. C. K. Lee（李静君）1995: 385。
165. 金世杰或许会主张这个亲族结构的灵活变通，足以让其愿意采用已证明有用的技术，但又未足以鼓励人去想象、引入需要把既有的性别规范作最宽松解释才会得到采用的新机器。这不无可能，但为此，我们得把某个程度非常精确的作用归因于一个本来就无法量化的因素，从而使这个论点无法被证明为错。
166. Chao（赵冈，1977: 30—31）认为这份文献不值一顾。更晚近时研究了广东纺织业的 Robert Marks，则没那么确定。
167. P. Huang（黄宗智）1990: 95。
168. Horrell and Humphries 1995: 102—103。
169. 例如，North 1981: 164—166。

导论

1. 例如，Mukerji，1983。

第三章

1. Sombart 1967: 95。
2. Mintz 1985: 108。
3. Mintz（1985: 57—60）的确表示，新世界的种植园可能在其营运规模、工作集约、需要密切监督与协调方面，预示了欧洲工厂的走向，但他非常清楚在新世界用来将工作集约化的直接强取豪夺和消费主义动力（这是这些新奢侈品对欧洲生产来说真正具有革命性意涵的所在）绝不可混为一谈。此外，他的确证实了种植园与工厂的某些相似之处，但未证实有什么直接"学习"之事发生，还有其他许多建制可能是人们据以改造出相关特征的凭借。
4. Braudel 1982: 252，引用 Staunton 的话；Gardella 1994: 38。
5. Braudel 1982: 251。
6. 根据 Gardella 著作（1994: 6）里的出口数据和 McEvedy、Jones 著作（1978: 28）里的人口数据。
7. Wu（吴承明）1985: 99。
8. 19世纪中叶中国遭遇重大灾难前夕，人口通常估在4.25亿至4.5亿之间，但较晚近 G. W. Skinner 的著作表示，3.8亿左右可能是较准确的数据（1987: 72—76）。
9. Staunton 1799: II: 48; Cranmer-Byng（Macartney）1962: 225；信被引用于 Dermigny 1964: III: 1253。
10. Mintz 1985: 67。

注 释

11. 整个欧洲的数据取自 Mintz（1985: 73），删减以取得英国的数据（Mintz 1985: 67）。法国的估计数据见 Braudel 1982: 226。
12. 葡萄牙、西班牙殖民地的生产数据来自 Phillipps（1990: 58—61），法国、荷兰、英格兰殖民地的生产数据来自 Steensgaard（1990a: 140）。欧洲人口数据来自 McEvedy and Jones 1978: 26—29。英国消费数据来自 Mintz（1985: 67, 73），以 1700 年的数据作为 1680 年的数据。
13. Braudel 1982: 226。
14. 出处同上，227。
15. 出处同上，224。
16. Mintz 1985: 16—18, 138—139, 164。
17. McKendrick, Brewer, and Plumb 1982: 1—6，尤其是 4—5。
18. Pollard 1981: 84—106, 111—123。
19. Daniels 1996: 55, 59, 62—63, 70—71。
20. Mazumdar 1984: 62。
21. 出处同上，64。
22. 屈大均，1968: 卷 14 : 20b—22a。
23. Daniels 1996: 73, 75, 80—81。
24. Mazumdar 1984: 297。穆素洁以有力的论据说明中国的糖产量不大可能低于亚洲其他地方太多。亨利·博瑟姆（Henry Botham）是 18 世纪晚期的种植园主，在东印度群岛和西印度群岛都待过。他若听到这种说法，大概会表示赞同：他证实，中国的自由劳动者生产甘蔗的效率，高于在亚洲、美洲境内欧洲人殖民地里工作的不自由劳动者（被引用于 Daniels 1996: 93）；还有些西方人主张，晚至 19 世纪 40 年代，中国人所带来的种蔗方法仍较高明。Shepherd（1993: 159）所估计的台湾每英亩产量要低许多，但比起在中国大陆，在人口如此稀疏的边疆地区，要人尽可能增加每英亩产量的压力少了许多。此外，台湾的甘蔗田仍全部是看天田，而在广东和福建，许多甘蔗是靠灌溉种出来的，从而能有较高许多的产量（Daniels 1996: 105—236）。尤金·安德森（1988: 80—81）估计，帝制中国晚期任何地方的每英亩糖产量，少则 1600 磅，多则 3200 磅；穆素洁的 2400 磅数据正好在这一区间的中间。
25. Mazumdar 1984: 280—281。
26. 被引用于同一出处，272。
27. Marks，私人书信，1996 年 8 月。
28. 出处同上。
29. Mazumdar 1984: 271, 372。
30. 见 Daniels（1996）著作页 90 的地图，该地图含有另外六个产蔗省份的府。
31. Daniels 1996: 97, 105。
32. Mazumdar（1984: 357, 374, 376）说，1792 年从广州出口 6.5 万担，约合 860 万磅，另有约 260 万磅出口到日本。即使在 1833 年，广州出口也只增加到 3400 万磅。
33. Nguyen 被引用于 Reid 1988a: 31。
34. Cushman 1975: 105。

35. 官方统计的1741年总人口是1.41亿，但Ho（何炳棣，1959: 36—46）主张这至少低估了两成。另有人认为数目还要更高。
36. Daniels 1996: 276。
37. 这些数据系根据Mazumdar著作（1984: 64）里引用的价格算出来的。这个著作里引用的"斤"不确定是相当于约1.1磅，还是相当于约1.3磅（市斤），因此衍生了不准确的结果。但对我们的目的来说，这个差值不大，不会造成太大影响。
38. Daniels 1996: 93, 97。
39. Shepherd 1993: 482，注释78。
40. Ng（吴振强）1983: 134—135; Ng（吴振强）1990: 306。
41. 被引用于Daniels 1996: 85。
42. Chang（张仲礼）1955: 303。
43. 这个数据系把Gardella著作（1994: 8）中表格里的总产量减掉出口量再除以12亿人口得出。
44. 从地方菜系的特点、我们所知的运糖路线，以及谈到这些地区大量用糖和其他地区较少用糖的逸事，可看出这个特别集中的现象。如果这些地区在18世纪中叶时真的消耗掉了中国所有的糖，如果全国消费量处于我前面提的估计区间的最低值，这些区域的人大概每年每人得用掉10.7磅的糖。这个数据相当高，但从台湾产糖区的居民每年每人用掉10磅的估计值来看，并不尽然离谱（Shepherd 1993: 482，注释78）。
45. 以Skinner(1977a: 213)的陈述为依据，并配合Skinner于1987年的研究结果而有所调整。
46. Ng（吴振强）1983: 99, 157; Ng（吴振强）1990: 305—306。
47. Ng（吴振强）1983: 184—186, 190。
48. Daniels 1996: 87; Mintz 1985: 190。
49. 当然，此说法未必放诸四海而皆准。例如，在印度某些地方，食物交换被以大不相同的方式赋予社会价值意涵，而不难想象的，这一不同方式可能在很大程度上左右了大部分居民的用糖（或未使用糖）。但就欧洲和中国来说，像这种可能大大左右对糖之接受程度的文化因素，出现概率显然不大。
50. Mazumdar 1984: 80, 284—285, 287, 372。
51. 对这一论点的精辟陈述，见Perkins 1969。
52. Thomas 1985a: 142—147。
53. 被引用于Braudel 1982: 226。
54. 例如，Polanyi 1957。
55. Appadurai 1986: 25（原文就以不同字体强调）
56. 也见Sahlins 1976。
57. Hoskins 1953: 44—59; Stone 1979: 169—170, 245—246。
58. Sombart 1967: 97, 100—105。
59. Schama 1988: 311。
60. Braudel 1982: 311—333。

注 释

61. Clunas 1991: 54—55。
62. 《金瓶梅》, 692。
63. Clunas 1991: 8—39。
64. 出处同上, 151。
65. 出处同上。
66. Hanley and Yamamura 1977: 89。
67. Yamamura（山村耕造）1974: 41—47。
68. P. Burke 1993: 148—161, 尤其是 158。
69. 例如, Tavernier 1925: I: 52; Raychaudhuri 1982a: 180—181; Raychaudhuri 1982b: 266—267; Bayly 1983: 206, 266。
70. Bayly 1983: 201—204; Bayly 1989: 51。
71. Bayly 1983: 201—202, 204—206, 266。
72. 出处同上, 466—467。
73. 出处同上, 206, 268。
74. 例如, Dumont 1970。
75. 见, 例如, Stansell 1986: 164—165。也见 Adshead（1997: 25—26）, 说法稍有不同, 但具有类似的实际意涵。
76. Perlin 1978, 1985; Washbrook 1988。
77. Moosvi 1987: 175—176; Bayly 1983: 199, 266; Raychaudhuri（1982b: 181）论随从人数之众。
78. Bayly 1983: 266
79. Tavernier 1925: I: 105; Hambly 1982: 438—442。
80. Bayly 1983: 199。
81. Reid 1989: 60, 64, 69, 71。
82. Reid 1993: 87。
83. Menzies 1992a: 64; Osako 1983; Totman 1992: 22。
84. Hanley 1997: 25—35。
85. 出处同上, 36。
86. Bray 1997: 59—172, 尤其是页 71。
87. Totman 1992: 23; Totman 1995: 84; Osako 1983: 132—135; Menzies 1992a: 64, 69。
88. 见, 例如, Perdue 1987: 109—110。
89. Saito（斋藤修）1978: 98。
90. Hanley 1983: 188—189。
91. Bray 1997: 77。
92. Reid 1988a: 62—73。
93. Medick 1982: 86, 90—95。
94. Kriedte, Medick and Schlumbohm 1981: 64—65, 69; Medick 1982: 90。

95. Medick 1982: 94—95。

96. 见，例如，Medick 1982: 103—104。

97. 注意，梅迪克笔下的萨克森缎带制造者想让自己有别于农民，不想让自己像有钱的农民；还要注意，梅迪克主张乡村工匠采纳多种新消费，以在未拥有土地的情况下彰显自己的身份地位——对乡村社会的其他人来说，拥有土地至关紧要——而他的这个观点，就农民来说，就较不适用。

98. De Vries 1975: 220—224。

99. 出处同上，218—220。

100. 出处同上，234—235。

101. 出处同上，236。

102. Braudel 1984: 575。

103. Jones 1981: 110。琼斯这一观点所依据的证据其实来自印度，而诚如前面所说，就印度来说，他的看法很可能没错；但他关于"亚洲"和"欧洲"的概括性看法，说服力就弱了许多。

104. Chang（张仲礼）1962: 326；较泛论性的阐述，见页 296—331。

105. 根据 Lindert 与 Williamson 著作（1982: 393, 396—397, 400—401）中的资料算出。

106. 可用来购买非必需品的所得，其分配的平均程度必然大大低于总所得的分配平均程度。此外，财富不均使人更难清楚掌握情况，这是每个债务缠身而每年都得把部分所得拿去弥补其负净财富的农民都能告诉我们的道理；关于中国、欧洲两地财富分配状况的差异，我们几乎一无所知。

107. Staunton 1799: II: 134—131。

108. Fang（方行）1996: 93, 97。

109. Phelps Brown and Hopkins 1981: 14, 18 世纪 90 年代英格兰贫穷人家把 53% 的所得花在谷物上。

110. Fang（方行），1996。方行手里没有对乡村劳动者所得的独立估计，于是以农书中对这类工人所需要领到之东西的叙述为本，计算五种基本消费品（谷物、其他食物、燃料、住居和衣服）的价值和家庭的生产开销。他所依据的史料略去不常有但非常大笔的支出，例如生命周期仪式、珠宝（尽管连穷女人都似乎往往有一点珠宝）、娱乐和次要食物（例如去市场顺便买回的点心），以及由妻子（比如从事织造的妻子）以工作所得买下，而未被关注农业工作者本身之受雇、监督和工资的人察觉到的任何物品。

111. 方法与计算方面的详情，见附录 F。

112. 这些推测所依据的理由，在附录 F 有更详细说明。

113. Chao（赵冈）1977: 233。

114. Deane and Cole 1962: 51, 185, 196, 202。人口估计来自 Mitchell 1988: 8—10。

115. Deane and Cole 1962: 196, 202。

116. P. Huang（黄宗智）1990: 137。

117. So（苏耀昌，1986: 81，注释 2）说 1840 年前广东贡献了中国丝织品出口的四分之一。用出口量来推算总产量绝不合适，但中国这时唯一开放通商的口岸就位于广东，而且相较于长江下游（本身就是最大奢侈品市场），广东离中国最大的几个国内奢侈品市场

注 释 413

更远数百英里，因此该省出口导向程度似乎不可能低于江南；如果此说属实，广东在出口里所占的比重，应该差不多就是该地在总产量里所占的最大比重。

118. Kraus 1968: 158—159, 162—164, 167。
119. Chao（赵冈）1977: 23。
120. 出处同上。
121. Skinner 1977a: 213; Ho（何炳棣）1959: 244—247。
122. Skinner 1977a: 234—235, 713 注释 30—32。
123. Kraus, 被引用于 P. Huang（黄宗智）1985: 128。
124. Chao（赵冈）1977: 23。
125. Fang Guangcheng（方观承）《棉花图》，被引用于 Zhang Gang（张岗）1985: 99。
126. 详情见附录 F。
127. 官方的耕地面积数据太偏低，看来可信的修正数据，见 P. Huang（黄宗智）1985: 325。
128. Marks（1991: 77）估计人均食物消费 1.74 石至 2.62 石，比华北还富裕的岭南为 2.18 石。
129. 详情见附录 F。
130. Perkins 1969: 233—234。
131. P. Huang（黄宗智）1985: 326—327。
132. P. Huang（黄宗智，1985: 53—69）考察了土壤方面的许多问题。
133. 根据 Deane 和 Cole 的著作（1962: 51, 185, 196, 202）算出。
134. Mitchell 1980: 30—449, 478。
135. 资料来自 Markovitch 1976: 459；计量单位方面的信息，见页 497。为了换算为磅，我用了赵冈（Chao, 1977: 234）所估计的粗棉布重量和 Jenkins、Ponting 的观察结果（1982: 11—12）；毛纱的重量是同样长度、同样精细的棉纱的 1.5 倍。
136. Mitchell 1980: 30, 449, 478。
137. 被引用于 Pan（潘敏德）1994: 85。
138. Chen Hongmou（陈宏谋）1962: 68: 5a—6a。
139. Dubridge 1991: 226—252; Pomeranz 1997a: 188—191; Wu Peiyi（吴百益）1992: 39—64。
140. Brook 1998: 181。
141. Fan（樊树志）1990: 279—281。
142. 被引用于 Rawski 1985: 17。
143. Galeote Pereira 1953: 40; Da Cruz 1953: 109。
144. Da Cruz 1953: 92。
145. 出处同上，96—97。
146. 出处同上，99。
147. 出处同上，106。
148. 请注意，这些房子位于乡村，而非位于市集镇或 16 世纪时中国最商业化地区里的地主已开始迁入的有城墙围绕的县城。此外，达·克鲁斯认为这些房子与匪患猖獗的区域（通常是乡村里经济较不发达的地区）有密切关系。

149. Esherick（1981）和 Stross（1985）针对卜凯资料的局限之处，提供了两个有用但分歧的观点。
150. 见，例如，Pan（潘敏德）1994: 325—326, 382—383, 394—397。
151. Bernhardt 1992: 50—52, 135—136, 219—223。
152. 根据 Ling（凌大燮, 1983: 34—35）的林地面积和 1700 年人口 1 亿至 1.2 亿、1937 年 4.5 亿至 5 亿算出。森林砍伐和每年人均可采得之木头的数量变化，第五章有更详细许多的探讨。
153. De Vries 1975: 表 6-16; Buck 1937: 456。
154. De Vries 1975: 220—224; Schama 1988: 311, 316—320。
155. Buck 1937: 457。
156. 中国小麦区样本每户平均人口为 5.5 人，中国稻米区样本则是 5.2 人（Buck 1937: 370）。德·弗里斯的资料没有家户人口的数据，但从我们手中的总体性人口数据来看，平均来讲似乎很可能一样多或更多。另一方面，欧洲北部的家户组成往往没中国家户那么复杂，亦即一对夫妻和其小孩之外的家户成员，不像在中国那么多。同住一屋檐下但并非主核心家庭一员的家户成员，可能会更想有自己的床，乃至其他某些自己的东西，因此这往往从一开始就会抵消拥有较多家户成员所引发的作用。
157. 见 Hanley and Yamamurar 著作（1977: 357—358）里的概述。见 Nishikawa（西川俊作, 1978: 76—79）和 Saito（斋藤修, 1978: 85, 93, 99），论实质工资的总体性增长和地区性差别、技能差别的缩小。
158. Hanley 1983: 190。
159. 全部被引用于 Hanley and Yamamura（1977: 88—89）。
160. Crawcour 1965: 41。
161. Raychaudhuri 1982c: 266。
162. Moosvi（1987: 303—304）主张约 1595 年时，城市地区的附加价值可能占莫卧儿帝国总附加价值的 17%；所用的方法很粗糙，但就这些目的来说似乎管用。
163. Moosvi 1987: 108, 129, 131, 221, 278。
164. Hambly 1982: 440。
165. Bayly 1983: 201—206。
166. Habib 1982b: 224。
167. Parthasarathi 1998: 82—101。
168. Perlin 1978: 183—184, 188; Perlin 1985: 440—441, 448 注释 83, 452; Bayly 1983:195。
169. Parthasarathi 1998: 92—96, 99—101。
170. Ludden 1985: 46—52, 59—67, 81—96。
171. Bayly 1983: 194, 370—371, 466—467; Perlin 1978: 191。
172. Bayly 1983: 242。
173. 出处同上，347；但有个相反观点，见 Perlin 1985: 468—470。
174. Reid 1988a: 129—136; Reid 1989: 64—71。
175. De Vries 1975: 231 和表 6-16。

注 释 415

176. Dewald 1987: 72; De Vries 1975: 表 6-8 至 6-10。
177. Saito（斋藤修）1978: 99。
178. Clunas 1991: 173。
179. 更完整的解释见 Skinner（1971, 1976）。
180. Brook 1998: 221—222。
181. Guo Qiyuan（郭起元）1962: 36: 21a。
182. Clunas 1988: 66—68。
183. Skinner 1977a: 238。
184. Nyren 1995: 8, 11, 17, 18, 23—24, 46—47。
185. 1843 年，中国有 1653 座人口超过 2000 的城镇（Skinner 1977a: 229），而虽然那时人口已有大幅增长，城市居民占总人口比例未有大幅增长。
186. 我未找到全欧洲性的消费资料，但从生产资料可推断该世纪中期时有大幅成长。Mitchell（1993: 511）探明巴西产量大涨，以及 19 世纪 50 年代至 70 年代欧陆大部分地方开始出现甜菜（1993: 255—312）。
187. E. Weber 1976: 143。
188. Mokyr 1988: 74—75, 79—90。
189. 例如，就连此时期"庶民文化"的某位主要研究者的著作里，都出现大相径庭的强调之处: Kriedte, Medick and Schlumbohm 1981 vs. Medick 1982。
190. 也见 Brook（1993）和 Peterson（1978）; Clunas 1991: 169, 173。
191. Shen（沈从文）1992: 489。
192. 出处同上，488。
193. Staunton 1799: II: 180。
194. De Vries 1993: 101—104。
195. Jones 1981: 113—114。
196. 当我们把物品按照最不耐久（食物和饮料）到可能最耐久（例如房子）的程度之别排列，这问题就明显呈现。要衡量人吃得多好，正确的依据显然是他们每年所获得食物的流量，因为除非你使食物完全"贬值"，食物对你毫无好处; 衡量任一时刻手边食物的存量毫无意义。但就房子来说，用来衡量日子过得好不好的依据乃是可取得的存量（因为人每天使用该存量而且只使它贬值些许）。如果某人发现，比如，日本人每年花在住宅上的平均开支多于英格兰人（因为日本人的木造房子比石造房子更常需要修理和替换），据此主张日本人住得必然比较好，肯定非常离谱。但人如何处置耐久性介于房子与面包之间的东西（从衣物到家具等），特别是如果它们的过时既取决于实际的磨损和撕扯，也取决于时尚的话？大体来讲，我们已接受这些物品天生不耐久这个现代观念，因此计算它们每年的生产（和购买）流量，而未特别从国民所得里扣掉它们的"贬值"。但在许多较穷的经济体里，这类物品贬值速率的高低可能对人的福祉有很大影响，而且反过来又与他们的支出水平有关系（从而如果我们无视贬值的话，与他们表面看来的福祉有关系）。毕竟，人为了维持现状所必须付出的任何开销，对人的影响都一样，不管那支出是为了支付债务利息、为了弥补实际贬值而做的修补，或出于社会性需要而必须把仍然堪用的日用品替换，皆然。此外，当我们对欧洲可能较耐用的那几类物品（例如房子）扣掉其贬值的部分，同时忽略掉在欧洲可能较快贬值的那几类物品贬值的部分，就使欧洲人看来比实际富有，使亚洲人看来比实际更穷。

197. Brook 1993; Peterson 1978。
198. Shen（沈从文）1992: 516。
199. Mann 1997: 16—18; 76—120。
200. 出处同上，212—216, 219。
201. Ko（高彦颐）1994: 266—278; Mann 1997: 121—128。
202. 对于选择的真正自主程度和选择在界定身份地位上有多大作用，至少就英格兰部分社会来说，Handler and Segal 的著作（1990）有所探讨，尤其是页 43—63。
203. 例如，Rowe 1992: 2—3, 5—6, 32—34。
204. 见，例如，Stone 1979: 93—107，尤其是 99—100。
205. 比较 Sahlins（1976: 216）："金钱之于西方，就如同亲属关系之于其他地方。"
206. Clunas 1991: 58—60, 110, 137。
207. Shen（沈从文）1992: 491。
208. Teng and Fairbank（邓嗣禹和费正清）1954: 19—21。
209. 例如，Sahlins 1994（1989）。
210. 单单从泰国输入的多种奢侈品，见 Cushman 1975: 105—106, 200—204；关于从东南亚岛屿热带丛林进口的物品，见 Warren 1982: 419—420。
211. Warren 1982; McNeill 1994: 319—325。
212. McNeill 1994: 325—336。
213. Warren 1982: 419—434。
214. Clunas 1991: 58—60。
215. Idema 1990: 467—469（来自文学作品的例子）；Waley-Cohen 1999。
216. Barrett 1990: 224。
217. Wills 1995（未刊行；征求许可后引用）；Hamashita（滨下武志）1988: 16—18; Sahlins 1994（1989）。
218. Perlin（1991）未提到绝对优势（由于欧洲在印刷和金属压印图案上占上风，这似乎是假设性的优势），但的确强调市场力量足以使欧洲专门针对亚洲国家国内货币的使用需求生产许多钱币。
219. Flynn 1995: 429—448。
220. 对此更详细许多的解释，见 Flynn and Giraldez 1996; Von Glahn 1996; 83—142, 224—237; Perlin 1991: 315—348。
221. Mukerji 1983。
222. Sombart 1967: 134—135。
223. 例如，Dewald 1987: 195。
224. Clunas 1988: 65—72; Clunas 1991: 155—156；就日本来说，看看在 17、18 世纪的中型港口新潟境内店铺贩售的各种现成物品：Takekoshi（竹越与三郎）1967: 3: 11。

注 释

225. Raychaudhuri 1982b: 266。
226. Arasaratnam 1980: 259—260。
227. 出处同上，265。
228. Reid 1988a: 135—136。
229. Reid 1989: 64—71。
230. Wu and Xu（吴承明与许涤新）1985: 437—439。
231. 见 Howell 1992: 271—278。

第四章

1. Braudel 1977: 47。
2. 出处同上，60。
3. 出处同上，69—71。
4. 出处同上，72—74。
5. Chaudhuri 1981: 40, 45; Chaudhuri 1985: 212。
6. Chandler 1977; Gardella 1992a: 317, 331, 尤其是 321。
7. Mann（1987: 91—93）提供了绝佳例子，让我们了解中国传统史料如何刻意淡化经商对名门望族的重要性，以及用某些暗语来把经商有成说成更值得推崇的另一种成就。也见 Pomeranz 1997b: 19。
8. 关于瑞蚨祥，见 Chan（陈锦江）1982: 218—235；关于玉堂酱园，见 Hai（海汕）1983: 48—78, 90—106 与 Pomeranz 1997b。
9. Kwan（关文斌）1990: 260—272, 290—294; Zhang Xiaobo（张筱伯）1995: 67—72。
10. Beatle 1979: 1—23, 127—132; Dennerline 1986: 173—179, 194—207; Rowe 1990: 51—59, 63—65; Watson 1990: 247。
11. Chan（陈锦江）1982: 219—222。
12. 见，例如，Pomeranz 1997b（论玉堂酱园）。
13. Wu and Xu（吴承明与许涤新）1985: 439。
14. Rowe 1984: 72—72; Zelin 1988: 79—80, 86—90, 96—101; Zelin 1990: 87—88, 91—95, 106。
15. Habib 1990: 389。
16. 见 Chaudhuri（1978, 1981）以了解他更早的观点。
17. Chaudhuri 1985: 210—215, 226—228; Chaudhuri 1990: 386。
18. Chaudhuri 1985: 210, 214。
19. 出处同上，228。
20. 出处同上，213。
21. Totman 1993: 333（被迫借款，以及 519（晚至 1831 年仍有拖欠债款之事）。
22. Clark 1996: 587—588。

23. Kwan（关文斌）1990; Zhang Xiaobo（张筱伯）1995。
24. Zelin 1988: 87—95, 97—109; Zelin 1990: 86—88, 92, 95, 98; Kwan（关文斌）1990: 271—272, 290—300; Pomeranz 1997b。
25. 就这个相似之处来说，有个例外，那就是如关文斌（1990: 272，注释2）所指出的，缺少一个能兼顾特定投资人所需的流动性与商行对实收资本的需要的股权市场，但玉堂酱园似乎也找到高明办法来做到这一点（Pomeranz 1997b）。
26. Ho（何炳棣）1954。
27. Zelin 1990: 99—100; Zhang Xiaobo（张筱伯）1995: 88—91; Kwan（关文斌）1990: 175—187, 262—276。
28. Ng（吴振强）1990: 315；关于典型描述，见 Van Leur 1995。
29. Shepherd and Walton 1972: 87。
30. Gardella 1994: 34—35; Gardella 1992b: 101—107。
31. Wills 1995; Godley 1981: 60—61。
32. 关于明朝公共财政，见 R. Huang（黄仁宇）1974: 5, 24, 49—50, 80, 104, 112, 114, 119, 148, 150, 203；关于商人涉入税收的促进，见 Zhang Xiaobo（张筱伯）1995: 94—98；关于卖官，见 Ho（何炳棣）1962: 33, 47—50；关于商人较少涉入政府财政一事和与近代欧洲的比较，见 Wong（王国斌）1997。
33. Van der Wee 1977: 345, 352, 368, 373。
34. Lieberman 1990: 79—80。
35. Subrahmanyam 1993: 18—25; Reid 1993: 116, 120。
36. Reid 1988b: 120—121, 126—129, 145。
37. 见 Bayly（1989: 52—55），概述莫卧儿、萨法维和奥斯曼这三个帝国向民间金融家借钱以维持军队的"军事财政主义"之事。
38. Perlin 1985: 尤其是 422, 431—432, 442—446; Perlin 1978: 179, 187—192。
39. Perlin 1985: 448 注释 83, 452。
40. 出处同上，442—448；也见 Wink 1983: 606—608。
41. Perlin 1985: 431—432。
42. Subrahmanyam 1990: 298—342。
43. Subrahmanyam 1993: 章一。
44. 出处同上，20—26; Subrahmanyam 1990: 298—342; Perlin 1978: 172—237。
45. Subrahmanyam 1993: 16。
46. C. Hill 1980: 188—189。
47. Subrahmanyam 1993: 18—27; Subrahmanyam 1986: 357—377。
48. Van Schendel 1991: 38。
49. Marshall 1987: 40, 51, 59, 71, 75—79。
50. Bayly 1983。
51. 出处同上，383—387。

52. Schama 1988: 347。
53. Bayly 1983: 387—388。
54. De Vries 1976: 211; Clark 1996: 567。
55. Habib 1982d: 376—377; Chaudhuri 1981: 45; Perlin 1990: 269。
56. Hanley and Yamamura 1977: 345。
57. Zhang Xiaobo（张筱伯）1995: 97。
58. Pan（潘敏德）1985: 40—45; Pan（潘敏德）1994: 103—130。
59. L. Hill 未出版。
60. Braudel 1977: 60。
61. De Vries 1976: 213—231。
62. 见前面第三章的讨论。
63. Riskin 1975: 65—80，尤其是页 75。
64. 被引用于 Hanley and Yamamura 1977: 357。
65. Pan（潘敏德）1994: 第三章。
66. 见第二章，页 98—100。
67. Griffin 1977: 43—59; Morris and Williams 1958: 137—149。
68. De Vries 1976: 211。
69. 出处同上，165—167; de Zeeuw 1978。
70. 见 Braudel（1982: 585），尽管他主张这些活动在亚洲比在欧洲更不普遍; Gardella 1992a: 319—321; Perlin 1990: 258—301。
71. Subrahmanyam 1993: 62—74；也见 Bayly 1989: 67—74。
72. Ukers 1935: 1—5；Chaudhuri 1985: 92, 198—199。
73. Habib 1990: 398; Wang Gungwu（王赓武）1990: 421。
74. Brenning 1977: 326—338, 331—332。
75. Subrahmanyam 1993: 186; Subrahmanyam 1990: 193—218; Bluss 1986: 97—99, 116, 120, 123—129, 154, 165; Ng（吴振强）1990: 311—312; Bayly 1989: 69; Lombard 1981: 179—180; Pearson 1991: 108。
76. Chaudhuri 1978, 1981; Steensgaard 1982。
77. Chaudhuri（1978: 444—452）论 1760 年前的东印度公司; Bayly（1989: 98, 120）论 1760 年后的东印度公司; Glamann（1981: 249—250, 264—265）与 Gaastra（1981: 69）论荷兰东印度公司。更概论性的叙述，见 Lombard 1981: 179。
78. Hobsbawm 1975: 109—115。
79. Braudel 1977: 60。或许有人会认为这一情况类似 Schultz 针对晚至 20 世纪 60 年代的许多"低度开发"区域所假设的情况：他主张，投资新农业技法受到限制，并非如某些人所说的肇因于储蓄不足，而是因为新技术和其他投资机会的供给不足，使地主和其他拥有财富者在思考投资选择时无缘借由这些投资机会展现财力。见 Schultz 1964: 83—90, 96—101。

80. Roy（1997: 78—114）提出一个会引发争论的论点，主张即使就规模大上许多的美国铁路网的发展来说，法人形态的组织都非功能上所不可或缺——但一旦有人用这种组织来将金融家的铁路投资收益最大化，它就成为其他商行所据认该遵循的正常制度，而且尽管法人形态并非天生就是组织他们事业的较有效率方式，其他商行还是往往这么做。
81. 就北美洲的例子来说，见 Majewski（1994: 47—105，尤其是 50—51, 93—94, 109ff），论民间出资和法人形态的重要（即使对从未发放股息的工程来说亦然）。关于铁路出现后银行重要性即提高一事，也见 D. Klein and Majewski 1991: 12—18。关于铁路时代前政府补助就扮演的重要角色（和公债市场因此扮演的重要角色），见 Goodrich 1960: 51—65。
82. Smith 1937: 637—638。
83. 晚至 19 世纪初期，约翰·麦克亚当（John Loudon McAdam）仍从中国带回后来以他的姓取名的那种筑路法，为欧洲的筑路技术做出重大贡献：见 Heske 1938: 24。
84. Schran 1978: 30—31。
85. Albion 1965: 103（提了一个比立木价格多了 19 倍的最后价格），对比 Li Bozhong（李伯重）1986: 93。李伯重在其著作中引用的资料相当含糊且主观，但它们似乎意味着最后价格比立木价格多将近 9 倍是常态。当然，这些增幅可能因别的来源区域或别种木材而有异；但无论如何，这一证据似乎使那些主张中国伐木业特别苦于运输基础设施不足的人，得提出证据来证明己说。
86. Braudel 1982: 196—205。
87. Rabb 1967: 35—48; Andrews 1948: 18—19。
88. De Vries 1976: 213。
89. O'Brien 1982: 17。在后来一篇文章中（O'Brien 1990: 171, 176—177），他承认欧陆境外贸易产生的利润可能为资本形成总额贡献了六分之一至五分之一，但他不愿估计那其中会有多大比重来自各种强取豪夺的作为。因此，较稳当的做法似乎是坚守他最初的数据。
90. Kuznets 1968: 47—50。
91. O'Brien 1982: 17。
92. De Vries 1994a: 58—60。
93. 关于烟草的大起大落，见 Morgan 1975: 185—186, 197；关于想过安稳日子和轻度参与市场的念头，见 Kulikoff 1992: 17—18, 27—28, 35, 39。
94. Galenson（1989: 56—64）估计了以契约仆役身份来到美洲的人数，证实船费之高，远非只干得了粗活的劳动者（尤其是年轻的此类劳动者）的财力所能负担；对来自德意志或欧洲其他地方的移民来说，大概更是如此，因为那些地方的工资大体来讲低于英格兰境内工资。
95. Galenson 1989: 57。
96. 就连在殖民时期的北美洲（新世界境内出口比重最低的地区），欧洲需求都对该地的经济发展有推波助澜之功。对此的通论性探讨，见 McCusker and Menard 1985，尤其是页 17—34 对这些议题的概述；也见 Shepherd and Walton 1972。
97. Von Glahn 1996: 214。
98. Flynn and Giraldez 1996: 321—329。
99. Flynn（1984: 47）引用了欧洲数国这方面的例证。

注释

100. 我把这界定为全球贸易的"最新发展阶段",并非意指紧接着可能会有规模类似的其他交换。若说鉴于当时采矿、打印和其他相关技术的分布状况和矿床的分布状况,货币性白银,就中国来说,是个几乎没相近替代品的物品,亦不无道理:若这一极不寻常的情况属实,那大概会使白银在诸多行销大众市场的商品里,以其能承受高加成售价(high markup)和跨洲运输成本而独树一格(最近与同事王国斌交谈时,他说在1850年前欧洲诸多的出口品里,既有相对较少的相近替代品而且有在中国大量销售之潜力者,可能只有先进军火这一项)。如果这一推测得到接受,偶然性与因缘际会在欧洲崛起里所起的作用就会更大。
101. Frank 1998: 158—164。
102. 见,例如,Arrighi 1994: 73。
103. Steensgaard 1982: 235—258;也见 Gaastra(1981: 57)论政府协助荷兰东印度公司董事顶住想尽快结束公司之股东的压力。"退出""置喙"之语来自 Hirschmann 1970。
104. Mokyr 1990: 140, 184—186。
105. 出处同上,183—186。
106. North 1994: 263。
107. 有个影响了不少人的例子,见 Braudel 1977: 68。
108. Chaudhuri 1985: 210—214; 1990: 384—386,提出类似的论点,但认为决定财政吃紧与否的主要变数是帝国所能课到税的农民数量,而非帝国所面临之军事压力的高低。
109. 关于印度的证据,见 Perlin 1978 全文各处;Bayly 1983: 217。
110. Kwan(关文斌)1990: 146—147; Mann 1987: 42(政府发给商人营业许可,目的在管理市场,而非提高税收); Mann 1992: 76—79; Zhang Xiaobo(张筱伯)1995: 94—98。
111. 关于19世纪上半叶茶叶和糖的消费量的增加,大体上是价格下跌所致,而非所得增加使然的证据,见 Clark, Huberman, and Lindert 1995: 233—235;也见 Mokyr 1988: 74—75, 79—86。
112. North(1994: 262—263)承认,税收的需要既曾促使国家摸索如何强化对产权的保障,也曾促使国家摸索如何降低对产权的保障(例如在西班牙和葡萄牙),但还是强调前一走向最终占上风,且因为国家的税收需要而势所必然。
113. 注意,蒂利指的是政府为了增加从本国人民身上取得的资源,而在资本密集、强取密集这两个策略上所做的选择;他未否认每个国家都以强取豪夺的作为来与其他国家打交道,或应对欧洲以外的子民。
114. Tilly 1990: 134—137, 150—151。丹麦大概可归入"强取兼资本密集"一类,因为它的课税水平在18世纪欧洲名列前茅(大部分税收用于供养从人均角度来看欧洲最大的陆军和舰队),同时它也有发达的贸易和应有的一批从事欧洲境内贸易的特许公司。但尽管投入这么多心力,它还是在1658年失去今日的瑞典南部,1814年失去挪威,该世纪更晚时失去石勒苏益格-荷尔斯泰因(Schleswig-Holstein),国土面积和国力大不如前。见 Kjaergaard 1994: 4—5, 14—15。
115. Bayly 1989: 8, 116, 161, 195—213, 235—236; E. Thompson 1966。
116. 见 Brenner(1985a, b),论法国国家建构与圈地、兼并土地等活动所遇障碍之间的关联;与 Rosenthal(1992)论地方法院裁定权与它们对改良所构成的障碍。在此值得指出的,Brenner 主张这一政策形同为了确保政权的税基和征兵基础而保护农民的政策,但已有人对此说提出质疑（比较 Cooper, Rosenthal 等人著作），他们指出，以分割公地为例，顽抗此类计划者，其实往往是富人和特权阶级。此说在某种程度上说得通，但只是强化了本书先前已表明的以下看法：社会内部"竞争性"较高的经济制度，较能在竞争性的国际政治体系里胜出一说，立论太不严谨。

117. Arrighi 1994: 282—284。
118. G. Parker 1988: 63—64。
119. 见 Reid 1988a: 122—123。
120. Bayly 1989: 52—53, 67—70; Marshall 1987: 70—82。
121. 见，例如，Marshall 1980: 15—17, 21—23, 27; Bayly 1989: 98。
122. Crosby 1986: 71—103, 196—216。
123. Morgan 1975: 198。
124. 见，例如，Mintz 1985: 163—164, 170。
125. 从某些数据可看出新世界进口品在财政上的重要性，见 O'Brien（1988: 11, 15），以及本书第六章。
126. Galenson 1989: 67—68。
127. 见，例如，在 Heidhues 著作（1996: 164—182）里引用的例子。
128. 说明巴达维亚附近区域情况的绝佳例子，见 Bluss（1986: 26—27）；关于劳动工资大体上颇高一事，见 Reid（1988a: 129—131）。
129. Wang Gungwu（王赓武）1990: 400—421。
130. Blussé 1981: 174。
131. 出处同上，175。
132. Blussé 1986；欲了解在这个事例里所发生的事，见 Fu（傅乐淑）1966: 173—174。
133. "帝国自称天下，榨干别的经济体不会使它的经济富裕起来，因为它是唯一的经济体（这的确是中国人的意识形态，很可能对此深信不移）。"欲了解此观点，见 Wallerstein 1974: 45。关于清朝讨论报复之事，见 Cushman 1978 和 Fu（傅乐淑）1966: 173—174。
134. 对有着太密切之海外关系的中国人不放心（而非对外国人不放心），以及清朝对商业势力和海上武力被同一批人把持一事的疑虑，见 Wills（1979, 1999）。关于清朝最大的安全隐患是内部叛乱一说（若允许那些最终会返乡的人民行使暴力，肯定只会加剧这隐患），见 Wong（王国斌）1997: 83—89。
135. 更详细的叙述，见 Wills 1994: 223—228。
136. Santamaria 1966: 78—79。
137. McCusker and Menard 1985: 199。
138. 见 Ng（吴振强，1983: 157）论航运成本；关于糖出口量，见同上（163）和 Shepherd 1993: 156—166，并与 Deerr 1949: 193—203, Phillips 1990: 59, 61, Steensgaard 1990a: 140 相比较。
139. 见，例如 deJesus（1982: 21—37）对西班牙人在此区域控制力的薄弱所做的个案研究。在马尼拉附近，西班牙人的控制力较强，但那里的中国人仍比西班牙人多上许多。
140. 1603 年屠华惨案前夕，在马尼拉的八连（parian）或许有多达 3 万的中国人（Bernal

注释 423

1966: 51），而 1770 年费城有 3 万人，纽约有 2.5 万人，波士顿有 1.6 万人（McCusker and Menard 1985: 131）。

141. Blussé（1986: 97）说 1800 年时巴达维亚和其城郊腹地已有 10 万中国人。
142. 关于这些忧虑，见 Shepherd 1993: 162—168。
143. 这一观点由 Wrigley（1988）提出并在 Wong（王国斌）的著作（1997）里得到详尽阐述。
144. 注意，这里所谓的人口"饱和"地区并非意指人口稠密地区：例如北印度的人口密度高于西欧，但该地的生态也使其能供养多上许多人的人。人口相对较"饱和"的地区是其所供养的人口和其在没有重大技术突破下所大概能供养的人口差不多的地区。这类地区可能面临隐然逼近的生态危机，而且在这类地区里，掌控较稀缺之生产因素（土地或说不定还有资本）的精英，或许不会坚持将（充沛）劳动力拴住；因此，就劳动力市场的出现来说，这类地区具有较佳的条件，从而就整个生产因素市场的出现来说，亦然。18 世纪晚期的中国、日本和西欧，似乎都以这些条件为特色：这时这三个地方都已达到前所未见的人口水平——要到工业化开始之后（西欧已快开始工业化，日本还要再等两代人的时间；中国则要一百多年后），这些人口水平才会被大幅超越——而且人口增长率大增。相对的，有些如今几乎成为人口压力代名词的地方，例如印度、爪哇和越南，至这时为止，人口增长似乎始终慢了许多，19 世纪初期或中期人口才开始急速增长；就东欧来说，人口急速增长来得更晚。
145. 把 Levine（1977）与 Kriedte, Medick, and Schlumbohm（1981）拿来与 Elvin（1973）或 P. Huang（黄宗智）（1990）相比较；Wong（王国斌）的著作（1997）也指出这一相似之处。

第五章

1. Moosvi 1987: 402, 405; Subrahmanyam 1990: 358—360; Habib 1982a: 166—167; Visaria and Visaria 1983: 463—465。
2. Gadgil and Guha 1993: 91—110。
3. Van Schendel 1991: 38。
4. 见，例如，Rangarajan 1994: 149—152。
5. Raychaudhuri 1982a: 180—181; Habib 1982a: 168; Habib 1982c: 249; Fukuzawa 1982b: 251—252; Raychaudhuri 1982b: 284, 304; Raychaudhuri 1982c: 335; Arasaratnam 1980: 259—260。
6. Chaudhuri 1978: 155—156; Latham 1978a: 50。
7. 例如，把 Raychaudhuri（1982b: 306）、Bayly（1983: 204—206, 251, 266, 272, 290）、Prakash（1981: 196—197）拿来与对中国、日本和西欧的正统记述相比较。
8. David Washbrook（1981: 196—197）在试图说明为何 18 世纪印度走"资本主义"路线，但其走向不会通往工业化时，大略表达了这一观点：他重点摆在劳动力的廉价上，而非劳动力大多被拴住上（我认为至少同样重要的一点），而且未讨论廉价闲置生产能力的问题。有经济学家把这个假定情况的另一个部分阐述为"剩余生产力出口"（vent for surplus）外贸模式，主要应用于 19 世纪晚期和 20 世纪仍有许多土地可开发的国家（见 Myint 1958; Lewis 1954）。这些经济学家所提出的诸多观点中，有个观点认为在这样的情况下，成长所需的资本很少，至少有一段期间是如此；为了我们的探讨目标，我们或许可以用另一种方式表述这个高明见解：在这样的环境里，只需相对较少的投资和肯定不需对具有转型作用的技术做大投资,精英的利润就能通过出口实现增长。
9. Perlin(1994: 83—85; 1985: 468—473)特别有力的阐明了这个观点。
10. 这个短语出自 Franand Braudel(1981: 70)。
11. 关于中国,见 Ho(何炳棣,1959);关于日本,见 Saito(斋藤修,1985: 185—188);关于欧洲,见 McEvedy and Jones(1978: 26—30)。
12. Nipperdey 1996: 126—127, 130—131。
13. Grantham 1989b: 147, 151。
14. 例如,Clark 1991: 454—455。
15. Ambrosoli 1997: 367, 374, 392—395, 412。
16. 出处同上,412。
17. F. Thompson 1989: 189, 193; Ambrosoli 1997: 395, 412。
18. McEvedy and Jones 1978: 28—29; Grantham 1989a: 43。
19. Thomas 1985a: 149。
20. Nipperdey 1996: 92—93, 97。
21. Thomas 1985a: 141。
22. 出处同上。
23. 出处同上,145—146。与欧陆进口品比较,见页 141。
24. Clark, Huberman, and Lindert 1995: 215。
25. 出处同上,226—228。
26. 出处同上,225。
27. Mokyr 1990: 111。
28. Clark, Huberman, and Lindert 1995: 223。
29. 出处同上,235。
30. 出处同上,233。
31. 出处同上,234。
32. 关于进口,见 Bruchey 1967: 表 2—A;关于对亚麻的补贴和它们的作用不大,见 Warden 1967: 362—364。
33. Grantham 1989a: 49—71;关于欧陆亚麻增产前景不看好,见 Warden 1967: 724。
34. Totman 1995: 104; Totman 1989: 116—170; Li Bozhong(李伯重)1986: 88; Osako 1983: 132, 135, 142; Menzies 1996: 651—654。
35. Grove 1995: 187, 199, 261, 264—266, 299—300, 332—336, 365, 382, 387—406, 409, 427, 435, 440, 463—464, 471—472。
36. Kjaergaard 1994: 18—19, 89—91。
37. Braudel 1981: 367。
38. 针对这一估计,见,例如,亚洲开发银行 1982: 114, 360。在欧洲,由于该地的炊煮方法,这些最低数据大概会稍高一些,在较寒冷的一部分北欧地方则当然又会更高(相对的,

注 释

当时的亚洲穷人,除了华北境内者,大部分住在相对较温暖的气候区)。

39. Kjaergaard 1994: 123。
40. 出处同上, 97。
41. Goldstone 1991: 186。
42. Labrousse 1984: 343, 346—347。
43. Nef 1932: I: 174, 263。
44. Nef 1964: 262—264。
45. 但注意,瑞典与俄罗斯在铁方面享有的竞争优势,有赖于低劳动成本和高品质铁矿砂,而非只是凭借充足的燃料(Flinn 1958: 151)。
46. Thomas 1985a: 140; Thomas 1985b: 729。
47. Braudel 1981: 367。
48. 见附录 D。
49. Kjaergaard 1994: 120。
50. Nef 1932: I: 169。
51. De Zeeuw 1978: 23—25。
52. De Vries and Van der Woude 1997: 709—710, 719—720。
53. 出处同上, 709, 注释 18。
54. 荷兰的数据系根据同上的出处(扣掉进口煤的贡献)和页 719 的看法(19 世纪泥煤产量和 17、18 世纪产量总合相等)得出。英国的煤产量数据来自 Mitchell(1988: 247);煤的能量成分,根据 Smil 著作(1985: 36)得出,假定软煤、硬煤以各半的比例混合。
55. Lower(1973: 36)论魁北克;Cronon(1983: 109—110)论新英格兰;Gadgil and Guha 1993: 119; Albion 1965: 161; Thomas 1985a: 140。
56. 见 Cooper 1985: 139, 注释 2。
57. M. Williams 1990: 181。
58. Kjaegaard 1994: 15。
59. 林地面积估计, 见 Ling(凌大燮)1983: 35。
60. M. Williams 1990: 181。
61. 出处同上; Heske 1938: 5, 25—26。
62. Slicher Van Bath 1977: 90。
63. 出处同上, 89。
64. Kjaegaard 1994: 107。
65. Slicher Van Bath 1977: 95。
66. Blaikie and Brookfield 1987: 131—132。
67. Kjaegaard 1994: 60, 85—86。
68. Ambrosoli 1997: 374。
69. 出处同上, 392—394。

70. Blaikie and Brookfield 1987: 140。
71. Hobsbawm 1975: 106; F. Thompson 1968: 62—77。
72. Kjaegaard 1994: 20—21。
73. 出处同上，21, 40—41, 50—56。
74. Blaikie and Brookfield 1987: 129—131, 138, 140。
75. 出处同上，137。
76. 出处同上，136。
77. 出处同上，133；也见 Lamb 1982: 235—236。
78. Grove 1995。
79. 对这些关系的有用概述，见 Cronon 1983: 122—123。
80. Li Bozhong（李伯重）1986: 86—89, 94; Viraphol 1977: 180。
81. Marks 1997: 320。Li Bozhong（李伯重，1998: 48, 200，注释 23）指出了江南粪肥短缺和改用非出自家农场的肥料之事。但他强调了新肥料的优点，而非畜粪的其他用途。
82. Y. C. Wang（王业键）1986: 90—95; Y. C. Wang（王业键）1989: 427; Adachi（足立启二）1978; Marks 1991: 76—79。
83. 对水稻生态的精辟描述，见 Geertz 1963: 29—37。放在稻田里的干水藻，其恢复流失氮的能力，见 Smil 1985: 140。
84. Perkins 1969: 71—72。
85. Marks，个人通信，论岭南；Perkins（1969: 21）论长江下游。
86. 见附录 B 里对计算过程的说明。
87. 见附录 B。
88. Chi（冀朝鼎）1963: 14—15。
89. Rossiter 1975: 149—153, 172; Ambrosoli 1997: 395; Hobsbawm 1975: 106; F. Thompson 1968: 65—70。也见附录 B。
90. Ling（凌大燮）1983: 34。
91. 见后面，页 295—296 和附录 C。
92. 比较 Totman（1992: 22）与 Schoppa（1989: 147—167）; Perdue 1987: 227, 230; Will 1980; Osborne 1994: 30—31。
93. 比较 Schoppa 1989: 120—139 与 147—163；也见 Perdue 1987: 196, 202, 219—233。
94. Osborne 1994: 30。
95. Ling（凌大燮）1983: 33。
96. 出处同上，34。
97. Osborne 1994: 36。
98. 出处同上，30—31。
99. Vermeer 1990: 141—147, 156, 161。
100. Totman 1992: 23。
101. Hanley and Yamamura（1977: 16—28）考察并批评了这个观点；L. Roberts（1991: 88—

注释

95）表示需要予以更复杂的剖析，主张旧观点或许真的适用于某些时期和地区。

102. 见，例如，M. Williams 1990: 181—182。
103. Marks 1997: 280。
104. Ling（凌大燮）1983: 34。Robert Marks 写了第一本全面考察岭南生态史的著作，认为这些数据大体上似乎言之有理。
105. Ling（凌大燮）1983: 35。
106. 根据 Marks 著作（1997: 280）算出。
107. 事实上，我们会认为，在这个时期的更早阶段，每多一个人导致的森林减少量，会比较晚阶段时导致的减少量少。较好的土地可能先有人移居，于是较早时增加的人口所需的土地面积，大概少于较晚时所需（但提高的土地生产力能弥补较少的土地面积）。此外，在较早时期，新人口所带来的额外燃料需要，能在不超过每年树木生长量的情况下得到满足；但随着人口变得非常稠密，为了取得燃料而砍掉的树木量可能超过森林的可永续水平，从而使至少某些地区陷入每况愈下的局面。
108. 法国人口统计资料来自 McEvedy and Jones 1978: 59。
109. 关于炉灶设计、炒菜方式和其他会影响炊煮的燃料使用效率的事物，见 Anderson 1988: 149—151, 154。也见附录 C，页 387—388。
110. 关于这个树木栽种模式和其与欧洲境内模式的差异，见 Menzies 1996: 663, 667。
111. 这一概括性的陈述，主要指的是汉人士绅、商人和地主，而非人主中原、创建清朝的满人；但除了北京和东北，满人在中国各地始终人数不多。此外，许多满人在文化活动上变得比较不"尚武"，不再打猎骑马，但只有少数汉人开始打猎或骑马。
112. Pomeranz 1993: 134。
113. Xu Tan（许檀）1986: 138。
114. Staunton 1799: I: 279; II: 46。
115. 出处同上，I: 266；还有 II: 46, 169。
116. 出处同上，II: 138, 141。
117. 出处同上，II: 142。
118. 关于20世纪燃料短缺和盗砍树木，见 Pomeranz 1993: 124—125, 143—145。
119. 见 Pomeranz 1993: 125; Pomeranz 1988: 附录 F。
120. 见附录 C。这个林地数据比凌大燮针对这整个省所估的数据（1983）高了许多，但我认为只有在两个情况下，这个数据才可能偏高。一个是如果我严重高估了每英亩作物产量，但得在生态受创严重且技术上乏善可陈的19世纪期间，产量增加的速度变得比快速增长的人口都要快上许多这个推论上，我才可能严重高估，而这个推论本身不大可能成立。另一个情况是如果我大大低估了这个地区非粮食作物种植地的面积的话，而非粮食作物似乎（一如20世纪时的情况）以小麦和高粱为主，还有相对较小的烟草和棉花。这个情况的可能性较高——我已在第三章说明为何整个华北18世纪晚期的棉花产量大概比一百年后还要多——但如果我的林地数据因这个原因而有错，那将意味着可供取得作为燃料的作物残余比我们以为的还要多，且约1800年时中国比我间接表明的还要富裕。
121. Marks 1997: 224。

122. 关于欧洲的数据，见 Richards 1990: 164。
123. 见，例如，Hsieh（谢觉民）著作（1973）里的地图 I—17 和 I—23。这两个地图显示华北大部分地方年平均降水量约 500 毫米，其中 250 毫米在 7 月和 8 月降下，另有 150 毫米大部分降于 10 月至次年 4 月。关于与北欧的比较，见 Wallen 1970: 63, 114, 162—192, 227—239。
124. Grove 1995: 56—59, 155, 199 和全书各处。
125. Smil 1994: 38—49; China News Digest（《华夏文摘》），1998 年 5 月 21 日。
126. Pan（潘敏德）1994: 57—59。
127. Zuo and Zhang（左大康、张培元）1990: 476。但这个区域与众不同，因为它境内许多地方被辟为御用猎苑。
128. Jinan fuzhi（《济南府志》）: 1839；卷 6。这里所提到已消失的水域，出现在卷 6：24a—b，卷 6：32a，卷 6：33b，卷 6：35a，卷 6：40b，卷 6：42b。
129. Xuxiu Licheng xianzhi（《续修历城县志》）: 卷十一至十二按；提及 72 泉之事，出现在卷十：44a。
130. 见 Pomeranz 1993: 章 3—5。
131. Sugihara（杉原薰，1997）以较乐观的心态解读这个现象，主张采用西方技术并予以改造以因应后来东亚"奇迹"所留下的大型人口基础一事，至目前为止只产生一个生活水平和西方最富裕国家不相上下的国家（日本），另一方面此举令数以百万计的人受惠（受惠人数之多是在非欧洲人世界的其他地方所未见），对 20 世纪全球 GDP 总增长的贡献，比西方自身增长的贡献还要大。
132. Kjaergaard 1994: 151。事实上，他发现工作周的长度很可能增加了五成，每年的工作周数也增加，因此增加幅度很可能超过五成。也见页 55—56 对泥灰施肥的探讨，在该段落中他计算出每通德（tonde, 0.55 公顷）的劳动天数很可能是 110 天，但以每通德 50 个劳动天数为基础做进一步的计算。
133. Kjaergaard 1994: 37—38。
134. 出处同上，151—154。
135. 出处同上，123。
136. 出处同上，158。
137. 出处同上，127—128。
138. Lee and Wang（李中清和王丰）即将出版：6, 10。
139. Sugihara（杉原薰）1996: 38。
140. Hanley and Yamamura 1977: 19—28, 132—136, 163—171; Howell 1992: 271—275。
141. 当然，同样表现甚差的开放型经济体更多。
142. Borah 1943: 85—101; Schurz 1939: 44—45, 364—366。
143. Li Bozhong（李伯重）1998: 108。
144. Lu（卢汉超）1992: 482—483。
145. Perdue 1987: 219—233; Skinner 1987: 67—77。
146. Perdue 1987: 204。

注释

147. Liang（梁方仲）1981: 396—397（1850 年前）；Lin and Chen（林富瑞、陈代光，1981: 39）论 1774 年和那之后的情况，不考虑 1842 年的数据和 1711 年的河南数据。前一数据就他们所列出的各省数据来看可能偏高，后一数据则低得离谱（但会使该省后来的增长率更加可观）。

148. 见 Lee and Wang（李中清和王丰）即将出版的著作，尤其是章七和章八；关于收养，也见 Waltner（1990）和 Dennerline（1986）。

149. Cain 1982: 173。

150. 见，例如，Buck 1964: 367。

151. Wakefield 1992: 224—229, 254。

152. Wakefield 1994: 201, 227—228。

153. Skinner 1977a: 213, 226，经过调整以配合 Skinner1987 年的著作。

154. 更深入的探讨，见附录 F。

155. Menzies 1996: 619—622, 644—665, 659—663。

156. Perkins 1969: 21, 315, 318—319, 321。

157. 出处同上，234。

158. Perdue 1987: 56—57。

159. 出处同上，129, 132。

160. 精辟陈述，见 Ho（何炳棣）1955: 192, 196—197。

161. Fang（方行）1996: 97。

162. Perdue 1987: 113—135; Perkins 1969: 21。

163. Mazumdar 1984: 269—270; Gardella 1994: 32。

164. Perdue 1987: 134。

165. 关于南北大运河的衰落，见 Hoshi（星斌夫）1971: 223—227; Pomeranz 1993: 154164。关于鸦片在某些地区取代了棉花，见 Chao（赵冈）1977: 23。

166. Will and Wong 1991: 496—497。

167. Mann 1992: 75—96; Li Bozhong（李伯重）1996: 99—107。

168. Mann 1992: 86; Wong（王国斌）1997。

169. 关于这套补贴生态脆弱之华北的做法，Pomeranz（1993）有长篇幅的描述。但该描述强调这一补贴于 19 世纪末时遭收回，因此它无法说明为何 20 世纪时人口持续快速增长。

170. Wong（王国斌）1997: 139；也见 224—229。

171. 关于核心地区人口增长停滞，见 Saito（斋藤修，1985: 211），并与 Iwahashi（岩桥胜，1981: 440）相比较。关于 18 世纪中叶遭遇严重饥荒，边陲地区人口仍持续增长一事，见 L. Roberts 1991: 87—91。

172. L. Roberts 1991: 88—100, 115—121。

173. 出处同上，271—299。

174. Smith（1959），被引用于 Palat 1995: 62。

175. Saito（斋藤修）1983: 40—43。

176. Wu and Xu（吴承明与许涤新）1985: 435—446; Li Bozhong（李伯重）1986: 93; Braudel 1981: 365—367。关于马德里，见 Ringrose 1970: 27。马德里负担得起异常昂贵的资源(从而成长到非其周边腹地所供养得起的规模)，乃是因为它既能收税，又是新世界白银的停靠站，而这些白银并非通过它所生产的物品（用以交换初级产品）交换而来，或甚至不是来自其周边地区所该缴给它的租金和税。
177. 被引用于 Li Bozhong（李伯重）1986: 93。
178. Menzies 1996: 634。
179. Hanley and Yamamura 1977: 19—23, 131—146。地区Ⅱ里"大名"控制较有成效一事，似乎可部分归因于治理者的不同——地区Ⅰ大部分由德川将军自己统治，而德川将军管理自己的领地，往往比许多"外样大名"的管理来得宽松——还有部分是因为地区Ⅱ里城镇和贸易较不发达，非务农就业机会也较少。
180. Totman 1995: 104。
181. 出处同上，102。
182. 出处同上，105—107。
183. Hagen 1985: 114; Hagen 1986a: 71—72。
184. Hagen 1985: 114; Hagen 1996: 308; Hagen 即将出版：38—39。
185. Blum 1961: 309—310, 552—554; Hagen 1996: 307；比较 Reid 1988a: 129—130; Fukuzawa 1982b: 251; Habib 1982c: 248; Ludden 1985: 42—50, 80—84。
186. Kochanowicz 1989: 100—102。
187. Hagen 1985: 104, 107, 111; Hagen 1986b: 154; Hagen 即将出版：38—39, 43。
188. 见 Hagen1988 年的著作和即将出版之著作里的历史著作摘要。
189. Pach 1990: 183, 186—188, 190; Kisch in Kriedte, Medick and Schlumbohm（1981: 178—199）。
190. Kriedte, Medick and Schlumbohm 1981: 14, 19。Good（1984: 22）针对奥匈帝国提出同样的观点，认为原始工业与地力贫瘠、缺乏庄园农业两者有密切关系。
191. Gunst 1989: 64, 69。波希米亚的确既有大庄园，也有高度发展的原始工业，但那些庄园至少在两个方面异于其他庄园。首先，农民拥有就东欧标准来看特别稳固的权利。其次，由于在大部分庄园形成之前就存在强大的采矿部门，加上该部门催生出相对较多的城镇人口和货币化程度异常高的经济，庄园的剩余作物大部分销往本地市场（而且以供酿制啤酒的黑麦、啤酒花藤居多，而非以谷物居多），而非出口到西方。
192. Good 1984: 23。
193. Hagen 1986a: 73—90。
194. Rosener 1994: 113。
195. Hagen 1986a: 88。
196. Hagen 1997。
197. Rosener 1994: 154。
198. Good 1984: 34。
199. Rosener 1994: 130—132。

注 释

200. Gunst 1989: 63—64。
201. Albion 1965: 103，比较 Li Bozhong（李伯重）1986: 93。但有一点应该特别强调，即李伯重所引用的某些价格报告并不明确，使用了"几两"或"几十两"之类的词。
202. Hagen 1986a: 86—92。
203. Rosener 1994: 172—184。
204. Good 1984: 70。
205. Gunst 1989: 76—77。
206. Hagen 即将出版。
207. Blum（1961: 132—134）论俄罗斯境内货币经济受到的限制；Jeannin（1969: 94）论斯堪的纳维亚；Kindleberger（1990: 58—59）论挪威。
208. Glamann 1977: 262—263。
209. Barrett 1990: 250—251。
210. Von Glahn 1996: 132。
211. Van Leur 1955: 67, 135—136, 162, 197—200。
212. Cushman 1975: 105—106, 124, 200—211; Viraphol 1977: 107—121, 181—209。
213. 见 Wadia（1955）论船；Rangarajan（1994）论森林；McAlpin and Richards（1983）论棉花种植面积和森林砍伐；Latham and Neal（1983: 271—273）论小麦。
214. Kindleberger 1990: 68—69；卖到中国的欧洲货清单，见 Chaudhuri 1978: 475—476。
215. Perlin 1987: 248—314。
216. Chaudhuri 1990: 278—283。
217. Thornton 1992: 45—54。
218. 出处同上，112—125; Crosby 1986: 136—142。
219. Thornton 1992: 85—90。
220. 关于取得足供这项贸易所需的印度布所面临的困难（刺激英格兰棉业蓬勃发展的因素之一），见 Hobsbawm 1975: 57—58; Chaudhuri 1978: 273—275。
221. 在对依赖与世界体系的分析中，这一假设得到了最周密的阐释。这些分析强调那些已成为世界经济之边陲地区一部分的国家，鲜少能消弭其与核心地区的差距。但这类假设也构成多种强调有必要把资源移出农业并尽快打造工业基础的发展计划和观点的基础，即使在后来的理论（与先前的理论不同）往往在原则上称颂参与全球市场的效用时，亦然。
222. 见本书页 50—51, 285—286。
223. Lower（1973: 22, 31—32）和 McCusker and Menard（1985）论 18 世纪晚期的波罗的海、新英格兰和加拿大；论 19 世纪，见 Lower 1973: 59—134; Tucker and Richards 1983: xii—xvii。
224. Wallerstein 1974: 71—89。
225. 就外来人口的移入来说，许多维持多重社会体系的国家的存在，也在另一方面攸关欧洲的发展——但又是透过妨碍短期效率，而非通过推动移民来造成影响。某些俄国沙皇或许偶尔对德意志人许下特殊承诺，以吸引他们移民俄国，但鉴于大部分俄罗斯土地和耕种者所具有的法定地位，于是就连俄罗斯"黑土"带都不会像四川或江西高地吸引福建人那样，或中国东北吸引山东人那样，把人从过度拥挤的威斯特伐利亚或东安格利亚（East Anglia）吸引过去。这些人最终还是待在原居地，直到受新世界的吸引才离开——如果是在17世纪或18世纪前往新世界，要付出暂时失去自由的代价，但如果在19世纪或20世纪初期前去，会待在拥挤许多的统舱里，但船费也骤减。

第六章

1. Galenson 1989: 52, 76; Morgan 1975: 215—216, 296—299。
2. Thornton 1992: 135—136。
3. 出处同上，138—141。
4. 出处同上，136—137。
5. 根据 Miller 著作（1986:70）里的奴隶价格算出；英国的进口数据以 Mitchell 著作（1988: 462—464）和 Deerr 著作（1949—1950:1）为基础；也见附录 D。
6. 关于出口数量，见 Deerr 论英属加勒比海地区（1949—1950: I: 193—205）和法属加勒比海地区（I: 235—242）；关于奴隶进口，见 Curtin 1969: 216。
7. 1821年至1826年的数据来自 Miller（1986: 70）和 Ludwig（1985: 107, 314），使用每个奴隶约25万里尔（reis，葡萄牙古货币）的价格（接近 Miller 所估的最低值）；计算方法和用在西印度群岛的方法相同。
8. 关于奴隶购买和价格，见 Miller 1986: 70; Ludwig 1985: 107, 314; Curtin 1969: 216。巴西1796年、1806年的出口数据来自 Morineau 1985: 177—178。
9. 见，例如，Schwartz（1985: 354—358, 385）论巴西的两性比例和结婚率。
10. 见 Shepherd and Walton 1972: 43—44; Richardson 1987: 765—766。
11. 见，例如，Schwartz（1985: 136—138, 296, 436, 441—442）论巴西。
12. 见，例如，Subrahmanyam（1993: 182—185）论被运去巴西供制成奴隶衣物的最便宜布。
13. Lang 1975: 61, 65—66。也见 Stern（1988），对西班牙所统治的新世界里重新出现内部调和与自主程度相当高的经济体一事，有较为概论性的探讨。
14. 见，例如，Goldstone 著作（1991: 186）里的图表；也见 Thomas 1985a: 140141。
15. Richardson（1987: 745—746），说明英属西印度群岛任何一年的糖出口和隔年该地区对奴隶的需求之间的直接关系，而奴隶进口增加，糖产量相应增加。
16. Shepherd and Walton 1972: 81—84。
17. 出处同上，52—53。关于印度洋上任何商船所载船货的种类繁多，见 Van Leur 1955: 132, 253; Chaudhuri 1978: 204—208。
18. Shepherd and Walton 1972；尤其是 McCusker and Menard 1985: 18, 23, 28—30。
19. Lang 1975: 61, 65—66。
20. Richardson 1987: 768
21. Hamilton 1934; Flynn and Giraldez 1996: 321—329。
22. Morineau 1985: 102, 121, 289。

注 释

23. Stern 1988: 849—852; Tandeter 1993: 15—85。
24. Stern 1988: 852—854。
25. Flynn 1984: 43。
26. Perlin（1994: 113—118, 147—174）强调一点，即在这个时期，人们常认为把钱币当成制造品，比把它当成与"物品"截然相反的"金钱"，更为有用。Perlin（1991: 239—371，尤其是248—249, 268—280）探讨了被当成物品且常针对偏远的目标市场设计的钱币的生产。
27. Day 1978: 3—54。
28. H. Klein 1990: 291。
29. Subrahmanyam 1993: 183—185。
30. Flynn and Giraldez 1997: xxvii; Von Glahn 1996: 129—133, 224—229。
31. 关于不同地方的金/银价格比数据，见 Von Glahn 1996: 127。
32. Flynn and Giraldez 1997: xix。
33. Von Glahn 1996: 128, 232。
34. 晚近有人重述了这一据称的差异和其持久不坠的重要性，见 Kindleberger 1990。
35. Blum 1961: 201—204。
36. Hamilton 1934; Flynn and Giraldez 1996: 323—329。
37. 见，例如，Jones 1981: 83—84。
38. 关于这一节所用的计算方法，见附录 D。
39. Mintz 1985: 133。
40. Clark, Huberman, and Lindert（1995: 223）收集了数种对劳动者家庭人均消费量的调查结果，提出每名成年男性消费量相当于低至1500卡路里（以1787年至1796年乡村穷人为样本）和高达2400卡路里（以1863年和1889年至1890年城市劳动者为样本）的估计值，并估计19世纪60年代乡村劳动者的人均消费量相当于3200卡路里；但即使用后一数据，得出的人均数据都不到2500卡路里。
41. Daniels 1996: 277。
42. Braudel 1981: 170; Salaman 1949: 479—484。
43. Mintz 1985: 191。
44. Mintz 在此提到"英国"（Britain），但他的数据与 Deerr 和 Mitchell 所提供的大不列颠及北爱尔兰联合王国数据都相符，因此他大概也意指大不列颠及北爱尔兰联合王国；就他的目标来说，那差别不大。而诚如先前已提过的，英格兰从1770年起非常倚赖来自威尔士、苏格兰和爱尔兰的食物供给（若非这几个地方有别的方法满足最起码的热量需要，它们所能供给的食物不会有这么多），因此联合王国数据就是我们估计加勒比海地区对喂饱日益工业化之英格兰的贡献程度时所需要使用的数据。
45. 关于计算方法，见附录 D；出口数据来自 Lower 1973: 259。
46. Mitchell 1988: 186。这一数据其实是后来（1867年）的数据，但它是我们所能取得的最早数据而且似乎在那时相当稳定。
47. Mann 1860: 112。

48. Mokyr 1990: 103。
49. 见 Warden（1967: 32—40）论英格兰和其殖民地。
50. Wrigley 1988: 54—55。里格利其实以"乔治三世卒年"（1820）为截止年，但根据 Mitchell 著作（1988: 247）里的煤产量统计数据，生产量其实在 1815 年才会达到必要的 1500 万吨。更重要的是里格利所估计的一英亩林地一年生产两吨木柴，诚如他所指出的，大概偏高，从而使他所估计的煤影响程度偏低。如果他使用当今的全球平均数，一如 Smil（1983: 36）和我在其他地方之所为，他所估计的煤影响程度会升高到稍多于 2100 万亩"幽灵地"。
51. Clark, Huberman, and Lindert 1995: 223 vs. 226。
52. Farnie 1979: 136。
53. 出处同上，137, 142, 145—146, 151。
54. Issawi 1966: 362, 416—417，度量衡换算来自页 518。
55. 出处同上，417。
56. Owen 1966: 424。
57. 出处同上。
58. Farnie 1979: 145。
59. 出处同上，150。
60. 出处同上，147, 162。
61. 出处同上，138—139, 144—145。
62. 出处同上，145—146。
63. 见，Crosby 1986。
64. Diamond 1992: 23。
65. Mintz 1985: 46—61。
66. Bayly 1989: 74; Washbrook 1988。
67. 根据 O'Brien 著作（1988: 15）里的数据算出。
68. 根据同上著作（11）里的数据算出。
69. 肇因于商业化且动摇从非洲北部到爪哇之诸多穆斯林帝国根基的政治危机，有助于替新一波欧洲帝国主义创造有利条件。Bayly（1989）对此有精辟的描述，且指出这些危机与较贴近欧洲人自身的"国家总体崩溃"，大体上有着相似之处。
70. Goldstone 1991，散见全书各处。
71. Mitchell 1988: 247。
72. 根据 Mitchell 著作（1988: 709—711）算出。
73. 比较 Farnie 1979: 7；见 Mitchell（1988: 709—7122）论糖消费和（1988: 196—201）说明直到 20 世纪 20 年代为止国内产量始终不高；Bruchey 1967: 表 2—A。
74. 见 Latham（1978b: 69）和 Hobsbawm（1975: 138, 144—145）论贸易差额；见 Platt（1972: 4—5）论英国在拉丁美洲市场所受的限制。
75. 见 Latham 1978b: 69—70, 80, 89; Farnie 1979: 325; Hobsbawm 1975: 149。

注 释

76. Jones 1981: 84。
77. Lewis 1954: 139—191；关于后来的专题著作，见 Myint 1958: 317—337。
78. Schultz 1964: 61—70。
79. Mokyr 1976: 132—164。
80. Thompson（1989: 189）告诉我们，1840 年至 20 世纪初期农业劳动者的人均产出增长了约五成，但此类劳动者的数量减少了 25%，产出净成长为 12.5%。此外，就连这些增长都有赖于非农场自制化学品和其他农用产品的使用量大增（见 193—199）。
81. 见 Kjaergaard 1994: 160，论工资趋势。
82. Sokoloff and Dollar 1997: 1—20。
83. Zhang Zhongmin（张忠民）1990: 208。
84. 见 Dermigny 1964: IV: 表十九。
85. Y. C. Wang（王业键）1992: 42—45。
86. Kishimoto（岸本美绪）1997: 139, 141; Greenberg 1951: 92; Dermigny 1964: IV: 表 19。更深入了解，见附录 E。
87. 更深入了解，见附录 E。
88. Zhang Zhongmin（张忠民）1990: 194。
89. 这个关系若化为图表，差不多会是如下：

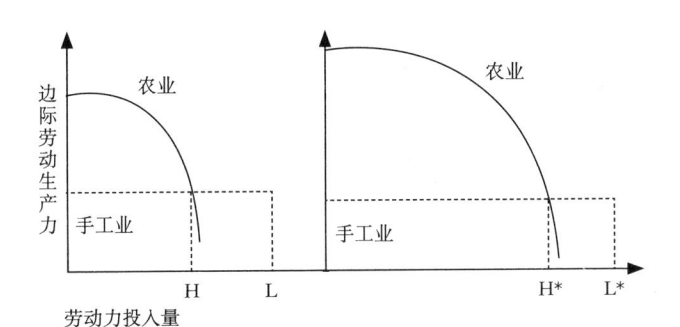

边际劳动生产力

农业

手工业

H   L

农业

手工业

H*   L*

劳动力投入量

Time T =1
在初级产品的相对价格上涨之前
Time T = 2
在初级产品的相对价格上涨之后
H, H* = 劳动力转投入手工业时
L, L* = 总劳动力投入量
L − H, L* − H* = 投入手工业的劳动力

90. Greenberg 1951: 91—92。
91. 见 Li Bozhong（李伯重）1996，尤其是页 103—104。

92. 诚如我在第二章和其他地方所主张的，这一未发展出工厂的现象是否需要多加解释并不清楚——在中国和其他地方，这一发展都面临许多障碍，而且较"自然"的做法似乎是把原始工业化的发展潜能发挥至极致。需要解释的问题，乃是为何欧洲部分地方未走上这条路——因此可以把欧洲视为能像中国那么做但最终未那么做（或把英格兰视为能像佛兰德那么做但最终未那么做），而不能把整个世界视为能像英格兰那么做但最终未那么做。

93. Saito（斋藤修）1985: 185。

94. McEvedy and Jones 1978: 166—171, 179—181；特别注意日本可耕地所占比例不高这一点。

95. Totman 1989: 81—170; Howell 1992: 271—275。

96. Saito and Shinbo（斋藤修与新保博）1989: 91。

97. 见 Saito（斋藤修，1985: 211），并与 Iwahashi（岩桥胜，1981: 440）比较。

98. Sugihara（杉原薰）1997: 153。

99. Moosvi 1987: 402—405; Subrahmanyam 1990: 358—360; Habib 1982a: 166—167; Visaria and Visaria 1983: 463—465。

100. Bayly 1983: 219—216, 290—292; Bayly 1989: 188—189。

101. 见，例如，Bagchi 1976; Vicziany 1979: 105—143; Bagchi 1979: 147—161; Perlin 1983: 89—95; Harnetty 1991: 455—510。

102. Hossain 1979: 326—335; Mitra 1978: 23, 25, 29, 32, 37—38, 48—49, 56, 79—80, 84, 8792, 132, 144, 164, 172—173。

103. Harnetty 1991: 463—466, 505—507; Mitra 1978: 188, 194—195。

104. Habib 1982a: 168—169。

105. 出处同上。

106. 关于印度农业缺乏真正的"剩余劳动力"，即使 20 世纪亦然，见 Schultz 1964: 61—70。

107. 见，例如，Bayly（1989）论茶园。

附录A

1. Habib 1990。
2. McEvedy and Jones 1978: 71。
3. Nipperdey 1996: 85。
4. Visaria and Visaria 1983: 466。
5. Subrahmanyam 1990: 360。

附录B

1. 所有数据都被引用于 P. Huang（黄宗智）1985: 147—148。
2. 见，出处同上，138—154。

注释

3. Perkins 1969: 71。
4. P. Huang（黄宗智）1985: 322。
5. 出处同上，327。
6. Slicher Van Bath 1977: 94。
7. Smil 1985: 140。
8. Smil 1990: 429。
9. Kjaergaard 1994: 22, 58, 87。
10. Bowden 1990。
11. 根据 Smil 著作（1985: 174）里的每公顷数据算出；根据 Smil 著作（1983: 203）里有点不同的资料所做的估计，得出每公斤小麦耗掉 0.0209 公斤氮这个相差无几的数据。
12. Smil 1985: 218。
13. Bowden 1990: 197。
14. 出处同上，373，表 48，注释 a。
15. 出处同上，32。
16. 见，例如，Perkins 1969: 267, 270。
17. 南满洲铁道株式会社 1936: 33。
18. 欲更深入了解如何用珀金斯的论点从 20 世纪 30 年代往回推算约 1800 年时的农业参数，见附录 C 和 Pomeranz（1995）。
19. Smil 1983: 333—334, 336。
20. 出处同上，335—336。
21. Slicher Van Bath 1977: 94—95。
22. Smil 1985: 153。
23. 出处同上，142。
24. 出处同上。
25. 出处同上，145。
26. Bowden 1990: 374—375。

附录 C

1. Cooper 1985: 139，注释 2; Smil 1983: 100—101。
2. McEvedy and Jones 1978: 59。
3. Smil and Knowland 1980: 119。
4. Ling（凌大燮）1983: 34。
5. Marks，个人书信，1996 年 8 月。
6. Ling（凌大燮）1983: 35。
7. Marks 1997: 280。

8. 出处同上，280, 319—327。
9. Marks 1997: 251。
10. 出处同上。
11. Perkins 1969: 71。

附录D

1. Mintz（1985: 143），误用了"British"这个词；Mitchell 的著作（1988）有真实数据。
2. Mintz 1985: 191。
3. Braudel 1981: 130。
4. Clark, Huberman, and Lindert 1995: 223—226。
5. Aykroyd and Doughty 1970: 86—88。
6. 出处同上，89。
7. Bowden 1990: 73, 75, 294。
8. 见 Thomas 1985a。
9. Deerr 1950: II: 532。
10. Mitchell 1988: 9—10。
11. Braudel 1981: 121。
12. Smil 1983: 36。
13. Lower 1973: 25, 39, 259。
14. Mann 1860: 112。
15. Warden 1967: 11。
16. Rimmer 1960: 5。
17. Warden 1967: 49。
18. Bowden 1990: 86。
19. Jenkins and Ponting 1982: 11—12。
20. Mann 1860: 26—27。

附录E

1. Fang（方行）1987: 89。
2. Kishimoto（岸本美绪）1997。
3. Zhang Zhongmin（张忠民）1990。
4. Fang（方行）1987。
5. Lu（卢汉超）1992: 481。
6. Kishimoto（岸本美绪）1997: 139。

注释

7. Fang（方行）1987: 92。
8. P. Huang（黄宗智）1990: 84。
9. Fang（方行）1987: 84。
10. 出处同上，88。
11. 出处同上，92。
12. Xu Xinwu（徐新吾）1992: 469。
13. Zhang Zhongmin（张忠民）1990: 207。
14. Fang（方行）1987: 92。
15. 出处同上，92。
16. Marks 1991: 77—78。
17. Pan（潘敏德）1994: 327。
18. Chao（赵冈）1983: 57。
19. Fang（方行）1987: 88。
20. Fang（方行）1987。
21. Zhang Zhongmin（张忠民）1990: 207—208。
22. Dermigny 1964: IV: 表 19。
23. Y. C. Wang（王业键）1992: 41—44。
24. 见，例如，Greenberg 1951: 91—92。
25. Kishimoto（岸本美绪）1997: 141。
26. Y. C. Wang（王业键）1992: 41—44。
27. Kishimoto（岸本美绪）1997: 139。
28. Wu and Xu（吴承明与许涤新）1985: 323。

附录F

1. So（苏耀昌）1986: 80。
2. 出处同上，81，注释2。
3. Y. C. Wang（王业键）1989。
4. Perkins 1969: 21。
5. Y. C. Wang（王业键）1989: 427。
6. Perkins 1969: 230; Liang Fanzhong（梁方仲）1981: 401—413。
7. Chao（赵冈）1977: 233。
8. Buck 1964: 377。
9. 见 Mazumdar（1984: 64）论糖价；附录 E 论棉价。
10. Li Bozhong（李伯重）1998: 150—151, 219 注释 28。
11. 出处同上，109。

12. 出处同上，185 注释 10。
13. 出处同上，22—23。
14. 出处同上，20—22。
15. Li Bozhong（李伯重）1996: 99—107。
16. Deane and Cole 1962: 51, 185, 196, 202。人口数据来自 Mitchell 1988: 9—10。理想状况下，拿长江三角洲与大不列颠比会较为可取，因为爱尔兰很可能降低了人均数据，而且长江三角洲境内没有面积和爱尔兰差不多的贫穷区域，但我无法拆解联合王国的数据。
17. Deane and Cole 1962: 185, 196, 202。
18. 根据 Chao（赵冈，1977: 233）和 Kraus（1968: 162）算出。
19. Chao（赵冈）1977: 23。
20. 出处同上。
21. Li Bozhong（李伯重）1994a: 34; Skinner 1977a: 213，配合 Skinner 1987 年著作做了调整。
22. Kraus（1968），被引用于 P. Huang（黄宗智）1985: 126, 128。
23. Chao（赵冈）1977: 23。
24. 被引用于 Zhang Gang（张岗）1985: 99。正定、顺德、广平、大名、易州、赵州、深州和定州的耕地面积数据，加上来自 Liang Fanzhong（梁方仲，1980: 401）的或许是河间、保定的数据。
25. 关于太偏低的官方耕地面积数据和对这些数据看来合理的修正，见 P. Huang（黄宗智）1985: 325。
26. Marks（1991: 77），指出人均 1.74 石至 2.62 石的估计值，并把 2.17 石用在比华北繁荣的岭南。
27. Perkins 1969: 219。
28. P. Huang（黄宗智）1985: 322。
29. 出处同上，322。
30. 根据 Deane and Cole（1962: 51, 185, 196, 202）算出。
31. 资料来自 Mitchell 1980: 30, 448, 478。
32. 资料来自 Markovitch 1976: 459; 页 497 论计量单位。为换算成磅，我使用了 Chao（赵冈，1977: 234）所估计的粗棉布重量和 Jenkin、Ponting 的以下看法（1982: 11—12）：同长度、同细度的毛纱和棉纱，前者重量是后者的 1.5 倍。
33. 资料来自 Mitchell 1980: 30, 448, 464, 478。

参考文献

Abel, Wilhelm. 1980. *Agrarian Fluctuations in Europe from the 13th to the 20th Centuries*. New York: St. Martin's Press.

Abu-Lughod, Janet. 1989. *Before European Hegemony: The World System, A.D. 1250—1350*. New York: Oxford University Press.

Adachi Keiji（足立启二）, 1978,《大豆粕流通と清代の商业的农业》,《东洋史研究》, 37:3. 35—63.

Adshead, S. A. M. 1997. *Material Culture in Europe and China, 1400—1800*. New York: St. Martin's Press; London: MacMillan Press.

Albion, R. G. 1965 (1926). *Forests and Sea Power: The Timber Problem of the Royal Navy*. Hamden, Conn.: Archon.

Alexander, Paul, Peter Boomgaard, and Ben White. 1991. *In the Shadow of Agriculture: Non-farm Activities in the Javanese Economy, Past and Present*. Amsterdam: Royal Tropical Institute.

Allen, Robert. 1982. "The Efficiency and Distributional Consequences of Eighteenth Century Enclosures." *Economic Journal*, 92:4, 937—953.

Ambrosoli, Mauro. 1997. *The Wild and the Sown*. Cambridge: Cambridge University Press.

Amin, Samir. 1974. *Accumulation on a World Scale*. New York: Monthly Review Press.

Anderson, Eugene. 1988. *The Food of China*. New Haven: Yale University Press.

——, and Marja Anderson. 1977. "Modern China: South." In K. C. Chang, ed., *Food in Chinese Culture: Anthropological and Historical Perspectives*. New Haven:

Yale University Press. 317—382.

Andrews, Kenneth. 1984. *Trade, Plunder and Settlement: Maritime Enterprise and the Genesis of the British Empire, 1480—1630.* Cambridge: Cambridge University Press.

Appadurai, Arjun. 1986. "Introduction: Commodities and the Politics of Value." In Arjun Appadurai, *The Social Life of Things: Commodities in Cultural Perspective.* Cambridge: Cambridge University Press. 3—63.

Arasaratnam, S. 1980. "Weavers, Merchants and Company: The Handloom Industry in Southeastern India, 1750—1790." *Indian Economic and Social History Review* 17:3. 257—281.

Arrighi, Giovanni. 1994. *The Long Twentieth Century: Money, Power, and the Origins of Our Times.* New York: Verso.

Asian Development Bank. 1982. *Asian Energy Problems.* New York: Frederick A. Praeger.

Aykroyd, W. R., and Joyce Doughty. 1970. *Wheat in Human Nutrition.* Rome: United Nations Food and Agriculture Organization.

Bagchi, A. K. 1976. "De-industrialization in India in the Nineteenth Century: Some Theoretical Implications." *Journal of Development Studies* 12:2 (January): 135—64.

——. 1979. "A Reply [to Marika Vicziany] ." *Indian Economic and Social History Review* 16:2. 147—161.

Bairoch, Paul. 1975. "The Main Trends in National Economic Disparities since the Industrial Revolution." In Paul Bairoch and Maurice Levy-Leboyer, eds., *Disparities in Economic Development since the Industrial Revolution.* New York: St. Martin's Press. 3—17.

Bakewell, Peter. 1988. *Silver and Entrepreneurship in Seventeenth Century Potosi.* Santa Fe: University of New Mexico Press.

Barrett, Ward. 1990. "World Bullion Flows, 1450—1800." In James Tracy, ed., *The Rise of Merchant Empires.* New York: Cambridge University Press. 224—254.

Bayly, C. A. 1983. *Rulers, Townsmen, and Bazaars.* Cambridge: Cambridge University Press.

——. 1989. *Imperial Meridian: The British Empire and the World, 1780—1830.* London: Longman's.

Beattie, Hilary. 1979. *Land and Lineage in China: A Study of T'ung-ch'eng County, Anhwei, in the Ming and Ch'ing Dynasties.* Cambridge: Cambridge University Press.

Behrens, Betty. 1977. "Government and Society." In E. E. Rich and C. H. Wilson, eds., *The Cambridge Economic History of Europe, Volume V.* Cambridge: Cambridge University Press. 549—620.

Bellah, Robert. 1957. *Tokugawa Religion: The Values of Pre-Industrial Japan*. Glencoe, Ill.: Free Press.

Bernal, Rafael. 1966. "The Chinese Colony in Manila, 1570—1770." In Alfonso Felix, ed., *The Chinese in the Philippines, 1570—1770*. Manila: Solidaridad Publishing. 40—66.

Bernhardt, Kathryn. 1992. *Rents, Taxes and Peasant Resistance: The Lower Yangzi Region, 1840—1950*. Stanford: Stanford University Press.

Bhargava, Meena. 1993. "Percept ion and Classification of the Rights of the Social Classes: Gorakhpur and the East India Company in the Late 18th and Early 19th Centuries." *Indian Economic and Social History Review* 30:2. 215—237.

Blaikie, Piers, and Harold Brookfield.1987. *Land Degradation and Society*. London: Meteun.

Blaut, James. 1993. *The Colonizer's Model of the World: Geographical Diffusionism and Eurocentric History*. New York: Guilford.

Blayo, Yves. 1975. "La mortalitéen France de 1740 à 1829" (Mortality in France, 1740 to 1829). *Population* (November—December): 138—139.

Bloch, Marc. 1966. *French Rural History*. Berkeley: University of California Press.

Blum, Jerome. 1961. *Lord and Peasant in Russia, from the Ninth to the Nineteenth Century*. Princeton: Princeton University Press.

——. 1971. "The Internal Structure and Polity of the European Village Community from the Fifteenth to the Nineteenth Century." *Journal of Modern History* 43:4 (December): 541—576.

Blussé, Leonard. 1981. "Batavia 1619—1740: The Rise and Fall of a Chinese Colonial Town." *Journal of Southeast Asian Studies* 12:1 (March): 159—178.

——. 1986. *Strange Company: Chinese Settlers, Mestizo Women and the Dutch in VOC Batavia*. Dordrecht, Holland: Foris Pubications.

Borah, Woodrow. 1943. *Silk Raising in Colonial Mexico*. Berkeley: University of California Press.

Borgstrom, George. 1972. *The Hungry Planet: The Modern World at the Edge of Famine*. New York: MacMillan.

Bowden, Peter, ed. 1990. *Economic Change: Wages, Profits,and Rents, 1500—1750*. Vol. 1 of Joan Thirsk, gen. ed., *Chapters from the Agrarian History of England and Wales*. Cambridge: Cambridge University Press.

Boxer, Charles, ed. 1953. *South China in the 16th Century*. London: Hakluyt Society.

Braudel, Fernand. 1977. *Afterthoughts on Material Civilization and Capitalism*. Baltimore: Johns Hopkins University Press.

——. 1981. *The Structures of Everyday Life: The Limits of the Possible*. Trans. Sian Reynolds. New York: Harper and Row.

——. 1982. *The Wheels of Commerce*. Trans. Sian Reynolds. New York: Harper and

Row.

———. 1984. *The Perspective of the World.* Trans. Sian Reynolds. Berkeley: University of California Press.

Bray, Francesca（白馥兰）. 1984. *Agriculture.* Part II of Vol. 6, *Biology and Biological Technology* (Vol. 41 overall). In Joseph Needham, ed., *Science and Civilization in China.* Cambridge: Cambridge University Press.

———. 1985. *The Rice Economies: Technology and Development in Asian Societies.* New York: Oxford University Press.

———. 1997. *Technology and Gender: Fabrics of Power in Late Imperial China.* Berkeley: University of California Press.

Brenner, Robert. 1985a. "Agrarian Class Structure and Economic Development." In T. H. Aston and C. H. E. Philpin, eds., *The Brenner Debate: Agrarian Class Structure and Economic Development in Pre-Industrial Europe.* Cambridge: Cambridge University Press. 10—63.

Brenner, Robert. 1985. "The Agrarian Roots of European Capitalism." In T. H. Aston and C. H. Philpin, eds., *The Brenner Debate: Agrarian Class Structure and Economic Development in Pre-Industrial Europe.* New York: Cambridge University Press. 213— 327.

Brennig, Joseph. 1977. "Chief Merchants and the European Enclaves of 17th Century Coromandel." *Modern Asian Studies* 11:3. 321—340.

———. 1986. "Textile Producers and Production in Late 17th Century Coromandel." *Indian Economic and Social History Review* 23:4. 333—353.

Britnell, R. H. 1993. *The Commercialization of English Society, 1000—1500.* Cambridge: New Cambridge University Press.

Brook, Timothy. 1993. *Praying for Power: Buddhism and the Formation of Gentry Society in Late-Ming China.* Cambridge, Mass.: Harvard University Press.

———. 1998. *The Confusions of Pleasure: Commerce and Culture in Ming China.* Berkeley: University of California Press.

Bruchey, Stuart. 1967. *Cotton and the Growth of the American Economy, 1790—1860.* New York: Harcourt Brace.

Brundage, Anthony. 1978. *The Making of the New Poor Law: The Politics of Inquiry, Enactment, and Implementation, 1832—1839.* New Brunswick, N.J.: Rutgers University Press.

Buck, John L（卜凯）. 1964 (1937). *Land Utilization in China.* New York: Paragon Book Reprint Corp.

Buoye, Thomas（步德茂）. 1993. "From Patrimony to Commodity: Changing Concepts of Land and Social Conflict in Guangdong Province during the Qianlong Reign (1736— 1795)." *Late Imperial China* 14:2 (December): 33—59.

Burke, Peter. 1993. " *Res et Verba*: Conspicuous Consumption in the Early Modern

World." In John Brewer and Roy Porter, eds., *Consumption and the World of Goods*. New York: Routledge. 148—161.

Butel, Paul. 1990. "France, the Antilles, and Europe, 1700—1900." In James Tracy, ed., *The Rise of Merchant Empires*. Cambridge: Cambridge University Press. 153—73.

Cain, M. 1982. "Perspectives on Family and Fertility in Developing Countries." *Population Studies* 36:2 (July): 159—175.

Carr, Raymond. 1967. "Spain." In Albert Goodwin, ed., *The European Nobility in the Eighteenth Century*. New York: Harper and Row. 43—59.

Chan, Wellington（陈锦江）. 1977. *Merchants, Mandarins and Modern Enterprise in Late Ch'ing China*. Cambridge, Mass.: Harvard University Press.

——. 1982. "The Organizational Structure of the Traditional Chinese Firm and Its Modern Reform." *Business History Review* 56:2 (Summer): 218—235.

Chandler, Alfred D. 1977. *The Visible Hand: The Managerial Revolution in American Business*. Cambridge, Mass.: Harvard University Press.

Chang Chung-li（张仲礼）. 1955. *The Chinese Gentry: Studies on Their Role in Nineteenth Century Chinese Society*. Seattle: University of Washington Press.

——. 1962. *The Income of the Chinese Gentry*. Seattle: University of Washington Press.

Chao Kang (Zhao Gang)（赵冈）. 1975. "The Growth of a Modern Cotton Textile Industry and the Competition with Handicrafts." In Dwight Perkins et.al., *China's Modern Economy in Historical Perspective*. Stanford: Stanford University Press. 167—201.

——. 1977. *The Development of Cotton Textile Production in China*. Cambridge, Mass.: Harvard University Press.

——. 1983.《中国历史上工资水平的变迁》,《中国文化复兴月刊》, 16:9（九月）: 52—57.

——. 1986. *Man and Land in Chinese History: An Economic Analysis*. Stanford: Stanford University Press.

Chaudhuri, K. N. 1978. *The Trading World of Asia and the English East India Company, 1660—1760*. Cambridge: Cambridge University Press.

——. 1981. "The English East India Company in the 17th and 18th Centuries: A Pre-Modern Multi-national Organization." In Leonard Blussé and Femme Gaastra, eds., *Companies and Trade*. Leiden: Leiden University Press. 29—46.

——. 1985. *Trade and Civilization in the Indian Ocean: An Economic History from the Rise of Islam to 1750*. Cambridge: Cambridge University Press.

——. 1990. *Asia before Europe: Economy and Civilization of the Indian Ocean from the Rise of Islam to 1750*. Cambridge: Cambridge University Press.

Chaussinand-Nogaret, Guy. 1985. *The French Nobility in the 18th Century*.

Cambridge: Cambridge University Press.

Chayanov, A. U. 1966 (1925). *The Theory of Peasant Economy*. Homewood, Ill.: Irwin.

Chen Han-seng（陈翰笙）. 1936. *Landlord and Peasant in China*. New York: International Publishers.

陈宏谋，1962（1820），《风俗条约》，收入贺长龄、魏源编，《皇朝经世文编》，68:4a-6b（页 1752—1753），台北：国风出版社。

Chen Fu-mei and Ramon Myers（陈富美、马孟若）. 1976. "Customary Law and the Economic Growth of China during the Ch'ing Period." *Ch'ing-shi wen-t'i*（《清史问题》）3:1. 4—12.

Chi Ch'ao-ting（冀朝鼎）. 1963 (1936). *Key Economic Areas in Chinese History*. New York: Paragon.

China News Digest, May 21, 1998.

屈大均编，1968（1680），《广东新语》，台北：台湾学生书局。

Clark, Gregory. 1991. "Yields Per Acre in English Agriculture, 1250—1860: Evidence from Labour Inputs." *Economic History Review* 44:3. 445—460.

———. 1996. "The Political Foundations of Modern Economic Growth: England 1540—1800." *Journal of Interdisciplinary History* 26:4 (Spring): 563—588.

———. 1998. "Commons Sense: Common Property Rights, Efficiency, and Institutional Change." *Journal of Economic History* 58:1 (March): 73—102.

Clark, Gregory, Michael Huberman, and Peter H. Lindert. 1995. "A British Food Puzzle, 1770—1850." *Economic History Review* 48:1. 215—237.

Clunas, Craig. 1988. *Chinese Furniture*. London: Bamboo Publishers.

———. 1991. *Superfluous Things: Material Culture and Social Status in Early Modern China*. Cambridge: Polity Press.

Cooper, J. P. 1985. "In Search of Agrarian Capitalism." In T. H. Aston and C. H. Philpin, eds., *The Brenner Debate: Agrarian Class Structure and Economic Development in Pre-Industrial Europe*. New York: Cambridge University Press. 138—191.

Cornell, Laurel. 1996. "Infanticide in Early Modern Japan? Demography, Culture and Population Growth." *Journal of Asian Studies* 55:1 (February): 22—50.

Cranmer-Byng, J. L., 1962. *An Embassy to China: Being the Journal Kept by Lord Macartney during His Embassy to the Emperor Ch'ien-lung, 1793—1794*. London: Longman's.

Crawcour, E. S. 1965. "The Tokugawa Heritage." In William W. Lockwood, ed., *The State and Economic Enterprise in Japan*. Princeton: Princeton University Press. 17—44.

———. 1968. "Changes in Japanese Commerce in the Tokugawa Period." In John W. Hall, ed., *Studies in the Institutional History of Early Modern Japan*. Princeton:

Princeton University Press. 189—202.
Cronon, William. 1983. *Changes in the Land: Indians, Colonists, and the Ecology of New England*. New York: Hill and Wang.
Crosby, Alfred. 1986. *Ecological Imperialism: The Biological Expansion of Europe, 900— 1900*. Cambridge: Cambridge University Press.
Curtin, Philip. 1969. *The Atlantic Slave Trade: A Census*. Madison: University of Wisconsin Press.
——. 1984. *Cross-Cultural Trade in World History*. Cambridge: Cambridge University Press.
——. 1990. *The Rise and Fall of the Plantation Complex: Essays in Atlantic History*. New York: Cambridge University Press.
Cushman, Jennifer. 1975. "Fields from the Sea: Chinese Junk Trade with Siam during the Late Eighteenth and Early Nineteenth Centuries." Ph.D. diss., Cornell University.
——. 1978. "Duke Ch'ing-fu Deliberates: A Mid-Eighteenth Century Reassessment of Sino-Nanyang Commercial Relations." *Papers on Far Eastern History* 17 (March): 137—156.
Da Cruz, Gaspar. 1953 (1570). "The Treatise of Fr. Gaspar da Cruz, O.P." In Charles R. Boxer, ed. and trans., *South China in the Sixteenth Century*. London: Hakluyt Society. 45—239.
Daniels, Christian. 1996. "Agro-Industries: Sugarcane Technology." Volume 6, Part III of Joseph Needham, ed., *Science and Civilization in China*. New York: Cambridge University Press. Section 42a:5—539.
Darby, H. C. 1956. "The Clearing of the Woodland in Europe." In B. L. Thomas, ed., *Man's Role in Changing the Face of the Earth*. Chicago: University of Chicago Press. 187—216.
Day, John. 1978. "The Bullion Famine of the 15th Century." *Past and Present* 79 (May): 3—54.
Deane, Phyllis, and W. A. Cole. 1962. *British Economic Growth, 1688—1959*. New York: Cambridge University Press.
Deerr, Noel. 1949—1950. *The History of Sugar*. Vols. 1 and 2. New York: Chapman and Hall.
deJesus, Eduard C. 1982. "Control and Compromise in the Cagayan Valley." In Eduard C. deJesus and Alfred W. McCoy, *Philippine Social History: Global Trade and Local Transformation*. Quezon City: Ateneo de Manila University Press. 21—38.
Dennerline, Jerry. 1986. "Marriage, Adoption and Charity in the Development of Lineages in Wu-Hsi from Sung to Ch'ing." In Patricia Ebrey and James Watson, eds., *Kinship Organization in Late Imperial China*. Berkeley: University of

California Press. 170—209.

Dermigny, Louis. 1964. *La Chine et l'Occident: Le commerce à Canton au XVIIIe siècle 1719—1833* (China and the West: The Canton trade in the eighteenth century, 1719— 1833). 4 vols. Paris: S.E.V.P.E.N.

De Vries, Jan. 1974. *The Dutch Rural Economy in the Golden Age, 1500—1700*. New Haven: Yale University Press.

——. 1975. "Peasant Demand and Economic Development: Friesland 1550—1750." In William Parker and E. L. Jones, eds., *European Peasants and Their Markets*. Princeton: Princeton University Press. 205—265.

——. 1976. *The Economy of Europe in an Age of Crisis, 1600—1750*. New York: Cambridge University Press.

——. 1993. "Between Consumption and the World of Goods." In John Brewer and Roy Porter, eds., *Consumption and the World of Goods*. London: Routledge. 85—132.

——. 1994a. "How Did Pre-Industrial Labour Markets Function?" In George Grantham and Mary MacKinnon, eds., *Labour Market Evolution*. London: Routledge. 39—63.

——. 1994b. "The Industrious Revolution and the Industrial Revolution." *Journal of Economic History* 54:2 (June): 249—270.

——, and Ad. Van der Woude. 1997. *The First Modern Economy: Success, Failure, and Perseverance of the Dutch Economy, 1500—1815*. Cambridge: Cambridge University Press.

Dewald, Jonathan. 1987. *Pont St. Pierre, 1398—1789: Lordship, Community, and Capitalism in Early Modern France*. Berkeley: University of California Press.

De Zeeuw, J. W. 1978. "Peat and the Dutch Golden Age: The Historical Meaning of Energy Attainability." *Afdeling Agrarische Geschiedenis Bijdragen* 21. 3—31.

Dharampal, ed. 1971. *Indian Science and Technology in the Eighteenth Century: Some Contemporary European Accounts*. Dehli: Impex India.

Diamond, Jared. 1992. *The Third Chimpanzee: The Evolution and Future of the Human Animal*. New York: Harper Collins.

杜家骥，1994，《清代天花病之流传、防治及其对皇族人口之影响初探》，收入李中清、郭松义编，《清代皇族人口行为的社会环境》，北京：北京大学出版社，页154—169。

Dudbridge, Glen. 1991. "A Pilgrimage in Seventeenth Century Fiction: T'ai-shan and the *Hsing-shih yin-yuan chuan*." *T'oung Pao* 77:4—5. 226—252.

Dumont, Louis. 1970. *Homo Hierarchicus: An Essay on the Caste System*. Chicago: University of Chicago Press.

Dunstan, Helen（邓海伦）. 1977. "Official Thinking on Environmental Issues and the State's Environmental Roles in Eighteenth Century China." In Mark Elvin

and Liu Ts'ui-jung, eds., *Sediments of Time*. Cambridge: Cambridge University Press. 585—614.
Earle, Peter. 1989. *The Making of the English Middle Class: Business, Society, and Family Life in London, 1660—1730*. Berkeley: University of California Press.
Elliott, J. H. 1961. "The Decline of Spain." *Past and Present* 20 (November): 52—75.
——. 1990. "The Seizure of Overseas Territories by the European Powers." In Hans Pohl, ed., *The European Discovery of the World and Its Economic Effects on Pre-Industrial Society, 1500—1800*. Stuttgart: Franz Steiner Verlag. 43—61.
Elliott, Mark. 1993. "Resident Aliens: The Manchu Experience in China, 1644—1800." Ph.D. diss., University of California, Berkeley.
Elman, Benjamin（艾尔曼）. 1990. *From Philosophy to Philology: Intellectual and Social Aspects of Change in Late Imperial China*. Cambridge, Mass.: Harvard University Press.
Elvin, Mark（伊懋可）. 1973. *The Pattern of the Chinese Past*. Stanford: Stanford University Press.
Engerman, Stanley. 1994. "The Industrial Revolution Revisited." In Graham Snookes, ed., *Was the Industrial Revolution Necessary?* London: Routledge. 112—123.
Esherick, Joseph. 1981. "Number Games: A Note on Land Distribution in PreRevolutionary China." *Modern China* 7:4. 387—412.
Everitt, Alan. 1967. "The Marketing of Agricultural Produce." In Joan Thirsk, ed., *The Agrarian History of England and Wales*. Vol. 4 Cambridge: Cambridge University Press. 460—592.
Fairbank, John K.（费正清）. 1968. "A Preliminary Framework," and "The Early Treaty System in the Chinese World Order." In John K. Fairbank, ed., *The Chinese World Order*. Cambridge, Mass.: Harvard University Press. 1—20, 257—275.
樊树志，1990，《明清江南市镇探微》，上海：复旦大学出版社。
方行，1987，《论清代前期棉纺织的社会分工》，《中国经济史研究》，2:1. 79—94。
——. 1996，《清代江南农民的消费》，《中国经济史研究》，11:3. 91—98。
Farnie, D. A. 1979. *The English Cotton Industry and the World Market, 1815—1896*. New York: Oxford University Press.
Ferguson, James. 1988. "Cultural Exchange: New Developments in the Anthropology of Commodities." *Cultural Anthropology* 3:4. 488—513.
Fletcher, Joseph. 1995. *Studies in Chinese and Islamic Inner Asia*. Ed. Beatrice Forbes Manz. Brookfield,Vt.: Variorum.
Flinn, M. W. 1958. "The Growth of the English Iron Industry, 1660—1760." *Economic History Review* 2d ser. 11:2 (1958): 144—153.
——. 1978. "Technical Change as an Escape from Resource Scarcity: England in the 17th and 18th Centuries." In William Parker and Antoni Marczak, eds., *Natural*

Resources in European History. Washington, D.C.: Resources for the Future. 139—159.

Flinn, Michael W. 1984. *The History of the British Coal Industry. Volume 2. 1700—1830: The Industrial Revolution.* Oxford: Clarendon Press.

Flynn, Dennis. 1984. "Early Capitalism Despite New World Bullion: An Anti-Wallerstinian Interpretation of Imperial Spain." Translation of "El desarrollo del primer capitalismo a pesar de los metales preciosos del Nuevo Mondo: Una interpretacion antiWallerstein de la Espana Imperial." *Revista de Historia Economica* 2:2 (Spring): 29—57.

——. 1995. "Arbitrage, China, and World Trade in the Early Modern Period." *Journal of the Economic and Social History of the Orient* 38:4. 429—448.

——, and Arturo Giraldez. 1996. "China and the Spanish Empire." *Revista de Historia Economica* 14:2 (Spring): 309—338.

——. 1997. "Introduction." In Dennis Flynn and Arturo Giraldez, eds., *Metals and Monies in an Emerging Global Economy*. Aldershot, U.K.: Variorum, xv—xl.

Forster, Robert. 1960. *The Nobility of Toulouse in the Eighteenth Century: A Social and Economic Study*. Baltimore: Johns Hopkins University Press.

Frank, Andre Gunder. 1969. *Capitalism and Underdevelopment in Latin America: Historical Studies of Chile and Brazil*. New York: Monthly Review Press.

——. 1998. ReOrient: The Silver Age in Asia and the World Economy. Berkeley: University of California Press.

Fu Lo-shu (傅乐淑). 1966. *A Documentary Chronicle of Sino-Western Relations, 1644—1820*. Tuscon: University of Arizona Press and Association for Asian Studies.

Fukuzawa, H. 1982a. "The State and the Economy: Maharashtra and the Deccan." In Tapan Raychaudhuri and Irfan Habib, eds., *The Cambridge Economic History of India, Volume 1 c.1200—c.1750*. Cambridge: Cambridge University Press. 193—202.

——. 1982b. "Agrarian Relations and Land Revenue: The Medieval Deccan and Maharashtra." In Tapan Raychaudhuri and Irfan Habib, eds., *The Cambridge Economic History of India, Volume 1 c.1200—c.1750*. Cambridge: Cambridge University Press. 249—260.

——. 1982c. "Non-Agricultural Production: Maharashtra and the Deccan." In Tapan Raychaudhuri and Irfan Habib, eds., *The Cambridge Economic History of India, Volume 1 c.1200—c.1750*. Cambridge: Cambridge University Press. 308—314.

Gaastra, Femme. 1981. "The Shifting Balance of Trade of the Dutch East India Company." In Leonard Blussé and Femme Gaastra, eds., *Companies and Trade*. Leiden: Leiden University Press. 47—70.

Gadgil, Madhav, and Ramachandra Guha. 1993. *This Fissured Land: An Ecological*

参考文献

History of India. Berkeley: University of California Press.
Galenson, David. 1989. "Labor Markets in Colonial America." In David Galenson, ed., *Markets in History.* New York: Cambridge University Press. 52—96.
Galeote Pereira. 1953 (1555). "The Report of Galeote Pereira." In Charles Boxer, ed. and trans., *South China in the Sixteenth Century.* London: Hakluyt Society. 3—45.
Ganesh, K.N. 1991. "Ownership and Control of Land in Medieval Kerala: Janmam-Kanam Relations during the 16th—18th Centuries." *Indian Economic and Social History Review* 28:3. 300—323.
Gardella, Robert. 1990. "The Min-Pei Tea Trade during the Late Ch'ien Lung and Chia-Ch'ing Eras: Foreign Commerce and the Mid-Ch'ing Fu-chien Highlands." In Edward Vermeer, ed., *Development and Decline of Fukien Province in the Seventeenth and Eighteenth Centuries.* Leiden: E. J. Brill. 317—347.
——. 1992a. "Squaring Accounts." *Journal of Asian Studies* 51:2 (May): 317—39.
——. 1992b. "Qing Administration of the Tea Trade: Four Facets over Three Centuries." In Jane Kate Leonard and John Watt, eds., *To Achieve Security and Wealth: The Qing State and the Economy 1644—1912.* Ithaca: Cornell East Asia Series. 97—118.
——. 1994. *Harvesting Mountains: Fujian and the China Tea Trade, 1757—1937.* Berkeley: University of California Press.
Geertz, Clifford. 1963. *Agricultural Involution: The Process of Ecological Change in Indonesia.* Berkeley: University of California Press.
Glamann, Kristof. 1977. "The Changing Patterns of Trade." In E. E. Rich and C. H. Wilson, eds., *The Cambridge Economic History of Europe.* Volume V. New York: Cambridge University Press. 185—285.
——. 1981. *Dutch Asiatic Trade, 1620—1740.* 's-Gravenhage: Martinus Nijhoff.
Godley, Michael. 1981. *The Mandarin Capitalists from Nanyang: Overseas Chinese Enterprise in the Modernization of China, 1893—1911.* Cambridge: Cambridge University Press.
Goldsmith, James. 1984. "The Agrarian History of Preindustrial France: Where Do We Go from Here?" *Journal of European Economic History* 13:1 (Spring): 175—199.
Goldstone, Jack. 1991. *Revolution and Rebellion in the Early Modern World.* Berkeley: University of California Press.
——. 1996. "Gender, Work and Culture: Why the Industrial Revolution Came Early to England but Late to China." *Sociological Perspectives* 39:1. 1—21.
Good, David. 1984. *The Economic Rise of the Habsburg Empire.* Berkeley: University of California Press.

Goodrich, Carter. 1960. *Government Promotion of American Canals and Railroads*. New York: Columbia University Press.

Grantham, George. 1989a. "Agrarian Organization in the Century of Industrialization: Europe, Russia, and North America." In George Grantham and Carol Leonard, eds., *Agrarian Organization in the Century of Industrialization: Europe, Russia and North America*. Greenwich, Conn.: JAI Press. 1—24.

——. 1989b. "Capital and Agrarian Structure in Early Nineteenth Century France." In George Grantham and Carol Leonard, eds., *Agrarian Organization in the Century of Industrialization: Europe, Russia and North America*. Greenwich, Conn.: JAI Press. 137—161.

——. 1989c. "Agricultural Supply during the Industrial Revolution: French Evidence and European Implications." *Journal of Economic History* 49:1 (March): 43—72.

Greenberg, Michael. 1951. *British Trade and the Opening of China*. New York: Oxford University Press.

Greif, Avner. 1998. "Theorie des jeux et analyse historique des institutions" (Game theory and the historical analysis of institutions). *Annales HSS* 3 (May—June): 597—633.

Greven, Philip. 1970. *Four Generations: Population, Land, and Family in Colonial Andover, Massachusetts*. Ithaca: Cornell University Press.

Griffin, Alan R. 1977. *The British Coalmining Industry: Retrospect and Prospect*. Buxton, Derbys, England: Moorland Publishing.

Grove, Richard. 1995. *Green Imperialism: Colonial Expansion, Tropical Island Edens, and the Origins of Environmentalism, 1600—1800*. Cambridge: Cambridge University Press.

Guerrero, Milagros. 1966. In Alfonso Felix, ed., *The Chinese in the Philippines, 1570— 1770*. Manila: Solidaridad Publishing. 15—39.

Gunst, Peter. 1989. "Agrarian Systems of Central and Eastern Europe." In Daniel Chirot, ed., *The Origins of Backwardness in Eastern Europe*. Berkeley: University of California Press. 53—91.

郭起元, 1962 (1820),《论闽省务本节用书》, 收入贺长龄、魏源编,《皇朝经世文编》, 36:20a—21a (页929—930), 台北: 国风出版社。

Habbakuk, John. 1962. *American and British Technology in the Nineteenth Century: The Search for Labour-Saving Inventions*. Cambridge: Cambridge University Press.

Habib, Irfan. 1982a. "Population." In Tapan Raychaudhuri and Irfan Habib, eds., *The Cambridge Economic History of India, Volume 1 c.1200—c.1750*. Cambridge: Cambridge University Press. 163—171.

——. 1982b. "Systems of Agricultural Production: North India." In Tapan Raychaudhuri and Irfan Habib, eds., *The Cambridge Economic History of India*,

Volume 1 c.1200—c.1750. Cambridge: Cambridge University Press. 214—225.

———. 1982c. "Agrarian Relations and Land Revenue: North India." In Tapan Raychaudhuri and Irfan Habib, eds., *The Cambridge Economic History of India, Volume 1 c.1200— c.1750.* Cambridge: Cambridge University Press. 235—249.

———. 1982d. "Monetary System and Prices." In Tapan Raychaudhuri and Irfan Habib, eds., *The Cambridge Economic History of India, Volume 1 c.1200—c.1750.* Cambridge: Cambridge University Press. 360—381.

———. 1990. "Merchant Communities in Pre-Colonial India." In James Tracy, ed., *The Rise of Merchant Empires.* Cambridge: Cambridge University Press. 371—399.

Hagen, William. 1985. "How Mighty the Junker? Peasant Rents and Seigneurial Profits in 16th Century Brandenburg." *Past and Present* 108. 80—116.

——— 1986a. "The Junkers' Faithless Servants: Peasant Insubordination and the Breakdown of Serfdom in Brandenburg-Prussia, 1763—1811." In Richard Evans and W. R. Lee, eds., *The German Peasantry.* London: Croom Helm. 71—101.

———. 1986b. "Working for the Junker: The Standard of Living of Manorial Laborers in Brandenburg, 1584—1810." *Journal of Modern History* 58 (March) 143—158.

———. 1988. "Capitalism and the Countryside in Early Modern Europe: Interpretations, Models, Debates." *Agricultural History* 62:1. 13—47.

———. 1991. Review of Daniel Chirot, ed., *The Origins of Backwardness in Eastern Europe. Journal of Social History* 24:4 (Summer): 889—892.

———. 1996a. "Subject Farmers in Brandenburg-Prussia and Poland: Village Life and Fortunes under Manorialism in Early Modern Central Europe." In M. L. Bush, ed., *Serfdom and Slavery: Studies in Legal Bondage.* London: Longman. 296—310.

———. 1996b. Review of Jürgen Schlumbohm, *Lebenslaufe, Familien, Höfe. Die Bauern und Heuerleute des OsnabrückischenKirchspiels Belm in proto-industrieller Zeit.* In *Central European History* 29:3. 416—419.

———. Forthcoming. "Village Life in East-Elbian Germany and Poland, 1400—1800: Subjection, Self-Defence, Survival." In Tom Scott, ed., *The Peasantries of Europe, 1400—1800.* London: Longman.

海汕，1983，《玉堂春秋——济宁市玉堂酱园简史》，《济宁市史料》，第一辑：48—78 和第二辑：90—106。

Hajnal, John. 1965. "European Marriage Patterns in Perspective." In D. V. Glass and D. E. C. Eversley, eds., *Population in History.* Chicago: Aldine Publishing. 101—146.

———. 1982. "Two Kinds of Preindustrial Household Formation System." *Population and Development Review* 8:3 (September): 449—494.

Hamashita Takeshi（滨下武志）. 1988. "The Tribute Trade System and Modern Asia." *Memoirs of the Research Department of the T.y. Bunko* 46. 7—25.

滨下武志, 1994,《近代东アジア国际体系》, 收入滨下武志等著,《讲座近代アジア》第四卷,《地域システムと国际关系》, 东京：东京大学出版会, 285—325。

Hambly, Gavin R.G. 1982. "Towns and Cities: Mughal India." In Tapan Raychaudhuri and Irfan Habib, eds., *The Cambridge Economic History of India, Volume 1 c.1200— c.1750*. Cambridge: Cambridge University Press. 434—451.

Hamilton, Earl. 1934. *American Treasure and the Price Revolution in Spain*. Cambridge, Mass.: Harvard University Press.

Hammersley, G. 1973. "The Charcoal Iron Industry and Its Fuel, 1540—1750." *Economic History Review* 2d ser. 26:2. 593—613.

Handler, Richard, and Daniel Segal. 1990. *Jane Austen and the Fiction of Culture: An Essay on the Narration of Social Realities*. Tucson: University of Arizona Press.

Hanley, Susan. 1983. "A High Standard of Living in Tokugawa Japan: Fact or Fantasy." *Journal of Economic History* 43:1. 183—192.

——. 1997. *Everyday Things in Premodern Japan: The Hidden Legacy of Material Culture*. Berkeley: University of California Press.

——., and Kozo Yamamura（山村耕造）. 1977. *Economic and Demographic Change in Pre-Industrial Japan, 1600—1868*. Princeton: Princeton University Press.

Hao, Yen-p'ing（郝延平）. 1986. *The Commercial Revolution in Nineteenth Century China: The Rise of Sino-Western Capitalism*. Berkeley: University of California Press.

Harnetty, Peter. 1991. " 'Deindustrialization' Revisited: The Handloom Weavers of the Central Provinces of India, c. 1800—1947." *Modern Asian Studies* 25:3. 455—510.

Harris, John R. 1988. *The British Iron Industry, 1700—1850*. London and New York: Macmillan.

Harris, John R. 1992. *Essays on Industry and Technology in the 18th Century: England and France*. New York: Variorum.

Hartwell, Robert. 1962. "A Revolution in the Iron and Coal Industries during the Northern Sung." *Journal of Asian Studies* 21:2 (February): 153—162.

——. 1967. "A Cycle of Economic Change in Imperial China: Coal and Iron in Northeast China, 750—1350." *Journal of the Economic and Social History of the Orient* 10:1 (July): 102—159.

——. 1982. "Demographic, Social and Political Transformations of China, 750—1550." *Harvard Journal of Asiatic Studies* 42:2 (December): 365—442.

速水融, 1989.《近世日本の経済発展と Industrious Revolution》, 收于速水融、斋藤修、杉山伸也编,《德川社会からの展望：発展・构造・国际关系》, 东京：同文馆, 页 19—32。

Heidhues, Mary Somers. 1996. "Chinese Settlements in Rural Southeast Asia:

Unwritten Histories." In Anthony Reid, ed., *Sojourners and Settlers: Histories of Southeast Asia and the Chinese in Honour of Jennifer Cushman*. St. Leonards, New South Wales: Association for Asian Studies of Australia with Allen and Unwin. 164—182.

Henderson, John. 1984. *The Development and Decline of Chinese Cosmology*. New York: Columbia University Press.

Heske, Franz. 1938. *German Forestry*. New Haven: Yale University Press.

Hill, Christopher. 1980. *The Century of Revolution: 1603—1714*. Walton-on-Thames: Nelson.

Hill, Lamar. unpublished "Extreame Detriment: Failed Credit and the Narration of Indebtedness in the Jacobean Court of Requests." 未出版的文稿，获作者同意引用。

Hirschman, Albert. 1970. *Exit, Voice and Loyalty: Responses to Decline in Firms, Organizations, and States*. Cambridge, Mass.: Harvard University Press.

Ho Ping-ti（何炳棣）. 1954. "The Salt Merchants of Yang-chou." *Harvard Journal of Asiatic Studies* 17. 130—168.

——. 1955. "The Introduction of American Food Plants into China." *American Anthropologist* 57. 191—201.

——. 1959. *Studies on the Population of China, 1368—1953*. Cambridge, Mass.: Harvard University Press.

——. 1962. *The Ladder of Success in Imperial China: Aspects of Social Mobility, 1368—1911*. New York: Columbia University Press.

Hobsbawm, Eric. 1975. *Industry and Empire*. London: Penguin.

Hodgson, Marshall. 1993. *Rethinking World History: Essays on Europe, Islam, and World History*. Edited, with an introduction and conclusion by Edmund Burke III. Cambridge: Cambridge University Press.

Horrell, Sara, and Jane Humphries. 1995. "Women's Labour Force Participation and the Transition to the Male-Breadwinner Family, 1790—1865." *Economic History Review* 48:1. 89—117.

星斌夫，1971，《大运河》，东京：近藤出版社。

Hoskins, W. G. 1953. "The Rebuilding of Rural England." *Past and Present* 4. 44—59.

Hossain, Hameeda. 1979. "The Alienation of Weavers: Impact of the Conflict between the Revenue and Commercial Interests of the East India Company, 1750—1800." *Indian Economic and Social History Review* 16:3. 323—345.

Howell, David. 1992. "Proto-Industrial Origins of Japanese Capitalism." *Journal of Asian Studies* 51:2 (May): 269—280.

Hsieh, Chiao-min（谢觉民）. 1973. *Atlas of China*. New York: McGraw-Hill.

Huang, Philip（黄宗智）. 1985. *The Peasant Economy and Social Change in North China*. Stanford: Stanford University Press.

——. 1990. *The Peasant Family and Rural Development in the Lower Yangzi Region, 1350—1988*. Stanford: Stanford University Press.

黄启臣, 1989,《14—17 世纪中国钢铁生产史》, 郑州：中州古籍出版社。

Huang, Ray（黄仁宇）. 1974. *Taxation and Government Finance in 16th Century Ming China*. Cambridge: Cambridge University Press.

Idema, Wilt. 1990. "Cannons, Clocks and Clever Monkeys: Europeana, Europeans, and Europe in Some Early Ch'ing Novels." In Eduard Vermeer, ed., *The Development and Decline of Fukien Province in the 17th and 18th Centuries*. Leiden: E. J. Brill. 459—488.

Issawi, Charles, ed. 1966. *The Economic History of the Middle East, 1800—1914*. Chicago: University of Chicago Press.

岩桥胜, 1981,《近世日本物価史の研究—近世米価の构造と変动》, 东京：大原新生社。

Jacob, Margaret. 1988. *The Cultural Meaning of the Scientific Revolution*. New York: Alfred A. Knopf.

Jeannin, Pierre. 1969. *L'Europe de nord-Ouest et du nord aux XVIIe et XVIIIe siècles* (North and northwest Europe in the seventeenth and eighteenth centuries). Paris: Presses Universitaires de France.

Jenkins, D. T., and K. G. Ponting. 1982. *The British Wool Textile Industry, 1770—1914*. London: Heinemann Educational Books.

《金瓶梅》, 1957（17 世纪, 作者、确切年代不详）, 上海：卿云图书公司。英译本 *The Golden Lotus*，译者 Clement Egerton，London: Routledge and Kegan Paul.

《济南府志》, 济南：1839。

景甦、罗仑, 1986 (1959),《清代山东经营地主经济研究》, 1959 年版本的修订版, 济南：齐鲁书社。英文节译本译自 1959 年版本：Endymion Wilkinson, ed., *Landlord and Labor in Late Imperial China*.

Johnson, David, Andrew Nathan, and Evelyn Rawski. 1985. *Popular Culture in Late Imperial China*. Berkeley: University of California Press.

Jones, Eric L. 1981. *The European Miracle: Environments, Economies, and Geopolitics in the History of Europe and Asia*. Cambridge: Cambridge University Press.

——. 1988. *Growth Recurring: Economic Change in World History*. New York: Oxford University Press.

Judd, Ellen. 1994. *Gender and Power in Rural North China*. Stanford: Stanford University Press.

Kaplan, Steven. 1976. *Bread, Politics, and Political Economy in the Reign of Louis XV*. The Hague: Martinus Nijhoff.

河田悌一, 1979,《清代学术の一侧面》,《东方学》, 57. 84—105。

Kellenblenz, Herman. 1974. "Rural Industries in the West from the End of the Middle Ages to the Eighteenth Century." In Peter Earle, ed., *Essays in European Economic History, 1500—1800*. Oxford: Clarendon. 45—88.

Kelly, William. 1982. *Water Control in Tokugawa Japan: Irrigation Organization in a Japanese River Basin, 1600—1870*. Ithaca: Cornell University East Asia Papers #3.

Kindleberger, Charles. 1990. "Spenders and Hoarders." In Charles Kindleberger, ed., *Historical Economics: Art or Science*. Berkeley: University of California Press. 35—85.

岸本美绪,1987,《清代物価史研究の現状》,《中国近代史研究》,5（四月）:79—104。

——. 1997,《清代中国の物価と経済変動》,东京：研文出版。

Kjaergaard, Thorkild. 1994. *The Danish Revolution, 1500—1800*. Cambridge: Cambridge University Press.

Klein, Daniel, and John Majewski. 1991. "Promoters and Investors in Antebellum America: The Spread of Plank Road Fever." Irvine: University of California Irvine Institute for Transportation Studies Working Paper 91—1.

Klein, Herbert. 1990. "Economic Aspects of the 18th Century Atlantic Slave Trade." In James Tracy, ed., *The Rise of Merchant Empires*. Cambridge: Cambridge University Press. 287—310.

Klein, Julius. 1920. *The Mesta: A Study in Spanish Economic History*. Port Washington, N.Y.: Kennikat Press.

Knaap, Gerritt. 1995. "The Demography of Ambon in the 17th Century: Evidence from Proto-Censuses." *Journal of Southeast Asian Studies* 26:2 (September): 227—241.

Knodel, John. 1988. *Demographic Behavior in the Past: A Study of Fourteen German Village Populations in the Eighteenth and Nineteenth Centuries*. New York: Cambridge University Press.

Ko, Dorothy（高彦颐）. 1994. *Teachers of the Inner Chambers: Women and Culture in Seventeenth-Century China*. Stanford: Stanford University Press.

Kochanowicz, Jacek. 1989. "The Polish Economy and the Evolution of Dependency." In Daniel Chirot, ed., *The Origins of Backwardness in Eastern Europe*. Berkeley: University of California Press. 92—130.

Kraus, Richard. 1968. "Cotton and Cotton Goods in China, 1918—1936: The Impact of Modernization on the Traditional Sector." Ph.D. diss., Harvard University.

Kriedte, Peter, Hans Medick, and Jürgen Schlumbohm. 1981. *Industrialization before Industrialization*. Cambridge: Cambridge University Press.

Kulikoff, Alan. 1992. *The Agrarian Origins of American Capitalism*. Charlottesville: University Press of Virginia.

Kuznets, Simon. 1968. "Capital Formation in Modern Economic Growth (and Some Implications for the Past)." *Third International Conference of Economic History: Munich 1965*. Paris: Mouton 1968. 1: 15—53.

Kwan Man-bun (关文斌). 1990. "The Merchant World of Tianjin: Society and Economy of a Chinese City." Ph.D. diss. Stanford University.

Labrousse, Ernest. 1984 (1933). *Esquisse du mouvement des prix et des revenus en France au XVIIIe siècle* (Outline of the movements of prices and incomes in eighteenthcentury France). Paris: Librairie Dalloz.

Ladurie, Emmanuel LeRoy. 1974. "A Long Agrarian Cycle: Languedoc, 1500—1700." In Peter Earle, ed., *Essays in European Economic History*. Oxford: Oxford University Press. 143—164.

——. 1976. "De la crise ultime à la vraie croissance, 1660—1789" (From the final crisis to true growth). In Georges Duby and A.Walton, *Historie de la France Rurale*. Volume 2. (Paris: Seuil). 359—575.

Lamb, H. H. 1982. *Climate, History and the Modern World*. London and New York: Methuen.

Lamoreaux, Naomi. 1994. *Insider Lending: Banks, Personal Connections and Economic Development in Industrial New England*. Cambridge: Cambridge University Press and National Bureau of Economic Research.

Landes, David. 1969. *The Unbound Prometheus: Technological Change and Industrial Development in Western Europe from 1750 to the Present*. Cambridge: Cambridge University Press.

Lang, James. 1975. *Conquest and Commerce: Spain and England in the Americas*. New York: Academic Press.

Latham, A. J. H. 1978a. "Merchandise Trade Imbalances and Uneven Development in India and China." *Journal of European Economic History* 7 (Spring): 33—60.

——. 1978b. *The International Economy and the Undeveloped World, 1865—1914*. Totowa, N.J.: Rowman and Littlefield.

——, and Larry Neal. 1983. "The International Market in Rice and Wheat, 1868—1914." *Economic History Review* 2d ser. 36. 260—280.

Lavely, William, and R. Bin Wong. 1998. "Revising the Malthusian Narrative: The Comparative Study of Population Dynamics in Late Imperial China." *Journal of Asian Studies* 57:3 (August): 714—748.

Lazonick, William. 1981. "Product ion Relations, Labor Productivity and Choice of Technique: British and U.S. Spinning." *Journal of Economic History* 41:3 (September): 491—516.

Ledderose, Lothar. 1991. "Chinese Influence on European Art, Sixteenth to Eighteenth Centuries." In Thomas Lee, ed., *China and Europe*. Hong Kong: Chinese University Press. 221—50.

Lee, Ching Kwan（李静君）. 1995. "Engendering the Worlds of Labor: Women Workers, Labor Markets and Production Politics in the South China Economic Miracle." *American Sociological Review* 60 (June): 378—397.

Lee, James（李中清）. 1982. "The Legacy of Immigration in Southwest China, 1250—1850." *Annales de Demographie Historique* 279—304.

——, and Cameron Campbell. 1997. *Fate and Fortune in Rural China: Social Organization and Population Behavior in Liaoning, 1774—1873*. Cambridge: Cambridge University Press.

——, and Wang Feng（王丰）. Forthcoming. "Malthusian Mythologies and Chinese Realities." Cambridge, Mass.: Harvard University Press.

——, and R. Bin Wong（王国斌）. 1991. "Population Movements in Qing China and Their Linguistic Legacy." In William S-Y. Wang, ed., *Languages and Dialects of China*. Berkeley: Journal of Chinese Linguistics Monograph Series. 52—77.

Lee, Robert H. G. 1979. *The Manchurian Frontier in Ch'ing History*. Cambridge, Mass.: Harvard University Press.

Levi, Giovanni. 1988. *Inheriting Power: The Story of an Exorcist*. Chicago: University of Chicago Press.

Levine, David. 1977. *Family Formation in an Age of Nascent Capitalism*. New York: Academic Press.

Lewis, Arthur. 1954. "Economic Development with Unlimited Supplies of Labor." *Manchester School of Economics and Social Studies* 22:2 (May): 139—191.

李伯重，1986,《明清时期江南地区的木材问题》,《中国社会经济史研究》, 1:86—96。

——. 1994,《控制增长，以保富裕:清代前中期江南的人口行为》,《新史学》, 5:3（九月）: 25—71。

——. 1996,《从"夫妇并做"到"男耕女织"》,《中国经济史研究》, 11:3. 99—107。

——. 1998. *Agricultural Development in Jiangnan, 1620—1850*. New York: St. Martin's Press.

李文治等著，1983,《明清时代的农业资本主义萌芽问题》,北京：中国社会科学出版社。

李治寰编著，1990,《中国食糖史稿》,北京：农业出版社。

李中清，1994,《中国历史人口制度:清代人口行为及其意义》,收入李中清、郭松义编,《清代皇族人口行为的社会环境》,北京：北京大学出版社,页1—17。

——, 和郭松义编，1994,《清代皇族人口行为的社会环境》,北京:北京大学出版社。

梁方仲编著，1980,《中国历代户口、田地、田赋统计》,上海：上海人民出版社。

Lieberman, Victor. 1990. "Wallerstein's System and the International Context of Early Modern Southeast Asian History." *Journal of Asian History* 24: 70—90.

——. 1993. "Abu-Lughod's Egalitarian World Order. A Review Article." *Comparative Studies in Society and History* 544—550.

Lin Man-houng（林满红）. 1990. "From Sweet Potato to Silver: The NewWorld and 18th Century China as Reflected in Wang Hui-tsu's Passage about the Grain Prices." In Hans Pohl, ed., *The European Discovery of the World and Its Economic Effects on Pre-Industrial Society, 1500—1800*. Stuttgart: Franz Steiner Verlag. 304—327.

林富瑞、陈代光，1981，《河南人口地理》，河南省科学院地理研究所。

Lindert, Peter, and Jeffrey Williamson. 1982. "Revising England's Social Tables 1688—1812." *Explorations in Economic History* 19:4 (October). 385—408.

凌大燮，1983，《我国森林资源的变迁》，《中国农史》，3:2. 26—36.

Lombard, Denys. 1981. "Questions on the Contact between European Companies and Asian Societies." In Leonard Blussé and Femme Gaastra, eds., *Companies and Trade*. The Hague: Martinus Nijhoff. 179—187.

Lombard-Salmon, Claudine. 1972. *Un example d'Acculturation Chinoise: La province du Gui Zhou au XVIIIe siècle*. Paris: Éco le Française d'Extreme Orient.

Lower, Arthur R. M. 1973. *Great Britain's Woodyard: British America and the Timber Trade, 1763—1867*. Montreal: McGill University Press.

Lu Hanchao（卢汉超）. 1992. "Arrested Development: Cotton and Cotton Markets in Shanghai, 1350—1843." *Modern China* 18:4 (October): 468—499.

Ludden, David. 1985. *Peasant History in South India*. Princeton: Princeton University Press.

——. 1988. "Agrarian Commercialism in Eighteenth-Century South India: Evidence from the 1823 Titunelveli Census." *Indian Economic and Social History Review* 25:4. 493—517.

Ludwig, Armin K. 1985. *Brazil: A Handbook of Historical Statistics*. Boston: G. K. Hall and Co.

MacLeod, Christine. 1988. *Inventing the Industrial Revolution: The English Patent System, 1660—1800*. New York: Cambridge University Press.

Majewski, John. 1994. "Commerce and Community: Economic Culture and Internal Improvements in Pennsylvania and Virginia, 1790—1860." Ph.D. diss. UCLA.

Mann, James A. 1860. *The Cotton Trade of Great Britain*. London: Simpkin and Marshall.

Mann, Susan. 1987. *Local Merchants and the Chinese Bureaucracy, 1750—1950*. Stanford: Stanford University Press.

——. 1992. "Household Handicrafts and State Policy in Qing Times." In Jane Kate Leonard and John Watt, eds., *To Achieve Security and Wealth: The Qing State and the Economy*. Ithaca: Cornell University Press. 75—96.

——. 1997. *Precious Records: Women in China's Long Eighteenth Century*. Stanford: Stanford University Press.

Markovitch, T. J. 1976. *Les industries lainières de Colbert à la Revolution*. (The woolen industries from Colbert to the Revolution). Geneva: Librairie Droz.

Marks, Robert（马立博）. 1984. *Rural Revolution in South China: Peasants and the Making of History in Haifeng County, 1570—1930*. Madison: University of Wisconsin Press.

——. 1991. "Rice Prices, Food Supply, and Market Structure in 18th Century China." *Late Imperial China* 12:2 (December): 64—116.

——. 1997. *Tigers, Rice, Silk, and Silt: Environment and Economy in Guangdong, 1250—1850*. New York: Cambridge University Press.

Marshall, P. J. 1980. "Western Arms in Maritime Asia in the Early Phases of Expansion." *Modern Asian Studies* 14:1. 13—28.

——. 1987. *Bengal—The British Bridgehead: Eastern India, 1740—1828*. New York: Cambridge University Press.

Mazumdar, Sucheta（穆素洁）. 1984. "A History of the Sugar Industry in China: The Political Economy of a Cash Crop in Guangdong, 1644—1834." Ph.D. diss. UCLA.

McAlpin, Michele, and John Richards. 1983. "Cotton Cultivation and Land Clearing in the Bombay Deccan and Karnatak, 1818—1920." In John Richards and Richard Tucker, eds., *Global Deforestation and the Nineteenth-Century World Economy*. Durham: Duke Press Policy Studies. 68—94.

McCloskey, Donald. 1975a. "The Persistence of English Common Fields." In E. L. Jones and William Parker, eds., *European Peasants and Their Markets: Essays in Agrarian Economic History*. Princeton: Princeton University Press. 73—119.

——. 1975b. "The Economics of Enclosure: A Market Analysis." In E. L. Jones and William Parker, eds., *European Peasants and Their Markets: Essays in Agrarian Economic History*. Princeton: Princeton University Press. 123—160.

——. 1989. "The Open Fields of England: Rent, Risk and the Rate of Interest, 1300—1815." In David Galenson, ed., *Markets in History: Economic Studies of the Past*. Cambridge: Cambridge University Press. 5—49.

——. 1991. "History, Differential Equations, and the Problem of Narration." *History and Theory* 30:1 21—36.

McCusker, John, and Russell Menard. 1985. *The Economy of British America, 1607—1789*. Chapel Hill: University of North Carolina Press.

McEvedy, Colin, and Richard Jones. 1978. *Atlas of World Population History*. New York: Penguin.

McGowan, Bruce. 1994. "The Age of the Ayans, 1699—1812." In Halil Inalcik and Donald Quatert, eds., *An Economic and Social History of the Ottoman Empire*. 2 vols. New York: Cambridge University Press. 637—758.

McKendrick, Neil, John Brewer, and J. H. Plumb. 1982. *The Birth of a Consumer Society: The Commercialization of Eighteenth-Century England*. Bloomington:

Indiana University Press.

McNeill, John R. 1994. "Of Rats and Men: A Synoptic Environmental History of the Island Pacific." *Journal of World History* 5:2. 299—349.

Medick, Hans. 1982. "Plebeian Culture in the Transition to Capitalism." In Raphael Samuel and Gareth Stedman-Jones, eds., *Culture, Ideology, and Politics*. Cambridge: Cambridge University Press. 84—112.

Menzies, Nicholas. 1992a "Sources of Demand and Cycles of Logging in Pre-Modern China." In John Dargavel and Richard Tucker, eds., *Changing Pacific Forests*. Durham, N.C.: Forest History Society. 64—76.

——. 1992b. "Strategic Space: Exclusion and Inclusion in Wildland Policies in Late Imperial China." *Modern Asian Studies* 6:4 (October): 719—34.

——. 1996. "Forestry." In Joseph Needham, ed., *Science and Civilization in China*. Vol. 27. Cambridge: Cambridge University Press. 541—690.

Metzger, Thomas (墨子刻). 1973. *The Internal Organization of the Chinese Bureaucracy: Legal, Normative, and Communications Aspects*. Cambridge, Mass.: Harvard University Press.

——. 1977. *Escape from Predicament: Neo-Confucianism and China's Evolving Political Culture*. New York: Columbia University Press.

Meuvret, Jean. 1977—1988. *Le problème des subsistances à l'époque Louis XIV* (The subsistence problem in the age of Louis the Fourteenth). 6 vols. Paris: Mouton.

Miller, Joseph. 1986. "Slave Prices in the Portuguese Southern Atlantic, 1600—1830." In Paul Lovejoy, ed., *Africans in Bondage*. Madison: University of Wisconsin Press. 43—77.

南満洲鉄道株式会社，1936，《山东的畜牛》，天津：满铁。

Mintz, Sidney. 1985. *Sweetness and Power: The Place of Sugar in Modern History*. New York: Penguin.

Mitchell, B. R. 1980. *European Historical Statistics, 1750—1975*. New York: Facts on File.

——. 1988. *British Historical Statistics*. New York: Cambridge University Press.

——. 1993. *Historical Statistics: The Americas*. New York: Stockton Press.

Mitra, Debendra Bijoy. 1978. *The Cotton Weavers of Bengal, 1757—1833*. Calcutta: Firma KLM Private Limited.

Mokyr, Joel. 1976. *Industrialization in the Low Countries, 1795—1850*. New Haven: Yale University Press.

——. 1985a. "Demand and Supply in the Industrial Revolution." In Joel Mokyr, ed., *The Economics of the Industrial Revolution*. Totowa, N.J.: Rowman and Allanheld. 97—118.

——. 1985b. "The Industrial Revolution and the New Economic History." In Joel Mokyr, ed., *The Economics of the Industrial Revolution*. Totowa, N.J.: Rowman and Allanheld. 1—52.

——. 1988. "Is There Life in the Pessimist Case? Consumption during the Industrial Revolution, 1790—1850." *Journal of Economic History* 48:1. 69—92.

——. 1990. *The Lever of Riches: Technological Creativity and Economic Progress.* New York: Oxford University Press.

——. 1991. "Cheap Labor, Dear Labor and the Industrial Revolution." In David Landes, Patrice Higgonet, and Henry Rosovsky, eds., *Favorites of Fortune.* Cambridge, Mass.: Harvard University Press. 177—200.

——. 1994. "Progress and Inertia in Technological Change." In Mark Thomas and John James, eds., *Capitalism in Context: Essays on Economic Development and Culture in Honor of R. M. Hartwell.* Chicago: University of Chicago Press. 230—254.

Moore, Barrington. 1966. *Social Origins of Dictatorship and Democracy.* Boston: Beacon Press.

Mooser, Josef. 1984. *Ländliche Klassengesellschaft, 1770—1848* (Rural class society, 1770—1848). Gottingen: Vandenhoeck and Ruprecht.

Moosvi, Shireen. 1987. *The Economy of the Mughal Empire c.1595: A Statistical Study.* Delhi: Oxford University Press.

Morgan, Edmund S. 1975. *American Slavery, American Freedom: The Ordeal of Colonial Virginia.* New York: W. W. Norton and Co.

Morineau, Michel. 1985. *Incroyables Gazettes et Fabuleux Metaux* (Incredible gazettes and fabulous metals). Cambridge: Cambridge University Press.

Morris, J. H., and L. J. Williams, 1958. *The South Wales Coal Industry, 1841—1875.* Cardiff: University of Wales Press.

Morse, Hosea Ballou. 1966. *A Chronicle of the East India Company Trading to China.* 4 vols。台北：成文出版社（重印本）。

Morton, A. G. 1981. *History of Botanical Science.* New York: Academic Press.

Mote, Frederick. 1977. "Yuan and Ming." In K. C. Chang, ed., *Food in Chinese Culture.* New Haven: Yale University Press. 195—257.

Mukerji, Chandra. 1983. *From Graven Images: Patterns of Modern Materialism.* New York: Columbia University Press.

Myers, Ramon. 1982. "Customary Law, Markets, and Resource Transactions in Late Imperial China." In Roger Ransom, Richard Sutch, and Gary Walton, eds., *Explorations in the New Economic History: Essays in Honor of Douglass C. North.* New York: Academic Press 273—298.

Myint, H. 1958. "The 'Classical' Theory of International Trade and the Underdeveloped Counties." *Economic Journal* 68. 317—337.

Najita, Tetsuo. 1987. *Visions of Virtue in Tokugawa Japan.* Chicago: University of Chicago Press.

Naquin, Susan, and Evelyn Rawski, 1987. *Chinese Society in the Eighteenth Century.* New Haven: Yale University Press.

Needham, Joseph（李约瑟）. 1965. With assistance from Wang Ling. *Physics and Physical Technology.* Vol. 4, part 2 (vol. 27 overall). In Joseph Needham, et al., *Science and Civilization in China.* Cambridge: Cambridge University Press.

Nef, John. *The Rise of the British Coal Industry.* London: Routledge.

——. 1964. *The Conquest of the Material World.* Chicago: University of Chicago Press.

Ng Chin-keong（吴振强）. 1983. *Trade and Society: The Amoy Network on the China Coast, 1683—1735.* Singapore: Singapore University Press.

——. 1990. "The South Fukienese Junk Trade at Amoy from the 17th to the Early 18th Centuries." In Eduard Vermeer, ed., *Development and Decline of Fukien Province in the 17th and 18th Centuries.* Leiden: E. J. Brill. 297—316.

Nipperdey, Thomas. 1996. *Germany from Napoleon to Bismarck, 1800—1866.* Princeton: Princeton University Press.

Nishijima Sadao（西嶋定生）. 1984. "The Formation of the Early Chinese Cotton Industry." In Linda Grove and Christian Daniels, eds., *State and Society in China.* Tokyo: University of Tokyo Press. 17—78.

Nishikawa, Shunsaku（西川俊作）. 1978. "Productivity, Subsistence, and By-Employment in the Mid-Nineteenth Century Choshu." *Explorations in Economic History* 15. 69—83.

North, Douglass. 1981. *Structure and Change in Economic History.* New York: W. W. Norton.

——. 1991. "Institutions, Transaction Costs, and the Rise of Merchant Empires." In James D. Tracy, ed., *The Political Economy of Merchant Empires.* Cambridge: Cambridge University Press. 22—40.

——. 1994. "The Evolution of Efficient Markets in History." In John James and Mark Thomas, eds., *Capitalism in Context: Essays on Economic Development and Culture in Honor of R. M. Hartwell.* Chicago: University of Chicago Press. 257—264.

——, and Robert Paul Thomas. 1973. *The Rise of the Western World: A New Economic History.* Cambridge: Cambridge University Press.

——, and Barry Weingast. 1989. "Constitutions and Commitment: The Evolution of Institutions Governing Public Choice in 17th Century England." *Journal of Economic History* 49. 803—832.

Nyren, Eve. 1995. *The Bonds of Matrimony = Hsing Shih Yin Yuan Chuan.*（17世纪小说《醒世姻缘传》英译本，某些人认为此小说作者为蒲松龄）, Lewiston, N.Y.: E. Mellen Press.

O'Brien, Patrick K. 1977. "Agriculture and the Industrial Revolution." *Economic*

History Review 2d ser. 30:166—181.

——. 1982. "European Economic Development: The Contribution of the Periphery." *Economic History Review* 35:1 (February): 1—18.

——. 1988. "The Political Economy of English Taxation." *Economic History Review* 41:1 (February): 1—32.

——. 1990. "European Industrialization: From the Voyages of Discovery to the Industrial Revolution." In Hans Pohl, ed., *The European Discovery of the World and Its Economic Effects on Pre-Industrial Society, 1500—1800*. Stuttgart: Franz Steiner Verlag. 154—177.

——, and Caglar Keydar. 1978. *Economic Growth in Britain and France, 1780—1914*. London: George Allen and Unwin.

Ogilvie, Sheilagh. 1996. "Proto-Industrialization in Germany." In Sheilagh Ogilvie and Markus Cerman, eds., *European Proto-Industrialization*. Cambridge: Cambridge University Press. 118—136.

——, and Markus Cerman. 1996. "Introduction: The Theories of Proto-Industrialization." In Sheilagh Ogilvie and Markus Cerman, eds., *European Proto-Industrialization*. Cambridge: Cambridge University Press. 1—11.

Osako, Masako M. 1983. "Forest Preservation in Tokugawa Japan." In John R. Richards and Richard P. Tucker, eds., *Global Deforestation and the 19th Century World Economy*. Durham: Duke University Press Policy Series. 129—145.

Osborne, Anne. 1994. "The Local Politics of Land Reclamation in the Lower Yangzi Highlands." *Late Imperial China* 15:1 (June): 1—46.

Owen, E. R. J. 1966. "Egyptian Cotton and the American Civil War, 1860—1866." In Chalres Issawi, ed., *The Economic History of the Middle East, 1800—1914*. Chicago: University of Chicago Press. 416—429.

Pach, Z. S. P. 1990. "The East-Central European Aspect of the Overseas Discoveries and Colonization." In Hans Pohl, ed., *The European Discovery of the World and Its Economic Effects on Pre-Industrial Society, 1500—1800*. Stuttgart: Franz Steinr Verlag. 178—194.

Palat, Ravi. 1995. "Historical Transformations in Agrarian Systems Based on Wet-Rice Cultivation: Toward an Alternative Model of Social Change." In Philip McMichael, ed., *Food and Agrarian Orders in the World Economy*. Westport, Conn.: Greenwood Press. 55—76.

潘敏德，1985，《中国近代典当业之研究（1644—1937）》，台北：台湾师范大学历史研究所专刊 13 号。

——. 1994. "Rural Credit Market and the Peasant Economy (1600—1949)—The State, Elite, Peasant, and 'Usury.'" Ph.D. diss., University of California, Irvine.

——. 1998. "Who Was Worse Off?" Paper delivered at 1998 meeting of Chinese Historians in the United States, Seattle, Wash.

Parker, Geoffrey. 1988. *The Military Revolution: Military Innovation and the Rise of the West, 1500—1800*. New York: Cambridge University Press.

Parker, Willam. 1984, 1991. *America, Europe, and the Wider World*. 2 vols. Cambridge: Cambridge University Press.

Parker, David, and Patricia Croot. 1985. "Agrarian Class Structure and the Development of Capitalism: France and England Compared." In T. H. Aston and C. H. E. Philpin, eds., *The Brenner Debate: Agrarian Class Structure and Economic Development in Pre-Industrial Europe*. Cambridge: Cambridge University Press. 79—90.

Parthasarathi, Prasannan. 1998. "Rethinking Wages and Competitiveness in the Eighteenth Century: Britain and South India." *Past and Present* 158 (February): 79—109.

Pearson, M. N. 1991. "Merchants and States." In James D. Tracy, ed., *The Political Economy of Merchant Empires*. Cambridge: Cambridge University Press. 41—116.

Perdue, Peter. 1987. *Exhausting the Earth: State and Peasant in Hunan, 1500—1850*. Cambridge, Mass.: Harvard University Press.

Perkins, Dwight H. 1969. *Agricultural Development in China, 1368—1968*. Chicago: Aldine Publishing.

Perlin, Frank. 1978. "Of White Whale and Countrymen in the 18th Century Maratha Deccan: Extended Class Relations, Rights, and the Problem of Rural Autonomy under the Old Regime." *Journal of Peasant Studies* 5:2. 172—237.

——. 1983. "Proto-Industrialization and Pre-Colonial South Asia." *Past and Present* 98 (February): 30—95.

——. 1985. "State Formation Reconsidered, Part Two." *Modern Asian Studies* 19:3. 415—480.

——. 1987. "Money Use in Pre-colonial India." In John F. Richards, ed., *Imperial Monetary Systems in Early Modern India*. New York: Oxford University Press. 232—373.

——. 1988. "Disarticulation of theWorld: Writing India's Economic History." *Comparative Studies in Society and History* 30:2 (April): 379—387.

——. 1990. "Financial Institutions and Business Practices across the Euro-Asian Interface: Comparative and Structural Considerations, 1500—1900." In Hans Pohl, ed., *The European Discovery of the World and Its Economic Effects on Pre-Industrial Society, 1500—1800*. Stuttgart: Franz Steiner Verlag. 257—303.

——. 1991. "World Economic Integration before Industrialization and the EuroAsian Monetary Continuum." In H. G. Van Cauwenberghe, ed., *Money, Coin, and Commerce: Essays in the Monetary History of Asia and Europe*. Leuven: Leuven University Press. 239—374.

——. 1994. *Unbroken Landscape: Commodity, Category, Sign and Identity: Their Production as Myth and Knowledge from 1500*. Aldershot, U.K.: Variorum.

Peterson, Willard. 1978. *Bitter Gourd: Fang I-chih and the Impetus for Intellectual Change in the Ming*. New Haven: Yale University Press.

Phelps Brown, E. H., and Sheila Hopkins. 1956. "Seven Centuries of the Prices of Consumables, Compared with Builders' Wage-rates." *Economica* 23:4 (November): 296—314.

——. 1957. "Wage-rates and Prices: Evidence for Population Pressure in the Sixteenth Century." *Economica* 24:4 (November): 289—299.

——. 1981. *A Perspective of Wages and Prices*. London: Methuen.

Phillips, Carla Rahn. 1990. "The Growth and Composition of Trade in the Iberian Empires, 1450—1750." In James Tracy, ed., *The Rise of Merchant Empires*. New York: Cambridge University Press. 34—101.

Platt, D. C. M. 1972. *Latin America and British Trade, 1806—1914*. London: A&C Black.

Plumb, J. H. 1972. *The Commercialization of Leisure in Eighteenth-Century England*. Reading: University of Reading Press.

Polanyi, Karl. 1957. *The Great Transformation*. Boston: Beacon Press.

Pollard, Sidney. 1981. *Peaceful Conquest: The Industrialization of Europe, 1760—1970*. New York: Oxford University Press.

Pomeranz, Kenneth（彭慕兰）. 1988. "The Making of a Hinterland: State, Society, and Economy in Inland North China 1900—1937." Ph.D. diss., Yale University.

——. 1993. *The Making of a Hinterland: State, Society, and Economy in Inland North China, 1853—1937*. Berkeley: University of California Press.

——. 1995. "How Exhausted an Earth? Some Thoughts on Qing (1644—1911) Environmental History." *Chinese Environmental History Newsletter* 2:2 (November): 7—11.

——. 1997a. "Power, Gender and Pluralism in the Cult of the Goddess of Taishan." In R. Bin Wong, Theodore Hunters, and Pauline Yu, eds., *Culture and State in Chinese History*. Stanford: Stanford University Press. 182—204.

——. 1997b. "Gentry Merchants Revisited: Family, Firm, and Financing in the Yutang Co. of Jining, 1779—1956." *Late Imperial China* 18:1 (June): 1—38.

Postel-Vinay, Giles. 1994. "The Dis-Integration of Traditional Labour Markets in France: From Agriculture *and* Industry to Agriculture *or* Industry." In George Grantham and Mary MacKinnon, eds., *Labour Market Evolution*. London: Routledge 1994. 64—83.

Powelson, John. 1994. *Centuries of Economic Endeavor: Parallel Paths in Japan and Europe and Their Contrast with the Third World*. Ann Arbor: University of Michigan Press.

Prakash, Om. 1981. "European Trade and South Asian Economies: Some Regional

Contrasts, 1600—1800." In Leonard Blusséand Femme Gaastra, eds., *Companies and Trade: Essays on Overseas Trading Companies during the Ancien Régime.* Leiden: Leiden University Press. 189—205.

Rabb, Theodore K. 1967. *Enterprise and Empire: Merchant and Gentry Investment in the Expansion of England, 1575—1630.* Cambridge, Mass.: Harvard University Press.

Rangarajan, Mahesh. 1994. "Imperial Agendas and India's Forests: The Early History of Indian Forestry, 1800—1878." *Indian Economic and Social History Review* 31:2. 147—167.

Rawski, Evelyn. 1972. *Agrarian Change and the Peasant Economy of South China.* Cambridge, Mass.: Harvard University Press.

——. 1985. "Economic and Social Foundations of Late Imperial Culture." In David Johnson, Andrew Nathan, and Evelyn Rawski, eds., *Popular Culture in Late Imperial China.* Berkeley: University of California Press. 3—33.

Raychaudhuri, Tapan. 1982a. "The State and the Economy: The Mughal Empire." In Tapan Raychaudhuri and Irfan Habib, eds., *The Cambridge Economic History of India, Volume 1 c.1200—c.1750.* Cambridge: Cambridge University Press. 172—192.

——. 1982b. "Non-Agricultural Production: Mughal India." In Tapan Raychaudhuri and Irfan Habib, eds., *The Cambridge Economic History of India, Volume 1 c.1200— c.1750.* Cambridge: Cambridge University Press. 261—307.

——. 1982c. "Inland Trade." In Tapan Raychaudhuri and Irfan Habib, eds., *The Cambridge Economic History of India, Volume 1 c.1200—c.1750.* Cambridge: Cambridge University Press. 325—359.

Razzell, Peter. 1993. "The Growth of Population in Eighteenth Century England: A Critical Reappraisal." *Journal of Economic History* 53:4 (December): 743—771.

Reid, Anthony. 1988a. *Southeast Asia in the Age of Commerce: Volume I, The Lands below the Winds.* New Haven: Yale University Press.

——. 1988b. "Women's Roles in Pre-Colonial Southeast Asia." *Modern Asian Studies* 22:3 (July): 626—646.

——. 1989. "The Organization of Production in Southeast Asian Port Cities." In Frank Broeze, ed., *Brides of the Sea: Port Cities of Asia from the 16th to 20th Centuries.* Honolulu: University of Hawaii Press. 55—74.

——. 1990. "The System of Trade and Shipping in Maritime South and Southeast Asia and the Effects of the Development of the Cape Route to Europe." In Hans Pohl, ed., *The European Discovery of the World and Its Economic Effects on Pre-Industrial Society, 1500—1800.* Stuttgart: Franz Steiner Verlag. 74—96.

—— 1993. *Southeast Asia in the Age of Commerce: Volume II, Expansion and Commerce.* New Haven: Yale University Press.

Richards, John. 1990. "Land Transformation." In B. L. Turner II et al., eds., *The Earth as Transformed by Human Action*. Cambridge: Cambridge University Press. 163—178.

Richardson, David. 1987. "The Slave Trade, Sugar, and British Economic Growth, 1748—1776." *Journal of Interdisciplinary History* 17:4 (Spring): 739—769.

Rimmer, W. G. 1960. *Marshalls of Leeds, Flax Spinners, 1788—1886*. Cambridge: Cambridge University Press.

Ringrose, David. 1970. *Transportation and Economic Stagnation in Spain*. Durham: Duke University Press.

Riskin, Carl. 1975. "Surplus and Stagnation in Modern China." In Dwight Perkins, ed., *China's Modern Economy in Historical Perspective*. Stanford: Stanford University Press. 49—84.

Roberts, J. M. 1967. "Lombardy." In Albert Goodwin, ed., *The European Nobility in the Eighteenth Century*. New York: Harper and Row. 60—82.

Roberts, Luke. 1991. "The Merchant Origins of National Prosperity Thought in 18th Century Tosa." Ph.D. diss., Princeton University.

Roberts, Michael. 1967. "Sweden." In Albert Goodwin, ed., *The European Nobility in the Eighteenth Century* New York: Harper and Row. 136—153.

Rosener, Werner. 1994. *The Peasantry of Europe*. London: Basil Blackwell.

Rosenthal, Jean-Laurent. 1992. *The Fruits of Revolution: Property Rights, Litigation, and French Agriculture, 1700—1860*. Cambridge: Cambridge University Press.

Rossiter, Margaret. 1975. *The Emergence of Agricultural Science: Justus Liebig and the Americans, 1840—1880*. New Haven: Yale University Press.

Rowe, William. 1984. *Hankow: Commerce and Society in a Chinese City, 1796—1889*. Stanford: Stanford University Press.

——. 1989. Hankow: Conflict and Community in a Chinese City, 1796—1895. Stanford: Stanford University Press.

——. 1990. "Success Stories: Lineage and Elite Status in Hanyang County Hubei, c.1368—1949." In Joseph Esherick and Mary Rankin, *Chinese Rural Elites and Patterns of Dominance*. Berkeley: University of California Press. 51—81.

——. 1992. "Women and the Family in Mid-Qing Thought: The Case of Chen Hongmou." *Late Imperial China* 13:2 (December): 1—41.

Roy, William G. 1997. *Socializing Capital: The Rise of the Large Industrial Corporation in America*. Princeton: Princeton University Press.

Rozanov, Boris, Victor Targulian, and D. S. Orlov. 1990. "Soils." In B. L. Turner et al., *The Earth as Transformed by Human Action*. New York: Cambridge University Press. 203—214.

Sahlins, Marshall. 1976. *Culture and Practical Reason*. Chicago: University of Chicago Press.

——. 1994 (1989). "Cosmologies of Capitalism: The Trans-Pacific Sector of the World System." In Nicholas Dirks, Geoff Eley, and Sherry B. Ortner, eds., *Culture/Power/ History*. Princeton: Princeton University Press. 412—455.

Saito Osamu（斋藤修）. 1978. "The Labor Market in Tokugawa Japan: Wage Differentials and the Real Wage Level, 1727—1830." *Explorations in Economic History* 15. 84—100.

——. 1983. "Population and the Peasant Family Economy in Proto-Industrial Japan." In *Journal of Family History* 8:1 (Spring): 30—54.

——. 1985,《プロト工业化の时代—西欧と日本の比较史》, 东京：日本评论社。

——., 和新保博, 1989,《近代成长の胎动》, 东京：岩波书店。

Salaman, Redcliffe N. 1949. *The History and Social Influence of the Potato*. Cambridge: Cambridge University Press.

Santamaria, Alberto. 1966. "The Chinese Parian." In Alfonso Felix, ed., *The Chinese in the Philippines, 1570—1770*. Manila: Solidaridad Publishing. 67—118.

Schama, Simon. 1988. *The Embarrassment of Riches: An Interpretation of Dutch Culture in the Golden Age*. New York: Alfred A. Knopf.

Schoppa, R. Keith（萧邦齐）. 1989. *Xiang Lake: Nine Centuries of Chinese Life*. New Haven: Yale University Press.

Schran, Peter. 1978. "A Reassessment of Inland Communications in Late Ch'ing China." *Ch'ing-shih wen-t'i*（《清史问题》）3:10 28—48.

Schultz, Theodore. 1964. *Transforming Traditional Agriculture*. New Haven: Yale University Press.

Schurz, William. 1939. *The Manila Galleon*. New York: E. P. Dutton.

Schwartz, Stuart. 1985. *Sugar Plantations in the Formation of Brazilian Society: Bahia, 1550—1835*. New York: Cambridge University Press.

——. 1992. *Slaves, Peasants, and Rebels: Reconsidering Brazilian Slavery*. Chicago: University of Chicago Press.

Senghaas, Dieter. 1985. *The European Experience: A Historical Critique of Development Theory*. Dover: Berg Publishers.

Sewell, William. 1980. *Work and Revolution in France: The Language of Labor from the Old Regime to 1848*. New York: Cambridge University Press.

上海社会局，1989 (1935),《上海之商业》, 台北：文海出版社。

沈从文, 1992,《中国古代服饰研究》, 香港：商务印书馆。

Shepherd, John Z（邵式柏）. 1993. *Statecraft and Political Economy on the Taiwan Frontier, 1600—1800*. Stanford: Stanford University Press.

Shepherd, James F. and Gary M. Walton. 1972. *Shipping, Maritime Trade, and the Economic Development of Colonial North America*. Cambridge: Cambridge University Press.

Skinner, G. William（施坚雅）. 1971. "Chinese Peasants and the Closed Community:

An Open and Shut Case." *Comparative Studies in Society and History* 13:2. 270—281.

——. 1976. "Mobility Strategies in Late Imperial China: A Regional Systems Analysis." In Carol A. Smith, ed., *Regional Analysis*. New York: Academic Press. Vol. 1. 327—364.

——. 1977a. "Regional Urbanization in Nineteenth-Century China." In G. William Skinner, ed., *The City in Late Imperial China*. Stanford: Stanford University Press. 211—249.

——. 1977b. "Cities and the Hierarchy of Local Systems." In G. William Skinner, ed., *The City in Late Imperial China*. Stanford: Stanford University Press. 275—351.

——. 1987. "Sichuan's Population in the 19th Century: Lessons from Disaggregated Data." *Late Imperial China* 8:1 (June): 1—79.

Slicher Van Bath, B. H. 1977. "Agriculture in the Vital Revolution." In E. E. Rich and C. H. Wilson, *The Cambridge Economic History of Europe*. Vol. 5. New York: Cambridge University Press. 42—132.

Smil, Vaclav. 1983. *Biomass Energies*. New York: Plenum.

——. 1984. *The Bad Earth*. Armonk, N.Y.: M. E. Sharpe.

——. 1985. *Carbon, Nitrogen, Sulfur*. New York: Plenum.

——. 1990. "Nitrogen and Phosphorus." In B. L. Turner et. al., *The Earth as Transformed by Human Action*. New York: Cambridge University Press. 423—436.

——. 1993. *China's Environmental Crisis: An Inquiry into the Limits of National Development*. Armonk, N.Y.: M. E. Sharpe.

——. 1994. *Energy in World History*. Boulder: Westview.

——, and William Knowland. 1980. *Energy in the Developing World: The Real Energy Crisis*. Oxford: Oxford University Press.

Smith, Adam. 1937 (1776). *The Wealth of Nations*. Ed. Edwin Cannan. New York: Modern Library.

Smith, Thomas. 1958. *The Agrarian Origins of Modern Japan*. Stanford: Stanford University Press.

——, Robert Eng, and Robert Lundy. 1977. *Nakahara: Family Farming and Population in a Japanese Village*. Stanford: Stanford University Press.

Snookes, Graham. 1994a. "New Perspectives on the Industrial Revolution." In Graham Snookes, ed., *Was the Industrial Revolution Necessary?* London: Routledge. 1—26.

——. 1994b. "Great Waves of Economic Change." In Graham Snookes, ed., *Was the Industrial Revolution Necessary?* London: Routledge. 43—78.

So, Alvin（苏耀昌）. 1986. *The South China Silk District: Local Historical Transformation*

and World-System Theory. Albany: SUNY Press.
Soboul, Albert. 1966. *La France à la veille de la Revolution: Economie et société* (France on the eve of the revolution: Economy and society). Paris: Société d'Edition d'Enseignement Superieur.
Sokoloff, Kenneth, and David Dollar. 1997. "Agricultural Seasonality and the Organization of Manufacturing in Early Industrial Economies: The Contrast between England and the United States." *Journal of Economic History* 57:2 (June): 1—20.
Solow, Barbara. 1992. "Why Columbus Failed: The New World without Slavery." In Wolfgang Reinhard and Peter Waldman, eds., *Nord und Süd in Amerika*. Freiburg: Rombach Verlag. 1111—1123.
Sombart, Werner. 1924—1927. *Der Modern Kapitalismus* (Modern capitalism). Munich: Dunckner and Humblot.
———. 1967. *Capitalism and Luxury*. Ann Arbor: University of Michigan Press.
Spence, Jonathan（史景迁）. 1977. "Ch'ing." In K. C. Chang, ed., *Food in Chinese Culture*. New Haven: Yale University Press. 259—294.
Stansell, Christine. 1986. *City of Women: Sex and Class in New York City, 1790—1860*. Urbana: University of Illinois Press.
Staunton, George. 1799. *An Authentic Account of an Embassy from the King of Great Britain to the Emperor of China*. 3 vols. Philadelphia: R. Campbell.
Steensgaard, Niels. 1982. "The Dutch East India Co. as an Institutional Innovation." In Maurice Aymard, ed., *Dutch Capitalism and World Capitalism*. New York: Cambridge University Press. 235—258.
———. 1990a. "Trade of England and the Dutch before 1750." In James Tracy, ed., *The Rise of Merchant Empires*. New York: Cambridge University Press. 102—152.
———. 1990b. "Commodities, Bullion and Services in International Transactions before 1750." In Hans Pohl, ed., *The European Discovery of the World and Its Economic Effects on Pre-Industrial Society, 1500—1800*. Stuttgart: Franz Steiner Verlag. 9—23.
Stein, Burton. 1982a. "Vijayanagara c.1350—1564." In Tapan Raychaudhuri and Irfan Habib, eds., *The Cambridge Economic History of India, Volume 1 c.1200—c.1750*. Cambridge: Cambridge University Press. 102—124.
———. 1982b. "State and Economy: The South." In Tapan Raychaudhuri and Irfan Habib, eds., *The Cambridge Economic History of India, Volume 1 c.1200—c.1750*. Cambridge: Cambridge University Press. 203—213.
———. 1985. "State Formation and Economy Reconsidered Part One." *Modern Asian Studies* 19:3. 387—413.
Stern, Steve J. 1988. "Feudalism, Capitalism and the World System in the Perspective

of Latin America and the Caribbean." *American Historical Review* 93:4 (October): 829—872.

Stone, Lawrence. 1979. *The Family, Sex, and Marriage in England, 1500—1800*. New York: Harper and Row.

Stross, Randall. 1985. "Number Games Rejected: The Misleading Allure of Tenancy Estimates." *Republican China* 10:3 (June): 1—17.

Subrahmanyam, Sanjay. 1986. "Aspects of State Formation in South India and Southeast Asia." *Indian Economic and Social History Review* 23:4. 357—377.

——. 1990. *The Political Economy of Commerce: South India, 1500—1650*. Cambridge: Cambridge University Press.

——. 1993. *The Portuguese Empire in Asia, 1500—1700*. London: Longman's.

Sugihara, Kaoru（杉原薫）. 1996. "The European Miracle and the East Asian Miracle: Towards a New Global Economic History."《産業と経済》11:2. 27—48.

——. 1997. "Agriculture and Industrialization: the Japanese Experience." In Peter Mathias and John Davis, eds., *Agriculture and Economic Growth*. Oxford: Blackwell Publishers. 148—166.

Sun Jingzhi（孙敬之）. 1988. *Economic Geography of China*. New York: Oxford University Press.

孙晓芬编著，1997，《清代前期的移民填四川》，成都：四川大学出版社。

Takekoshi, Yosaburo（竹越与三郎）. 1967 (1930). *The Economic Aspects of the History of the Civilization of Japan*. Vol. 3. New York: Macmillan.

Tanaka Masatoshi（田中正俊），1984，《明・清时代の问屋制前贷生产について―衣料生产を主とする研究史の觉え书》，收入西嶋定生博士还历记念论丛编集委员会编，《东アジア史における国家と农民：西嶋定生博士还历记念》，东京：山川出版社。

Tandeter, Enrique. 1993. *Coercion and Market: Silver Mining in Colonial Potosi, 1692—1816*. Albuquerque: University of New Mexico Press.

Tavernier, Jean-Baptiste. 1925 (1676). *Travels in India*. 2 vols. Trans. from the 1676 French edition by V. Ball. Ed. William Crooke. London: Oxford University Press.

Teiser, Stephen. 1993. "The Growth of Purgatory." In Patricia Ebrey and Peter Gregory, eds., *Religion and Society in T'ang and Sung China*. Honolulu: University of Hawaii Press. 115—146.

Telford, Ted. 1990. "Patching the Holes in Chinese Genealogies: Mortality in the Lineage Population of Tongcheng County, 1300—1800." *Late Imperial China* 11:2 (December): 116—136.

Teng Ssu-yu and John K. Fairbank（邓嗣禹和费正清），eds. 1954. *China's Response to the West*. Cambridge, Mass.: Harvard University Press.

寺田隆信，1972，《山西商人の研究》，京都：京都大学文学部内东洋史研究会。

Thomas, Brinley. 1985a. "Food Supply in the United Kingdom during the Industrial

Revolution." In Joel Mokyr, ed., *The Economics of the Industrial Revolution.* Totowa, N.J.: Rowman and Allanheld. 137—150.

——. 1985b. "Escaping from Constraints: The Industrial Revolution in a Malthusian Context." *Journal of Interdisciplinary History* 15:4 (Spring): 729—753.

Thomaz, Luis Filipe Feirera Reis. 1993. "The Malay Sultanate of Melaka." In Anthony Reid, ed., *Southeast Asia in the Early Modern Period: Trade, Power, and Belief.* Ithaca: Cornell University Press. 70—89.

Thompson, E. P. 1966. *The Making of the English Working Class.* New York: Vintage.

——. 1967. "Work, Time and Industrial Discipline." *Past and Present* 38 (December): 56—97.

Thompson, F. M. L. 1963. *English Landed Society in the Nineteenth Century.* London: Routledge.

——. 1968. "The Second Agricultural Revolution, 1815—1880." *Economic History Review* 21:1. 62—77.

——. 1989. "Rural Society and Agricultural Change in 19th Century Britain." In George Grantham and Carol Leonard, eds., *Agrarian Organization in the Century of Industrialization: Europe Russia and North America.* Greenwich, Conn.: JAI Press. 187—202.

Thornton, John. 1992. *Africa and Africans in the Making of the Atlantic World, 1400—1680.* Cambridge: Cambridge University Press.

Tilly, Charles. 1975. "Food Supply and Public Order in Modern Europe." In Charles Tilly, ed., *The Formation of National States in Western Europe.* Princeton: Princeton University Press. 380—455.

——. 1984. *Big Structures, Large Processes, Huge Comparisons.* New York: Russell Sage Foundation.

——. 1990. *Coercion, Capital and European States, AD 990—1990.* London: Basil Blackwell.

Totman, Conrad. 1989. *The Green Archipelago: Forestry in Preindustrial Japan.* Berkeley: University of California Press.

——. 1992. "Forest Products Trade in Pre-Industrial Japan." In John Dargavel and Richard Tucker, eds., *Changing Pacific Forests.* Durham, N.C.: Forest History Society. 19—24.

——. 1993. *Early Modern Japan.* Berkeley: University of California Press.

——. 1995. *The Lumber Industry in Early Modern Japan.* Honolulu: University of Hawaii Press.

Tracy, James. 1991. "Introduction." In James D. Tracy, ed., *The Political Economy of Merchant Empires.* Cambridge: Cambridge University Press. 1—21.

Tucker, Richard P., and J. F. Richards, eds. 1983. *Global Deforestation and the*

Nineteenth Century World Economy. Durham: Duke University Press.

Ukers, William. 1935. *All about Coffee*. New York: The Tea and Coffee Trade Journal Company.

Unschuld, Paul（文树德）. 1986. *Medicine in China: A History of Pharmaceutics*. Berkeley: University of California Press.

Usher, Abbott Payson. 1913. *The History of the Grain Trade in France, 1400—1710*. Cambridge, Mass.: Harvard University Press.

Van der Wee, Herman. 1977. "Monetary, Credit, and Banking Systems." In E. E. Rich and C. H. Wilson, *The Cambridge Economic History of Europe*. Vol. 5. Cambridge: Cambridge University Press. 290—393.

Van Leur, J. C. 1955. *Indonesian Trade and Society: Essays in Asian Social and Economic History*. The Hague: W. Van Hoeve.

Van Schendel, Willem. 1991. *Three Deltas: Accumulation and Rural Poverty in Rural Burma, Bengal, and South India*. New Delhi: Sage Publications.

Vermeer, Eduard. 1990. "The Decline of Hsing-hua Prefecture in the Early Ch'ing." In Eduard Vermeer, ed., *Development and Decline of Fukien Province in the 17th and 18th Centuries*. Leiden: E. J. Brill. 101—163.

Vicziany, Marika. 1979. "The Deindustrialization of India in the 19th Century: AMethodological Critique of Amiya Kumar Bagchi." *Indian Economic and Social History Review* 16:2. 105—145.

Viraphol, Sarasin. 1977. *Tribute and Profit: Sino-Siamese Trade, 1652—1853*. Cambridge, Mass.: Harvard University Press.

Visaria, Leela, and Pravin Visaria. 1983. "Population." In Dharma Kumar, ed., *The Cambridge Economic History of India: Volume 2, 1757—1970*. Cambridge: Cambridge University Press. 463—532.

Von Glahn（万志英）, Richard. 1996. *Fountain of Fortune: Money and Monetary Policy in China, 1000—1700*. Berkeley: University of California Press.

Von Tunzelmann, G. N. 1978. *Steam Power and British Industrialization to 1860*. Oxford: Oxford University Press.

Wadia, Ardeshir Ruttonji. 1955. *The Bombay Dockyard and the Wadia Master Builders*. Bombay: A. R. Wadia.

Wakefield, David. 1992. "Household Division in Qing and Republican China: Inheritance, Family Property, and Economic Development." Ph.D. diss., University of California, Los Angeles.

Waley-Cohen, Joanna. 1999. *The Sextants of Beijing: Global Currents in Chinese History*. New York: W. W. Norton.

Walker, Mack. 1971. *German Home Towns: Community, State, and General Estate, 1648—1871*. Ithaca: Cornell University Press.

Wallen, C. C., ed. 1970. *Climates of Northern and Western Europe*. Amsterdam:

Elsevier Publishing Co.

Wallerstein, Immanuel. 1974. *Capitalist Agriculture and the Origins of the European World Economy*. New York: Academic Press.

——. 1989. *The Modern World-System III: 1730s—1840s*. New York: Academic Press.

Waltner, Ann. 1990. *Getting an Heir: Adoption and the Construction of Kinship in Late Imperial China*. Honolulu: University of Hawaii Press.

Wang Gungwu（王赓武）. 1990. "Merchants without Empire." In James Tracy, ed., *The Rise of Merchant Empires*. Cambridge: Cambridge University Press. 400—421.

Wang, Yeh-chien（王业键）. 1973. *Land Taxation in Imperial China, 1750—1911*. Cambridge, Mass.: Harvard University Press.

——. 1989. "Food Supply and Grain Prices in the Yangtze Delta in the Eighteenth Century." In *The Second Conference on Modern Chinese History*. 3 vols. 台北："中央"研究院, 2:423—462.

——. 1986. "Food Supply in 18th Century Fukien." *Late Imperial China* 7:2 (December): 80—111.

——. 1992. "Secular Trends of Rice Prices in the Yangzi Delta, 1638—1935." In Thomas Rawski and Lillian Li, eds., *Chinese History in Economic Perspective*. Berkeley: University of California Press. 35—68.

Warden, Alexander J. 1967. *The Linen Trade*. London: Cass.

Warren, James. 1982. "The Sulu Sultanate." In Eduard de Jesus and Alfred McCoy, eds., *Philippine Social History: Global Trade and Local Transformation*. Quezon City: Ateneo de Manila University Press. 415—444.

Washbrook, D. A. 1988. "Progress and Problems: South Asian Economic and Social History, c. 1720—1860." *Modern Asian Economic and Social History* 22:1. 57—96.

Watson, Rubie（华若璧）. 1990. "Corporate Property and Local Leadership in the Pearl River Delta, 1898—1941." In Joseph Esherick and Mary Rankin, eds., *Chinese Local Elites and Patterns of Dominance*. Berkeley: University of California Press. 239—260.

Weatherill, Lorna. 1988. *Consumer Behavior and Material Culture in Britain, 1660—1760*. New York: Routledge.

Weber, Eugen. 1976. *Peasants into Frenchmen: The Modernization of Rural France, 1870—1914*. Stanford: Stanford University Press.

Weber, Max. 1992. *The Protestant Ethic and the Spirit of Capitalism*. London: Routledge.

韦庆远、吴奇衍、鲁素, 1982,《清代奴婢制度》, 北京：中国人民大学出版社。

Widmer, Ellen. 1996. "The Huanduzhai of Hangzhou and Suzhou: A Study in SeventeenthCentury Publishing." *Harvard Journal of Asiatic Studies* 56:1. 77—122.

Wigen, Karen, and Martin Lewis. 1997. *The Myth of Continents*. Berkeley: University of California Press.

Will, Pierre-Etienne. 1980. "Une cycle hydraulique en Chine: La province du Hubei du 16eme au 19e siècles" (A hydraulic cycle in China: The province of Hubei from the sixteenth through nineteenth centuries). *Bulletin de l'école française d'extreme orient* 68. 261—288.

——., and R. Bin Wong（王国斌）. 1991. *Nourish the People: The State Civilian Granary System in China, 1650—1850*. Ann Arbor: University of Michigan Press.

Williams, Eric. 1944. *Capitalism and Slavery*. New York: Russell and Russell.

Williams, Michael. 1990. "Forests." In B. L. Turner et al., *The Earth as Transformed by Human Action*. New York: Cambridge University Press. 179—202.

Williamson, Jeffrey. 1990. *Coping with City Growth during the British Industrial Revolution*. New York: Cambridge University Press.

——. 1994. "Leaving the Farm to Go to the City: Did They Leave Fast Enough?" In John James and Mark Thomas, eds., *Capitalism in Context: Essays on Economic Development and Culture in Honor of R. M. Hartwell*. Chicago: University of Chicago Press. 159—182.

Wills, John E., Jr. 1979. "Maritime China from Wang Chih to Shih Lang: Themes in Peripheral History." In Jonathan Spence and John Wills, eds., *From Ming to Ch'ing*. New Haven: Yale University Press. 201—238.

——. 1984. *Embassies and Illusions: Dutch and Portuguese Envoys to K'ang-hsi, 1666—1687*. Cambridge, Mass.: Harvard University Press.

——. 1993. "European Consumption and Asian Production in the Seventeenth and Eighteenth Centuries." In John Brewer and Roy Porter, eds., *Consumption and the World of Goods*. London: Routledge. 133—147.

——. 1994. *Mountain of Fame: Portraits in Chinese History*. Princeton: Princeton University Press.

——. 1995. "How We Got Obsessed with the 'Tribute System' and Why It's Time to Get Over It." Paper delivered at annual meeting of the Association for Asian Studies, Washington, D.C.

Wink, Andre. 1983. "Maratha Revenue Farming." *Modern Asian Studies* 17:4. 591—628.

Wittfogel, Karl（魏特夫）. 1957. *Oriental Despotism: A Comparative Study of Total Power*. New Haven: Yale University Press.

Wolfe, Martin. 1972. *The Fiscal System of Renaissance France*. New Haven: Yale University Press.

Wong, R. Bin（王国斌）. 1997. *China Transformed: Historical Change and the Limits of European Experience*. Ithaca: Cornell University Press.

Wright, Mary C. 1962. *The Last Stand of Chinese Conservatism*. Stanford: Stanford

University Press.

Wright, Tim. 1984. *Coal Mining in China's Economy and Society, 1895—1937.* Cambridge: Cambridge University Press.

Wrigley, E. Anthony. 1988. *Continuity, Chance, and Change: The Character of the Industrial Revolution in England.* Cambridge: Cambridge University Press.

——. 1990. "Brake or Accelerator? Urban Growth and Population Growth before the Industrial Revolution." In A. D. van der Woude, Akira Hayami, and Jan De Vries, eds., *Urbanization in History.* Oxford: Clarendon Press. 101—112.

——. 1994. "The Classical Economists, the Stationary State, and the Industrial Revolution." In Graham Snookes, ed., *Was the Industrial Revolution Necessary?* London: Routledge. 27—42.

——, and Roger Schofield.1981. *The Population History of England, 1540—1871.* Cambridge: Cambridge University Press.

吴承明，1985，《中国资本主义与国内市场》，北京：中国社会科学出版社。

——，和许涤新主编，1985，《中国资本主义的萌芽》(《中国资本主义发展史》第一卷)，北京：人民出版社。

Wu Peiyi（吴百益）. 1992. "Women Pilgrims to Taishan." In Susan Naquin and Chun-fang Yu（于君方）, eds., *Pilgrims and Sacred Sites in China.* Berkeley: University of California Press. 39—64.

熊秉真，1995，《幼幼：传统中国的襁褓之道》，台北：联经出版事业公司。

许檀，1986，《明清时期的临清商业》，《中国经济史研究》，2 (1986): 135—157。

——. 1995，《明清时期山东的粮食流通》，《历史档案》，57. 81—88。

徐新吾编，1992，《江南土布史》，上海：上海社会科学院出版社。

《续修历城县志》，1968（1924，济南），台北：成文出版社，重印本。

Yamamura, Kozo（山村耕造）. 1974. *A Study of Samurai Income and Entrepreneurship: Quantitative Analysis of Economic and Social Aspects of the Samurai in Tokugawa and Meiji Japan.* Cambridge, Mass.: Harvard University Press.

叶显恩，1983，《明清徽州农村社会与佃仆制》，合肥：安徽人民出版社。

余明侠，1991，《徐州煤矿史》，南京：江苏古籍出版社。

余英时，1985，《儒家思想与经济发展：中国近世宗教伦理与商人精神》，*The Chinese Intellectual* 6 (Winter): 3—45.

Zangheri, R. 1969. "The Historical Relationship between Agricultural and Economic Development in Italy." In E. L. Jones and S. J. Woolf, eds., *Agrarian Change and Economic Development.* London: Methuen. 23—40.

Zelin, Madeleine. 1986. "The Rights of Tenants in Mid-Qing Sichuan." *Journal of Asian Studies* 45:3 (May): 499—526.

——. 1988. "Capital Accumulation and Investment Strategies in Early Modern China: The Case of the Furong Salt Yards." *Late Imperial China* 9:1 (June): 79—122.

——. 1990. "The Fu-Rong Salt Yard Elite." In Joseph Esherick and Mary Rankin, eds., *Chinese Local Elites and Patterns of Dominance*. Berkeley: University of California Press. 82—112.

张岗,1985,《清代直隶商品经济分析》,《河北师院学报》,#3. 9—104。

Zhang Xiaobo(张筱伯). 1995. "Merchant Associational Activism in Early Twentieth Century China: The Tianjin General Chamber of Commerce, 1904—1928." Ph.D. diss., Columbia University.

张忠民,1990,《上海:从开发走向开放,1368—1842》,昆明:云南人民出版社。

Zuo Dakang and Zhang Peiyuan(左大康、张培元). 1990. "The Huang-Huai-Hai Plain." In B. L. Turner et al., *The Earth as Transformed by Human Action*. New York: Cambridge University Press. 473—477.